U0901013

国网北京市电力公司年鉴

2021年

《国网北京市电力公司年鉴》编委会

中国电力出版社
CHINA ELECTRIC POWER PRESS

图书在版编目（CIP）数据

国网北京市电力公司年鉴．2021 年 /《国网北京市电力公司年鉴》编委会组编．—北京：中国电力出版社，2021.10

ISBN 978-7-5198-5787-5

Ⅰ．①国…　Ⅱ．①国…　Ⅲ．①电力工业－工业企业－北京－2021－年鉴　Ⅳ．①F426.61－54

中国版本图书馆 CIP 数据核字（2021）第 133741 号

出版发行：中国电力出版社
地　　址：北京市东城区北京站西街 19 号（邮政编码 100005）
网　　址：http://www.cepp.sgcc.com.cn
责任编辑：穆智勇（zhiyong-mu@sgcc.com.cn）
责任校对：黄　蓓　常燕昆
装帧设计：张俊霞　赵姗姗
责任印制：石　雷

印　　刷：北京盛通印刷股份有限公司
版　　次：2021 年 10 月第一版
印　　次：2021 年 10 月北京第一次印刷
开　　本：889 毫米×1194 毫米　16 开本
印　　张：18.25
字　　数：624 千字
印　　数：0001—1000 册
定　　价：158.00 元

特 约 撰 稿 人

白雪莹　　国网北京市电力公司办公室（党委办公室、董事会办公室）
张　晶　　国网北京市电力公司发展策划部
马晓燕　　国网北京市电力公司党委组织部（人事董事部）
刘　娜　　国网北京市电力公司人力资源部（社保中心）
李　刚　　国网北京市电力公司财务资产部
宗晓茜　　国网北京市电力公司安全监察部（保卫部）
李　戎　　国网北京市电力公司设备管理部（政治供电办公室）
周晓梅　　国网北京市电力公司建设部
耿　涛　　国网北京市电力公司营销部（农电工作部）
田　蕊　　国网北京市电力公司科技部
张　璇　　国网北京市电力公司物资部（招投标管理中心）
赵　悦　　国网北京市电力公司审计部
李晓宁　　国网北京市电力公司纪委办公室（巡察办）
于宝来　　国网北京市电力公司党委党建部（思想政治工作部、本部党委、公司团委）
张文旭　　国网北京市电力公司离退休工作部
郭鑫宇　　国网北京市电力公司法律合规部（体改办）
刘丽娜　　国网北京市电力公司党委宣传部（对外联络部）
韩戈奇　　国网北京市电力公司后勤工作部
赵　飞　　国网北京市电力公司互联网部
韩帅斌　　国网北京市电力公司电力调度控制中心
范晓辉　　国网北京市电力公司工会
刘园园　　国网北京市电力公司企业管理部
赵　靓　　国网北京市电力公司首都电力交易中心
李　根　　国网北京市电力公司城区供电公司
王宇曦　　国网北京市电力公司通州供电公司
王兆东　　国网北京市电力公司朝阳供电公司

左若冲　　国网北京市电力公司海淀供电公司
李　放　　国网北京市电力公司丰台供电公司
赵　飞　　国网北京市电力公司石景山供电公司
孙立东　　国网北京市电力公司亦庄供电公司
党　剑　　国网北京市电力公司昌平供电公司
姜冰倩　　国网北京市电力公司门头沟供电公司
张泽浩　　国网北京市电力公司房山供电公司
张　蕾　　国网北京市电力公司大兴供电公司
张　强　　国网北京市电力公司平谷供电公司
韩　旭　　国网北京市电力公司怀柔供电公司
孙佩佳　　国网北京市电力公司密云供电公司
蔡溪源　　国网北京市电力公司顺义供电公司
肖海松　　国网北京市电力公司延庆供电公司
耿　洋　　国网北京市电力公司经济技术研究院
张祎果　　国网北京市电力公司科学研究院
秀景琪　　北京电力工程有限公司
刘　丛　　国网北京市电力公司检修分公司
王　健　　国网北京市电力公司电缆分公司
王　辉　　国网北京市电力公司信息通信分公司
娄　强　　国网北京市电力公司党校（人才服务中心）
谢榕桢　　国网北京市电力公司物资供应分公司
居　然　　国网北京市电力公司综合服务中心
冯冰清　　国网北京市电力公司客户服务中心
张　鹏　　国网（北京）新能源汽车服务有限公司
刘　星　　国网北京市电力公司建设咨询公司
程威诺　　国网（北京）综合能源服务有限公司
金　建　　北京供用电建设承发包有限公司
房丽丽　　国网北京市电力公司物业管理公司
贾忱然　　北京市城市照明管理中心
姚　澜　　产业指导委员会办公室（北京华商伟业资产管理有限公司）

编　辑　说　明

1 《国网北京市电力公司年鉴》是国网北京市电力公司（以下简称公司）的企业年鉴，是一部集史实性和资料性为一体的综合性工具书。本年鉴每年编纂出版一期，按年度记载公司的重大事项、专业工作和所属各单位的基本情况。本期是第 17 期，记载年度为 2020 年度。

2 本年鉴的编纂宗旨是：全面、系统、真实地反映公司在北京地区电网规划与建设中取得的成绩，总结公司生产经营工作的创新经验，弘扬公司干部职工的奉献精神，展示公司服务首都经济社会发展的企业风采。

3 本年鉴采用文章和条目两种载体，以条目体为主，用规范的记述文体，直陈其事，文字力求言简意赅。同时，文中选配具有一定史料价值的图片，力求图文并茂。

4 本年鉴的框架结构由篇目、栏目、条目 3 个层次组成。共设有 15 个篇目，即特载，公司概况，电网发展，企业管理，安全生产，电网运行与电力市场，科技信息，党的建设与精神文明建设，供电公司，业务支撑机构及其他单位，产业管理，公司荣誉，大事记，重要文献，统计资料。

5 本年鉴的编辑工作是在公司直接领导下进行的。稿件由公司各部门、各单位的专人负责撰写，经部门、单位领导审核后，由年鉴编辑部汇总编辑并经年鉴编辑专家组反复审核定稿。

6 本年鉴编辑工作得到了公司各部门、各单位的高度重视和大力支持，在此谨致谢意，并欢迎提出改进意见。

国家电网
STATE GRID
国网北京市电力公司
STATE GRID BEIJING ELECTRIC POWER COMPANY

篇　目 / Sections

目　录

安全生产

电网运行与电力市场

科技信息

党的建设与精神文明建设

供电公司

业务支撑机构及其他单位

产业管理

公司荣誉

大事记

重要文献

统计资料

Table of Contents

Safe Production

Power Grid Operation and Power Market

Science and Technology Information

Party Building and Cultural-Ethical Standards Improvement

Power Supply Companies

Business Support Institutions and Other Units

Industrial Management

Awards and Recognitions

Memorabilia

Important Documents

Statistics

特　　载

工 作 报 告

聚焦新战略攻坚　聚力高质量提升
坚定不移在服务首都发展中彰显国网担当

——国网北京市电力公司第三届职工代表大会第五次会议暨2020年工作会议报告（摘要）

（2020年1月15日）

这次会议的主要任务是：以习近平新时代中国特色社会主义思想为指导，认真贯彻国家电网公司三届五次职代会暨2020年工作会议部署，落实北京市委十二届十一次全会要求，总结2019年工作，深入分析形势，明确今后一个时期的发展思路，安排2020年任务，聚焦新战略攻坚、聚力高质量提升，为加快建设“三型两网”世界一流能源互联网企业、服务北京国际一流的和谐宜居之都建设而努力奋斗。

一、2019年工作回顾

2019年，面对风险挑战明显上升、政治保电贯穿全年、经营压力持续加大等严峻考验，公司上下坚决贯彻国家电网公司和北京市委市政府决策部署，守正创新、担当作为，圆满完成全年目标任务，各项工作取得新成效。发展总投入152.26亿元，同比降低26.62%。电网投资142.79亿元，同比降低28.21%。全年开工110kV及以上线路336km、变电容量526万kVA；投产110kV及以上线路947km、变电容量844万kVA。完成售电量1061.59亿kWh，同比增长2.37%。营业收入688.75亿元，同比增长0.96%。实现利润－28.69亿元。资产总额1168.76亿元，增加34.78亿元。资产负债率67.76%，较年初上升2.85个百分点。

服务大局坚强有力。政治保电再创佳绩，将新中国成立70周年庆祝活动供电保障作为首要政治任务，依托国网集团化优势，严格落实“五个最”要求，协同攻坚、昼夜奋战，成功实现“四个零”目标。全年圆满完成“一带一路”高峰论坛、世园会、亚洲文明对话大会等重大活动保电203项。首都电力营商环境持续优化，深化“三零”“三省”服务，成功促请政府出台掘路审批等改革政策，持之以恒压环节、减时长、降成本，推动我国“获得电力”排名提升至第12位，公司改革亮点写入世行营商环境报告，客户获得感和满意度明显提升。冬奥会服务保障走在前列，11项配套电力工程已投产10项，创新建立冬奥场馆“一体化”保障模式，积极助力国家电网公司成为北京2022年冬奥会和冬残奥会官方合作伙伴。北京大兴国际机场配套电网达到世界领先水平，同时通过绿电交易为机场引入清洁电力，建成7座分布式光伏电站、400个电动汽车充电桩，助力建设全球绿色机场标杆。

首都供电安全平稳。始终坚持安全第一，严格执行全员安全责任清单，逐级开展领导人员安全述职、管理人员履职评价和一线人员等级评定，层层压实安全责任。扎实开展大电网安全风险防控、基建安全质量、集体企业安全年等专项行动，及时发现消除隐患1091项。建成融合6大专业、30个系统的“一体化”安全管控中心，加强“四不两直”现场督导，现场作业违章率同比下降33%。加大设备改造升级力度，143座变电站、1096km输电线路完成达标治理，四环内110kV及以上电缆实现在线监测全覆盖，28项二次设备消隐工程圆满完成。加强电气火灾综合治理，成立消防安保指挥中心，组建首支专业应急队伍，完成430座变电站、1300个配电室、130km电缆隧道消防设施改造。深化配电自动化建设应用，故障自愈投入率达到100%，配网故障同比降低27.3%。积极应对极端天气频发等挑战，及时发布590项电网风险预警，稳妥处置燃气供应短缺等突发事件，确保了电网安全运行和电力可靠供应。

“两网”融合加快推进。抢抓北京城市新总规实施契机，紧密对接市区两级政府，推动电网中长期规划600座变电站纳入各区分区总体规划。充分发挥“多规合一”平台作用，500kV CBD工程取得可研批复和稳定风险评估意见，全年取得立项核准60项、规划意见书38项。促请政府取消隧道、管涵等电力工程施工许可证办理，工程前期效率大幅提升。房山—南蔡等3条外受电工程建成投产，进一步提升了通道安全裕度。220kV马坡变电站荣获国家电网公司输变电优质工程金奖。中心库一期取得不动产登记证，中心库二期实现竣工，应急防恐储备库和亦庄备调中心完成结构封项。编制泛在电力物联网建设三年行动计划和2019年建设方案，统筹推进36项重点任务，6项成果入选国家电网公司年度最佳实践案例。“网上国网”上线运行，注册用户超过270万户。北京大兴国际机场智慧能源服务平台创新实践，在信息资源共享、设备智慧运维等方面进行了有益探索。城市副中心免费接入、深度挖掘政府“雪亮工程”数据价值，有力促进了生产运维水平提升和成本压降。

为民服务水平提升。在7250个小区和社区挂牌开展客户经理“网格化”服务，健全接诉即办等快速响应机制，客户投诉、95598话务量、12345工单数量同比下降66.84%、20.31%、24.08%，12345排名位列全市公共服务行业第二。丰富集团要客服务举措，开展定向服务1273次。拓展线上服务渠道，优化“国网北京电力”微信营业厅功能，低压线上办电率提升至82.45%。完成高速载波采集装备换装210万具，平均购电下发时长降至1min以内。全年完成155个村5.1万户山区“煤改电”工程，投产8项公交外电源工程，实现替代电量31亿kWh。积极探索电动汽车有序充电，新建改造87个智能充电桩。

经营管理持续加强。主动应对电价持续下调、售电量增速趋缓等影响，深入开展经济活动分析，千方百计提质增效。适应改革监管要求，扎实推进多维精益管理“四个一”试点。加大沟通汇报力度，争取政府支持资金41.9亿元。积极开拓新兴用电市场，实现综合能源服务收入1.72亿元。整合利用闲置房产、土地等资源，全年增收1.65亿元。用足用好燃煤机组关停替代、安全设备税收抵免等政策，节约费用3.8亿元。严格综合计划和预算管控，压减非生产性支出10%。精准治理负损线路台区4827个，分线分台区线损合格率较年初提升20个百分点，综合线损率达到6.15%。深化新型资金管理体系建设，实现现金流“按日排程”、收付款“省级集中”。建立“两级两阶段”平衡利库机制，消纳处置工程退出和报废物资8.48亿元，解决了一批历史遗留问题。推行重大决策合法性审核，完成41项“三重一大”事项论证。坚持依法主动维权，避免和挽回经济损失2184.4万元。聚焦业扩报装、工程建设等重点领域，开展“保稳定、防风险、促增收”等40项专项审计，实现增收节支1.4亿元。加强内外部审计问题整改，460项遗留问题全部整改完成。持续加强产业同质化管理，推进统一财务制度和核算体系落地，规范“两商”招选程序，探索转型发展路径。产业单位全年实现收入134亿元、利润4.38亿元。

改革创新不断深化。积极配合第二轮输配电价核定，输配电成本上涨0.39分/kWh。落实国家一般工商业降价政策，减少客户用电成本14.85亿元。全年开展大客户直接交易322笔，实现交易电量122.72亿kWh。以投资共担、建成移交、整体运营方式，开拓了北京新机场、首钢新园区用电市场，探索出参与配电市场竞争的新模式。持续深化集体企业改革，组建产业管理公司，完成全部瘦身健体任务。有序推进“放管服”改革，顺利承接160项总部下放事权，向基层下放61项事权，本部管理效率和基层积极性进一步增强。优化内设机构设置标准，推行终身职业技能培训，队伍活力有效激发。首次召开科技创新大会，出台加强科技创新工作指导意见，明确30项创新举措。与国网能源院签署战略合作协议，协同推进重点领域攻关。“5G网络化改造及推广服务平台”国家工信部项目成功立项，863课题“交直流混合配电网”通过国家科技部验收。全年荣获省部级及以上科技奖24项、管理创新成果奖44项，首次获得国际质量管理成果金奖，获得国网同期线损技能竞赛团体第二名，青创赛夺得2金4银。

全面从严治党深入推进。以学习贯彻习近平新时代中国特色社会主义思想为主线，把牢“十二字”总要求，分两批高质量开展“不忘初心、牢记使命”主题教育，组织集中学习1835次、专题党课255场，整改各类问题1941个，学做结合、查改贯通，公司上下理想信念更加坚定、宗旨意识更加牢固、担当精神更加充沛。坚决整治王府井“巾帼班”事迹造假等中央巡视反馈问题，举一反三落实32项整改措施。贯彻落实新时代党的建设总要求，逐级完善党建工作责任清单，完成“旗帜领航•三年登高”计划创先争优年工作。持续深化“党建引领、内嵌融入”、党员“一带二、一带三”长效机制，党组织战斗堡垒和党员先锋模范作用在重点任务攻坚中充分发挥。扎实开展“抓整改、除积弊、转作风、为人民”专项行动，深入推进漠视侵害群众利益问题专项整治，行风作风持续改善。落实纪检监察体制改革部署，“三转”工作不断强化，监督责任进一步压实。坚持巡视巡察一盘棋，已累计完成27家单位巡察，发现整改问题1009项。落实国家电网公司党组1号、2号文件精神，加强各级领导班子管理和运行机制建设，全面激发领导人员担当作为。严格执行意识形态工作责任制，加强舆情防控和主题传播。落实中央“基层减负年”要求，制定实施20项落地举措，公文、会议和评比表彰数量分别压减31%、44%和60%。完成84处供电所、162处班组用房改造工作，一线办公条件明显改善。关心关爱职工，开展慰问帮扶、暑期托管等服务举措。落实离退休人员“两项待遇”，加强维稳保密工作，保持了和谐稳定局面。

二、认清形势、聚力提升，坚定不移在服务首都发展中彰显国网担当

当今世界面临百年未有之大变局，中华民族伟大复兴战略布局将迎来一系列重要节点，今后几年对公司事业发展至关重要。2020 年是全面建成小康社会和“十三五”规划的收官之年，是国家电网公司“三型两网、世界一流”战略突破的关键之年，是北京国际一流的和谐宜居之都建设的攻坚之年，公司面临的内外部环境深刻变化，机遇千载难逢，挑战前所未有。置身关键历史当口，我们唯有从服务大局的高度提高站位、找准定位、认清方位，立足当下、着眼长远，科学谋划好今后一个时期的奋斗目标、发展路径、工作重点，才能赢得主动、赢得优势、赢得未来，走出一条首都特色的履责担当之路。

纵观国家电网全局，我们肩负的使命更加神圣。“三型两网、世界一流”新战略是国家电网公司坚守“六个力量”历史定位的政治担当，是引领新时代发展的根本遵循和行动指南，中央领导高度肯定，社会各界充分响应。在刚刚召开的国家电网公司 2020 年“两会”上，寇伟董事长站高谋远、总揽全局，准确把握“时”与“势”，辩证看待“危”与“机”，科学部署“稳”与“进”，既坚持问题导向，直面困难和挑战，更强调要保持战略定力，切实做到“一个咬定、两个突破、两个激发”，奋力开创国家电网事业发展新局面。一直以来，寇伟董事长对公司发展给予极大关注，倾注大量心血，2019 年更是对公司提出了在落实新战略中争当排头兵的新要求、新期望，标注了公司奋斗坐标。我们必须不辱使命、不负重托，倍加珍惜、倍加努力，全力以赴在“三型两网”建设中做出首都特色，在国家电网公司新战略全面落地中体现北京作为、彰显北京价值。

放眼首都发展大局，我们承担的责任更加重大。以习近平总书记 6 次视察北京、9 次对北京发表重要讲话为标志，北京“都”与“城”的关系更加清晰，城市发展深刻转型。进入新时代，北京市反复强调，加强“四个中心”功能建设，提高“四个服务”水平就是首都发展的全部要义，抓好“三件大事”，打好三大攻坚战就是贯彻中央部署的战略重点。“四四三三”重要部署，每项都与公司密切相关，我们在保障政治供电安全、服务国家战略落地、满足人民美好生活需要等方面承担了更为重要的政治责任，在推动首都能源清洁低碳转型、建设世界一流城市能源互联网、培育新业务新模式新业态等方面迎来了大有可为的广阔空间，公司事业与首都大局更加紧密联系在一起。我们必须提高站位、提振信心，乘势而上、顺势而为，在服务首都新时代发展中勇先行、善作为，充分彰显国家电网公司“国家队”“大国重器”的使命担当。

立足历史发展阶段，我们面临的挑战更加艰巨。公司历史悠久，一代又一代首都电力人团结拼搏、接续奋斗，推动电网和公司发展不断取得新突破，积累了向更高层次迈进的基础和条件。但也要清醒认识到，与承担的使命职责相比，我们无论是外部环境还是自身发展，风险挑战明显上升，问题短板亟待解决。北京电网存在“三方面不平衡不充分”：电源支撑不充分体现在本地发电仅能满足全市 30%的用电需求，为国际特大型城市最低；不平衡体现在发电一次能源品种单一，燃气占比近 90%。电网发展不充分体现在不能完全支撑首都“四个中心”战略定位，同时与东京等国际知名城市相比差距明显；不平衡体现在东部、西北等局部电网薄弱。装备水平不充分体现在老旧变电站、少油开关等设备依然大量存在；不平衡体现在部分党和国家办公场所设备运行年限过长，安全隐患逐渐显现。经营创效面临“三大挑战”：国家连续两年降低一般工商业电价，公司实际所受影响全国最大，随着中央明确新的降价降费部署，电价空间进一步被挤压；北京将疏解非首都功能作为推动京津冀协同发展的牛鼻子，强调要保持减量发展的战略定力，电量增长前景不容乐观；近年来国家战略在北京加速落地，公司政策性投资达到 65%，投入产出效益受限，政治保电常态化、“煤改电”保障也加大了经营压力，公司资产负债率已超 65%的警戒线。

综合研判，公司发展“窗口期”特征越来越明显，很多机会稍纵即逝，抓住就是机遇，抓不住就是挑战。我们既要牢牢守住底线又要积极开拓进取，既要补齐发展短板又要推动转型升级，既要抓好今天又要布局明天，为实现“三型两网”建设全面突破，承担好 2021、2022 年重要政治任务打下基础。思深方益远，谋定而后动。公司当前和今后一个时期的发展思路是，以习近平新时代中国特色社会主义思想为指导，坚决贯彻国家电网公司和北京市委市政府决策部署，大力弘扬首都电力优良传统，坚持稳中求进总基调，守正创新、锐意进取，以开展“高质量提升年”为主线，以争当“三型两网”建设排头兵、服务首都发展先行官为奋斗目标，以推动“三个变革创新”为发展路径，以大力实施“六大提升行动”为工作抓手，更加奋发有为地推动国网新战略落地、服务首都新时代发展。

落实好新发展思路，必须坚定“一个奋斗目标”。地处首都是公司与兄弟单位最大的不同，是谋发展、做选择、干一切工作的逻辑起点，也是公司将奋斗目标明确为争当“三型两网”建设排头兵、服务首都发展先行官的思想起点。排头兵和先行官辩证统一，具有共同指向，相互支撑、相互促进。“三型两网”建设排头兵体现为，世界一流城市能源互联网建设的排头兵、“三型”特征能源互联网企业建设的排头兵；服务首都发展先行官体现为，在服务党和国家工作大局中先行、在保障首都功能定位中先行、在满足人民美好生活需要中先行。无论是当排头还是勇先行，都必须以确保首都供电安全为根本，坚决做到“精精益求精、万万无一失”。

落实好新发展思路，必须推动“三个变革创新”。把目标变成行动，把梦想变成现实，不会一蹴而就、水到渠成。特别是当前国内三期叠加影响仍在持续，能源转型日趋紧迫，更加需要我们以变革创新突破瓶颈、破解难题，构建观念更新、质量更优、动力更强的发展新态势。着力推动思想观念变革创新。把解放思想作为推动发展的“总开关”，增强政治意识和底线思维，政治打头、稳字当头；增强首都意识和辩证思维，既坚定不移服务好首都发展，又坚定不移将地处首都的优势转化为争先发展的胜势；增强大局意识和系统思维，自觉把工作提升到国家战略、时代发展中认识和把握；增强超前意识和战略思维，始终做到思想敏感、思维敏锐、行动敏捷。着力推动电网发展变革创新。落实习近平总书记“四个革命、一个合作”能源安全新战略，顺应能源革命和数字革命融合并进趋势，把泛在电力物联网建设作为牛鼻子，加大向传统电网赋能力度，加快向能源互联网转型升级，实现安全保障能力、能源配置能力、价值创造能力的全面提升。着力推动企业管理变革创新。随着我国经济由高速增长向高质量发展加速转变，我们必须打破高投入、扩规模的路径依赖，全面提升发展质效，大力增强内生动力，安全上精益求精、管理上精雕细刻、发展上精耕细作、经营上精打细算，奋力走出一条高质量发展新路。

落实好新发展思路，必须实施“六大提升行动”。公司开展“高质量提升年”，是传承也是突破。其中，“高质量”是核心，“提升”是关键，就是要通过大力实施“六大提升行动”，固根基、补短板，扬优势、抓重点，推动高质量发展稳中有进、稳中提质，努力抢占发展制高点。

（一）大力实施党建引领提升行动

坚持党的领导、加强党的建设，是国有企业的独特优势，是必须贯穿始终的重大政治原则。公司上下要时刻牢记“看北京首先从政治上看”，坚决贯彻国家电网公司党组 1 号文件部署，增强政治敏锐性和鉴别力，以高质量党建引领企业高质量发展。

以首都意识坚守政治站位。作为距离党中央最近、服务党中央最直接的首都能源骨干企业，在旗帜鲜明讲政治上必须有更高标准、更严要求。要在学习习近平新时代中国特色社会主义思想上持续发力、久久为功，树牢“四个意识”、坚定“四个自信”，增强践行“两个维护”的政治、思想和行动自觉。要大力弘扬“人民电业为人民”的企业宗旨，持续优化服务，自觉接受监督，严肃整治漠视侵害群众利益的行为。

以首要任务抓好党的建设。抓发展首先要强党建，抓好党建就是最大的政绩，必须在坚持中深化、在深化中发展。要突出“两个一以贯之”，着力加强制度建设，推动党的领导融入公司治理各环节，用长效机制激发管党治党效能。要突出融合融入，找准党建工作与中心工作结合点，大力实施“党建+”工程，推动党的建设与改革发展同向聚合、相融并进。要突出大抓基层，把党建责任传导到“神经末梢”、任务落实到“基层细胞”，充分发挥基层党组织战斗堡垒作用和党员先锋模范作用。

以首善标准履行政治责任。当好服务首都发展先行官，必须自觉把工作放在大局中去认识、谋划和推进，发挥“六个力量”重要作用。要聚焦京津冀协同发展、冬奥会等国家战略，高点定位、主动对接、高效服务，为战略落地提供坚强能源保障。聚焦首都“四个中心”功能建设，高质量规划建设配套电网，持续完善常态化保障机制，助力“四个服务”水平提升。聚焦首都经济高质量发展，巩固既有经验做法，对标国际先进水平，持续加大改革力度，全力构建百姓获得感最强、服务企业成效最好的电力营商环境示范区。

（二）大力实施安全固基提升行动

“首都稳，全国稳”。供电安全事关首都安全稳定大局，是必须坚守的红线和底线。公司上下要树牢“首都无小事、事事连政治”的理念，把解决不平衡不充分问题作为着力点，用大概率思维应对小概率事件，狠抓人、网、管三大要素，筑牢坚如磐石的安全根基。

坚持内外并重，提升电源支撑能力。这是首都供电安全的当务之急，必须立足京津冀协同发展，推动更大范围优化配置资源，提高大电网整体效能。要以增强外受电能力为重点，加快推进外电入京通道建设，进一步优化“多方向、多来源、多元化”外受电格局。要以增强本地电源供给能力为关键，促请政府研究本地新增电源可行性，探索在周边建设点对网电源的可能性，丰富本地发电厂用能品种，进一步提高抵御风险水平。

坚持建管并重，提升电网发展质量。这是首都供电安全的重中之重，必须坚持质量强网战略，推动电网又好又快发展。要提高规划质量，立足电网发展现状、功能定位和现实需求，注重规划的前瞻性、科学性和精准性，统筹谋划“十四五”电网布局，推动各级电网协调发展。要提高建设质量，建立专业顶层深度融合机制，构建涵盖设计、采购、施工、验收全链条、全寿命质量管理体系，努力建设精品工程、国优工程。要提高运维质量，以智能运检体系建设为突破口，以数字技术为传统电网赋能，实现“全网感知、状态监测、预警预判、集约管控”。

坚持软硬并重，提升安全管控水平。这是首都供电安全的治本之策，必须持续在“愿、能、制、效”上下功夫。要突出全员抓“愿”字，在责任链条、教育培训、文化氛围、考核奖励上协同发力，变“要我安全”为“我要安全”。要突出全面抓“能”字，既在物质层面提升电网保障能力，又在队伍层面提升全员保障能力；要突出全过程抓“制”字，建立健全安全运行、风险防控、应急处理等长效机制，不断提高安全管控穿透力；要突出全方位抓“效”字，紧紧围绕效果、效力、效能，严抓严管、真抓实管，坚持“提级管控、顶格处理”，让失责必问、问责必严成为常态，守牢公司发展的“生命线”。

（三）大力实施“两网”融合提升行动

实现排头兵目标，关键要以理念转变为先导，发挥公司地处首都的区位优势、创新优势、窗口优势，在构建具有首都特色的城市能源互联网上精准发力。

依托北京智慧城市建设，在发挥平台价值上求突破。北京世界级智慧城市的建设，为我们延伸产业链、发挥平台价值提供了广阔空间。要助力城市智慧运营，发挥电力“晴雨表”作用，面向政府提供宏观经济、行业发展等能源大数据，准确反映首都转型发展趋势，为城市智慧治理提供支撑。要打造智慧供能体系，加快构建智慧能源服务平台，线下链接政府、商场、园区等各类客户，线上通过大系统共治、大平台慧治、大数据共享，全面满足城市智慧用能需求。要丰富智慧应用场景，以需求为导向，以数据为中心，探索智能充电、智能家居、智能测量等应用场景，全力服务首都居民“七有”“五性”需求。

依托科技创新中心建设，在构建能源生态圈上求突破。北京科技基础雄厚、高端人才汇集，是我们扩大“朋友圈”、打造“生态圈”得天独厚的优势。要构建互利共赢产业联盟，主动对接顶尖高校、科研院所，广泛引智引技引资，联合开展关键技术攻关，提升国网新战略影响力和公司话语权。要构建新兴业务发展生态，围绕“三城一区”等科技创新主平台，深入挖掘能源互联网资源、技术价值，大力推广节能分析、运行托管等增值服务，不断培育新业务新业态新模式。

依托国家重点项目建设，在建设先行示范上求突破。当前，兄弟单位百舸争流、竞相发展，在泛在电力物联网建设的很多领域实现了从“0”到“1”的突破，公司必须擂鼓出征、大胆探索，发挥国家项目影响力和窗口作用，因地制宜将更多“首都方案”推广成为“国网示范”。首都核心区突出坚强智能，探索政治供电智慧保障示范；城市副中心突出“两网”融合，探索城市智慧能源互联网示范；冬奥会突出绿色低碳，探索绿色电网示范；新机场突出多能互补，探索综合能源服务示范。

（四）大力实施经营创效提升行动

公司作为一个企业，只有坚持不懈提质增效，才能实现可持续发展、履行好“三大责任”。特别是当前经营形势异常严峻，必须树牢过紧日子理念，更加注重质量、效率和效益，打好“三张牌”，推动公司从规模扩张型向稳健经营型转变。

打好管理牌，挖潜力。公司要盈利，经营要解困，根本在转变经营发展理念，关键靠科学管控机制。要建立以有效资产为核心的投入产出考评机制，以产出定投入，以利润定投资，做到投资计划、执行、评估“三个精准”，确保有限资金用在刀刃上。建立以多维管理变革为核心的精益管理机制，贯通融合业财链路，推动经营活动全方位管控，实现资金、资产、资本集约高效利用。建立以模拟市场为核心的经营管理机制，实施内部利润和资产负债率“双模拟”、薪酬和成本“双挂钩”，层层传导经营压力。建立以“量价费损本利”为核心的指标监控机制，加强全过程分析和管控，实现量减质不减、本降效更优。

打好市场牌，激活力。市场是企业生存发展的基础，必须认识市场、适应市场、拥抱市场。要以拓领域做大市场总量，坚持“成熟领域全覆盖、新兴领域大力推、创新领域试点抓”，积极发展电能替代、智慧车联网等市场，不断提高占有率。要以提效率做优市场增量，以贴近客户为导向，推动要客服务定向化、业扩服务便利化、城乡服务一体化，快速响应各类市场主体用电需求。要以优服务做强市场存量，聚焦客户“痛点”“难点”，变“坐商”为“行商”，变线下服务为线上服务，变大众服务为差异服务，以一流服务赢得客户、赢得市场。

打好环境牌，添动力。良好环境是企业又好又快发展的重要保证，要坚持电网发展成果由社会共享、发展责任由社会共担，积极与政府构建“命运共同体”。聚焦政策环境优化，主动融入首都发展大局，与各级政府建立长效联动机制，在电价政策等根本性问题上赢得支持，实现同向发力、协作发展。聚焦发展环境优化，抢抓北京城市总体规划落地契机，促请政府加大征地拆迁、财政补贴等支持力度，营造更为和谐的发展环境。

（五）大力实施改革攻坚提升行动

改革是破解难题的金钥匙。国家电网公司1号文件对深化改革作出全面部署，我们必须找准突破口，统筹推进内外部改革，为公司高质量发展注入强大活力、激发蛰伏潜能。

在落实改革部署上下功夫。中央推进改革的力度前所未有，各项改革已进入深水区和攻坚期。国家电网公司深入推进改革攻坚，将根据国资委国企改革三年行动方案，明确下一步改革的时间表、路线图和任务单。公司上下要认真落实上级改革精神，准确把握改革的方向、力度和节奏，积极稳妥推进电力体制改革、国资国企改革等各项部署，进一步释放改革红利。

在深化内部改革上下功夫。“三型两网”建设既是生产力大发展，也是生产关系大调整，必须以自我革命的勇气冲破体制机制束缚。要深化“放管服”改革，持续科学大胆地“放”，严格规范地“管”，主动到位地“服”，明晰各级权责利，增强本部的领导力和服务力、基层的执行力和活力。要深化“三项制度”改革，持续在“六能”上做文章，强化员工契约化管理，引入市场化选人用人、薪酬分配等激励机制，充分调动全员积极性、主动性和创造性。

在提高治理能力上下功夫。这是落实党的十九届四中全会精神的必然要求。要更加注重制度建设，加快构建系统完备、科学规范、运行有效的企业制度体系，推动以制度管人管权管事，不断让制度优势转为企业治理效能。要更加注重基层基础，深化职责、流程、标准、考核应用，实现事事有监督、环环有管控，全面提升公司整体运营效率。要更加注重风险防控，以合规管理为主线，加强人、财、物等重点领域管控，及时化解各类风险隐患，确保公司发展行稳致远。

（六）大力实施作风优化提升行动

作风就是形象，作风就是力量。将美好蓝图变成现实，必须抓牢“严”和“实”，以严塑形，以实筑基，不断锤炼担当作为硬作风，凝聚干事创业正能量，开创公司发展新局面。

领导人员要争当引领发展的“领头雁”。队伍好不好，关键看领导，各级领导是作风建设的风向标。要有开阔高远的宽视野，善于观大势、谋大局，跳出北京看北京、跳出行业看电力、跳出现状看趋势，做到因势而谋、应势而动、顺势而为。要有善作善成的真本领，善于在战略部署上“扣扣子”、在责任履行上“担担子”、在任务落实上“钉钉子”，始终做到扛得了重活、打得赢硬仗。要有真抓实干的铁担当，始终勤下实功强内功，少做虚功争表功，以赤子之心躬耕理想，以勤奋之行俯身发展，以业绩之实回馈企业。要有雷厉风行的快节奏，心里面揣着事、脑子里想着事、眼睛里看着事，对任何工作说了就办、定了就干、干就干成，努力跑出加速度、闯出新天地。

管理人员要绘好协调各方的“同心圆”。各级管理人员是公司承上启下的中坚力量，既要当好指挥员，更要做好战斗员。要树立大局观，坚持全局一盘棋，凡事多补位、多配合、多沟通，种好责任田，搞好大合唱，凝聚团结攻坚磅礴力量。要树立务实观，沉下心来强管理，踏踏实实抓发展，谋实招、办实事、见实效，用实实在在的硬成效彰显价值。要树立基层观，多换位思考、勤听取建议，想基层之所想、急基层之所急、办基层之所需，真心诚意地为基层解难事、做好事。要树立争先观，秉持“跳起来摘桃子”的进取精神，凡事向标杆努力、向一流看齐，臻于至善、追求卓越，干就干最好、做就做最优。

广大职工要成为干事创业的“主力军”。职工是推动公司事业发展的力量源泉，必须弘扬劳模精神、工匠精神，努力造就有理想守信念、懂技术会创新、敢担当讲奉献的职工队伍。要爱岗爱企，增强主人翁意识，在岗言岗、在岗爱岗、在岗为岗，在平凡的岗位创造非凡的业绩。要精益精湛，始终保持执着的态度，立足本职勤学习、多思考，掌握真本领、练就硬功夫，争做专业领军人才和技术能手。要拼搏奉献，拿出谦虚谨慎、低调务实的态度，在创新的最前沿勇攀高峰，在服务的第一线贡献力量，以实际行动不断推动公司发展。

三、2020年重点任务

2020年工作总的要求是：坚持以习近平新时代中国特色社会主义思想为指导，深入落实国家电网公司三届五次职代会暨2020年工作会议部署，牢牢把握稳中求进总基调，以党的建设为引领，以安全稳定为基础，以改革创新为动力，以队伍建设为保障，全面开展“高质量提升年”，加快推进“三型两网”世界一流能源互联网企业建设，更好地服务首都经济社会发展。

主要发展和经营目标：发展总投入128.6亿元，其中电网投资120.26亿元。开工110kV及以上线路283km、变电容量312万kVA，投产110kV及以上线路282km、变电容量721万kVA。售电量1084亿kWh，同比增长2.1%。营业收入690.11亿元，同比增长0.2%。实现利润−27.84亿元。资产总额1168.25亿元，资产负债率控制在69.9%以下。确保业绩考核位列A段。不发生人身死亡、重伤事故，不发生五级及以上电网、设备和网络安全事件。城网、农网供电可靠率分别达到99.995%和99.967%，综合电压合格率分别达到99.995%和99.800%。

重点抓好八个方面工作：

（一）推动首都安全供电提高新水平

确保电网运行平稳。宣贯新版《电力系统安全稳定导则》，落实重大安全风险管控要求，科学安排运行方式，强化密集输电通道、枢纽变电站运维。结合张北柔性直流工程等项目投产，深化电网特性研究，优化调整电网分区和运行控制策略。度夏前完成220kV永定站主变压器扩建等100项电网补强工程。开展“排雷”行动和家族性缺陷整改，提升二次系统运行可靠性。建立多专业参与的主、配网运行季度分析会商机制，及时发现解决薄弱环节。加强应急能力建设，完善应急预案体系，与政府联合开展应急演练，全面提升实战水平。健全政治供电常态化机制，稳妥推进中南海等重点区域供电可靠性提升工程，确保冬奥测试赛、全国两会等重大活动保电万无一失。

狠抓现场安全管控。深化安全监督体系建设，发挥三级督查队作用，加大现场反违章力度，督导落实“两票三制”“十不干”等要求。深化两级安全管控中心建设，强化作业现场数字化终端应用，推行远程监控和现场督查互为补充的查纠违章机制。加强外包队伍、人员“双准入”管理，健全质量信用评价体系，严格执行退出机制。持续深化基建改革12项配套措施，强化基建“e安全”应用，打造标准化作业层班组，抓实人员、计划和风险管理。加强产业单位安全同质化管理，实现“同标准、同评价、同考核”。

提升设备运维水平。适当提高设备档次水平，优选可靠性高、技术成熟的设备。刚性执行新版十八项反措，推进57处输电“三跨”治理、5座老旧变电站改造。深化电气火灾综合治理，在59座变电站、773座配电站室加装固定灭火系统，加快126km隧道火灾隐患整治。组建六氟化硫专家队伍，开展危化品专项监督检查。抓好首台首套、换流站等风险管控，持续提升状态感知和缺陷诊断能力。开展配网故障大数据分析，落实差异化管控措施，全年故障停电时户数压降10%以上。

夯实安全管理基础。严格执行全员安全责任清单，全覆盖开展各单位安全生产巡查，严格领导班子年度、分管领导季度、安全总监月度安全述职，突出抓好“三种人”等关键岗位人员安全责任落实。开展安全等级评价，强化安全教育培训，提高各级各类人员履职能力。适应技术和设备变化，完善相关规程和制度。修订安全工作奖惩规定，加大安全专项奖向基层倾斜力度，生产一线人员奖励额度占比不少于70%。

（二）推动首都电网发展取得新突破

加强规划和前期工作。围绕首都“四个中心”功能定位和能源发展“两个50%”目标，树立新发展理念，高质量编制公司和电网“十四五”发展规划。积极推进与各区签署战略合作协议，推动电网规划成果全面纳入控制性详规。加快可研初设一体化建设，确保可研环节达到初步设计深度，减少设计变更。加强重点工程前期攻坚，500kV CBD、220kV 潞城保障中心取得规划意见书和立项核准。全年取得110kV及以上可研批复50项、立项核准40项。持续完善依托政府的前期拆迁赔偿工作机制。

高质量推进重点工程。高效推进500kV工程建设，通州扩建工程6月投产，顺义增容工程9月开工，北京东—通州（北京段）工程12月建成，有序推进通州北工程。加快建设岳各庄等220kV工程，实现“8开工、11投产”，稳步实施南苑、聂各庄站调相机工程。全年投产首体等29项110kV工程，完成京雄高铁等33条线路迁改。中心库二期5月取得不动产登记证，应急防恐储备库7月主体完工，亦庄备调中心8月主体完工。

提升工程管控水平。健全工程前期和项目前期一体化机制，做深做实项目储备。积极推进工厂化加工、模块化建设、机械化施工，提高建设质量和效率。强化估算、概算、预算、结算、决算对比评价，精准管控工程造价。建立基建专业量化考核机制，加快“智慧工地”迭代升级应用，规范全过程精益管理。深化协议库存采购模式，及时高效保障重点工程物资需求。

（三）推动泛在电力物联网建设迈出新步伐

迭代完善顶层设计。加强与政府联动，争取将泛在电力物联网建设纳入北京市“十四五”规划，在智慧城市、网络强国、数据服务等重点领域形成战略合作。坚持“小投入、大产出”，建立投入产出验证评估机制，严防低效投资。聚焦“两网”融合并进，发布公司2020年泛在电力物联网建设“1+5+40”方案。

持续夯实基础支撑。加强数据“盘规治用”，6

月底前发布数据目录和共享负面清单，建成大数据应用商店。统筹技术标准，建成统一物联管理平台，安装 2.97 万台“国网芯”智能配变终端。推进电网和客户侧物联网及实物 ID 建设，拓展应用场景。实施骨干传输网改造等 6 项工程，强化通信保障支撑能力。深化营配贯通优化提升，完成 400 万户高速载波采集设备换装，台区户变关系自动识别率达到 99.8%，停电信息分析到户率提升到 95%以上。推进移动应用整合，切实做到为基层减负。开展信息系统“瘦身健体”行动，清理下线僵尸系统，深化已建系统应用。坚持人防、技防、管防并重，构建全场景网络安全防护体系，常态化开展实战攻防演练。以技术研究、实战靶场和安全检测为重点，推进网络安全实验室开放共享。

推动重点项目落地。加快企业中台建设，3 月底前建成云平台、数据中台。深化电网资源和客户服务中台建设，注重沉淀共性业务和数据资源，推动形成企业级共享服务。完善 GIS 平台云架构功能，实现云化部署。加强源网荷储协同服务，尽快在综合能效服务、电动汽车充电等领域取得突破。聚焦 5G、区块链等前沿技术，探索应用场景和商业模式。加强现代智慧供应链建设，依托供应链运营平台和磁各庄储检一体库，实现物资全业务质效提升。深化多维精益、网上电网等场景推广应用，强化电缆专业精益化管理示范。联合政府组建能源大数据中心。

（四）推动为民服务展现新作为

持续优化电力营商环境。认真落实国家《优化营商环境条例》，加快推进“一网通办”“一证办电”。大力实施阳光业扩，宣贯执行国家电网公司新修订的服务“十项承诺”、员工“十个不准”。提升线上办电效率，确保对外承诺接电时限严格执行到位。落实国家降价方案，协助政府清理规范转供电加价。

完善服务体系。深化社区客户经理“网格化”服务，完善标准规范，提升服务质效。建成 6 个“三型一化”智能营业厅，实施“全能型”乡镇供电所“六个一”提升工程，提高前端服务质量。发挥供电服务指挥中心作用，强化服务过程全景监控，构建支撑到位、高效协同的服务大后台。

提升服务品质。持续优化“国网北京电力”微信营业厅等线上服务渠道，确保常规业务全线上办理。全年新采集 230 万户客户信息，实现全覆盖。深化客户关系平台应用，为 880 万客户精准“画像”。强化 95598、12345、12398 等热线诉求管控，客户投诉再压降 10%，12345 综合排名保持全市前列。深化党政军等集团要客服务，落实 20 项定向服务举措，提供差异化延伸服务。配合政府完成 126 个老旧小区改造。

（五）推动提质增效取得新进展

做好电价电量电费工作。继续做好第二周期输配电价核价收尾工作。快速响应客户用电需求，全年完成接电容量 800 万 kVA。拓展电能替代深度和广度，新建 543 个公共充电桩，建成 10 项公交外电源工程，全年完成替代电量 30 亿 kWh。完成大兴机场临空经济区、城市副中心和中央商务区等区域综合能源规划，加快重点项目落地，全年实现综合能源营业收入 2.1 亿元。落实“一户一策”措施，确保当年电费按期足额回收、陈欠电费基本清零。联合中国人民银行，将欠费及窃电行为纳入征信体系。大力开展营销稽查和反窃查违工作。

加强精益管控。落实国家电网公司严控电网投资要求，精准测算投资能力，将有限资金投向保政策、保安全、保效益的项目。加强综合计划和预算管控，开展电网诊断分析和项目投资后评价，全面规范投资行为。强化同期线损“三巩固、一推广”管理，加强高损负损线路台区治理，确保全年综合线损率降至 5.95%。精准匹配资金收支，科学安排融资节奏，有效降低融资成本。开展电网资产账卡物一致专项治理，夯实有效资产基础。深化多维精益管理变革，完善和推广项目优选、自动竣工决算应用，构建业财共建共享的数字化价值反映体系。推行年度融资预算与现金流“按日排程”闭环管理，深化收付款“省级集中”，提高资金使用效率。

大力开源节流。积极争取政府政策和资金支持，全年落实外部资金 30 亿元。加大全口径房产土地管理力度，实现全年合同收入 1.7 亿元。全面开展降本节支专项行动，严格按照市发改委核价小时数控制燃气电厂发电量，推动财务折旧与监管折旧逐步趋同，精益管控检修成本。全年车辆使用及应急费用整体压降 15%。严控“三公经费”及会议费支出，深入推广“国网商旅云”应用。健全平衡利库长效机制，切实压降两金规模。

（六）推动管理提档再上新台阶

完善管理机制。优化经济活动分析季度例会机制，挖掘“量价费损本利”数据流价值，强化“事前、事中、事后”闭环管控，破解经营痛点难点。健全业绩考核评价体系，客观衡量各单位业绩贡献，合理拉开考核结果差距。推行“增人不增资、减人不减资”机制，科学核定工资总额，加大向一线核心业务倾斜力度，引导员工扎根一线。加强对标过程分析，实行月监控、季通报，促进管理水平提升。深化供电公司内部对标管控，优化指标目标值，择优组织2～3家申报卓越绩效标杆企业。

强化合规管理。严格重大决策合法性审核，强化重点领域法律风险防控。深化法律服务中心运营，打造专业骨干团队，维护公司合法权益。做好国家重大政策落实和冬奥会建设管理审计配合。全面推行数字化审计，开展降本增效、“三供一业”改造等专项审计，完成9家单位领导人员经济责任审计和419项工程项目审计，试点开展典型工程项目经济效益后评审。聚焦未施先结等突出风险，抓好5类551项审计问题整改。持续做好民营企业款项清欠工作，严防发生新欠。

（七）推动改革创新取得新成效

坚决落实改革部署。上半年完成首都电力交易中心股份制改造，规范建立“三会一层”法人治理结构。扩大市场化交易规模，全年实现交易电量263.9亿kWh。上半年完成566项“三供一业”配电设施改造任务。6月底前完成产业深化改革任务，重塑监管架构和运营模式，实现有效分离和规范管理，推动电工制造、后勤物业转型升级。实施“三清一控”综合治理专项行动，摸清资产家底，理清债权债务，一企一策定措施、抓整改、消隐患。开展内控和合规体系建设，围绕分包管理、关联交易等重点领域，健全管理流程，完善制度体系，推进新一代产业ERP落地。围绕“三型两网”建设，加大业务延伸和市场拓展，完善激励机制，确保实现年度收入125亿元以上，充分发挥“第二梯队”作用。

加快内部改革步伐。动态评估两批“放管服”清单实施情况，提前做好总部第三批下发事项承接准备。深化“三项制度”改革，逐步推行岗位聘期制，强化绩效考核结果应用。适应“三型两网”建设，设置“动态岗位+浮动岗级”。推进通州公司“三型两网”组织体系和机制创新综合试点建设，力争在新兴业务拓展、柔性团队运营等方面形成可复制的经验。

强化科技成果转化。积极推动国家重点项目研究，加快推进低碳冬奥智能电网综合示范、5G网络化改造及服务平台应用。制定公司三年科技指南，加强“三型两网”等重点领域科研攻关。发布科技成果转化目录，建成国内首条充电设备综合检测流水线。联合5家高校及外部机构组建柔性团队，打造公司科技智库。申报省部级及以上科技项目2项以上。

激发全员创新热情。推进“电能替代技术联合实验室”“先进配电自动化与配电网优化控制联合实验室”2个国家电网公司重点实验室开放共享。举办科技成果发布会和技术专家论坛，搭建技术人才交流平台。发挥职工创新工作室、青创赛等平台效能，建立双创项目立项、成果孵化转化模式，试点打造众创空间，营造全员全方位创新氛围。

（八）推动党的建设开创新局面

坚持政治建设统领。巩固主题教育成果，坚持和完善理论学习中心组、党支部“三会一课”等学习制度，抓好习近平新时代中国特色社会主义思想大学习、大普及、大落实。总结推广主题党日、党务共建等经验做法，创新微党课、微宣讲等形式载体，引导公司上下强化党性教育，增进理解认同。坚持制定与执行相统一，完善党的领导制度体系，健全理论学习培训、经常性检视反思等长效机制，持之以恒强根固魂。

提升党建工作质量。落实《中国共产党国有企业基层组织工作条例（试行）》，开展“夯基础、提质量”专项行动，提升基层支部标准化、规范化水平。逐级细化完善党建责任清单，发挥支部委员作用，促进党务人员明责履责尽责。围绕中心工作实施“党建+”工程，推动党建与业务深度融合。规范党员服务队管理，完善爱心服务机制，着力提升服务品质。注重在基层一线发展党员，逐步消除空白党员班组站所。

深化党风廉政建设和反腐败斗争。贯彻十九届中央纪委四次全会精神，强化对权力运行制约和监督，一体推进不敢腐、不能腐、不想腐建设。加强党内监督，促进“四个监督”统筹衔接。细化落实“两个责任”清单，常态开展两级班子履责约谈。以党风带行风，纵深推进“抓整改、除积弊、转作风、为人民”专项行动。以政治体检为重点，完成11家单位巡察工作，实现全覆盖。

强化各级领导人员队伍建设。坚持好干部标准和国有企业领导人员“20字”要求，统筹推进领导班子和领导人员队伍建设。优化队伍结构，建立“三个100”优秀年轻领导人员储备库，加大人才交流锻炼力度。做深做实日常考核，建立履职档案和负面清单，围绕25种“下”的情形加大问责力度。实施青年人才托举、专业人才提升、紧缺人才育成“三大工程”。

营造和谐稳定氛围。贯彻《中国共产党宣传工作条例》，抓好思想政治和意识形态工作，扎实推进融媒体平台运营。及时关注社会热点和突发事件，防范化解舆情风险。开展“三型两网”建设劳动竞赛，营造创先争优浓厚氛围。关心关爱职工，组织综合文化体育节，开展暑期托管等关爱行动，年内改造72个供电所和班组用房。深入开展“青年大学习”，抓实青创联盟和创新工作站建设。稳妥推进退休人员社会化管理，落实离退休人员“两项待遇”。加强互联网时代下的企业信息安全及保密、档案管理，做好信访维稳工作。

突出首都特色　坚持争先发展
高质量建设具有中国特色国际领先的能源互联网企业

——国网北京市电力公司第四届职工代表大会第一次会议暨2021年工作会议报告（摘要）

（2021年1月26日）

这次会议的主要任务是：以习近平新时代中国特色社会主义思想为指导，认真贯彻国家电网公司四届一次职代会暨2021年工作会议精神，落实北京市委市政府部署，总结2020年和“十三五”工作，深入分析形势，明确“十四五”发展思路，安排2021年任务，突出首都特色，坚持争先发展，高质量建设具有中国特色国际领先的能源互联网企业，全力服务北京国际一流的和谐宜居之都建设，确保“十四五”发展开好局、起好步，以优异成绩迎接建党100周年。

一、2020年及“十三五”工作回顾

面对新冠疫情肆虐、经营创效严峻、重点任务叠加、风险困难交织等艰巨挑战，公司上下深入学习贯彻习近平总书记重要讲话和重要指示批示精神，坚决落实国家电网公司和北京市委市政府决策部署，知难不畏难、有苦不言苦，以“12912”落地方案谋篇布局，以“高质量提升年”破题开路，重点工作样样出色、重要成果不断涌现，在重重挑战之下取得业绩考核名列第四的优异成绩，全年交出一份极为提气、极不平凡的出色答卷。全年售电量1057.5亿kWh，同比降低0.38%。营业收入639.28亿元。发展总投入123.2亿元，其中固定资产投资115.51亿元。资产总额1123.45亿元。资产负债率64.74%。

这是众志成城、慎终如始，疫情防控战果显著的一年。守牢了“双零”阵地。面对突如其来的疫情，第一时间启动应急响应，及时出台两批14项举措，因时因势完善差异化措施，积极支援河北疫情防控供电保障，全年工作始终有条不紊、忙而不乱。坚持以人为本、生命至上，全面落实重点人员核酸检测等措施，迅速高效应对丰台新发地、顺义、大兴等突发疫情，在风险挑战不断涌现的情况下始终保持全员零确诊、零疑似。点亮了抗疫明灯。坚持特事特办、急事急办，争分夺秒建成小汤山、地坛等6家医院外电源工程，全国首座气膜式检测实验室仅用8小时通电。密切跟踪防控形势，动态梳理保障名单，累计投入保障人员6.5万人次、发电车1.3万台次，保障了200余户重要客户供电始终万无一失。全市207万户居民享受“欠费不停电”服务，60余家商场享受缓交电费政策，为社会增添了暖色调。先后编制217期“复工复产电力指数”，为市委市政府科学决策提供了有力支撑。发挥了党建优势。将疫情防控作为守初心担使命的考场，明确发挥党组织和党员作用7项举措，29个临时党组织、138支党员先锋队伍、16支青年突击队战斗在最前沿，1459名党员社区“双报到”，31名党员干部深入疫情严重地区开展志愿服务，全体党员踊跃捐款60余万元，党旗始终在一线高高飘扬。疫情期间，涌现出连续坚守中南海、逆行新发地、两级调控人员封闭值班百余天等感人事迹。公司1个集体、1名同志荣获国网抗击新冠肺炎疫情功勋集体和个人。

这是敢于担当、善于作为，责任央企形象彰显的一年。服务冬奥会坚强有力。积极践行办奥理念，12项配套输变电工程全部提前投产，创造12项世界第一的张北柔直工程建成投运，助力冬奥场馆首次实现全绿电供应。“一体化”服务保障模式覆盖11座场馆，全部8座竞赛场馆配电设施提前投运。举全公司之力组建23支场馆保障团队，从东三省引入13名高山速降滑雪人才充实保障队伍，圆满完成雪车雪橇中心场馆认证活动保电任务。在奥运史上首次建设电力运行保障指挥中心（EOC），对内整合25个系统和16个冬奥场馆信息，对外对接冬奥组委主运行中心（MOC），实现信息全方位覆盖、指挥全智慧穿透、赛事全过程保障、客户全流程服务。服务优化营商环境精准有方。不折不扣执行国家降价政策，全年降低社会用电成本23.26亿元。紧扣世行“获得电力”排名持续提升的关键，促请政府进一步出台占掘路免审批政策，在全国率先推动将财务遏制机制等改革成果纳入地方法规，“三零”服务已惠及小微企业4.48万户，节省企业投资超19亿元。积极配合政府清理转供电环节不合理加价，将电价政策红利及时足额传导到终端用户。作为唯一省公司代表，在国家能源局“获得电力”服务水平提升工作推进会上交流经验。服务“新基建”部署主动有为。全年新建3242个充电桩，投产10项公交外电源工程，亚洲最大单体智慧有序充电站在城市副中心环球影城建成，公司充电桩总量突破2万个，成为全

市规模最大的公共充电服务运营商。国网首家开展充电业务委托经营，充电电量、充电桩利用率分别增长35%和28%。统筹推进数字新基建47项重点任务，建成企业级云平台和数据中台，完成43套业务系统云化部署和724项大数据应用场景构建。能源大数据中心基础服务平台建成投运，率先在通州、海淀“城市大脑”落地应用。建成丰台东管头、怀柔北房2座多站融合数据中心站。服务首都百姓积极有效。完成46个村、2.91万户“煤改电”工程，全市电采暖客户超过130万户，公司第二大供暖企业地位更加凸显。进入采暖季后，主动将6类274万供暖客户纳入保障范围，温暖首都百姓2000余万人。健全“接诉即办”机制，客户投诉、95598话务量、12345工单分别下降66.25%、40.48%、18.13%，客户服务满意度蝉联国网第一，12345排名保持全市前列。

这是战略引领、宏图徐展，国网部署精彩实践的一年。战略谋划绘就了“同心圆”。主动对接国家电网公司战略体系，牢牢把握地处首都的使命和优势，群策群力制定了“12912”首都落地实施方案，坚定了“争先锋、站排头”的高远追求，提出了提前一年基本建成具有中国特色国际领先的能源互联网企业的奋斗目标，制定了两大先行示范区、九大战略落地工程、十二大特色示范区的实施方案，形成了体系完备、特色鲜明、便于执行的“施工图”。落实产业升级战略，高质量编制发布“1+4”实施意见，年年有目标、年年有任务，力争每年有突破、三年上台阶。战略实施按下了“快进键”。各部门、各单位凝聚共识、形成共为，推动战略宣贯进基层、进站所、进一线，形成了一批各具特色的创新实践。以战略为统领，已与14个区政府签署战略合作协议，在“零前期”“零土建”等政策争取上实现新突破，仅上述区域在“十四五”期间就能节约电网投资超277亿元。

这是严抓严管、强基固本，首都供电安全可靠的一年。政治保电万无一失。面对2021年政治保电新情况新挑战，完善保障措施，付出超常努力，既积极克服了疫情防控等预料之中的困难，又有效应对了极端天气等意料之外的挑战，圆满完成全国两会、服贸会、党的十九届五中全会等重大活动保电。全年累计完成保电任务157项、天数291天，全部实现万无一失保障目标。电网运行平稳有序。加强北京电网特性研究，制定分区优化调整方案，有效缓解局部短路电流超标和网架结构性问题。坚持主、配网运行分析会商机制，及时制定5863项风险管控措施。度夏度冬期间，面对现场作业交织、超低温天气等挑战，科学安排电网运行方式，健全两级日会商机制，成功应对2457万kW历史最大负荷考验。广大干部职工迎酷暑、抗严寒，闻令而动、听令而行，共同守护了首都电网安全运行和电力可靠供应。安全体系更加完善。严格落实安全生产责任制，修订全员安全责任清单8447项，完成16家单位安全巡查。健全“双准入”机制，实现全员持证上岗，2家单位纳入负面清单、28家队伍停工整改。持续开展产业单位施工能力标准化建设，落实“五严格五强化”措施。加大安全工作奖惩力度，生产一线人员奖励占比超过90%。风险隐患防控有力。扎实开展安全生产专项整治三年行动、“查风险、治违章、抓落实”安全大检查等专题活动，排查治理风险隐患1995项。严格执行风险管控机制，确保了1774项高风险作业安全的可控在控。加大老旧设备改造力度，完成117处输电线路“三跨”治理、16.3km老旧电缆隧道加固、59座变电站和773座配电站室消防改造。建成全场景网络安全态势感知平台，全年拦截网络攻击260万次，以一分未失的好成绩圆满完成2020年网络安全攻防演习任务。

这是攻坚克难、全面发力，经营质效稳中有进的一年。挖潜增收有广度。面对经营“五难”，制定实施6方面102项提质增效举措，对冲减利70.87亿元，超额完成目标。积极沟通汇报，落实政府支持资金40.3亿元。创新“煤改电”投资模式，争取到市区两级政府承担山区80%、平原地区60%投资。全力推进四类外部资金工程，完成533项、70.67亿元结算转资。大力实施“阳光业扩”，实现接电840.54万kVA。持续深化电能替代，完成替代电量31亿kWh。推广“1+4”综合能源产品，实现营业收入3.78亿元，大兴自贸区示范项目建成投运。整合利用房产、杆塔等资源，实现租赁收益2.32亿元。国网首家开展市场化碳配额交易，实现收益400万元。降本增效有力度。狠抓线损管理，高损线路、台区分别压降80.4%、81.6%，综合线损率压降1.83个百分点。严格成本管控，非生产性支出压减6%，“三公”经费及会议费同比降低48.24%，车辆使用及应急费用同比降低15%。用足用好燃煤机组关停替代等政策，节约成本支出4.6亿元。全年燃气机组发电量较计划减少104小时，减少购电成本1.38亿元。清查资产和设备卡片共计237万张，延寿使用有效资产7亿元，有效降低折旧费用。推动“两级两阶段”平衡利库，盘活利用工程退出和库存物资2.28亿元。克服疫情期间社区封闭等诸多困难，建立“日管控、周通报”机制，发扬“三千精神”，实现电费回收率100%，营销反窃查违挽回收入5975.1万元。精益管理有深度。聚焦“量价费损本利”关键指标，深化经济活动定期分析，构建内部利润和资产负债率“双模拟”经营传导责任链。搭建财务数字化经营管理平台，部署 77 项应用场景。创新实践“网上电网”，成功上线运行 6 类特色功能，试点成果走在国网前列。坚持依法主动维权，避免和挽回经济损失 5845.8 万元。圆满完成国家审计署冬奥跟踪审计和国家电网公司 3 项经济责任审计迎审，整改问题 539 项。

这是抢抓机遇、乘势而上、电网发展提质提速的一年。规划前期全面推进。主动对接北京新版城市规划落地，高质量编制“十四五”北京电网规划和 11 个专项规划，完成亦庄新城、怀柔科学城等区域配套电网规划。落实首都功能核心区控制性详细规划任务，明确 7 大类、17 项重点举措。加大前期攻坚力度，受阻十余年的500kV CBD变电工程取得规划意见书和立项核准，全年取得工程核准 42 项。重点工程全面突破。克服工期多次受挤压影响，全年开工 110kV 及以上线路 231.83km、变电容量 545.9 万 kVA；投产 110kV 及以上线路 289.84km、变电容量 687.75 万 kVA。500kV 通州扩建工程建成投产，顺义增容工程开工建设。220kV 实现“10 开工、12 投产”，岳各庄、玉渊潭等一批重点工程顺利投运。110kV 实现“20 开工、30 投产”。京沈客专等 35 条线路完成迁改，有力保障国家项目实施。应急防恐储备库、亦庄备调中心完成主体建设。建设管控全面加强。持续深化基建改革配套 12 项措施落地，建设标准化作业层班组 189 个。创新“三算”造价管理机制，建成全过程数字化管理平台。公司荣获国家电网公司输变电优质工程金奖 1 项、银奖 2 项。全面升级公司现代智慧供应链，京电智能库和物资质量检测中心如期建成，供应链管控平台和“e 物资”移动作业全面应用。

这是开拓进取、蹄疾步稳、改革创新成果丰硕的一年。电力改革取得突破。历经两年不懈努力，配合完成第二轮输配电价核定，争取到重要参数高限核定等成果，解决了华北电网输电费分摊比例下调等长期想解决而未解决的问题。首都电力交易中心完成第一阶段股份制改造任务，公司持股比例降至 70%。市场化电力交易规模不断扩大，新增入市用户 312 户，全年完成交易电量 104.7 亿 kWh。国企改革稳步实施。制定公司落实国企改革三年行动方案，实施对标世界一流管理提升工作。圆满完成 554 项“三供一业”工程改造和转资工作，仅用四个月时间完成了三年的任务量。加快推进省管产业转型升级，全面落实市场攻坚 18 项举措，全年实现营业收入 129.5 亿元、利润 3.85 亿元。深入开展产业单位“三清一控”和问题整改再审计，摸清家底，防范风险。用心用情做好政策解释等工作，退休人员社会化管理任务基本完成。内部变革纵深推进。优化“战略+运营”管控模式，编制自主决策 114 项负面清单，制定第三批“放管服”52 项下放事项承接举措，向基层放权赋能 32 项，进一步激发了企业活力。探索用工契约化管理，在 700 个所长班长、管理岗位试点实行聘任制。推进多元薪酬激励，全面实施一线核心岗位浮动薪级，在 8 家单位试行绩效工资分配和“一业一策”绩效管理。完成电动汽车、综合能源公司模式调整改革任务。科技创新成效显著。召开公司科技创新大会，全面实施“新跨越行动计划”，出台加快人才高质量发展、加强科技创新工作两个意见，发布能源互联网技术研究框架，搭就了科技创新的“四梁八柱”。启动人才培养“四大工程”，选拔聘任特级、一级专家 64 名。牵头项目荣获北京市科技进步二等奖 2 项，国家电网公司科技进步一等奖 1 项、三等奖 2 项，2 项 QC 成果获得国际质量管理最高奖项，获奖数量质量创历史新高。

这是强根铸魂、创先登高、党建引领厚植优势的一年。坚持把政治建设摆在首位。召开党委中心组学习 16 次、领导班子集中研讨 45 次，及时跟进学习习近平总书记重要讲话和重要指示批示精神，迅速贯彻党的十九届五中全会精神，广大党员干部“四个意识”更加牢固，“四个自信”更加坚定，“两个维护”更加自觉。扎实推进“基层党建巩固提升年”，完成“夯基础、提质量”16 项任务，在全部 17 个专业实施“党建+”工程。规范基层党组织述职评议、量化计划管理，消除党员空白班组 67 个。启动“全体党员回党校”活动，累计培训党员 2980 人次。巡察利剑挺纪在前。动真碰硬整改中央巡视发现的问题，“见底清零”专项行动和“回头看”自查任务全部高质量完成。坚持“三个一抓到底”，完成 11 家单位内部巡察，实现基层单位全覆盖。制定第一轮巡察负面清单 78 项，持续深化自查自纠。明确全面从严治党“两个责任”清单 47 项、年度任务 57 项，开展两级履责约谈 1665 人次、各类监督 641 次。队伍素质不断强化。贯彻新时代党的组织路线，注重“四个打破、四个坚持”，一批在大战大考、急难险重任务中表现优异的干部得到重用。实施优秀年轻领导人员“三个 100”工程，时隔 7 年再次举办青干班。严把专家人员选拔标准，强化专业部门全程参与，人才质量显著提高。宣传工作成效突出。认真落实意识形态工作责任制，高频次、全方位开展主题传播，《人民日报》等主流媒体报道 2680 篇，中央电视台《新闻联播》先后 7 次报道公司工作，《2020“市民对话一把手”》专题报道公司服务首都营商环境优化成效。全国两会期间，接受中央广播电视总台专访，讲出了国家电网公司落实中央部署的责任担当。成功承办央视电力天路惠民生——“张北绿电”点亮“北京冬奥”大型直播活动。精神面貌昂扬向上。积极为职工排忧解难，完成清河集资建房大产权证办理，解决了困扰多年的历史难题，争取政策性住房 115 套。建成 66 家职工诉求服务中心，落实班组减负举措 18 项，慰问走访职工 7.3 万人次。统战、团青、保密、信访维稳等工作同步推进。公司 4 家单位获评全国文明单位，王月鹏当选全国劳动模范，2 个集体获全国青年安全生产示范岗，公司获得“国网好声音”职工歌手暨原创歌曲大赛特殊贡献奖和 4 项金奖。

五年的忠诚履责，服务大局实现了新作为。政治保电万无一失，党的十九大、新中国成立 70 周年等 940 项重大活动供电保障全部出色完成，年均保电天数超 300 天。国家项目保障走在前列，首都核心区主次干路架空线全面入地，城市副中心建成世界一流配电网先行示范区，大兴国际机场建成最先进的机场配套电网。电力营商环境跨越提升，率先推出的“三零”服务在全国推广，助力我国“获得电力”排名由第 98 名跃升至第 12 名。服务蓝天保卫战成效显著，北京“煤改电”在北方“2+26”个城市中规模最大、减排最明显、成效最显著，建成了全国技术最先进、服务最优质的充电网络。

五年的砥砺奋进，首都电网迈上了新台阶。投资 890 亿元，建成了以特高压下送通道为代表的一批重点工程，110kV 及以上变电容量、输电线路同比增长 36.22%和 17.27%，外受电能力由 1700 万 kW 增加到 3100 万 kW，首都电网资源配置和抵御风险能力显著增强，在最大负荷增长 30%的情况下始终保持安全稳定运行。配电网建设改造力度持续加大，户均配电变压器容量达到 4.3kVA，城乡户均停电时间分别降低 65.4%、80.1%。争取到政府征地拆迁等支持政策，营造了政企协同的良好发展环境。

五年的变革创新，综合实力取得了新突破。资产总额、售电量双破千亿，售电量平均增速 4.21%，用户数量达到 898.75 万户。改革任务统筹推进，积极配合两轮输配电价核定，初步建立首都电力市场交易体系，产业单位由 212 户压降至 36 户。以投资共担、建成移交、整体运营的方式，开拓了北京新机场、首钢新园区用电市场。科技创新成果丰硕，牵头负责的两项国家 863 课题圆满完成，国网重点实验室实现零的突破，获得省部级及以上科技成果奖励 90 项、国家专利 1303 项。

五年的逐梦前行，党建引领焕发了新风貌。始终将学习贯彻习近平新时代中国特色社会主义思想作为首要政治任务，“两学一做”学习教育、“不忘初心、牢记使命”主题教育扎实开展。深入贯彻全国国有企业党建工作会议精神，将坚持党的领导、加强党的建设贯穿始终，“旗帜领航·三年登高”计划扎实落地，“六位一体”大党建格局构建形成。扎实推进全面从严治党，上级巡视反馈意见全部整改，巡察规范化水平不断提升，不敢腐不能腐不想腐一体推进。

二、准确把握“十四五”形势和任务

党的十九届五中全会描绘了我国2035年远景目标和“十四五”发展蓝图，发出了乘势而上开启全面建设社会主义现代化国家新征程的动员令。在刚刚召开的国家电网公司 2021 年“两会”上，新一届领导班子以高度的政治站位、宽广的全局视野，前瞻“十四五”、立足新一年，深刻洞察时与势、危与机，做出“五个不动摇”“四个统筹好”“一业为主、四翼齐飞、全要素发力”等部署，为我们做好当前和今后一个时期工作提供了遵循、划出了重点。明者因时而变，知者随事而制。站在“两个一百年”目标交汇的关键历史节点，中华民族伟大复兴的战略全局与世界百年未有之大变局同步交织、相互激荡，公司发展环境深刻变化，唯有全面、辩证、发展地看待新形势新任务，有识变之智、应变之方、求变之勇，方能把握主动、赢得未来。

置身新发展阶段，我们肩负“三大神圣使命”。一是服务国家大事要事落地的使命。进入“十四五”，建党 100 周年、冬奥会、党的二十大等国家重大活动接踵而至，京津冀协同发展等国家战略加速落地，彰显的都是国家形象、国家意志，每项部署都与公司息息相关，我们必须主动对标对表，在强保障、保落实上扛起政治担当，坚决服务好党和国家工作大局。二是落实国网党组部署的使命。国家电网公司党组坚守责任央企的使命担当，作出了坚持做强做优做大、引领能源清洁低碳转型等新部署新要求。辛保安董事长高度重视首都电力事业发展，对公司在国网系统争先锋、站排头寄予厚望，对公司改革发展工作多次作出指示要求。作为国家电网公司服务首都的窗口，我们有责任、有义务，也有条件、有基础在贯彻国网党组决策部署中争先领先率先，在推动国网战略落地中体现首都特色、彰显首都价值。三是支撑首都新发展的使命。首都新阶段发展亮点纷呈，“四个中心”能量加速释放，“三个北京”“七个发展”全面铺开，“一核”“一翼”提速建设，“两区”“三平台”加快落地，公司参与其中、服务其中、受益其中。必须提高站位、提升认识，在服务首都发展大局中冲在前、干在先，全力彰显国家电网“大国重器”“顶梁柱”的央企担当。

贯彻新发展理念，我们迎来“三大难得机遇”。一是能源清洁低碳发展带来的机遇。实现习近平总书记提出的我国2030年前碳达峰、2060年前碳中和目标，能源清洁低碳发展步伐必将进一步加快。放眼全国，我们既有电能在终端能源占比已达44%的先发优势，又有北京电网作为受端电网引入清洁电力空间广阔的禀赋优势，还有全市实施绿色北京战略的政策优势。要把握机遇、发挥优势，持续加大区外绿电引入力度，扩大电能在终端能源占比，加快构建清洁低碳、安全高效的能源体系，在助力北京率先实现“碳达峰、碳中和”的历史进程中彰显价值。二是政策红利汇聚落地带来的机遇。北京市以供给侧结构性改革引领和创造新需求，陆续出台建设全球新型智慧城市标杆、国际消费中心城市等部署，必将对公司经营发展产生重要辐射和传导效应，既为带动电量增长、拓展效益空间提供了有利条件，也为公司深化产业升级，不断扩展新的增长点增长极创造了良好机遇。三是北京创新发展持续深化带来的机遇。北京正在全力建设国际科技创新中心、全球数字经济标杆城市，大力推进“三城一区”融合发展、应用场景“十百千工程”，既为公司顺应能源革命和数字革命融合并进趋势，推动电网向能源互联网升级创造了历史契机，也为我们以电为中心延伸价值链，培育智慧车联网、能源大数据等新兴业务提供了绝佳环境。

服务新发展格局，我们直面“三大艰巨挑战”。一是确保首都供电安全的挑战。随着能源“去碳化”进程和新能源发展步入“快车道”，北京电网三个不平衡不充分等旧矛盾依然存在，电力“双高”“双峰”等新课题不断涌现，新老问题相互交织，守住首都供电安全底线挑战十分艰巨。二是实现企业稳健经营的挑战。公司既面临传统业务“量大势弱”、新兴业务“势强力弱”等长期趋势，又面临政策投资占比高、政治供电成本高等难题，还面临首都减量发展、国家降低企业用能成本、清理城镇供电收费给电量电价带来的不确定性影响，履行好经济责任、实现保值增值难度明显加大。三是适应监管日趋严格的挑战。从巡视审计、输配电价执行、能源行业监管等来看，外部监督呈现“大联合”态势，电价核定日趋从紧，运营要求更加透明，监督越来越严密、执纪越来越严厉、问责越来越严格，对经营发展、规范管理带来深远影响，合规建设、风险防控任重道远。

总的来看，公司发展内外部环境日趋严峻复杂，使命与压力叠加，机遇和挑战并存，能否在危机中育先机、于变局中开新局，比拼的是眼光、能力与智慧，考验的是信心、韧劲与追求。公司拥有悠久历史、优良传统，只要我们团结一心、砥砺奋斗，坚定不移走高标站位、服务大局之路，走找准定位、突出特色之路，走认清方位、创新突破之路，就一定能谱写首都电力事业的新辉煌。“十四五”公司发展思路是：以习近平新时代中国特色社会主义思想为指导，立足新发展阶段、践行新发展理念、服务新发展格局，坚决贯彻国家电网公司和北京市委市政府决策部署，将首都意识、首善标准、首创精神贯穿各项工作始终，以高质量发展为主题，扎实推进“12912”国网战略落地方案，确保2024年提前一年基本建成具有中国特色国际领先的能源互联网企业，在服务首都构建新发展格局中实现更大作为、展现更大担当、作出更大贡献。

踏上“十四五”发展新征程，必须牢牢把握“三首”理念。公司是首都最大的公用事业单位、首都能源支柱企业、国家电网服务首都的窗口，首都两字贯穿始终，三者共同决定了公司的职责使命和工作价值。面向“十四五”，要将坚持首都意识、首善标准、首创精神作为公司全体干部职工的共同理念。其中，首都意识是基本前提，首善标准是必然要求，首创精神是重要保障。三者之间相辅相成、相互促进、相得益彰，共同构成了公司的政治站位、价值追求和行为模式。坚持首都意识，就是要牢记“看北京首先从政治上看”，时时刻刻处处强化“三敏”作风，既善于在深化政治学习、强化理论武装中把准政治方向、严守政治规矩；又善于在服务首都、保障大局中强化政治担当、实现政治作为，不断提高政治判断力、政治领悟力、政治执行力。坚持首善标准，就是要着眼身处首善之区的独特坐标，既在思想上笃定争先之志，将臻于至善、追求卓越的理念融入血脉；又在行动中铆足争先之劲，敢于对标最高标准，重精益、求精细、出精品，努力创造无愧于时代、无愧于人民、无愧于历史的新业绩。坚持首创精神，就是要让创新创造创业的源泉充分涌流，以激发和释放活力为关键，敢闯敢试、敢为人先，积极洞察发展新趋势、把握发展新情况、解决发展新难题，努力形成更多可复制、可推广的首都方案、首都经验。

踏上“十四五”发展新征程，必须牢牢把握高质量发展主题。以高质量发展为主题，是适应公司两级管理、城市电网等自身特征的必然要求，是顺应新形势新任务的迫切需求，是开创事业发展新局面的必由之路。推动高质量发展，要更加注重筑牢安全根基，将安全第一的理念贯穿各领域全过程，狠抓“愿、能、制、效”四个维度，有效防范化解各类风险，坚决确保方方面面的安全稳定。更加注重全要素发力，在加强传统要素投入同时，增强创新“第一动力”，强化管理“永恒主题”，释放数据“倍增效应”，激活人才“第一资源”，不断提高全要素生产率。更加注重内涵式发展，统筹好质量、结构和效益，眼睛向内，大力挖潜，推动全价值链“四精管理”，协同实现质的提升和量的扩大。更加注重形成领先成果，发挥地处首都的比较优势，瞄准国内外领先水平，在能源清洁低碳发展、能源互联网建设、企业数字化转型、优化营商环境等领域重点着力，努力形成一批“叫得响”的领先成果，以先行一步实现领跑一路。

踏上“十四五”发展新征程，必须牢牢把握“12912”国网战略落地方案。“12912”方案是广大干部职工集体智慧的结晶，描绘了公司长远发展蓝图。让宏伟蓝图变成美好现实，关键要坚持系统观念，在知行合一、狠抓落实上下功夫。突出目标导向和问题导向相结合，既要坚定争先锋、站排头的目标追求，确保到 2024 年提前一年基本建成具有中国特色国际领先的能源互联网企业；又要增强底线思维，持续加固底板、补齐短板，全方位提升风险防控能力，推动公司发展行稳致远。突出统筹兼顾和抓好重点相结合，既要增强战略推进的系统性协同性，又要充分发挥各专业各单位的积极性创造性，全面激发各层级活力，加快形成两大先行示范区、九大战略落地工程、十二大特色示范区落地成果不断涌现、亮点经验遍地开花的生动局面。突出着眼长远和立足当下相结合，既要前瞻五年，观大势、看长远，又要强化战略执行的闭环管控和跟踪问效，做到年年都有形象进度、年年交出优异答卷。

美好愿景开启新篇，矢志奋斗铸就辉煌。踏上“十四五”发展新征程，公司上下要咬定青山不放松，脚踏实地加油干，搏击奋进，永不懈怠，奋力做到“五个争先锋、站排头”。

（一）奋力在服务大局中争先锋、站排头

当好电力先行官、架起党群连心桥，必须牢记“国之大者”，自觉在大局下谋划、在大势中推进、在大事上作为，坚决扛起“顶梁柱”“顶得住”的责任担当。

要全力保障好国家大事筹办。冬奥会筹办正由建设向保障转变，要积极应对疫情影响大、测试活动变数多、春节供电保障叠加等多重挑战，把困难想充分、工作干在前，以确定举措应对不确定形势。要拿出实战决战的状态和标准，在供电保障、绿电供应、品牌宣传等方面加劲发力，为举办“精彩、非凡、卓越”冬奥盛会贡献力量。庆祝建党 100 周年是党和国家政治生活中的大事，要密切跟踪活动整体安排，统筹推进各项筹备任务，做到人员、责任、工作到位，坚决确保供电万无一失。

要全力服务好首都新阶段发展。服务好“四个中心”功能建设，“一核”“一翼”是落实首都城市战略定位的重点区域，要严格落实控制性详细规划，在首都核心区加快打造世界领先的智能配电网，在城市副中心加快重大项目配套电网建设，构建服务发展的先行示范区；全市所有区域都有各自功能定位，要立足各区特点精准发力，在能源变革、为民服务中唱主角，构建服务发展的特色示范区。服务好“两区”建设等重大部署，主动对接 251 项重点任务，发展上做深融入，电网上做强保障，服务上做出品牌，助力首都率先构建新发展格局。

要全力满足好人民美好生活需要。不断增强百姓用电获得感，既要在提升营商环境国际国内排名上毫不放松，也要在增强客户实际感受上持续发力，努力构建获得感最强的电力营商环境示范区。不断增强百姓用电幸福感，紧扣精准服务、便捷服务、智能服务、主动服务四个关键，充分利用大数据信息化手段，推行“一键式”办理、“一站式”服务，全面提升客户体验。不断增强百姓用电安全感，以山区“煤改电”居民为重点，健全百姓温暖度冬的服务保障机制；围绕供电可靠性提升，在首都核心区、城市副中心等重点区域全面拓展不停电作业。

（二）奋力在构建能源互联网中争先锋、站排头

构建能源互联网，是支撑能源转型的必然要求，是电网发展的必然趋势。要加快建设具有绿色、智慧、安全特征的现代化电网，助力首都构建清洁低碳、安全高效的能源体系。

要突出绿色特征。着力促进能源供给清洁化，立足受端电网特征，加快环北京特高压环网和北京西—新航城等外受电通道建设，加大绿电交易力度，将更多的清洁能源引入首都，同时提升可再生能源消纳权重。着力促进终端消费电气化，抢抓北京实施重点行业绿色化改造、发展新能源汽车等契机，加大交通、工业、建筑等领域电能替代，健全参与碳市场交易机制，大力加强需求侧管理，推动电能在终端能源消费占比“十四五”末达到 52%。着力促进绿电应用场景化，依托国家重大项目展示窗口，丰富充电设施、全电厨房等绿色元素，在冬奥赛区等重点区域构建全绿电示范区，助力冬奥“碳中和”。

要突出智慧特征。以到 2025 年电网数字化发展指数、电网智能化水平分别超 87%为支撑，全方位实施智慧赋能。以数字技术赋能传统电网，加强云平台、物联网等建设，推动生产、运营、服务等全环节数字升级，实现“状态全感知、信息全透明、业务全穿透”。以能源大脑赋能城市大脑，丰富智慧园区等多场景应用，深化电力经济指数等大数据服务，助力首都智慧

城市建设。以企业价值链赋能行业产业链，加强与上下游企业技术、服务等合作，充分发挥带动作用，形成互利共赢能源生态圈。

要突出安全特征。深刻认识“首都安全无小事”，以解决电网新旧难题破局，主动融入首都韧性城市建设，夯实本质安全基础。要提升电网抵御风险能力，顺应负荷增长点由中心城区向周边转移趋势，加快 9 项重点输变电工程建设，补齐东南、东北等局部电网短板，推进分区网架结构不断优化。提升可靠供电能力，以消除用电瓶颈、缩短供电半径为重点，加快推进配电网建设改造，解决首都居民用电“最后一公里”。

（三）奋力在推动提质增效中争先锋、站排头

履行经济责任是履行政治责任、社会责任的坚实基础，实现扭亏为盈是企业高质量发展的重要保障。要更加突出效率效益导向，不断加大提质增效的力度，实现公司更可持续的发展。

要以产业升级添动能。产业强则企业强，必须积极推进产业升级专项行动方案。主导产业重在提效率，坚持稳存量与扩增量并行，持续提升业扩报装、综合能源等服务水平，始终做到“度电必争”。支撑产业重在强保障，围绕科研规划、人才培育等领域发展优势业务，加强智库等体系建设，为公司提供全方位支撑。新兴产业重在拓市场，紧扣产业规模、价值贡献、带动效应三个核心要素，培育壮大 5G 服务、大数据运营等新业务，尽快形成新的增长点增长极。省管产业重在增效能，突出抓好设计、施工等业务发展，持续提升业务承载力。

要以管理提升挖潜能。解经营之困，求发展之道，管理是最直接最有效的手段。要以理念升级铸根本，将过“紧日子”理念贯穿到规划、建设、运营各环节，让“花钱必问效”成为自觉习惯。以效益导向抓提升，强化项目可研效益评价和实施效用后评估管理，突出投资有效性、成本最优性、损耗合理性，促进资产、管理、数据等全要素效率提升。以策略优化管长远，主动适应严峻的经营形势，探索建立盈利、负债双维管控体系，做精做细内部模拟市场，激发全员创造价值的动力和活力。

要以政策优化增势能。政策是最大的资源，也是最好的红利，必须最大限度地发挥各种支持政策的叠加效应。要聚焦政企合作深化，健全与各级政府的长效联动机制，既要推进战略合作协议签订全覆盖，又要促进协议举措的落实落地。聚焦发展氛围营造，坚持电网发展成果由全社会共享、发展责任由全社会共担，广泛调动政府、企业等多方力量，积极争取市场开拓等支持，实现电网发展与社会发展同频共振。

（四）奋力在深化改革创新中争先锋、站排头

公司要实现高质量发展，必须用好改革“关键一招”，用活创新“第一动力”，以改革创新破解难题、增强动力、厚植优势。

要坚定不移将改革部署落实到底。增强改革的坚定性，进一步强化改革的政治自觉、思想自觉和行动自觉，不折不扣将各项改革部署落实到位。增强改革的主动性，深入研判改革的形势和任务，科学谋划推动改革的时机、方式、节奏，持续释放改革红利。增强改革的系统性，既要统筹推进国企改革三年行动、对标世界一流管理提升等实施方案落地，又要提前谋划新一轮输配电价成本监审，持续提升改革的综合效能。

要坚持不懈将内部改革深化到底。深入推进“战略+运营”管控模式优化，统筹自主决策负面清单和“放管服”事项清单，强化成效评估和改进提升，有效激发各层级内生动力。深入推进“三项制度”改革，实现“工资总额有升有降、岗位分配多劳多得”，充分调动全员积极性主动性。深入推进管理体系变革，针对两级管理等特点，推动检修专业化、运维属地化，不断提升运营质效。

要坚韧不拔将科技创新推进到底。用活平台优势，依托“三城一区”主平台建设，以重大科技项目、示范工程为载体，加快构建一批政企、校企、企企合作的创新联盟。用活资源优势，依托国家战略科技力量，采取“揭榜挂帅”“竞争赛马”等方式，加快突破一批能源转型发展等重要领域的关键技术。用活技术优势，积极对接北京顶尖高校，广泛引才聚才，大力鼓励基层创新，加快培养一批具有行业影响力、带动力的专家人才。

（五）奋力在强化党建引领中争先锋、站排头

坚持党的领导、加强党的建设，是国有企业的“根”和“魂”。要坚定不移强根铸魂，突出政治统领、党建提升、队伍保障，切实把国企党建优势转化为争先发展的胜势。

要把准政治引领之纲。公司地处首都，讲政治始终是第一位的要求，必须不断增强“四个意识”、坚定“四个自信”、做到“两个维护”。要提高政治判断力，将学习习近平新时代中国特色社会主义思想作为“第一议题”，以理论上的清醒促进政治上的坚定，做到在重大问题和关键环节上头脑特别清醒、眼睛特别明亮。提高政治领悟力，用好党的创新理论这把“金钥匙”，始终以党中央精神分析形势、科学决策、推动工作。提高政治执行力，准确把握“国之大者”，自觉把工作放到党和国家事业大局中去审视和推动，做到知责于

心、担责于身、履责于行。

要提升党建发展之质。高质量党建是高质量发展的引领和保障。要提高组织建设的质量，紧跟改革发展步伐，同步优化各级党组织设置，形成上下贯通、执行有力的严密组织体系。提高引领发展的质量，找准党建工作与中心工作的结合点，大力实施“党建+”工程，让党旗飘扬在发展最前沿。提高激发合力的质量，坚持以事业凝聚人、以文化鼓舞人，强化“文化铸魂、文化赋能、文化融入”，以提升软实力推动硬发展。

要大兴队伍争先之风。企业要争先，队伍是关键，要以“首善先锋”主题实践为载体，引导全体干部职工勇突破善作为。领导人员要在谋事干事中担当作为，动态跟踪新阶段构建新格局的新要求，着力提高科学决策等“七种能力”，持续以能力之进引领发展之先。广大党员要在攻坚克难中冲锋在前，围绕急难险重任务广泛创建责任区、示范岗，带动身边同志亮承诺、比奉献，不断以一流业绩推动公司争先进位。全体职工要在岗位建功中奋勇拼搏，敢为发展“趟水”、敢为事业“破路”，以使命必达实际行动体现责任担当。

三、2021 年重点任务

2021 年全年工作总的要求是：坚持以习近平新时代中国特色社会主义思想为指导，深入贯彻国家电网公司四届一次职代会暨 2021 年工作会议部署，落实市委市政府要求，坚持首都意识、首善标准、首创精神，扎实推进“12912”方案落地，全面开展“高质量争先年”，加快建设具有中国特色国际领先的能源互联网企业，更好地服务首都经济社会发展。

主要发展和经营目标：售电量 1075 亿 kWh，同比增长 1.65%。营业收入 657.75 亿元，同比增长 2.89%。实现利润 524 万元。发展总投入 122.47 亿元，其中电网投资 115.19 亿元。资产总额 1152 亿元，资产负债率 64.68%。全员劳动生产率 182.6 万元/人年，同比增长 7.83%。业绩考核保持 A 段行列。杜绝大面积停电事故、人身死亡事故、重特大设备事故，严格防范重大网络安全事件、重特大火灾、恶性误操作。

重点实施八大争先行动。

（一）大力实施服务大局争先行动

坚决保障好冬奥会筹办。春节前投产国会二期工程，上半年完成国家体育场等 3 座非竞赛场馆配电建设。5 月底前建成冬奥电力保障指挥中心主体工程，8 月底前投运电力运行中心。针对贯穿全年的雪上、冰上测试活动，聚焦队伍建设、临电设施、后勤体系等环节，完善保电方案、细分保障时段，确保测试赛供电万无一失。及时总结保电经验，全面查漏补缺，持续完善提升，为冬奥会保障做好周全准备。践行绿色办奥理念，在确保场馆全绿电供应的基础上，积极应用全电厨房等绿色元素。

坚决保障好建党 100 周年庆祝活动。建立与政府主管部门的定期沟通机制，及时掌握活动安排、用电需求和负荷特点。4 月底前制定供电保障总体方案，细化编制重点工作任务。严格落实庆祝活动整体安排，5 月完成重要客户增容改造工程和临电设施建设，推进上级电源安全评估、人员培训等重点任务，坚决确保供电保障万无一失。统筹做好全国两会、服贸会等重大活动保电。

坚决支撑好首都新发展格局。落实首都核心区和城市副中心控规重点任务，首都核心区方面，实施 32 项客户外电源提升工程，推进草厂地区智慧能源街区建设，优化配电自动化系统应用，确保核心区供电可靠率达到 99.997%；完成 45.6km 架空线入地、平安大街电力箱体“三化”任务。城市副中心方面，在环球影城构建高弹性数字电网，完成 15 条、22km 架空线入地任务，推进北运河迁改、老城双修配套电力建设。做好“三城一区”配套电力建设和服务保障，推动数字新基建、综合能源等纳入首都科技布局。2 月底前制定公司服务“两区”建设专项行动方案，明确配套电网建设、能源互联网试点等重点内容。

坚决服务好绿色北京发展。3 月底制定发布公司服务首都率先“碳达峰、碳中和”行动方案。深化山区“煤改电”技术路线研究，积极争取政府补贴政策，科学有序推动“煤改电”工程。全年新建 303 个公共充电桩，建成 4 项公交外电源工程。强化“绿色国网”服务功能，完成市场化碳交易 20 万吨。发挥电力大数据服务环保监测作用，助力科学精准防污治污。加强环保管理，推进电网规划设计、建设运行全过程绿色低碳发展。

（二）大力实施安全发展争先行动

确保安全责任压紧压实。贯彻公司 2021 年安全生产工作意见，推动 20 项重点任务落地见效。扎实开展安全生产专项整治三年行动，加快推进隐患集中整治，完成“二下二上”阶段任务。宣贯落实新版《安全生产法》《安全事故调查规程》，逐级压实领导人员“一岗双责”和全员安全责任清单，加强“五类人员”安全技能培训。强化安委会实效运转，完成 16 家单位安全巡查。加大安全奖惩力度，对重大责任事故严肃追责问责，对生产一线人员奖励额度占比不少于 90%。

确保首都电网安全。深化电网“双高”特性分析，优化分区网架结构，严格贯彻新版《电力系统安全稳定导则》，不断筑牢“三道防线”。度夏前投产阎村北扩建等6项主网、78项配网补强工程。完成35项消隐工程，提升二次系统运行可靠性。完善主、配网定期分析会商机制，及时发现解决薄弱环节。完成新一轮应急能力建设评估，积极与政府联合开展应急演练。

确保人身安全。落实“四个管住”要求，加强“四不两直”督查，完善安全生产巡查模式，督导落实安规、“两票三制”“十不干”等要求，严禁盲目赶工期。发挥安全管控平台、基建“e安全”等作用，健全远程监控与现场督查互补的查纠机制。强化“双准入”管理，进一步规范业务外包，全面落实“负面清单”管理。加强省管产业安全同质化管理，健全协同监督机制，深化“同标准、同评价、同考核”。

确保设备安全。落实设备主人制，构建现代设备管理体系。建设“1+1+6”不停电作业示范区，提升重要区域供电可靠性。刚性执行十八项反措，推进6座老旧变电站改造，更换6套运行20年以上GIS、开关柜。深化电气火灾综合治理，在34座变电站加装固定灭火系统，完成52km隧道火灾隐患整治。提升智能化运维水平，推广无人机巡检和通道可视化监控。

确保网络和信息安全。加快完善全网联防联控机制，建设全场景网络安全防护体系。按照实战化、体系化、常态化理念，健全7×24小时网络安全在线监测机制。定期开展网络攻防演练，提高网络安全综合防御能力。加强资产本体、网络边界、数据安全防护，扩大商用密码应用。

（三）大力实施电网升级争先行动

高标准推进规划前期。滚动优化电网和公司“十四五”规划，推动规划成果纳入地区控制性详规。健全推动战略协议落地长效机制，确保“零前期”“零土建”等支持政策及时落地。加强前期攻坚，完成500kV CBD外电源工程协同意见、立项核准等规划前期工作，促请政府启动CBD变电工程征地拆迁，完成北京西—新航城、北京东—通北等外受电通道工程选线。全年取得110kV及以上立项核准40项。

高质量实施工程建设。开工110kV及以上线路229.73km、变电容量380万kVA，投产110kV及以上线路232.53km、变电容量511.2万kVA。高效推进500kV工程，确保顺义增容工程6月投产，北京东—通州（北京段）工程12月建成。积极建设塘峪、路东等220kV工程，加快推进南苑、聂各庄调相机工程，实现“6开工、3投产”。全年投产田府等20项110kV工程。完成丰台火车站等14条线路迁改。应急防恐储备库8月底前通过验收，亦庄备调中心6月前建成，年底开工建设生产技能实训及综合抢修保障基地。完善物资“储检配”一体化机制，推动供应链运营中心实体化运作。

高水平开展能源互联网示范。聚焦配电网智能化升级、源网荷储协同互动等重点领域，立足“一核一翼”“三城一区”、大兴临空经济区、丰台丽泽商务区等重点区域，构建一批国家电网公司能源互联网综合示范和专项试点示范。夯实能源互联网信息支撑体系，推广工业云网、网上电网、现代智慧供应链等30项应用。提升能源互联网价值创造能力，在电网生产、企业经营、客户服务三大领域形成20项应用场景。深化能源大数据中心运营，实现“能源大脑”接入地方政府治理平台全覆盖。

（四）大力实施提质增效争先行动

千方百计增供扩销。聚焦扭亏为盈目标，2月底前制定提质增效专项行动方案。积极争取政府政策和资金支持，全年落实外部资金20亿元。加快三类外部资金工程建设，完成180项、15.4亿元工程转资。提升报装接电效率，确保全年完成650万kVA接电目标。稳妥推进变电站、杆塔等基础资源综合利用。加大全口径房产土地管理力度，全年实现合同收入1.55亿元。

精打细算降本节支。强化同期线损“三巩固一提升”管理，高损线路、台区分别再压降50%，确保综合线损率降至4.12%。科学编制年度发电量计划，合理控制燃气电厂发电小时数。完成220万只智能电能表状态评价和失准更换，节约成本4.65亿元。加大营销稽查、反窃查违力度，力争电费回收率100%。开展“三清理两提高”专项行动，提升工程投资和成本精益管控水平。压减非生产性支出，严格“三项费用”和“三公”经费管理。健全平衡利库长效机制，切实压降“两金”规模。

多措并举精益管控。深化关键指标“月监控、季通报”，全力保持业绩考核A段。落实好经济活动例会制度，完善“量价费损本利”指标管控等内容，提升分析深度。统筹发展需求和投资能力，科学制定投资策略，保障投资效益。深化多维精益管理成果应用，促进生产提质、经营提效，驱动价值提升。优化内部对标体系，加强与国际国内先进单位对标。

精准发力防范风险。强化公司章程执行，发挥章程在公司治理中的统领作用。加强供电服务、工程建设等领域合规管理，有效管控反垄断、关联交易等领域风险。做好国家审计署冬奥会建设和国家重大政策落实审计配合。加强数字化审计平台应用，高质量完成经济责任、工程项目等审计任务。完善省管产业内控合规体系，健全经营性审计机制，全面清理遗留问题。

（五）大力实施卓越服务争先行动

持续优化电力营商环境。贯彻《优化营商环境条例》，落实国家电网公司全面提升“获得电力”服务水平9项举措。对标国际先进水平，聚焦供电可靠性等重点指标，稳步提升世行“获得电力”排名。深入分析国内营商环境评价薄弱环节，持续深化“阳光业扩”，贯通政府项目审批平台，建立业扩项目储备库，推动高压业扩全线上办理，保持国内先进排名。协助政府开展转供电治理，推广“转供电费码”，构建终端客户、转供电主体及政府“查、改、管”治理新体系。

持续构建现代服务体系。建立重要客户内部用电安全标准，健全三级服务保障体系，深化“1+*N*”保障模式。加强与清华大学等集团客户合作，优化20项能效服务产品。落实乡村振兴战略，加强乡镇供电所和农电队伍建设。深化“网上国网”和“电力微信”功能应用，新增注册绑定客户200万户。实施46个“三型一化”营业厅升级改造。发挥客服中心与供电服务中心的支撑作用，建成线上线下一体化、业务流程全覆盖的现代服务体系。

持续提升优质服务水平。落实城市更新部署，配合政府完成81个老旧小区改造。拓展电能替代和综合能源服务的深度与广度，推动业扩“双方案”有效落地。积极开展主动抢修服务，确保抢修进程可视化率超过85%、故障停电信息精准通知到户率超过90%，服务满意度达到98.7%。换装440万只高速载波采集装备，实现公网低压客户全覆盖。积极解决12345热线客户诉求，持续保持全市综合排名前列。

（六）大力实施科技强企争先行动

加强重点领域攻关。深入实施“新跨越行动计划”，落实公司科技创新大会部署。深化5G城市应用、人工智能等31项关键技术研发，加快形成具有首都特色的创新成果。结合大型城市受端电网特性，攻克综合能源协同控制、柔性配电网智能感知等关键装备。启动电动汽车、综合能源、源网荷储等方向框架研究，促进绿色低碳技术供给。

激发全员创新活力。积极联合领军企业、高校院所，健全重大项目联合攻关机制。主动承担国网科技项目和示范任务，实现项目总量翻番。开展重大项目“揭榜挂帅”，全年获得省部级科技奖15项。加大群众性创新支持力度，发挥劳模创新工作室作用。围绕战略落地和产业部署，充分发挥公司“两院”作用，在技术服务、人才培养等方面更好提供支撑。加快各单位“众创空间”培育，利用好双创线上平台，促进成果转化。

（七）大力实施深化改革争先行动

深化国企改革。落实国家电网公司“改革深化年”部署，2月底前制定公司落地方案。加快实施国企改革三年行动，推动九方面31项举措落地。应用省管产业“三清一控”成果，落实差异化管控策略，推动可持续发展。抓住工程实施关键环节，建立重大装备统一管理平台，推进采购行为透明公开，确保省管产业全年收入130亿元、利润4亿元。

推进电力改革。落实第二轮输配电价核准结果，严格执行配套电价政策。优化经营策略，稳步推进监管与非监管业务分离，提前做好第三个监管周期输配电成本监审和核价准备。持续优化首都电力交易中心股权和治理结构，4月底前将公司持股比例降至43%，加强规范运作，做好市场信息披露。扩大市场化交易规模，全年实现交易电量225亿kWh。加强与政府主管部门沟通，研究符合北京电网特点的交易规则，模拟开展现货交易，稳妥推进电力现货市场平台建设。

强化内部改革。持续优化“战略+运营”管控模式，动态评估前三批“放管服”事项，及时调整职责界面和制度流程。扎实开展对标提升行动，大力创建世界一流示范企业。坚持“增人不增资、减人不减资”，深化柔性团队绩效考核，激发全员绩效活力。强化岗位聘任制管理，重点抓好聘任考核和退出。有序推进检修专业化、运维属地化等管理变革，分类优化各单位内设机构。加快组建思极公司。

（八）大力实施强根铸魂争先行动

提升党建工作质量。坚持“第一议题”制度，持之以恒学思践悟习近平总书记重要讲话和重要指示批示精神。贯彻《关于中央企业党的领导融入公司治理的若干意见（试行）》，充分发挥党委把方向、管大局、保落实作用。规范完成各级党委换届工作。落实“旗帜领航·提质登高”部署，扎实开展“基层党建创新拓展年”，推动党建与业务深度融合。强化“三基”建设，深化各级党组织党建责任分工履责，消除党员空白班组站所，加快基层示范党支部建设。开展共产党员服务队“我为群众办实事·红马甲在行动”系列活动。深入实施“青马工程”，开展“共青团+”工程。

加强领导人员和人才队伍建设。认真落实新时代党的组织路线，坚持正确用人导向，建立领导人员政治素质档案。深化“四个打破、四个坚持”，深入推进“三个100”工程，大力培养选拔优秀年轻干部，统筹用好各年龄段干部，推进跨单位、跨专业、跨岗位锻炼，优化队伍结构。推进人才培养“四大工程”，力争更多人才入选国家电网公司“大家”“大师”“大工匠”。

激励领导人员担当作为。坚持奖罚分明，强化激励约束，突出严管厚爱，增强领导班子战斗力。各级领导人员要旗帜鲜明讲政治，持续发扬敏感、敏锐、敏捷作风。要勇于担当讲奉献，涵养善于担当的能力、甘于担当的情怀，集中精力干事创业，心无旁骛谋划发展，团结带领广大干部职工不断创造新的优异业绩。要恪守底线讲廉洁，带头遵守党章党规党纪，持续净化社交圈、朋友圈，守住小节、防微杜渐。

深化全面从严治党。贯彻中央纪委五次全会精神，一体构建不敢腐不能腐不想腐的体制机制。持续压实“两个责任”，细化“差异化”履责卡、“清单式”约谈等机制，推进“四责联动”有效深化。强化政治监督，建立巡察“回头看”、工作质效日常督察、基层内部巡察等监督保障机制，提升监督护航质效。完善巡审联动、督导联席、以案促改等方式，做实整改“后半篇文章”。持之以恒落实中央八项规定，纠“四风”、树新风并举，有效运用“四种形态”，大力整治群众身边腐败和不正之风。

营造和谐稳定氛围。加强党对意识形态工作全面领导，精心策划建党 100 周年系列主题活动。围绕服务国家战略开展主题宣传，树立责任央企形象。及时关注社会热点和突发事件，防范化解舆情风险。大力弘扬劳模精神、工匠精神、抗疫精神，开展新时代劳动竞赛和供电服务之星大赛。发挥职工诉求服务中心作用，开展心理关爱、单身联谊等活动，持续为职工解难事办好事。持续做好退休人员社会化管理后续工作。统筹做好信访维稳、保密和档案工作，为公司发展营造良好环境。

公司概况

【公司简介】国网北京市电力公司（简称公司）是国家电网有限公司的子公司，前身是1905年创建的京师华商电灯股份有限公司。2003年以前是华北电力集团公司的直属单位；2003年成为华北电力集团公司授权经营、独立核算的分公司，由国家电网公司按省公司直接管理；2008年成为独立法人企业。

国网北京市电力公司作为首都最大的公用事业单位，负责北京地区1.64万平方千米范围内的电网规划建设、运行管理、电力销售和供电服务工作。先后完成了第29届奥运会、APEC会议、“一带一路”国际合作高峰论坛、抗战胜利七十周年纪念、党的十九大、新中国成立七十周年庆祝活动等重大活动保电任务。

公司下辖二级单位33个，包括16个供电公司、13个业务支撑机构及4个其他单位。2020年，完成售电量1057.5亿kWh，营业收入639.28亿元。

（汪　剑）

【电网概况】公司拥有35kV及以上变电站579座，变电容量11983万kVA，架空线路9989km、电缆2842km；历史最大负荷2457万kW；城市供电可靠率达到99.980%，处于国内领先水平。目前，北京电网已经形成七大分区相互支持的坚强结构，具备较强的资源配置能力和抵御风险能力。

（汪　剑）

【2020年工作思路】坚持以习近平新时代中国特色社会主义思想为指导，深入落实国家电网公司三届五次职代会暨2020年工作会议部署，牢牢把握稳中求进总基调，以党的建设为引领，以安全稳定为基础，以改革创新为动力，以队伍建设为保障，全面开展“高质量提升年”，加快推进“三型两网”世界一流能源互联网企业建设，更好地服务首都经济社会发展。

（汪　剑）

【疫情防控】面对突如其来的疫情，出台两批14项举措，因时因势完善差异化措施，积极支援河北疫情防控供电保障，全年工作始终有条不紊扎实推进。落实重点人员核酸检测等措施，迅速高效应对丰台新发地、顺义、大兴等突发疫情，始终保持全员零确诊、零疑似。坚持特事特办、急事急办，争分夺秒建成小汤山、地坛等6家医院外电源工程，全国首座气膜式检测实验室仅用8小时通电。密切跟踪防控形势，动态梳理保障名单，累计投入保障人员6.5万人次、发电车1.3万台次，保障了200余户重要客户供电始终万无一失。全市207万户居民享受“欠费不停电”服务，60余家商场享受缓交电费政策，为社会增添了暖色调。先后编制217期“复工复产电力指数”，为市委市政府科学决策提供了有力支撑。将疫情防控作为守初心担使命的考场，明确发挥党组织和党员作用7项举措，29个临时党组织、138支党员先锋队伍、16支青年突击队战斗在最前沿，1459名党员社区“双报到”，31名党员干部深入疫情严重地区开展志愿服务，全体党员踊跃捐款60余万元，党旗始终在一线高高飘扬。疫情期间，涌现出连续坚守中南海、逆行新发地、两级调控人员封闭值班百余天等感人事迹。公司1个集体、1名员工荣获国网抗击新冠肺炎疫情功勋集体和个人。

（汪　剑）

【战略部署】对接国家电网公司战略体系，群策群力制定了“12912”首都落地实施方案[1]，即提前一年基本建成具有中国特色国际领先的能源互联网企业的奋斗目标，制定了两大先行示范区、九大战略落地工程、十二大特色示范区的实施方案，形成了“施工图”。编制发布“1+4”实施意见，每年有突破、三年上台阶。各部门、各单位凝聚共识、形成共为，推动战略宣贯进基层、进站所、进一线，形成了一批各具特色的创新实践。与14个区政府签署战略合作协议，在“零前期”“零土建”等政策上争取实现新突破，仅上述区域“十四五”就能节约电网投资超277亿元。

（汪　剑）

[1] “1”是指“一个目标”：“争先锋、站排头”的目标，是公司承接国家电网战略体系的总目标。“2”是指“两大先行示范区”：首都核心区、城市副中心，作为落实京津冀协同发展战略的“一核一翼”，要全要素、全方位、全场景，高起点、高层次、高水平承接战略体系，立足自身特点和优势，建立特色鲜明的示范区。“9”是指“九大战略落地工程”：强根铸魂、安全固基、政治保电、电网升级、提质增效、卓越服务、企业治理、科技强企、质量提升等战略落地工程。全面承接国家电网公司八大战略工程，结合公司发展实际，提出针对性强、实施性强的落地措施。“12”是指“十二大特色示范区”：朝阳国际化高端区域、海淀城市大脑、丰台丽泽商务区、石景山新首钢、亦庄北京经济技术开发区、昌平未来科学城、房山平原新城、大兴临空经济区、怀柔科学城、顺义港城融合区域、延庆冬奥赛区、北京生态涵养区（门头沟、平谷、密云）等特色示范区。上述示范区紧扣首都“四个中心”功能定位、紧扣新版北京城市总体规划、紧扣各区域发展重点。

【安全生产】完成全国两会、服贸会、党的十九届五中全会等重大活动保电。全年累计完成保电任务157项、天数291天。加强北京电网特性研究，制定分区优化调整方案，缓解局部短路电流超标和网架结构性问题。坚持主、配网运行分析会商机制，及时制定5863项风险管控措施。度夏度冬期间，面对现场作业交织、超低温天气等挑战，科学安排电网运行方式，健全两级日会商机制，成功应对2457万kW历史最大负荷考验。落实安全生产责任制，修订全员安全责任清单8447项，完成16家单位安全巡查。健全“双准入”机制，实现全员持证上岗，2家单位纳入负面清单、28家队伍停工整改。开展产业单位施工能力标准化建设，落实“五严格五强化”措施。加大安全工作奖惩力度，生产一线人员奖励占比超过90%。开展安全生产专项整治三年行动、“查风险、治违章、抓落实”安全大检查等专题活动，排查治理风险隐患1995项。执行风险管控机制，确保了1774项高风险作业安全的可控在控。加大老旧设备改造力度，完成117处输电线路“三跨”治理、16.3km老旧电缆隧道加固、59座变电站和773座配电站室消防改造。建成全场景网络安全态势感知平台，全年拦截网络攻击260万次，以一分未失的好成绩完成2020年网络安全攻防演习任务。

（汪　剑）

【电网发展】对接北京新版城市规划落地，编制“十四五”北京电网规划和11个专项规划，完成亦庄新城、怀柔科学城等区域配套电网规划。落实首都功能核心区控制性详细规划任务，明确7大类、17项重点举措。加大前期攻坚力度，受阻十余年的500kV CBD变电工程取得规划意见书和立项核准，全年取得工程核准42项。克服工期多次受挤压影响，全年开工110kV及以上线路231.83km、变电容量545.9万kVA；投产110kV及以上线路289.84km、变电容量687.75万kVA。500kV通州扩建工程建成投产，顺义增容工程开工建设。220kV工程实现“10开工、12投产”，岳各庄、玉渊潭等一批重点工程顺利投运。110kV工程实现“20开工、30投产”。京沈客专等35条线路完成迁改，有力保障国家项目实施。应急防恐储备库、亦庄备调中心完成主体建设。持续深化基建改革配套12项措施落地，建设标准化作业层班组189个。创新“三算”（设计概算、施工图预算、竣工决算）造价管理机制，建成全过程数字化管理平台。公司荣获国家电网公司输变电优质工程金奖1项、银奖2项。全面升级公司现代智慧供应链，京电智能库和物资质量检测中心如期建成，供应链管控平台和“e物资”移动作业全面应用。

（汪　剑）

【经营管理】面对经营“五难”，制定并实施6方面102项提质增效举措，对冲减利70.87亿元。积极沟通汇报，落实政府支持资金40.3亿元。创新“煤改电”投资模式，争取到市区两级政府承担山区80%、平原地区60%投资。全力推进四类外部资金工程，完成533项70.67亿元结算转资。大力实施“阳光业扩”（“便利化、透明化、标准化、规范化”的业扩报装服务模式），实现接电840.54万kVA。持续深化电能替代，完成替代电量31亿kWh。推广“1+4”综合能源产品，实现营业收入3.78亿元，大兴自贸区示范项目建成投运。整合利用房产、杆塔等资源，实现租赁收益2.32亿元。在国网公司系统首家开展市场化碳配额交易，实现收益400万元。狠抓线损管理，高损线路、台区分别压降80.4%、81.6%，综合线损率压降1.83个百分点。严格成本管控，非生产性支出压减6%，“三公”经费及会议费同比降低48.24%，车辆使用及应急费用同比降低15%。用足用好燃煤机组关停替代等政策，节约成本支出4.6亿元。全年燃气机组发电量较计划减少104h，减少购电成本1.38亿元。清查资产和设备卡片共计237万张，延寿使用有效资产7亿元，有效降低折旧费用。推动“两级两阶段”平衡利库，盘活利用工程退出和库存物资2.28亿元。克服疫情期间社区封闭等诸多困难，建立“日管控、周通报”机制，发扬“三千精神”，实现电费回收率100%，营销反窃查违挽回收入5975.1万元。聚焦“量价费损本利”关键指标，深化经济活动定期分析，构建内部利润和资产负债率“双模拟”经营传导责任链。搭建财务数字化经营管理平台，部署77项应用场景。创新实践“网上电网”，成功上线运行6类特色功能，试点成果走在国家电网公司前列。坚持依法主动维权，避免和挽回经济损失5845.8万元。完成国家审计署冬奥跟踪审计和国家电网公司3项经济责任审计迎审，整改问题539项。

（汪　剑）

【优质服务】践行办奥理念，12项配套输变电工程全部提前投产，创造12项世界第一的张北柔性直流工程建成投运，助力冬奥场馆首次实现全绿电供应。“一体化”服务保障模式覆盖11座场馆，全部8座竞赛场馆配电设施提前投运。举全公司之力组建23支场馆保障团队，从东三省引入13名高山速降滑雪人才充实保障队伍，完成雪车雪橇中心场馆认证活动保电任务。在奥运史上首次建设电力运行保障指挥中心（EOC），对内整合25个系统和16个冬奥场馆信息，对外对接冬奥组委主运行中心（MOC），实现信息全方位覆盖、指挥全智慧穿透、赛事全过程保障、客户全流程服务。执行国家降价政策，全年降低社会用电成本23.26亿元。紧扣世界银行“获得电力”排名持续提升的关键，促请政府进一步出台占掘路免审批政策，在全国率先推动将财务遏制机制等改革成果纳入地方法规，“三零”服务[1]已惠及小微企业4.48万户，节省企业投资超19亿元。积极配合政府清理转供电环节不合理加价，将电价政策红利及时足额传导到终端用户。作为省公司代表，在国家能源局“获得电力”服务水平提升工作推进会上交流经验。全年新建3242个充电桩，投产10项公交外电源工程，亚洲最大单体智慧有序充电站在城市副中心的环球影城建成，公司充电桩总量突破2万个，成为全市规模最大的公共充电服务运营商。在国家电网公司系统首家开展充电业务委托经营，充电电量、充电桩利用率分别增长35%和28%。统筹推进数字新基建47项重点任务，建成企业级云平台和数据中台，完成43套业务系统云化部署和724项大数据应用场景构建。能源大数据中心基础服务平台建成投运，率先在通州、海淀“城市大脑”落地应用。建成丰台东管头、怀柔北房2座多站融合数据中心站。完成46个村2.91万户“煤改电”工程，全市电采暖客户超过130万户。进入采暖季后，主动将6类274万供暖客户纳入保障范围，温暖首都百姓2000余万人。健全“接诉即办”机制，客户投诉、95598话务量、12345工单分别下降66.25%、40.48%、18.13%，客户服务满意度蝉联国家电网公司第一，“12345”排名位居全市前列。

（汪　剑）

【改革创新】配合完成第二轮输配电价核定，争取到重要参数高限核定等成果，解决了华北电网输电费分摊比例下调等长期未解决的问题。首都电力交易中心完成第一阶段股份制改造任务，公司持股比例降至70%。市场化电力交易规模不断扩大，新增入市用户312户，全年完成交易电量104.7亿kWh。制定落实国企改革三年行动方案，实施对标世界一流管理提升工作。完成554项“三供一业”工程改造和转资工作，仅用4个月时间完成了3年的任务量。推进省管产业转型升级，落实市场攻坚18项举措，全年实现营业收入129.5亿元、利润3.85亿元。开展产业单位“三清一控”和问题整改再审计，摸清家底，防范风险。做好政策解释等工作，退休人员社会化管理任务基本完成。优化“战略+运营”管控模式，编制自主决策114项负面清单，制定第三批“放管服”52项下放事项承接举措，向基层放权赋能32项，进一步激发了企业活力。探索用工契约化管理，在700个所长班长、管理岗位试点实行聘任制。推进多元薪酬激励，全面实施一线核心岗位浮动薪级，在8家单位试行绩效工资分配和“一业一策”绩效管理。完成电动汽车、综合能源公司模式调整改革任务。召开公司科技创新大会，全面实施“新跨越行动计划”，出台加快人才高质量发展、加强科技创新工作两个意见，发布能源互联网技术研究框架。启动人才培养“四大工程”，选拔聘任特级、一级专家64名。牵头项目荣获北京市科技进步二等奖2项，国家电网公司科技进步一等奖1项、三等奖2项，2项QC成果获得国际质量管理最高奖项。

（汪　剑）

【从严治党】召开党委中心组学习16次、领导班子集中研讨45次，跟进学习习近平总书记重要讲话和重要指示批示精神，贯彻党的十九届五中全会精神，广大党员干部“四个意识”更加牢固，“四个自信”更加坚定，“两个维护”更加自觉。推进“基层党建巩固提升年”，完成“夯基础、提质量”16项任务，在全部17个专业实施“党建+”工程。规范基层党组织述职评议、量化计划管理，消除党员空白班组67个。启动“全体党员回党校”活动，累计培训党员2980人次。整改中央巡视发现问题，“见底清零”专项行动和“回头看”自查任务全部高质量完成。完成11家单位内部巡察，实现基层单位全覆盖。制定第一轮巡察负面清单78项，持续深化自查自纠。

[1] “三零”服务指小微企业接入电力享受精简手续零审批、主动服务零上门、低压供电零投资的服务。

全面从严治党“两个责任”清单 47 项、年度任务 57 项，开展两级履责约谈 1665 人次、各类监督 641 次。贯彻新时代党的组织路线，注重“四个打破、四个坚持”，一批在大战大考、急难险重任务中表现优异的干部得到重用。实施优秀年轻领导人员“三个 100”工程，时隔 7 年再次举办青干班。严把专家人员选拔标准，强化专业部门全程参与，人才质量显著提高。

【组织机构】

国网北京市电力公司

本部职能部门：
- 办公室（党委办公室）
- 发展策划部
- 党委组织部（人事董事部）
- 人力资源部（社保中心）
- 财务资产部
- 安全监察部（保卫部）
- 设备管理部（政治供电办公室）
- 建设部
- 营销部（农电工作部）
- 科技部
- 物资部（招投标管理中心）
- 审计部

本部职能部门：
- 纪委办公室（巡察办）
- 党委党建部（思想政治工作部、机关党委、公司团委）
- 离退休工作部
- 经济法律部（体改办）
- 党委宣传部（对外联络部）
- 后勤工作部
- 互联网部
- 电力调度控制中心
- 工会
- 企协分会

首都电力交易中心有限公司

供电公司：
- 国网北京城区供电公司
- 国网北京通州供电公司
- 国网北京朝阳供电公司
- 国网北京海淀供电公司
- 国网北京丰台供电公司
- 国网北京石景山供电公司
- 国网北京亦庄供电公司
- 国网北京昌平供电公司
- 国网北京门头沟供电公司
- 国网北京房山供电公司
- 国网北京大兴供电公司
- 国网北京平谷供电公司
- 国网北京怀柔供电公司
- 国网北京密云供电公司
- 国网北京顺义供电公司
- 国网北京延庆供电公司

业务支撑机构：
- 国网北京市电力公司经济技术研究院（北京电力经济技术研究院有限公司）
- 国网北京电力科学研究院
- 北京电力工程有限公司
- 国网北京检修分公司
- 国网北京电缆分公司
- 国网北京信息通信分公司
- 中共国网北京市电力公司党校（北京首电人才服务有限公司）
- 国网北京物资分公司
- [国网京电（北京）招标有限公司]
- 国网北京综合服务中心
- 国网北京客户服务中心
- 国网北京电动汽车服务有限公司
- 国网北京电力建设工程咨询分公司
- 北京华商电力产业管理有限公司
- 国网（北京）综合能源服务有限公司

其他单位：
- 北京市供用电建设承发包有限公司
- 物业管理公司
- 北京市城市照明管理中心

国网北京市电力公司组织机构图

（刘　娜）

【公司领导班子】（党委组织部）

董事长、党委书记	潘敬东
董事、总经理、党委副书记	万志军
董事、党委副书记、副总经理、工会主席（二级单位正职级）	李百顺
副总经理、党委委员（2020 年 8 月任现职）	董朝武
副总经理、党委委员	周建方
党委委员、纪委书记（2020 年 8 月任现职）	任　峰
总工程师	刘明志
副总经理、党委委员，通州供电公司总经理、党委副书记	闫承山
副总经理、党委委员，城区供电公司总经理、党委副书记（2020 年 8 月兼任）	陈守军
副总经理、党委委员	王　鹏
总会计师（2020 年 9 月提任）	张　钺
三级顾问（2020 年 9 月退二线）	李　路

（马晓艳）

电网发展

规划与发展

【北京电网发展规划】落实北京市新版城市总体规划要求，围绕京津冀协同发展、“新基建”等国家战略，服务首都“四个中心”功能建设，编制“十四五”电网规划。成立电网发展、智能化、设备管理等 9 个专项工作组，建立公司统筹、规划引领、全专业参与的共同推进机制，形成涵盖 4 类层级、40 项报告的规划成果体系，修编《北京电网规划设计技术原则》，打造具有绿色、智慧、安全特征的现代化城市电网。组织各供电公司完成“十四五”配电网规划，新首钢、大兴临空经济区能源互联网作为先行示范纳入国网能源互联网规划，对《10 千伏及以下配电网设施配置技术规范》开展社会公示及意见征求。紧跟首都核心区控规落地实施节奏，制定并发布 7 方面 17 项配套电网发展重点任务，进一步明确职责分工及工作节点，助力营造安全优良的政务环境。

（张　晶）

【项目前期管理】深化两个前期融合，克服新冠肺炎疫情影响，累计取得各类前期要件 122 项，同比提升 15%，历经 10 年取得 CBD 500kV 变电站工程立项核准，实现历史性突破。加快规划电网资源落地，“十四五” 110kV 及以上规划变电站 100%落入总规、61%落入地块控规；与北京市 13 个区政府签订战略合作协议，部分区域将“零前期”“零土建”政策拓展至全电压等级，初步测算可争取外部资金支持超 200 亿元。

（张　晶）

工程建设与管理

【基建工程完成情况】

2020 年竣工投产工程统计表

序号	建设	电压（kV）	工程名称	日期	规模	
					线路（km）	变电（万kVA）
1	密云公司	35	大城子 35kV 输变电工程	1 月 11 日	29	2
2	石景山公司	110	刘娘府 110kV 输变电工程	1 月 17 日	7.46	10
3	通州公司	110	大高力 110kV 输变电工程	1 月 18 日	10.7	10
4	海淀公司	110	稻香湖 110kV 输变电工程	1 月 19 日	3.54	10
5	朝阳公司	110	黄港 110kV 输变电工程	3 月 28 日	8.2	10
6	建设咨询公司	500	通州 500kV 扩建工程	6 月 7 日		240
7	顺义公司	110	南法信 110kV 变电站扩建工程	6 月 10 日	0	5
8	建设咨询公司	220	未来城电厂—未来城π入七家庄线路工程	6 月 11 日	2.1	0
9	房山公司	110	瓦窑头 110kV 变电站扩建工程	6 月 15 日	4.4	5
10	朝阳公司	110	速滑 110kV 输变电工程（奥体方向）	6 月 19 日	12.28	
11	房山公司	110	阎村北变电站 110kV 切改工程	6 月 21 日	27.16	
12	昌平公司	110	桃洼 110kV 变电站扩建工程	6 月 23 日	0	3.15
13	海淀公司	220	玉渊潭 220kV 输变电工程	6 月 30 日	8.39	48
14	建设咨询公司	220	永定 220kV 变电站扩建工程	6 月 28 日	0	36
15	延庆公司	110	西白庙变电站 110kV 送出工程	7 月 16 日	9.88	0
16	房山公司	110	110kV 房山可再生电厂送出工程	7 月 21 日	35.97	0
17	石景山公司	110	炼钢 110kV 输变电工程	9 月 18 日	3.45	10
18	昌平公司	110	京通铁路官高 110kV 牵引站外电源工程	9 月 19 日	1.42	
19	怀柔公司	110	京通铁路范各庄牵引站 110kV 外电源工程	9 月 23 日	1.3	0

续表

序号	建设	电压（kV）	工程名称	日期	规模	
					线路（km）	变电（万kVA）
20	朝阳公司	110	高碑店—小红门—老君堂 110kV 线工程	9 月 27 日	3.33	0
21	房山公司	110	房山石化 110kV 输变电工程	9 月 25 日	4.8	10
22	亦庄公司	110	华康 110kV 变电站扩建工程	9 月 28 日	0	10
23	建设咨询公司	220	岳各庄 220kV 输变电工程	9 月 29 日	30.54	36
24	建设咨询公司	220	岳各庄 220kV 变电站主变压器扩建工程	9 月 29 日	0	36
25	建设咨询公司	220	（密云东牵引站）北京京沈高铁牵引站 220kV 外部供电工程	9 月 29 日	6.4	0
26	建设咨询公司	220	（星火牵引站）北京京沈高铁牵引站 220kV 外部供电工程	10 月 18 日	6.32	0
27	建设咨询公司	220	密云 220kV 变电站主变压器扩建工程	10 月 20 日	0	18
28	建设咨询公司	220	陈留庄 220kV 变电站主变压器扩建工程	10 月 23 日	0	36
29	朝阳公司	110	百子湾 110kV 输变电工程	10 月 23 日	4.06	15
30	密云公司	110	冯家峪 110kV 变电站主变压器增容工程	10 月 23 日	0	10
31	海淀公司	110	玉渊潭 220kV 变电站 110kV 送出工程	10 月 24 日	4.13	0
32	丰台公司	110	丰台云岗 110kV 主变压器扩建工程	11 月 6 日	0	10
33	顺义公司	110	顺义于庄 110kV 输变电工程	11 月 8 日	22.54	10
34	建设咨询公司	220	玉泉营 220kV 变电站主变压器扩建工程	11 月 29 日		36
35	顺义公司	110	牛栏山站 T 接丽坡二线 110kV 线路改造工程	11 月 28 日	1.2	0
36	昌平公司	110	信息港变电站 110kV 送出工程	11 月 29 日	4.44	0
37	顺义公司	110	西府 110kV 变电站增容工程	11 月 29 日	0	10
38	延庆公司	35	永东 110kV 变电站 35kV 送出工程	12 月 17 日	8.54	0
39	亦庄公司	110	标厂 110kV 输变电工程	12 月 18 日	4.63	10
40	海淀公司	110	海淀首体 110kV 输变电工程	12 月 21 日	14.8	12.6
41	房山公司	110	梅花庄 110kV 变电站扩建工程	12 月 22 日	0	5
42	建设咨询公司	220	东升 220kV 变电站主变压器扩建工程	12 月 23 日	0	36
43	大兴公司	110	罗奇营 220kV 变电站 110kV 送出工程	12 月 24 日	30.84	

续表

序号	建设	电压（kV）	工程名称	日期	规模	
					线路（km）	变电（万kVA）
44	建设咨询公司	220	安定—龙潭湖第二回 220kV 线路工程	12 月 29 日	9.86	
45	海淀公司	110	西山—闵庄 110kV 线路工程	12 月 28 日	5.7	

【重点工程建设】

1. 岳各庄 220kV 输变电工程

岳各庄 220kV 输变电工程被列入北京市重点工程电力建设项目，是北京市平原地区 46 项“煤改电”重点配套电力工程之一，也是公司落实北京城市总体规划配套建设的重点工程。

工程新建变电容量 720MVA，架空线路径长度 6.9km，电力沟道路径长度为 7.9km。变电站为全户内半地下变电站，安装 180MVA 主变压器 4 台，220kV 进出线 8 回，110kV 出线 12 回，均采用 GIS 组合电器户内布置。工程 2015 年 11 月开工，2020 年 10 月 1 日投产。

建设期间，坚持安全文明绿色施工，减少对周边附近居民影响。坚持科技创新，现场安装防尘系统以确保组合电器的安装环境和质量，应用气垫运输技术确保组合电器的运输安全及设备质量。工程严格落实质量实名制、实测实量、实时记录管理，严格执行各级质量验收规范、强制性条文、质量通病治理及标准工艺应用，确保工程质量。

该工程投产可为丽泽商务区等发展热点区域提供重要电源，对缓解丰台地区较高的电力报装容量发挥重要作用，有力优化地区电网结构，为北京和谐宜居之都建设提供坚强的支撑。

2. 首体 110kV 输变电工程

首体 110kV 输变电工程作为北京冬奥会配套电网收官工程，承担着为冬奥会短道速滑、花样滑冰项目比赛及训练场馆供电的重要使命。

工程为全地下变电站，本期及终期安装 63MVA 110/10.5kV 有载调压变压器 2 台；送电工程自玉渊潭 220kV 变电站新出 2 回线路至首体变电站，玉渊潭—首体双回电缆长度 12.36km，甘家口—首体单回电缆长度 3.09km。工程新建一条电缆隧道，起点与现状 ϕ1800 电力隧道相接，向东穿越现状中关村南大街与本工程拟建首体变电站隧道甩口相接，长度约 81.36m。工程 2019 年 3 月开工，2020 年 12 月 21 日投运。

疫情期间，作为重点工程项目，于 2020 年 2 月 28 日首批复工，所有进出人员均进行实名制排查管理，采取严格的防疫消杀措施，并与政府部门建立联络机制，确保现场安全稳定。同时，项目部不断优化施工方案和进度计划，在确保工程质量的前提下，加大人员和机械设备投入，跑出了变电站建设的“加速度”。

在工程建设过程中，公司应用“智慧工地”管理系统，综合利用智能摄像头、智能感知等手段，实现作业人员、机械、材料、环境等信息的动态采集，实现对安全帽佩戴、临边防护、孔洞覆盖等五类典型场景违章的智能识别，进一步提升了工程现场安全质量的管控能力。

3. 京沈客专星火牵引站220kV外部供电工程

为配合拟建京沈客运专线铁路的建设，并满足星火220kV牵引站电缆敷设要求，需新建主线电缆隧道以及支线隧道。星火牵引站220kV外部供电工程将有效解决拟建京沈客运专线始发站负荷承载需求，同时采用酒仙桥220kV变电站与团结湖220kV变电站双方向供电，保证了京沈客专始发站的用电可靠性。

星火牵引站位于北京市朝阳区将台东路东侧，该工程新建两回220kV电源，分别引至酒仙桥220kV变电站与团结湖220kV变电站，实现双方向供电，运行方式为一用一备。新建电力隧道270m，其中明开70m，暗挖200m。新建酒仙桥—星火牵引站单回电缆0.7km，新建团结湖—星火牵引站单回电缆6.60km。对团结湖变电站进行保护改造，酒仙桥变电站扩建220kV出线间隔1个。工程2020年6月开工建设，10月21日投运。

4. 京沈客专密云东牵引站220kV外部供电工程

为配合拟建京沈客运专线铁路的建设，并满足密云东220kV牵引站供电需求，需新建密云东牵引站220kV外部供电工程。将有效解决拟建京沈客运专线始发站负荷承载需求，同时采用密云220kV变电站与塘峪220kV变电站双方向供电，保证了京沈客专牵引站的用电可靠性。

密云东牵引站本期双回外电源引自密云220kV变电站。考虑到在塘峪220kV输变电工程中将建设密云—塘峪三回线路，建议本期密云牵引站自密云变电站引入双回电源，部分线路利用塘峪输变电工程中的新建线路，部分线路在该工程中新建。塘峪变电站投产后再实施本期新建的双回线路破口密云—塘峪的1回线路，实现密云牵引站外电源1路引自密云变电站、1路引自塘峪变电站。新建线路折单长度6.4km，其中双回路径长3.2km。工程2020年5月开工，9月投产。

5. 京通铁路范各庄110kV外部送电工程

京通铁路是联系华北和东北、沟通内蒙古东部和西部的重要铁路。京通铁路昌平至朝阳地段经北京市昌平区、怀柔区、密云区，过长城一线（古北口）进入河北省，线路全长357.1km，其中对未电气化的高各庄—怀柔—范各庄进行电气化改造，2020年开展的京通铁路范各庄110kV外部送电工程，为范各庄110kV牵引站提供用电支撑。

工程新建范各庄牵引站双回电源T接于现状北红一、二110kV线路，新建T接点至范各庄110kV牵引站的两路单回线路，构成范各庄110kV牵引站的两回电源，上级电源为220kV怀柔北变电站。工程拟新建110kV线路约430m，改造110kV线路约340m，新立铁塔4基。工程2020年5月开工，9月投产。

6. 官高110kV牵引站外部供电工程

该工程为京通铁路昌平至朝阳地段电气化改造后的官高牵引站提供双回电源。工程自军都220kV变电站新建111、116间隔引出架空线至官高牵引站。架空路径长度0.73km，新建铁塔6基。工程2020年5月开工，9月投产。

（陈　伟）

【基建安全质量管理】推进基建改革配套措施落地，开展“查风险、治违章、抓落实”安全主题活动，建立健全作业单元管控长效机制，强化两级风险值班、两级方案复审、量化考核等重点管控措施，持续夯实基建安全基础。建立常态疫情防控机制，印发基建工程疫情防控工作方案、防疫工作指引、口袋书等指导文件，建立网格化防控体系，刚性执行封闭管理、健康筛查、通风消杀等措施，对4030人进行核酸检测，确保基建工程“双零”目标。常态开展“四不两直”督查和安全巡查，各单位每月、公司每两月开展安全质量责任量化考核，全年共治理安全违章问题2950余项，清退不合格班组4个，取消准入资格27人。印发《基建工程施工作业层班组标准化建设指导手册》，建立标准化作业层班组189个，培育核心分包队伍138支，进一步完善以作业层班组为基本单元的作业组织体系。严抓关键人员培训、准入、备案、评价管理，实行全员实名制管控，组织基建安全准入考试16批次，准入关键人员645人。聚焦工程现场和重大风险，全覆盖应用基建“e安全”，严抓作业人员、作业计划和作业风险管控，坚决执行“三算四验五禁止”安全强制措施，全年共监督三级及以上风险作业1527项，现场监督把关7000余人次，推广应用深基坑作业一体化装置，有效保障了现场作业安全。严格停复工安全管控，完成重大活动期间基建安全保障工作。

推行质量验收统一表式和“五必检、六必验”强制措施，实行“五级验收、三类准入、两项督查”质量管控重点措施，制定主设备安装关键环节验收表，明确验收组织程序，开展三类质量人员准入管理，全面实行视频监控管理和质量责任量化考核管理。深入开展基建标杆示范工程建设，着力打造首体 110kV 变电站、于庄 110kV 变电站等 8 项标杆示范工程，组织开展现场观摩交流活动。大力推进新技术及创新工艺应用，电缆接头安装、GIS 对接等关键环节全面应用空气净化设备。所有基建工程以达到国网输变电工程金奖和银奖标准为工程建设质量目标，高标准开展工程质量策划，全面落实标准工艺，做实细节质量管控，北京房山变电站—天津南蔡变电站 500kV Ⅰ、Ⅱ回输电线路工程（北京段）获得国家电网公司输变电优质工程金奖，沙河北 220kV 变电站工程、科学城西 110kV 变电站工程获得国家电网公司输变电优质工程银奖。

（胡进辉）

【基建技术管理】结合北京地区特点，修编四套变电站通用设计方案，从设计源头解决生产用房不足、房间布局不合理等问题。结合国家电网公司新要求，推进杆塔通用设计修订工作。大力推进技术创新及应用，主动揭榜国家电网公司科研项目“电缆隧道设计关键技术研究”，系统规划基建科技创新工作方案，深入推动以三维设计、建筑信息建模技术为代表的数字化设计、施工技术，实施《三维设计深化应用三年（2020～2022 年）行动方案》，从工程实际出发，推进正向三维设计并深化应用，实现协同设计、碰撞检查、施工模拟等。开展基于三维设计深化应用的基建工程数字化管理模式探索，推动工程管理模式由传统化管理向数字化管理转变。

（刘　畅）

【技经管理】完成 110kV 及以下输变电工程初设评 41 项，审定概算 31.41 亿元，初设较可研核减 1.9 亿元。完成 220kV 及以上输变电工程初设评 11 项，审定概算 6.1 亿元，初设较可研核减 0.41 亿元。

完成行业标准《电力建设工程工程量清单计算规范　电缆线路工程（2020 年版）》的修编，完成《国家电网公司输变电工程造价水平及趋势研究　电缆线路工程（2020 年版）》《国家电网公司 2020 年输变电工程技术经济指标研究》2 项国家电网公司课题研究报告。

建立农民工工资支付、新冠肺炎疫情防控费用计列等管理制度，正式推行 2018 版预规、定额等计价标准。工程结算管理水平有效提升，规范结算管理流程，加强专业协同，提升结算效率，完成结算攻坚 174 项、结算金额约 155 亿元。招标管理效益明显，规范招标工程量清单及招标控制价管理。造价“三算”精准管控体系初步形成，完成《2020 年度重大设计变更和重大签证统计分析》《北京公司 110kV 模块化变电站造价分析》《北京公司 2020 年输变电工程“三算”对比分析》3 项北京公司专题报告，建立定期分析制度，管控思路、管控目标和管控手段更加有效。造价量化考核成效显现，从严管理理念深入人心，依法合规管理更加规范。

（张　啸）

【基建信息化管理】建成并推广应用基建全过程综合数字化管理平台，覆盖 652 项基建标准化业务场景，实现基建业务管理由基建管理系统向基建全过程综合数字化管理平台的平稳过渡，促进业务管理数字化、自动化、智能化。

应用智慧工地系统开展工程现场管理，作业现场全部实行视频监控。持续优化风险智能识别功能，提升工程现场安全智能管控能力。研发大型机械管理模块，实现大型机械企业及操作机手双准入管理，对吊车、旋挖钻机等大型机械进行实时定位和监控。

推广使用基建“e 安全”移动应用，在国网系统首批实现基建“e 安全”单轨制运行。开展北斗、5G 等新技术在基建工程的试点应用。工程公司管理的机具设备在“e 装备”上线，并通过“e 装备”开展了首单设备租赁业务。

（胡进辉）

农电发展

【农电标准化建设】实施“全能型”乡镇供电所完善提升“六个一”[1]工程，建立供电所安全履责评价体系，完善现场作业风险管控机制，规范基础设施定制化管理，推动供电所指标体系建设，通过组织星级供电所评价，全面提升乡镇供电所基础管理水平。

（李　干）

[1] “六个一”是指建立一套管控有力的安全保证与监督体系，建立一套营配融合的专业管理体系，建立一套适用乡村的服务规范体系，构建一个融合贯通的信息支撑平台，打造一支专业化的乡村供电服务团队，建立一个保障有力的资源配套机制。

企 业 管 理

计划与投资管理

【投资管理】首次完成全部投资专项发展规划，明确“十四五”全量投资任务和规模。依托内部启动和预安排，提速13项输变电工程进度，云和、斋堂、同宁等变电站提前具备开工条件。组织清理建设期超5年的项目116项，释放占用资源，消除挂账风险。连续两年实现全量投资核备与认定，为国家电网公司后续全量规划和全量核备工作提供先行示范。创新工作方法，加强沟通协调，全年落实外部资金突破45亿元，外部资金占电网基建投资比例近一半。通过倒排工期、过程管控，全力推进“三供一业”、迁改移、政府出资、用户出资四类535项涉及外部资金项目建设进度，完成工程转资70.71亿元，贡献利润22.27亿元，助力公司负债率控制在65%以下。

（张　晶）

【计划管理】开展“四结合、四创新”同期线损精益管理，消除高损线路379条、压降87.92%，消除高损台区5119个、压降89.77%，提前4个月完成国家电网公司压降50%目标。综合线损率完成4.5%、同比下降1.65%，降幅在国家电网公司排名第一。代表国家电网公司荣获中电联节能减排先进单位，降损增效技术荣获国家电网公司科技进步三等奖。助力碳中和，成功落地实施国网系统首笔市场化碳资产增值业务，探索一条契合电网运营特点和节能管理经验的降损增效业务路径。优化年度发电量计划管理流程，争取优惠替代电价政策，购电成本进一步压降。加强综合计划全业务链条科学管控，深化经济活动分析，深挖“量、价、费、损、本、利”大数据应用服务价值，综合计划指标水平稳步提升。

（张　晶）

【统计管理】以电网关口管理为基础，立足全源头采集，建立电量统计全流程管理规范和自动化计算模型，在国网系统率先实现全社会用电量等统计报表一键刷新、自动生成，报表生成时间由原来的1天减少至10分钟以内，任意时间段内数据及时统计发布。制定公司统计表数据质量责任文件和月度、季度、年度统计数据发布计划，加强《固定资产投资统计标准》的宣贯执行，引入项目入库、出库管理机制，完善项目全流程管控。开展关键节点投资完成分析，及时衔接计划调整和编制，高质量完成公司年度投资任务。

（张　晶）

人　力　资　源

【领导班子和干部队伍建设】贯彻新时代党的组织路线，落实组织人事工作部署，坚持党的好干部用人标准，选拔政治坚定、作风过硬、业绩突出、群众公认的干部，执行《选拔任用工作规程》，遵循动议、民主推荐、考察、讨论决定、任职等基本流程，营造风清气正的用人环境。贯彻落实国家电网公司《关于大力发现培养选拔优秀年轻领导人员的实施意见》，制定队伍建设规划，实施优秀年轻领导人员建设“三个100”工程，不断深化“四个打破、四个坚持”用人思路，实现公司干部队伍结构进一步优化。一年来，公司调整交流处级领导人员69人，新提拔处级领导人员30人，领导人员的年龄、专业、来源等结构得到持续改善，目前处级领导人员平均年龄46.3岁，80后处级领导人员43人，原始学历大学本科以上占76.8%。

落实中央《关于进一步激励广大干部新时代新担当新作为的意见》精神，把严格管理干部和关心干部结合起来，强化人员考核监督机制。聚焦打赢“双战役”实现“双目标”，建立“五考四查三访”工作机制，在大战大考、急难险重任务中考察识别干部，提拔重用在疫情防控、复工复产、高质量提升等任务中表现突出的人员。落实《国网北京市电力公司领导人员谈心谈话管理办法》，坚持“开门迎谈”与“定期谈话”相结合，加强精神激励和人文关怀，注重解决干部实际困难。落实“三个区分开来”要求，把严管与厚爱落到实处。发挥提醒函询诫勉作用，发现苗头性、倾向性问题及时批评教育。落实重大问题请示报告制度，加强对干部“八小时以外”等情况的了解监督，教育引导干部始终认清底线、行有所止。推动能上能下，进一步明确25种“下”的情形，加大对平庸懒散等“中间状态”领导人员的识别和问责力度。强化党内监督，严肃党内政治生活，高标准高质量开好两级领导班子民主生活会。

举办2020年党校青年干部培训班，遴选46名优秀青年干部进行为期40天的脱产培训，首次与中央党校合作定制培训方案，到中央党校进行为期一周的封闭进修；邀请央视特约评论员等高端师资；走入北汽、城市副中心、国网电商等开展现场调研学习；引入行动学习，组建专题研究小组进行课题探究，提升培训效果。开展4期处级领导人员轮训班，围绕习近平新时代中国特色社会主义思想、国内外形势、国家电网公司战略、专业能力、综合素质等方面，设置10门课程，赴华为会展中心开展外出实践活动。组织处级领导人员网络培训班和本部管理人员网络培训班，500余名领导人员和管理人员通过“网上党校”、国网大学“云课堂”等平台开展学习，完成了政治理论、经营管理、企业战略等方面共127学时课程。

印发《关于进一步加强基层单位中层领导人员管理的通知》，将助理、副总师任免权限下放给基层单位，实行基层单位干部调整任前审批、任后备案制度，全年共审批17批425人次调整申请，检查选拔任用纪实材料94份，进一步提升了基层选拔任用工作水平。开展基层单位中层干部选拔任用“一报告两评议”和选人用人工作年度检查，汇总分析评议结果，查找存在问题并及时反馈，对于暴露出的问题及时给予指导并限期整改，不断提升基层选人用人工作公信度和群众满意度。

参加中组部干部人事档案专项审核全覆盖试点，组成审核小组，克服疫情影响，对400卷一般管理人员、专业技术人员档案进行了专项审核，完成材料补充、组织认定、签字归档等规定流程，提升了公司档案管理水平。深入推进档案数字化，对500卷公司党委管理干部档案进行数字化处理，搭建档案数字化管理系统，不断拓展档案应用场景，提升应用效率。

（杜长军　焦东升　王华伟　陈俊廷）

【机构编制和岗位管理】落实国家电网公司优化省公司本部机构编制要求，制定公司本部机构优化调整方案并获得国家电网公司批复。适应改革发展需要，指导各单位开展组织机构调整优化，完成通州公司、朝阳公司、经研院等8家单位组织体系优化，在生产服务体系优化、管理体系迭代升级、队伍活力激发等方面形成有效经验。

核心业务定员管理取得成效，强化核心业务定员应用，采用专家经验、数据分析等多维方式，确定各专业核心业务比例和各单位核心业务定员，优化核心岗位配置。

多维人才成长通道初步形成，印发《职员职级管理办法》，优化职员职级管理，明确职员“进、晋、降、出”规则；严格年度考核和聘期考评，强化待遇与考核结果联动，四级、五级职员优先使用于技术技能岗位，以能力、实绩和贡献为导向，打破技术技能岗位“天花板”。

（刘　娜）

【人才队伍建设】坚持“党管人才”，牢固树立“管专业首先要建队伍、干成事首先要培养人”的全员人才培养理念，按照“统一领导、人资归口、专业负责、分级实施”的原则，明确各层级人才培养职责分工，完善公司各层级人才培养组织体系，专业主导作用和用人主体作用日益提升，逐渐形成了公司上下联动、党政齐抓共管的人才培养工作合力。

贯彻公司科技大会精神，印发《中共国网北京市电力公司委员会关于加快人才高质量发展的实施意见》，秉承员工全职业生涯培养理念，遵循人才成长规律，不断加强人才培养顶层设计和制度建设，全面实施高端人才引领攻坚工程、骨干人才锻造升级工程、青年人才托举成长工程、紧缺人才引进育成工程，为公司当前及今后一个时期的人才培养工作明确了方向和目标。

广泛推行在长期实践中亮点突出、成效显著的“师带徒”培养、一线工区（班组）培训、现场实练、小竞赛、小比武、“三跨”培养等人才培养举措，促进公司人才培养工作水平整体提升；持续实行核心专业技能再提升“回炉培训”、乡镇供电所定向大学生专项培训、各类供电保障专项培训等项目，初步形成公司精品培训品牌。

全年公司共有国网系统内人才343人，其中：国家电网公司专业领军人才11人（含新聘特级专家3人，一级专家2人）；省公司级特级专家7人；省公司级一级专家57人；省公司级优秀专家人才25人；地市公司级优秀专家人才29人；地市公司级优秀专家人才后备45人；地市公司级二级专家48人；地市公司级三级专家121人。制定并印发《国网北京市电力公司优秀人才管理实施细则》，服务首都新时代发展，为公司培养和造就了一批政治坚定、素质优良、理论扎实、技术过硬、技艺精湛的优秀人才队伍。新增享受北京市政府技师特殊津贴 3 人。

（刘 娜）

【员工管理】聚焦能源互联网建设人才需求，严把标准，广泛择优，招录高校毕业生电工类等主干专业占比达 81%、研究生及以上占比超 56%；根据市场化单位业务发展需要，开展紧缺人才社会招聘 8 人；补充产业直签供电服务职工 14 人；与山东电专合作，实施供电所人才储备联合招生培养 24 人。首创核心定员测算，深化职工配置分析，围绕核心一线岗位，积极盘活内部存量，引导人员科学流动，完成跨单位人员配置 67 人、跨岗位交流配置 1743 人，人才分布结构进一步优化。严格落实“三改”要求，制定岗位聘任制管理意见，指导细化上岗条件、聘任目标、考核标准，在一般管理岗位、供电所长、班长等重点岗位全面推行聘期管理，700 余人签订聘任协议，职工契约理念、规矩意识得以强化。

（刘 娜）

【薪酬福利管理】落实“三项制度”改革精神，聚焦公司高质量发展、重返国家电网公司业绩考核 A 段目标与提质增效、优化工资总额核定模型，根据各单位功能定位与经营特性，加大工资总额与各单位业绩考核、经济效益、用工效率的挂钩力度，推进收入能增能减。深化放管服，推行一线班组岗级（薪级）工资动态管理、持续深化薪酬分配管理等工作，指导各单位加大收入分配向关键岗位、生产一线岗位和紧缺急需人才的倾斜力度，促进岗位层级之间分配关系更加合理，员工收入与其工作贡献匹配程度进一步提高，抑制并消除分配平均主义，促进了公司高质量发展。围绕安全生产、政治保电、疫情防控、电费回收等高质量提升年重点工作的贡献情况，设置专项奖励（用于安全专项奖励达到工资总额 1.5%），突出激励导向、凝聚工作合力。结合疫情防控，单独拨付部分单位补贴专项工资。经研院作为国家电网公司中长期激励试点单位，完成科技型企业第一年岗位分红激励兑现实施工作。

年度福利费支出总额较 2019 年增加 4.99%，职工幸福指数持续提升。落实国家电网公司与公司党委部署要求，全力做好疫情防控及复工复产期间职工福利保障工作，科学配置健康体检资源，增加疫情防控专项体检项目，关心关爱职工健康；增加食堂经费，重点向疫情防控任务重的单位倾斜，保障职工用餐质量。严格贯彻落实国家、国家电网公司关于离退休统筹外费用的政策规定和管理要求，规范实施统筹外项目与标准，积极争取上级政策支持，统筹外补贴批复计划同比增加 1547 万元，彻底解决审计、巡视巡察中遗留的历史难题，确保了离退休人员合规待遇的有效落实、费用列支渠道规范、离退休人员队伍稳定。受新冠肺炎疫情影响，为保障职工健康安全，各单位未组织实施职工疗休养工作。

（刘 娜）

【绩效管理】在国家电网公司企业负责人业绩考核中，得分 186.749 分，总体成绩跃居第 4 位，重返 A 段。公司考核办公室紧密围绕 A 段目标，分解确立了各指标争先目标。各部门以争先目标为标靶，精细确定各指标争先目标完成值及加分点，细化具体保障举措，形成了清晰明确的作战图、时间表和攻坚书；指标责任层层分解到各单位、并逐一明确专业协同内容及目标要求，纵向到底、横向到边的责任网全面铺开。各单位落实公司各项决策部署，扎实推进工作落地执行，在提升获得电力、压降线损、保障电网优质安全运行等方面发挥关键作用。在考核期末阶段，全面精准总结公司成效亮点和加分事项，根据考核进展信息“一日一总结分析、一日一调度沟通”，取得了优异成绩。

实施组织绩效工资总额包干。在大兴公司、检修公司等 8 家单位试点推行“增人不增资、减人不减资”的绩效工资分配机制，以定员核定组织绩效工资基数，以绩效考核决定绩效工资升降。加强柔性团队考核激励，打破单位、部门界限，根据团队目标达成、效益创造、市场拓展等，采用单独设立绩效薪酬包、专项奖等方式进行激励。推行“一业一策”式绩效管理。改变以往绩效管理按层级、按人员“一刀切”执行的状况，对各业务开展业务特征评测分析，选取 KPI、项目制、工作清单制等多种考核方式，与不同业务聚类进行匹配，实现差异化、精细化绩效管理。实施绩效经理人授权赋能。因地制宜，因“人”施策，对于绩效管理意识浓、履职能力强的绩效经理人，重在“授权”，充分赋予其考核权、绩效薪金分配权；对于管理基础薄弱、意愿不强烈的绩效经理人，重在“赋能”，创新开展“菜单式”绩效管理工具与方法指导，全面提升绩效经理人“修自己、管员工、带队伍、培养人”的履职能力。

（刘 娜）

【社会保险】在应对新冠肺炎疫情冲击、确保职工社会保险待遇不降低的同时，推动落实国家多项减免社保缴费政策，节约支出保险资金 1.5 亿元，储备稳岗补贴 3000 万元。优化企业年金分配，在保持原有方案体系架构的基础上，有针对性地提高个人收入、企业工龄、岗位贡献三方面缴费比例，提升全员企业年金分配水平。年度公司企业年金计划收益率为 13.04%，为历年投资最佳业绩。2011～2020 年累计收益率 85.62%，年化收益率 6.06%。

（刘　娜）

【落实老干部政治待遇】在疫情的特殊时期，采取精准“一人一策”的方式开展学习和服务工作，相关工作不断不乱，帮助老同志们能够老有所学、老有所为，继续发挥余热。

（张文旭）

【落实离退休职工生活待遇】年内，先后为离退休职工发放了春节、“五一”“十一”、重阳节节日补贴、高龄补贴、困难补助和月度生活补贴。继续为公司退休职工办理了英大医疗系列保险。组织完成离退休人员的健康体检，按相关政策办理供暖费报销工作。

春节前，公司各单位（包括机关本部）分别举办了离退休职工新春联欢会。疫情出现后，公司根据退休人员社会化工作的要求，停止了各单位老年活动平台，关闭了活动站。

■ 7 月 23 日，离退部准备接待本部退休职工社会化个人信息确认签字工作。（徐岩　摄）

（张文旭）

【离退休管理和服务】年内，退休职工增加 272 人、去世 135 人，离休干部去世 4 人。到年底，公司在册离休干部为 19 人，退休职工为 6678 人，离退休职工共计 6697 人。全年公司离退休人员成功抗疫，实现新冠肺炎零感染。

下半年随着社会疫情的缓解，通过手机微信渠道，开展政策宣贯和退休人员社会化必要信息的采集。组织完成了公司退休职工社会化个人信息确认签字，年底前完成了退休人事档案的数字化，建立健全每位退休人员的信息表、承诺书及档案等移交资料。

（张文旭）

财　务　管　理

【提质增效】开展提质增效，统筹推进“六大攻坚战”102 项重点任务，全年对冲减利影响 70.87 亿元，较年初指标减亏 18.77 亿元，资产负债率预计完成 64.72%，优于年初指标 5.18 个百分点，有力支撑公司实现重返 A 段目标。落实政府支持资金 40.3 亿元，大力推进四类外部资金工程建设，贡献利润 13.93 亿元，降低资产负债率 3.86%。强化线损管理，综合线损率降至 4.32%，减少损耗电量 20.22 亿 kWh。加大电费回收和反窃查违力度，电费回收率 100%。全面开展资产清查，延寿使用有效资产 7 亿元，盘活各类资产实现收益 2.32 亿元。把握成本“紧平衡”，优化成本结构，全年实现成本节约 2.5 亿元。在国网大学发布“提质增效”第一课，组织 8 家单位发布“云课堂”交流课程。

（李　刚）

【预算管理】深化应用内部模拟市场，科学考量资源占用、负债分摊等情况，优化价格、成本传导机制，建立健全以内部利润和资产负债率双模拟为核心的内部模拟市场，强化项目精益管理和成本精益管控，形成月度经营情况通报机制，有效传导经营压力，提升公司整体经营创效水平。瞄准国家电网公司战略目标，落实公司“12912”落地方案要求，制定提质增效战略落地工程方案，明确三阶段战略规划和 13 项核心量化指标数据，细化 5 方面 21 个战略任务 66 项具体工作，支撑公司高质量发展和战略目标落地。

（李　刚）

【会计精益核算】建立成本分摊机制，分类出具监管业务与非监管业务财务报表，满足各方信息需求。深化多维精益管理变革，构建多维经营质效评价机制，划小经营单元试点价值贡献评价，引导基层精准考核激励。统一组织机构、员工、客户、设备、产品、供应商六类管理对象的数据标准，推动业财数据融合，为智慧财务共享平台建设奠定基础。构建多维精益数字化管理平台，部署完成9大类77个多维价值分析场景，深挖多维数据价值，支撑管理提升。

（李　刚）

【资金集中管理】健全完善公司集团账户体系，夯实账户管理基础，全国性的商业银行贷款户直接挂接集团账户体系，切实做到“应挂必挂”。建立现金流预算容差管控机制，增强系统管控的灵活性，有效管控预算执行率。建立非电费收入清分对账机制，通过收款码实现非电费收入自动清分对账，提升清分效率。“1233”新型资金管理体系常态运行，持续优化现金流“按日排程”系统功能，完善收入预测模型和集中支付策略，实现资金供需“规模精准匹配、时间精准衔接”，有效控制带息负债规模。健全资金事前预警、事中监控和事后监督体系，实现支付全程在线监控。完成国资委资金安全管控专项排查，常态化开展资金安全专项年度自查，有效防范资金风险。

（李　刚）

【工程资产管理】完善外部资金全流程管控，推动外部资金工程提质提速，准确及时将外部资金转化为公司效益。建立项目清理“一本账”和销号制度，全面完成“三清理两提高”工作任务。建立项目自动竣工决算规则，夯实工程财务管理智慧化基础。实施工程投资预算与资金一体化试点，强化工程成本与资金精益管控。构建“1+8+N”清查组织体系，完成全部16类资产现场盘点，梳理资产卡片87万张、设备卡片160万张，账卡物一致率达98%以上。统筹协调，妥善解决历史权属不一致、退运遗留物资清理处置等问题。完善无形资产和租赁资产台账，促进闲置资源盘活利用。制定《资产改扩建寿命重估指导意见》等3项规范，从改扩建资产延寿、资产报废、充换电资产管理等方面完善管理机制，激活资产价值，实现管理赋能。资产划转有序完成。落实国家电网公司要求，完成锡盟—山东、张北柔性直流2条特高压资产划转至华北分部，理清资产界限，划拨资产原值105.09亿元，净值95.41亿元，对应划转负债64.71亿元。

（李　刚）

【产权管理】有序开展股权投资。完成华商电力产业公司、国网新能源汽车公司、工程公司注资以及国网综合能源股权划转50%投资事项。完成首都电力交易中心引入外部资金30%混改。发挥保险保障作用。充分发挥英大财险和长安经济公司对各单位财产保险的支撑作用，定期开展交流培训，保险赔付率达33%（实际赔付率45%），为公司生产经营提供有力支撑。

（李　刚）

【内控稽核评价】发挥风委会统筹协调作用，开展2021年重大风险评估，组织相关部门制定2021年重大风险防控措施，持续防范重大风险事件。建立风控工作季度通报机制，跟踪风险形势变化和风险管控工作进展，提示重大风险，推动风险响应和防控能力提升。编制《内控评价手册》和工作指南，组织各单位开展内部控制自评，实施内控监督评价，加强缺陷治理，提升内部控制的有效性。宣贯国家《保障中小企业款项支付条例》和《国家电网有限公司关于实施〈保障中小企业款项支付条例〉的意见》，防范拖欠风险。推广线上往来账款台账应用，持续推进民企清欠，全年未新增逾期拖欠，高质量完成无分歧账款“零拖欠”目标。

（李　刚）

【电价税收管理】克服企业经营困难，配合政府精准制定降价方案，执行国家降低工商业电价5%的政策，全年降低社会用电成本23.26亿元。配合完成第二监管周期输配电价核定，争取到重要参数按照国家高限核定，冬奥工程等政策性投资全额纳入核价范围，解决了华北电网输电费分摊比例下调问题，并对国家要求的提前降价部分实施“三年统算账”，有效避免了重复降价风险。运用研发费加计扣除、安全设备抵税等税收优惠政策，完成公司2019年企业所得税汇算清缴，节税2958万元。强化环保税、水资源税管控，建立跨单位数据对照审核机制，有效规避迟缴、漏缴风险。加强与税务机关沟通，紧密跟踪纳税评级情况，及时处理存在问题，被评为2019年纳税A级单位。依托国家电网公司发票管理平台，建设“总对省”通道，构建包含销项税、进项税的发票池，实现发票采集、查验、认证等信息实时获取。

（李　刚）

审 计 管 理

【重点迎审及派出审计】主动对接审计署有关司局和派出机构，加强日常汇报和服务，确保冬奥会配套电力工程跟踪审计平稳有序。接受上级对公司原董事长、城区公司原总经理、通州公司原总经理任期经济责任审计、人力资源专项后续审计等 4 项驻点审计，累计迎审 98 天。由于疫情防控特殊需要，公司临危受命，承接国网新源公司任期经济责任审计任务，第一时间遴选业务骨干组建审计组，学习国家新能源发展相关政策，确保重大政策及决策部署事项应审尽审。在 3 周内奔赴 5 省市 13 家单位开展现场延伸审计，涉及新源公司提质增效、经营绩效、重大项目、物资招投标、产业单位改革改制等 8 方面 76 项问题，审计报告获总部审核通过。

（赵 悦）

【领导干部履职监督】根据中共中央办公厅、国务院办公厅和国家电网公司经济责任审计新规定、新要求，把握权力运行和履职尽责两条主线，对公司二级单位领导干部 7 人次开展离任（任中）经济责任审计。项目开展过程中，深入分析问题成因，共同探讨整改途径，规范领导干部的决策与管理行为，积极促进领导干部履职尽责，提升公司的依法合规经营水平。

（赵 悦）

【工程投资审计监督】聚焦电网高质量发展，对 357 项 30.89 亿元电网建设项目开展工程全过程审计。创新开展重大投资项目后评审，围绕“1+3+5”（一核引领、三大保障、五项破题）目标定位，创新构建“3E”（产出、效率、效果）多维评审体系，聚焦经济效益，兼顾运行能力、安全保障、社会效益，围绕 17 项评审指标综合评价电网工程投资效益，并开展盈亏平衡分析，建立评审逻辑规则 256 条，明确收入、成本 2 类 89 条数据信息查询路径及采集方法，形成后评审指标测算模型所需支撑数据表单 69 张，形成后评审报告、专题报告 3 份，提出管理改进建议 5 项，为公司精准科学投资提供决策参考。

（赵 悦）

【重点领域审计监督】围绕国家重大政策落实落地，结合首都特色，持续开展电费资金安全、营业收入、产业单位债权债务、剩余物资利库、退役资产处置、“三供一业”改造等专题审计。向公司党委及时报告计量装置故障处置不及时、房产使用效率低等审计发现问题。推动职能部门出台加强剩余物资管理、集体企业管理等 7 项制度，充分发挥审计监督发现、提示、预防风险的作用。

（赵 悦）

【审计成果综合运用】公司总经理主持召开审计问题整改部署会，布置整改任务，确保重大风险及时消除。针对近几年国家审计署审计发现的管理问题，举一反三、深入排查，推动党委会决策优化出台了 4 项制度，从源头上堵塞管理漏洞。按照“一把尺子量到底”的原则，累计对 13 家单位共计 128 项三项经济责任审计发现问题的整改质量进行现场验收，实现当年审计发现问题能改尽改、改出成效。

（赵 悦）

【审计数字化生态建设】公司确立“三智一预”数字化审计思路。平台一期完成 175 个统推模型部署，自主创新研发“煤改电”补贴等全量、跨域审计模型 21 项。平台二期承担总部物资项目试点，率先通过华北审计中心物资、财务、人资、工程和营销项目验收，成为国网系统首家申请平台二期部署的省公司。开展大数据全量分析，数字化远程审计有力保障疫情期间审计工作开展。围绕“高质量提升年”工作重点，选取提质增效、“三供一业”等 5 个主题，构建审计模型，精准定位审计疑点 37 个，核实确认问题 33 个，涉及金额约 1.5 亿元，切实发挥“预警审计”作用。

（赵 悦）

物资管理

【计划管理】针对公司“煤改电”“三供一业”等工程的紧急物资需求，灵活运用协议库存采购方式，超前启动物资匹配工作。牵头组织研讨，改变临时线路物资概算计列方式，合理确定采购、报废实施主体，彻底解决临时线路增量难题。推动物资标准化建设，形成110kV变压器、组合电器北京通用土建接口方案，突破解决施工图纸受制问题，优化建设时序。

（张　璇）

【招投标管理】克服疫情影响，利用直播开标、线上投标等多种手段，安全高效实施92个采购批次，完成采购总金额122.56亿元。高标准建成智能化评标基地，实现评标现场管理全程可控。固化267项服务类技术规范，加大编制深度，大幅提升规范水平。全面应用防围串标辅助系统，采用智能识别策略，有效避免围串标行为。克服困难，争取政策支持，及时加开9趟采购“专车”，满足国会110kV输变电工程、冬奥测试赛保障等多项重点工程采购需求。完成首批487家次ECP2.0供应商绩效评价，首次开展29家服务类供应商资质能力核实，为采购评审提供可靠依据。

（张　璇）

【物资仓储管理】开展退役设备清查处置，完成8245项退役设备梳理。按季度开展终端库标准化检查，库存账卡物一致率提升30.39%。

（张　璇）

【物资供应管理】保障公司“三供一业”、电铁配套等重点工程物资供应，编制日报170期，下达供应计划7018条，完成物资到货45.22亿元，同比增加20.04%。推动履约过程单据电子化，实现供应商在线履约。

（张　璇）

【物资质量管理】开展物资抽检A、B类试验，及时发现常规检测难以反映的典型质量问题79类。迭代优化App系统功能，彻底摆脱线下报表，抽检、监造业务实现全程移动作业。下达检测任务1658条，累计检测物资7764台（套），同比增加19.22%，开展155项工程监造工作，发现问题307项。

（张　璇）

【废旧物资管理】完成报废物资处置9076万元，同比增加60.41%，库存物资利用2.28亿元，配合国家电网公司开展跨省调拨636万元，盘活积压物资成效显著。

（张　璇）

【物资监察管理】建设智能化评标基地，实现评标过程全程受控，顺利通过国家电网公司验收。完善“三全三化”监督体系，借助供应链运营中心合规监督模块，实现对核心业务、关键流程的有效监督。

（张　璇）

【物资信息化建设】建设物资智慧运营平台，实现物资主要业务100%线上办理。供应链运营中心初步投入运营，开展367个关键业务环节的监控分析。

（张　璇）

数字化企业建设

【数字新型基础设施建设】统筹推进六方面47项数字“新基建”重点任务，开展“十四五”数字化专项研究。推进国网北京数据中心二期建设。建成企业级云平台与数据中台，纳管188台服务器，支撑新一代电力交易等43套新建系统云化部署，数据中台汇聚接入56套系统2.6万张报表、484.17亿条数据。推进电网资源业务中台建设，完成电网资产中心、资源中心等12个服务中心部署实施。建成能源大数据中心基础服务平台，具备5类25项功能，接入北京市经济统计数据、综合能源服务等系统近万张报表，率先在海淀“城市大脑”、城市副中心、城区西长安街街道落地应用。

（赵　飞）

【新兴产业升级】 推广“1+4”综合能源产品，打造大兴自贸区示范。充电桩总量突破 2 万个，投运亚洲最大单体智慧充电站，在国网系统首家开展充电业务委托经营，充电电量、充电桩利用率分别增长 35%和 28%。将 539.98kW 可控负荷接入华北调峰辅助服务市场，实现源网荷储协同互动。共享杆塔资源 7400km，建成丰台东管头、怀柔北房多站融合数据中心站。运用电力数据广泛服务污染防治、碳增值、金融信贷、设备制造、商业投资等城市治理领域，与市环境局、东航南航、光大银行、许继公司等政府企业签署协议合同22份，形成公司经营新增长点。实现全年营收 9.28 亿元，利润 0.53 亿元，完成年度目标 187%。通过节投资、降成本、促消纳、优共享等多重效益加持，带动电网和公司发展质量提升。

（赵　飞）

【数据管理】 完成全口径在运系统数据资源盘点及负面清单梳理，形成数据资源目录和负面清单库，打造数据共享流程在线审批，提高数据使用效率 70%。从源端和应用端开展“双向”数据治理，核查整改异常数据 14.71 万条，数据可用率 99.897%。制定能源大数据三年行动计划，对外服务城市治理，打造电力看经济等 5 类 22 个数据场景，在疫情及重污染防控期间发挥重要作用，获市委书记蔡奇重要批示及市生态环境局书面感谢。对内助力提质增效，完成低压窃电等 6 项数据应用，发现用电异常用户 59 户，挽回直接经济损失 8 万余元。上线大数据应用商店，累计发布 30 项数据产品、142 项共享知识。建成统一报表中心，发布 40 张报表，助力基层增效减负。

（赵　飞）

基　础　管　理

【电力体制改革推进】高质量完成八大类 23 项重点改革任务，在《中国电力报》头版头条刊登了公司改革经验成效。推进“战略+运营”管控模式落地，针对 68 项负面清单明确 99 条核心要求、114 条落实举措，得到国网总部高度认可。启动思极公司组建，优化电动汽车、综合能源公司管理模式，完成首轮交易机构股份制改造任务。

（楚济祥　郭笑侬）

【对标管理】围绕公司发展战略和重点工作，优化形成 65 项公司内部对标指标，充分发挥对标平台和纽带作用，有力促进各单位找差距、促提升。总结提炼 5 项国际对标成果推广应用案例，被国家电网公司采纳。组织各单位围绕公司“高质量提升年”重点任务，提炼形成 12 项内部对标典型经验。

（陈毛昌）

【管理创新】围绕公司“高质量提升年”重点工作任务，确定管理创新实践项目 258 项。强化创新实践基础工作，加大创新实践活动全过程管控力度，搭建沟通交流平台，吸收引进先进管理理论、理念及工具，广泛开展创新实践活动。推动创新实践与专业管理融合，促进成果推广应用。当年，公司有 34 项创新实践成果（论文）获得省部级以上奖项，其中国际金奖 2 项、特等奖 1 项、一等奖 4 项。

（刘园园）

【卓越绩效管理】深化卓越绩效管理，组织朝阳、信通、电缆公司申报卓越绩效标杆企业并获评全国电力行业卓越绩效标杆（AA）企业。公司两项可持续性管理示范项目入选国家电网公司年度计划并获评国家电网公司优秀案例，参加国网企协 2020 年可持续性管理案例评审工作。组织公司 4 名骨干人员参加国家电网公司可持续性管理培训，制定并实施 4 项个人可持续性行动计划。

（陈毛昌）

【社团组织管理】规范社团组织管理，开展公司及所属基层单位共 39 家的社团管理自查工作，编制公司社团管理自查工作报告。完成朝阳公司、经研院、华商三优参加 5 家外部社团的审批，并履行国家电网公司相关报备程序。完成中国电机工程学会常务理事审议调整副理事长人选、中电联第七届理事会常务理事候选人及会员代表人材料报送。公司获评中国电力企业联合会先进会员企业。

（龙　琳）

依法治企

【普法工作】开展习近平法治思想宣贯，公司两级党委理论中心组进行专题学习。完成“七五”法治宣传教育总结验收，公司普法典型经验被新华网、今日头条、中国电力报官微头条等多家媒体宣传报道。研究《民法典》实施对公司的深层影响，在公司系统开展学习宣贯活动。落实普法主体责任制，编制印发26个专业普法责任清单。建设并申报国家电网公司优秀法治文化示范阵地，利用“国家宪法日”等开展形式多样的主题宣教活动。公司法治文化作品获得能源行业普法创新征文活动一等奖、北京市法治动漫微视频作品征集活动二等奖，公司荣获优秀组织奖。

（姜美竹）

【规章制度管理】发布公司规章制度名录共计1041项。开展基建管理和产业发展专业46项通用制度评估，提出有效意见18项。完成前两批“放管服”涉及制度调整“回头看”工作。积极推进“放管服”第三批事项涉及的规章制度调整工作，确保相关制度按要求调整到位。

（郭鑫宇）

【法律风险防范】印发合规管理实施细则，完成顶层设计。开展安全生产和营销服务合规管理评估，编制合规指引111项。加强优化营商环境、数据管理等领域合规问题研究，全年未发生重大法律合规事件。突出法治对重大改革保障作用，在电力交易中心股份制改造、电动汽车公司和综合能源公司管理模式优化中，有效发挥法律审核把关作用。全程参与CBD 500kV输变电工程、充电设施委托运营等谈判和合同起草，为重点工作开展提供全程法律服务。全年开展重大决策合法性审核58项。

（任聪颖）

【合同及招投标管理】 加快超期履行合同问题治理，强化合同履约管控，完成2.46亿元超期合同整改。提升基层合同工作服务水平，印发健全合同全链条管理责任体系，编制统一合同补充文本18项。主动落实《农民工工资支付条例》《保障中小企业款项支付条例》等法律法规。强化合同信息化管理，推动多系统数据共享，实现经法系统履约管理模块开发和应用。

（孙 畅 徐厚华）

【依法维权】大力开展依法主动维权，评选发布十大依法维权典型案例。公司主动起诉案件65件，同比上升20.4%。全年妥善处置诉讼案件81件，避免和挽回大量经济损失，助力公司降本增效。强化案件执行管理，未发生因生效判决履行导致的失信事件。

（刘春雷）

【法治队伍建设】推动法学专业人员优化配置，完善轮岗实习、列席决策会议等培养使用机制，强化法律人才专项培训，提升法律人员履职能力。扩大公司律师队伍，提升持证上岗率，推进法治队伍正规化、专业化和职业化。深化法律服务保障中心建设，统筹内外部法律资源，形成法律服务保障合力，推动公司法治水平再上新台阶。

（刘 颖）

综合管理

【值班室工作】全力服务疫情防控，第一时间启动应急值班体系，快速传达工作部署、随时反馈基层动态，站好站稳公司“应急前哨”。全面加强信息沟通网，利用值班一体化信息平台和微信工作群，稳固构建了囊括政府部门、公司内外的沟通网络，有力彰显了值班系统“神经中枢”的作用。

（姚保庆）

【信访工作】结合全国两会、冬奥测试赛等重点保障任务，组织开展两次全系统专项排查，摸清风险底数，提前防范化解。严格落实信访维稳责任制，制定专项预案和稳控措施，做实做细重点人员稳控工作。压实各单位首接首办责任，规范信访线上流转和线下办理，力争将问题化解在初信初访。加强与两级地方政府、治安部门的沟通协作，共同维护企业和社会稳定，妥善应对各类突发情况。公司全年未发生非正常访、集体访和越级访情况。

（崔　征）

【文档管理】公司累计流转公司收文4387件、发文3060件、签报和呈批文件149件。

（白雪莹）

机　关　管　理

【本部建设】建立全体党员常态化学习机制，邀请国内知名专家学者，开展“机关大讲堂”活动。深化“支部书屋”建设，开展机关党委常态化学习活动，为各支部个性化订书4500余册。集中组织开展“学战略、讲担当、干精彩”“做好电力先行官、架起党群连心桥”等主题党日活动。发挥机关本部职能管理优势，坚持将党建与专业工作有机融合，组织机关各支部制定“党建+”专业工作方案，制定“担当作为、为民服务”任务清单27份，确定重点任务54项。

（于宝来）

【党务管理】加强机关党建工作，夯实机关党建基础，匹配公司业务调整，成立基地建设办、巡查办党支部，及时开展换届选举，强化组织建设。认真落实七项组织生活制度，建立“月初提示、月中督导、月底公示”督导机制。深化支部标准化建设，为支部配齐“三本六盒一证”记录本815册，建设支部活动阵地33个。组织开展党员发展工作，年度发展党员5名，预备党员转正4名，做好党员组织关系转移工作，转入49人，转出51人。

（于宝来）

后　勤　管　理

【疫情防控】连续攻坚新冠肺炎疫情初期突发应对以及新发地、顺义、大兴等聚集性疫情应急处置等急重任务，密集应对国内散发疫情涉疫人员排查，随疫情变化发布防疫文件32份。对生产办公、工程实施、宿舍小区、生产辅助房产等各类场所以及不同专业、不同身份的各类人员，第一时间明确政策要求和重点措施，对785处各类场所、2万余名全口径人员全覆盖管控到位，为公司始终保持“双零”成果和有序复工复产提供坚强保障。在市场物资极为紧缺的情况下，千方百计筹措各类防疫物资250余万件，实现电网运行、抢修运维、客户服务、运行保障、应急施工、复工复产人员物资配发全覆盖。多轮次统一组织全员核酸检测，有序协调推进疫苗注射，有力守护了公司职工的生命健康。

（韩戈奇）

【重大活动保电后勤保障】在疫情防控的特殊背景下，相继完成全国两会、服贸会、十九届五中全会、雪车雪橇场地预认证活动等一系列保电保障任务。在保障实施中，分别搭建疫情防控和后勤常规保障组织体系，配套建立协同联动、专业例会、现场专责、信息报送、联合监督工作机制，统筹安排保障力量，科学精准做好出餐就餐、值守住宿、物资配发、车辆交通、防疫和医疗救护等保障服务工作，重大活动保电后勤战时保障机制更加高效顺畅。

（韩戈奇）

【后勤安全管理】落实国家电网公司安全生产专项整治三年行动和公司“高质量提升年”工作部署，克服疫情影响，穿插开展现场排查和专项整治，共计检查现场571处，消除各类安全隐患652项。加强食品卫生、车辆交通、消防人防及防汛等综合安全管理，全年未发生重大安全责任事故。

（韩戈奇）

【后勤专业化管理】落实外部成本监审和公司降本增效要求，服务大局推进提质增效，实现全口径成本压降15%的目标。坚持早计划、早下达，尽量为基层单位业务实施预留时间。编印项目管理、服务（供应）商评价、现场标准化管理等专业制度，进一步规范工程过程管理。克服疫情影响，高质量按期完成生产辅助工程。按月调度小型基建项目进度，项目实施更加规范有序。牵头编制一系列国家电网公司的制度标准和专项研究，多次得到总部致信表扬。

（韩戈奇）

【后勤资源管理】加大房产土地集约管控力度，杜绝违规，消除风险，清晰掌握资源详情，合理布局提高效率，规范出租创效1.5亿元。优先解决环保不达标、维修成本高、车况差的问题，更新196台生产用车，储备更新特种车辆17台，为公司生产经营和重点任务提供专业支撑。

（韩戈奇）

【职工服务】传递公司党委的关心关爱，办理完成清河集资建房大产权证，有序推进分户权证办理，维护职工切身利益。在光源里棚改拆迁中尽最大努力争取公司和职工的合法权益，妥善化解各类矛盾。为职工排忧解难，争取政策性住房115套。推进一线条件改善，完成72个供电所和班组用房维修改造，一线房屋和设备设施老旧问题大为缓解，公司窗口形象明显提升。克服疫情影响完成全员体检，暖心守护职工健康。持续改善本部软硬件环境，开展老旧设施和食堂改造，加装人脸识别系统，集成服务预约、维修维保、团购自提等功能，迭代优化“智慧园区”小程序，后勤服务更有温度，工作环境更加温馨。

（韩戈奇）

【智慧后勤建设】按照国家电网公司统一要求，完成6类后勤资产赋码贴签计划，管理效能进一步提升。在完成26个专业仓建设的基础上，分两期试点建设6个专业智能仓，共计建成专业运行物资柜20面、智能钥匙柜17面、智能保障物资柜5面、应急柜21面，实现24小时无人化管理。

（韩戈奇）

安 全 生 产

安　全　监　察

【安全责任落实】修订全员安全责任清单 8447 项，压实各单位主要负责人安全第一责任。在新冠肺炎疫情影响下组织 2 轮安全述职汇报视频会和 1068 人次的安全述职。完成 16 家单位的安全生产巡查，闭环整改 289 项问题，促进基层单位安全履责能力提升。修订安全工作奖惩实施方案，全年全口径发放安全奖励 4316.61 万元，同比增加 10.9%；累计考核 168.5 万元，同比减少 17.0%。

（宗晓茜）

【风险管控】严格两级周风险会商，下发 3 类典型风险汇报模板，规范安全风险审核内容及汇报流程。开展 9310 项二级及以上主配网作业风险管控。两级安全管控中心在对各类作业现场全过程监控的基础上，对高风险现场 4 类关键人员开展风险提问 2889 次。

（宗晓茜）

【隐患排查治理】推进安全专项整治三年行动，构建两级 725 人的“矩阵式”排查队伍体系，开展 17 次“四不两直”督查。“一下一上”阶段排查各类问题隐患 1781 项，推动完成 1029 项问题隐患治理和 46 项制度文件完善。梳理排查林区内输配电线路树线隐患 3701 处，争取政府政策支持推动 889 处隐患治理。

（宗晓茜）

【反违章管理】强化多级全覆盖的安全检查和全过程安全监控，开展各级巡检督查 9 万余人次，下发 366 张违章通知单和 28 期停工通报。逐日梳理并每周通报计划执行情况，全年计划准确率提升 13%。强化监督检查人员综合评价，对 34 名优秀巡检员和监控员进行通报奖励，基层单位现场巡检和视频监控问题发现率分别增加 9%和 36%。

（宗晓茜）

【安全双准入管理】坚持“宽准入、严管控”，建立核心分包单位安全教育培训台账，累计完成 479 家外包单位 1610 轮次的安全培训。梳理准入外包单位的作业情况和违章情况，取消 85 家无计划队伍准入资格，对 10 家安全规范队伍减免审查环节，建立惩罚分明的正向引导机制。新冠肺炎疫情期间延续安全双准入结果，适时开展 48 家新进队伍的准入审核及 6343 名新人员准入考试，满足高峰期间施工任务需求。

（宗晓茜）

【应急工作体系】完善公司两级 45 支应急救援单元及 55 个驻点，实现全市范围 1 小时电力应急救援网络。配备高机动排水方舱等应急装备，增强应急救援“硬实力”。开展各类应急演练 452 次，提升重大活动和恶劣天气下的应急处置能力。按照“精准预测、精准防控”要求，启动应急响应 79 次，平稳应对大负荷及恶劣天气严峻考验。

（宗晓茜）

【安保和火灾防控】编制安保防恐标准化规范，建立安保全员防恐和 24 小时全天候防恐体系。严格 2200 余名临勤保安员的实名登记和健康筛查，确保安保人员“零感染、零疑似、零确诊”。成立 16 人消防应急值守队伍，研究地下变电站和电缆隧道火灾发展蔓延特性，制定符合公司实际的电力消防设施配备标准。

（宗晓茜）

【消防安全能力提升】落实公司消防安全管理提升三年行动计划，安排改造提升项目 420 项，完成 411 座次变电站、773 个配电站、173km 隧道消防改造，完成 137 座变电站消防手续办理、16 座变电站消防永久水源接入。组织各专业工作组对 23 处消防提升现场进行检查，开展消防专家现场检查 24 个，完成 77 座配电站室的竣工验收抽查。

（宗晓茜）

生 产 管 理

【重大活动供电保障】年内，完成重大保电任务 157 项、保电天数 291 天，受新冠肺炎疫情影响，2019 年相比，任务数量减少 20%。其中，特级任务 1 项，为全国两会供电保障；一级任务 70 项，主要为十九届五中全会、全国劳模表彰大会、全国法制工作会、2020 年中国国际服务贸易交易会、9·30 烈士纪念日向人民英雄纪念碑敬献花篮活动、国家雪车雪橇中心场地预认证活动、十九届五中全会、中央经济工作会等；二级任务 28 项，主要为中央政法委机关重要活动、中央党校重要活动、重要航天发射任务、国务院小礼堂会议等；三级任务 57 项，主要为首都院士专家新春联谊活动、国家广播电视总局五八二台和四九一台保障任务、清明节祭扫、国家统一法律职业资格考试、高考和中考英语第二次听力考试、公务员考试、解放军总医院重要活动等；疫情防控供电保障 1 项，疫情发生以来，积极做好定点医院、集中隔离点、医药物资生产企业供电保障，高峰期一天保障客户多达 272 户，同时根据政府疫情防控工作，动态调整客户范围，确保供电保障万无一失。完成冬奥会测试赛保电筹划工作，成立总指挥部，下设指挥部办公室和 11 个专业工作组；由冬奥办牵头成立现场指挥部，负责与冬奥组委沟通联系和场馆供电保障工作，下设 6 个专业工作组、23 支场馆电力保障团队和 3 支场馆应急保障团队。

（胡永强）

【输电管理】针对公司核心区 20 世纪 80 年代以前建设的砖混老旧隧道，开展检测定级评估工作，编制“一线一案”加固治理工作方案，完成损伤较为严重的全部 16.3km 老旧隧道的综合整治工作。完成国家电网公司首批智慧化电缆线路的建设并通过验收，在 500kV 昌海电缆线路应用边缘计算智能终端、矩阵红外测温技术、“一图四态”电缆精益化系统，实现智慧化线路的监控可视化、状态透明化。在滦县供电所内建成全国首座全业务电力执法培训基地，并完成挂牌及开班工作，该基地的建成启用标志着国网北京市电力公司与市城管执法局的合作共建进入到一个更全面、更深入的阶段。

优化输电通道运维模式，按照线路运行风险开展差异化运维，在通州试点实施“谁施工谁看护”，提高运维管控精准性，全年节约资金 5820 万元。针对风险线路、电厂并网线等度冬重点线路，输电通道单位进行不间断巡视，本体单位开展特巡。针对 157 处风筝放飞点，加强日常排查，重点时段安排不间断巡视，全年发现并处理异常搭挂缺陷 538 处，异物隐患得到有效管控。加强树线隐患管控，对于树线距离不足 4m 的隐患，全年累计去树 2819 处 363297 棵，确保线路安全运行，全年未发生树线矛盾故障。加强政企联动，累计联合执法 528 次，下达整改通知单 498 个，对隐患责任单位形成威慑力。加强与政府部门沟通，提前掌握拆违计划，拆除线路周围违建 4968 处，拆除面积 28 万余平方米，彻底改善了线路运行环境。2020 年外力破坏故障 19 次，同比下降 51%。

积极协调中国人民解放军中部战区，基本解决了北京市全域空域问题。全面开展输电线路激光点云扫描，完成了所有空域批复区域 35kV 及以上线路 6309km、13969 基（约占总量的 70%）杆塔点云扫描。加大无人机装备配置，已配备 190 架无人机，约 1.9 架/百千米。无人机取证人员达到 128 人，同比增加 93%。结合输电全景智慧平台建设，打造公司层面统一的无人机管控平台，实现了各属地公司机巡作业的统一管理。

完成了 2 处“三跨”非独立耐张段改造，开展“三跨”接头 X 光扫描 2163 处，加装备份线夹 117 处，发现接头压接隐患 3 处。开展退运“三跨”隐患治理，完成了 5 处“三跨”退运线路拆除工作，并与北京铁路局供电处建立常态化退运线路拆除的联络沟通机制。试点开展棚洞式“三跨”防护，在京张高铁试点开展棚洞式防护措施，改变“三跨”隐患防护责任主体，在国家电网公司内部形成典型试点经验。

（赵留学　张竞成）

【变电管理】整合变电专业数字管理资源，升级变电指挥平台和移动作业终端功能，全年下达执行各类计划任务 62415 项，实现作业计划、作业过程、作业现场全覆盖，有效提升工作质量。优化设备检修策略。推进综合检修模式，合理优化检修、处缺等工作，设备重复停电、延时停电和临时停电工作下降 31%，因一次设备质量原因造成的非计划停运次数降低 65%。推进隐患排查治理，以老旧开关柜、超 25 年主变压器为重点，对 9 座老旧变电站设备进行改造；完成 GOE 套管、组合电器运行隐患排查，开展 220kV 及以上变压器抗短路能力校核，确保设备安全运行。提升消防管理水平，建设一体化消防监控平台，实现 24 小时不间断监控；完成全部 1835 项消防隐患治理和 58 座站端消防改造，完成全部 121 座重点变电站消防取证。

制定换流站生产准备工作方案及配套实施方案，抽调 27 名以硕士研究生为主的青年业务骨干，建立省公司、省检、柔直中心三级业务管理体系，全面做好延庆换流站生产准备及验收工作。总结分析验收调试经验和发现问题，编写现场运行规程、典型操作票、设备异常及事故处理预案等运维制度，制定《换流阀检修作业指导书》《直流断路器检修作业指导书》等 15 项检修作业规程。积极推进问题整改。协调整改验收调试过程中发现的换流阀极性反接、穿墙套管 SF_6 气体泄漏等 3747 项问题，截至年底已完成整改 3503 项，其余问题目前正在按照计划推进整改。

（马　锋）

【配网管理】加强停电时户数预算式管理，对单次停电超 100、150 时户的配网计划分别审核把关，累计审核配网停电计划 10278 次，取消或优化配网停电计划 1599 次，减少停电时户数 6.68 万时户；强化可靠性数据日核查，累计发布可靠性监控日报 345 期，核查可靠性数据 6438 条，发布预警、通报 127 次。年内全域供电可靠率达到 99.989%，用户平均停电时间降至 0.99 小时/户，同比减少 1.10 小时/户。依托公司智能化供电服务指挥系统和配网运检 App，开展配网差异化运维巡视、消缺等工作，实现 10kV 架空线路的主动精准运维，全年累计监测短时接地事件 1326 件，经巡检发现并处理 765 处。强化配电线路林区防火管控，针对 6 条一级防火配电线路和 82 条二级防火线路，安排 4600 余万元开展针对性改造。组织对 4 家配网不停电作业实施单位开展新增作业资质评估，完成 4 期 125 人次不停电作业培训；实现全国首次人机协同单臂带电作业机器人完成 J 型线夹带电接引工作，首次完成双臂全自主配网带电作业机器人现场接引工作。全年累计完成中压架空配电线路带电作业 9198 次，同比增加 74.07%；带电作业化率 85.28%，同比提高 25.30%；减少用户平均停电时间 4.32h，提高供电可靠率 0.049%。

■ 7 月 31 日，公司首次应用配网带电作业机器人在 10kV 程庄路 29 号杆开展带电接引流线作业。　（朱春晔　摄）

开发配网工程管控模块及配套移动作业 App，打通与 SG186、PMS2.0 等系统接口，实现对配网工程全过程闭环管理，累计完成 554 项“三供一业”供电设施改造工程实施。推进配电物联网建设，建成配电物联网云主站，全年累计安装台区智能融合终端 18855 台，实现台区运行工况和户变关系信息采集，将配网监控范围延伸至 0.4kV 低压设备。建成冬奥场馆数据监测系统，实现对各场馆从中压电网到用户配电室及临电设备的全面监控，为赛时保障指挥提供数据支撑。强化自动化终端运维管理，组织各供电公司完成配电自动化设备处缺共计 26966 起，系统在线率从 94.92% 提升至 96.64%，全年故障正确动作率达到 90.28%，全年累计隔离配网故障 1487 次，减少故障停电时户数 8.5 万，极大提升了客户用电获得感和满意度。完善施工质量与责任追溯机制，通过电缆接头管理系统实现 8477 个中间接头、终端接头安装过程线上全流程管控，有效减少因接头施工质量问题导致的电缆故障。强化配电电缆线路外力破坏风险管控，动态梳理市政重点工程、园林绿化建设等 558 处固定工地隐患，严格落实属地化管理责任，采取人防、物防、技防等措施有效防范施工外力破坏。分层级完善状态检测、试验等仪器设备配置，提升配电电缆试验检测能力，累计完成 142 路保障直供线路、489 路城市运行线路 OWTS、超低频介质损耗试验，发现并治理问题 32 处，有效提升电缆健康水平。加强配网通道隐患治理工作，完成 1200 座工井防水治理、600 处病害井盖治理工作，提升通道健康水平。

（曹全智）

【技术监督管理】年内完成主网全过程、金属、设备电气性能等专项技术监督 23 项，完成其他专项技术监督 9 项。全年累计对 31 项 35kV 及以上新建、续建输变电工程、25座已投运变电站、71条在运线路开展专项技术监督检查超过450项次，发现问题607个，应用技术监督精益化管理实施细则35项；对28项在施工程开展金属专项检测30项，检测设备958台（件），发现不合格设备225台（件）；对21项在施工程开展电气性能专项检测19项，检测设备96台，发现不合格设备12台；完成±500kV张北柔性直流工程专项监督检查工作，发现各类问题3402项，其中重大问题21项；完成运检环节供应商评价工作，对油浸式变压器、组合电器、断路器、电容器、电缆及杆塔等17类输变电设备42个细度开展问题台账的核查和治理工作，核实并治理设备台账200474条、设备质量缺陷5016条，评价供应商908家；收集、核实、分析主配网设备质量信息28条、设备质量事件11项，完成国家电网公司全年站用变压器和配电变压器的质量问题分析报告的编制。

全年重点落实“突出配电网建设改造、提升电网发展水平”的决策部署，继续深入开展常态化配网技术监督。对271项工程，近1800个施工现场进行配网建设改造技术监督检查，发现问题1131余项，下发质量问题整改通知单312份，编制配网建设改造专项技术监督工作周报51份，季度分析报告4份；编写配网施工质量培训教材并组织开展施工质量培训2次；发布配网建设改造技术监督红、黄、蓝告警单25份，特别是针对2022年冬奥会测试赛场馆的配网设备开展重点保电任务专项检查，检查比赛场馆5座，发现问题286项，有效促进配网建设改造工程质量的提高。

牵头设计基于自适应威尔逊置信区间修正的供应商运行绩效排名算法，已应用国网总部层级6轮评价，参与编写《变压器类设备质量评级技术导则》等国网企标5项；支撑国网设备部集中编写《践行公司发展战略构建现代设备管理体系》研究报告，牵头支撑国网设备部编写《500kV变压器技术符合性评估方案及细则》；配合国网物资部开发ECP2.0技术符合性评估模块，开展2020年第一批500kV变压器技术符合性评估集中评审，支撑公司推动设备质量管理由入网抽检向技术认证延伸。

（李　红）

【防汛工作】制定《国网北京市电力公司电网设备设施防雨水渗漏工作要点》，明确各项措施共计58条，在新建、改扩建及大修技改工程实施过程中规范统一相关标准。建立“短临预警可靠性研判”机制，汛期在相关微信群组发布1～4h气象预警372次、动态研判和实时快报480次，提升预警精准性和连续性。建立微气象监测平台，加装变电站雨量观测装置120套，降雨期间发布10min～24h变电站实时雨量信息，为精准气象预警、应对措施部署调整及差异化机动布防提供数据支撑。

依据气象推演结果和精准预警信息，公司防汛办、应急办下发电传5次，启动汛情预警应急响应18次（Ⅲ级3次，Ⅳ级15次），布置各专业降雨应对工作，在电网风险最大的重点部位集中精力做好抢险抢修准备，防汛资源调动更加机动灵活。对地下、地势低洼以及存在积水风险的71座变电站恢复有人值守；49座地处山区供电所开启71处视频，在雨中与总指挥部加强沟通联系，确保指挥及时高效；各属地公司在降雨前依据气象动态及强降雨覆盖区域信息，主动启动应急响应并开展应对工作。

各单位依据站线气象预测、强降雨覆盖区域及降雨实况信息，结合所辖设备设施重点部位和薄弱环节，下发特巡工单3500余张，发现渗漏积水等问题200处并及时完成处置，实现站线隐患排查信息化管理。强化站室溢水报警信号管理，汛期对于因设备调试、缺陷处置等可能造成装置信号动作的情况，提前在公司防汛微信群组内进行工作计划报备；对于装置信号动作站室，及时完成积水抽排或缺陷整改，并在公司防汛微信群组反馈相关信息。在历次强降雨后，公司防汛办第一时间前往雨强较大区域，现场核实设备设施渗漏积水原因及处置措施。

（李　洋）

■ 7月2日，昌平公司员工暴雨后在110kV山峡变电站进行站内积水巡查。（朱春晔　摄）

【技术改造与大修管理】开展公司“十四五”生产技改规划的编审工作，由经研院编制“十四五”规划报告，经公司和总部设备部审核后进行完善。“十四五”期间，生产技改规划项目共计报送954项，总投资规模78.4亿元，平均每年投资15.7万元。

开展生产技改和大修储备项目编制和评审工作。组织开展重要用户外电源改造项目、冬奥供电保障项目和常规储备项目可研编审及录入工作，共计审核入库生产技改储备项目 1361 项，总投资约 21.77 亿元；审核入库生产大修储备项目 1608 项，总投资约 12.76 亿元。

组织开展 2020 年调整建议、2021 年总控目标和计划编制工作。因冬奥会重大活动供电保障、故障抢修和应急处置等原因，2020 年生产技改计划资金调增额度 9811.88 万元，调整后 2020 年计划资金总额为 65561 万元；2020 年生产大修计划资金调增 4.01 万元，调整后 2020 年计划资金总额为 30203 万元。2021 年生产技改项目总控目标 59400 万元，2021 年生产大修项目总控目标 30199 万元。

（皮伟才）

电网运行与电力市场

电力供需形势

【2020年电力供需形势分析】全年全社会用电量累计完成1139.97亿kWh，同比下降2.27%。其中，第一产业用电量9.07亿kWh，同比下降8.29%；第二产业用电量294.45亿kWh，同比下降9.52%；第三产业用电量556.66亿kWh，同比下降3.94%；城乡居民生活用电279.79亿kWh，同比增长11.21%。

截至年底，北京地区发电机组装机容量为1315.64万kW，其中水电装机容量为99.13万kW，占总发电装机容量的7.53%；火电装机容量为1136.28万kW，占总发电装机容量的86.37%；风电装机容量为18.7万kW，占总发电装机容量的1.42%；太阳能发电装机容量为61.52万kW，占总发电装机容量的4.68%。全口径发电机组发电量合计455.7亿kWh，同比减少1.23%。其中，水电机组发电量为11.46亿kWh，同比增长12.45%；火电机组发电量为434.32亿kWh，同比减少1.96%；风电机组发电量为3.74亿kWh，同比增长9.54%；太阳能发电机组发电量为6.19亿kWh，同比增长29.75%。

发电设备利用小时数为3468，同比降低109h。其中：水电发电设备利用小时数为1156，同比增加128h；火电发电设备利用小时数为3823，同比减少109h；风电发电设备利用小时数为1994，同比增加181h；太阳能发电设备利用小时数为1034，同比减少31h。

北京电网为非独立控制区，电力平衡在京津唐电网内统一安排。截至年底，北京电网的外网联络线结构保持相对稳定，共有12个对外联络通道。全年北京地区电力供应充足，无拉路限电情况发生。

（张　晶　佘　妍）

【2021年电力供需形势预测】全社会用电量预测。2021年，北京地区依然处于经济结构转型、提升发展质量、疏散非首都核心功能的重要时期，同时受新冠肺炎疫情影响，预计2021年全社会用电量为1166亿kWh，同比增长2.28%。

电力负荷预测。根据近年来统调最大负荷的增长规律，并综合考虑影响负荷增长的各种主要因素，预计2021年最大负荷预测值为2470万kW，同比增长7.94%。

供需形势。2021年北京地区将增至13个外送电通道与外网联络，全年电力供应充足。

（佘　妍）

电网调度运行

【电网概况】截至年底，北京电网内共有电厂39座、机组299台（含124台风机+73台光伏逆变器），总装机容量11565.534MW。火电厂14（含燃气）座，发电机组54台，装机容量10729.73MW。市调调度电厂28座，发电机组203台，装机容量11442.73MW；地调调度电厂11座，发电机组96台，装机容量122.804MW。

北京地区运行的110kV及以上变电站579座，变压器1487台，变电容量144040.3MVA。±500kV换流站1座，变压器2台，变电容量1500MVA。500kV变电站11座，变压器32台，变电容量36201MVA。220kV变电站110座，变压器306台，变电容量51902MVA，其中，公司所属变电站99座，变压器267台，变电容量50200MVA；用户变电站11座，变压器39台，变电容量1702MVA。110kV变电站457座，变压器1147台，变电容量54437.3MVA，其中，公司所属变电站405座，变压器1034台，变电容量50349.5MVA；用户变电站52座，变压器113台，变电容量4087.8MVA。

北京电网共有110kV及以上架空线路514条4962.057km；110kV及以上电缆线路570条1974.716km；110kV及以上架空电缆混合线路402条3588.320km。其中：500kV架空线路8条314.260km，500kV架空电缆混合线路2条103.018km（昌海、门海线）；220kV架空线路141条2173.533km，220kV电缆线路79条457.812km，220kV架空电缆混合线路113条1356.822km；110kV架空线路365条2474.264km，110kV电缆线路491条1516.904km，110kV架空电缆混合线路287条2128.480km。

（张绍峰）

【系统运行管理】年内，北京电网度夏最大负荷 2044.4 万 kW。夏季高峰负荷时刻，北京地区统调电厂开机 35 台、出力 677.4 万 kW，地方电厂出力 59.5 万 kW，网内发电出力共计 736.9 万 kW，外网联络线受电 1307.5 万 kW，外受电比例为 63.96%。度夏期间，主网层面运行平稳，各分区内 500kV 主变压器、220kV 环网线路无重过载问题。220kV 层面，2 站 5 台主变压器负载率超过 80%，无主变压器满载或过载。110kV 层面，2 条线路负载率超过 80%，无线路满载或过载。7 站 8 台主变压器负载率超过 80%，无主变压器满载或过载。35kV 层面，1 条线路负载率超过 80%，无线路满载或过载。1 站 2 台主变压器负载率超过 80%，无主变压器满载或过载。10kV 层面，23 座开闭站进线电源线路 $N-1$ 负载率超过 100%，38 对直配电缆线路 $N-1$ 负载率超过 100%。2020 年度夏期间，为缓解各电压等级设备重过载及 $N-1$ 问题，北京电网采取 41 项方式调整措施，其中 110kV 措施 8 项、10kV 措施 33 项。发布年度电网风险预警 19 类 655 项，度夏季节性风险预警 10 类 167 项，度冬季节性风险预警 10 类 117 项。执行 220kV 批准书 35 项，同比增加 9%；执行 110kV 批准书 53 项，同比减少 43%。针对 500kV 通州站扩建主变压器、京科电厂并网线切改、邵北双合等重大工程及检修方式开展专项校核 132 次。完成顺义、昌平、海淀等共计 8 座电厂技术监督及安全检查工作。完成华潞电厂新增 2 台机组、滴水岩电厂并网任务。

（张绍峰）

【设备监控管理】组织完成 220kV 玉渊潭站、岳各庄变电站的集中监控接入工作，完成 15 座 110kV 变电站的集中监控接入工作。实现公司 110kV 及以上所属变电站集中监控覆盖率 100%；公司两级调控机构共组织开展变电站集中监控试运行评估 17 站次，评估过程中发现并处理问题 1 项。

持续开展监控信息标签治理工作，实现 11 个大类事件和 26 个小类事件标签分类；完善监控值班平台及监控运行业务相关模块，重点对设备异常信息进行展示，针对缺陷升级、告警抑制解除等实现智能提醒，辅助支撑开展信息分析及日常运行管理；通过监控信息、设备台账、电网事件三维分析模型，实现典型缺陷及异常、开关机构运转等自动分析功能，并能对历史状态进行追溯，掌握分析设备异常发展趋势，为各层级专业管理人员掌握设备运行状态提供支撑，实现本专业所需管理业务自动统计分析功能，提升管控效率。

通过设备台账及监控信息匹配方式，筛查发现开关 PMS 台账或设备固有问题，进行问题分析及整改；以监控信息专家决策系统为技术支撑，持续对消技防、溢水、站内、直流等信号开展信息完整性梳理，开展动态梳理检查和通报；持续组织开展监控信息表与监控系统系统比对及一致性校核工作，发现问题及时组织完成整改。持续优化校核功能和比对策略，提高一致性比对效率。

定期对集中监控缺陷情况进行梳理和分析，提高监控缺陷处置效率，降低设备运行风险；对电网接地及典型事故信号开展专项分析，确保监控异常及时发现和处置；完善集中监控缺陷及监控信息分析指标管理，加强统计分析和考核，确保管控效果。

加强监控信息闭环管控。重点对计划调整、取消、变更等情况及监控信息表执行情况进行核查，必要时组织相关单位召开核查分析会，相关问题纳入考核指标，防控监控信息变更风险；持续完善系统闭环管理流程及考核指标自动提取功能，确保闭环管控安全、高效；持续开展监控信息自动审核功能数据策略完善，提高监控信息匹配率。

（刘　洋）

【继电保护管理】截至年底，共有继电保护及安全自动装置（不包含故障录波器）45250 套，其中微机保护装置共 45136 套，微机化率 99.75%，同比增加 0.08%。公司全部继电保护及安全自动装置共计动作 1001 次，正确动作 1001 次，正确动作率 100%。其中，220kV 及以上系统继电保护及安全自动装置共计动作 82 次，正确动作率持续保持 100%。开展稳控系统精益化评价工作，通过装设在 220kV 华能电厂的 2 套北京电网稳控系统，发现整改 16 项问题。组织对 283 项 110kV 及以上继电保护作业现场的全覆盖安全检查，组织完成 239 台智能变电站合并单元、104 套保护装置家族性缺陷整改工作。累计完成保护改造等 25 项工程实施工作，全面完成 500kV 线路进口保护国产化改造任务；积极推进继电保护及安全自动装置实物 ID 应用工作，组织完成已运行的 494 座 35kV 及以上变电站内共计 44600 套设备实物 ID 安装工作。

梳理可能引起六级及以上电网安全事件的定值方面风险，开展继电保护定值安全风险评估工作；组织开展 35kV 及以下线路过流保护定值专项核查工作和整改，有效防止因过负荷导致的过流保护误动作情况；持续推进继电保护定值在线校核与预警平台实用化工作，实现 110kV 及以上电网保护定值在线校核功能，并定期对校核结果进行分析。

（孙伯龙）

【调控运行管理】完成了全国两会、服贸会等重大供电保障任务。完成调控运行安全生产任务，北京市（区）调全年共执行电网操作任务 2268 项，操作步骤 37758 步，执行正确率为 100%；执行停电计划票共计 2158 张，完成率 100%；进行电网事故处理 47 起，正确率为 100%。结合迎峰度夏（冬）、重点工程投产等工作组织两级调控编制各类预案 2951 份、一键操作方案 74 项，开展反事故演练 822 次。新增 2 座 220kV 变电站接入北京市调监控。截至 2020 年底，北京市调监控共计接入变电站 104 座，其中 500kV 变电站 5 座、220kV 变电站 99 座。

针对度夏、度冬电网薄弱环节和风险预警，组织两级调控提前开展应急处置预案的编制、完善“一键操作”方案，与国调、华北分调、各地调、设备运维单位和相关发电厂开展联合反事故演练。电网大负荷期间，两级调控共计执行 161 项方式调整措施，加强恶劣天气下设备运行监视，保障了北京电网安全稳定运行和用户可靠供电。组织开展变压器油温及冷却系统的缺陷梳理和专项整治工作，通过对主变压器油温及冷却系统专项分析，切实提高对电网设备运行管控的能力。在做好新冠肺炎疫情防控的前提下，采用网络视频会议形式组织开展调控运行专业培训，14 名值班员顺利通过国调持证上岗资格考评；参加国调及调控中心内部的网络视频培训班 6 次共计 300 余人；举办输变电设备运维、发电厂、客户变电站运行值班员专项培训班 3 期共计 200 余人。

构建北京电网运行评价指标体系计算及展示系统，为调控运行人员多样化任务提供决策依据。完成对原有热电气联供联调系统的升级改造，提升调控管理、运行人员对电厂发电、供热及两者关系的掌控能力。开展配网防误技术研究，依托公司科技项目，在延庆、通州、顺义三个地调 6 条馈线展开试点部署，采用技术手段实现了配网远方操作的防误闭锁，确保配网远方操作的安全性。

（张印宝）

【调度计划管理】年内，北京电网 110kV 及以上设备停电计划共计执行 1765 项，同比减少 1.73%。执行检修计划 774 项，同比增长 16.92%。35kV 及以下设备停电计划共计执行 11381 项，同比减少 11.69%。全年停电及带电作业风险工作共计 2354 项，其中 110kV 及以上设备涉及电网三级以上风险的风险管控单 721 张；35kV 及以下设备涉及电网三级以上风险的风险管控单 1633 张。北京电网新投产燃气蒸汽联合循环机组 1 套，发电机组 2 台，装机容量 6.7 万 kW；垃圾焚烧电厂 1 座，发电机组 1 台，装机容量 2 万 kW；全网共计新增装机容量 8.7 万 kW。

全年，北京电网统调电厂共计完成发电量 393.99 亿 kWh，地方电厂共计完成发电量 44.54 亿 kWh，合计完成发电量 438.53 亿 kWh。统调和地方电厂发电量分别占总发电量的 89.84%和 10.16%。燃煤发电占总发电量的 2.25%，燃气发电占总发电量的 90.30%，火力发电合计占总发电量的 92.55%；风力发电占总发电量的 0.83%，光伏发电占总发电量的 0.17%，水力发电占总发电量的 0.13%，以垃圾焚烧为主的生物质能发电占总发电量的 5.32%。

当年，北京电网夏季最大负荷为 2044.4 万 kW（8 月 14 日），较 2019 年同期最大负荷 2252.2 万 kW 降低 9.23%；冬季最大负荷为 2288.4 万 kW（12 月 29 日）。1 月 24 日，北京市启动重大突发公共事件一级响应，疫情对北京地区用电产生极大影响，工业及服务业用电受影响较为明显，基础负荷减少约 100 万 kW。10 月起，用电负荷同比由负转正，疫情影响逐渐减退，用电逐步恢复正常。总体来看，北京电网城市负荷特性鲜明，三产及居民用电占比为 75.46%。负荷变化与天气关系密切，夏季、冬季双高峰特性明显，降温和采暖负荷最高占比分别达到 44.73%和 44.50%。

高峰负荷时刻，地区内电厂发电出力 736.9 万 kW，外网联络线受电 1307.5 万 kW，外受电比例为 63.96%。负荷高峰时段，最大降温负荷为 914.4 万 kW（同比降低 11.41%），占比为 44.73%（同比降低 1.1 个百分点），较历史最高比例降低 4.76 个百分点（2018 年为 49.49%）。

当年采暖季，北京地区最大瞬时负荷 2288.4 万 kW，发生在 12 月 29 日 20 时 18 分，较 2019 年度采暖季最大负荷 2124.6 万 kW 增长 7.71%。负荷高峰时段最大采暖负荷为 1018.4 万 kW（同比增长 16.44%），占比为 44.50%（同比增长 3.33%），较历史最高比例增长 1.84%（2018～2019 年度采暖季为 42.66%）。高峰负荷时刻，地区内电厂发电出力 860.7 万 kW，外网联络线受电 1427.7 万 kW，外受电比例为 62.39%。

（薛建杰）

【自动化管理】年内公司两级调度主站系统及设备整体运行平稳，未发生六级以上电网安全事故，系统可用率 100%，状态估计可用率 100%，图形数据准确率 99.99%，事故遥信动作正确率 100%，各项运行指标和同业对标维持在较高水平上。

完成全国两会、护网 2020、五中全会等重点供电保障任务。保障期间，建立了自动化及网络安全两级应急指挥体系。针对电力监控系统采取了最小的运行方式，断开所有与供电保障工作无关的网络连接，建立了供电保障期间自动化及网络安全工作管控模式，形成了“两级同步监视、集中分析研判、统一指挥处置”的管控模式，确保供电保障工作高水平运行。

推进地调调度控制系统建设。截至年底，朝阳、海淀等6个公司的D5000系统已正式切主投入运行，备调系统全面完成建设。石景山等9个地调已全面完成新系统、配套动力环境建设工作及215座变电站的接入传动工作，系统具备试运行条件。

开展自动化专业安全隐患排查及治理工作。组织检修公司等单位制定了21项消隐工程实施计划。截至12月底，已按既定计划完成西沙屯、朝阳门等自动化改造工程15项，其余6项跨年项目正在实施中。组织检修公司及各单位召开自动化消隐调度会3次，自动化处每周统计改造工作进展，对施工过程中注意事项进行通报，对存在的问题进行协调。组织电科院对工程安全措施落实、危险点分析等施工内容进行安全检查，确保消隐工程安全顺利完成。

完成220kV以上变电站一平面网络改造工作，变电自动化业务已具备从原思科设备切改至新网条件。优化接入网网络结构，所有汇聚层上联链路带宽升级至155Mbit/s，在接入网络二平面中增加地调备调、通信汇聚站等节点，网络结构更加强壮。房山等9个地区的110kV以下变电站完成网络改造工作，变电站网络接入链路带宽提升至4Mbit/s，并增加了第二上联链路，提升网络结构冗余性。

根据国调中心“防疫、防恐、防灾”全方位应急需求的要求完成工程设计及评审工作；全面启动物资招投标，完成智能电网调度控制系统、调控云大数据及人工智能平台、调度数据网核心节点、电力监控系统安全防护相关系统及设备的招标工作。

推进调控云建设，补强北京调控云单节点基础设施，截至年底平台单节点计算资源池2300核，资源池内存22T，数据存储1500T，弹性服务资源约500台，单节点满足规划应用上云需求。推进源网荷储协同互动服务新兴产业升级任务，建立源网荷储协同互动专项工作组，编制专项行动方案和行动计划，力争在2022年末可调负荷容量达尖峰负荷的5%。完成北京源网荷储协调调控平台一期建设，实现源网荷储资源的安全接入、分析与评估，并与华北源网荷储调控平台进行对接。推进电力监控系统网络安全态势感知建设，已完成主站、厂站电力监控系统全要素自动感知，优化告警日志判别规则，辅助运行研判，提升实时监视预警发现能力；强化全场景下电力监控系统漏洞扫描和安全配置核查，建立了网络、主机、安全、数据库、应用系统安全核查评价指标体系，并通过系统统计漏扫、基线核查结果，建立历史信息库，形成发现、整改、提升的全过程管理机制；定制了网络作战图，图元与日志告警信息耦合关联，实现网络安全事件定位及溯源分析、网络安全威胁的可视化展示，提升了风险主体的快速定位能力。推进一体化运行指挥平台（SMS）建设，编制主站、调度数据网、变电站二次系统及设备监控信息采集及接入标准，组织主要变电站监控系统厂家编制变电站采集装置技术规范，确保电力二次系统信息接入标准、完整、准确。开展平台监控功能建设，完成主站、变电站、调度数据网、安全防护采集信息集成；开展运行指挥功能建设，完成室内定位、AR、视频会商、视频联动、App等功能开发。开展智能分析功能建设，完成综合智能告警、系统健康评价、D5000知识图谱、专业运行指标分析等功能建设。

（董　宁　王　松）

【电力通信管理】2020年，公司骨干网通信光缆长度11461.065km，各类光缆1944条段，新增通信光缆206.691km，增长1.8%。公司骨干通信站点总计941个，骨干通信设备6220台，年度新增通信设备314台，增长5.32%。

完成“十四五”通信网规划、专项规划、专题研究三个层级报告，形成33项规划成果，通过国家电网公司评审。完成6项重点通信建设工程里程碑计划，骨干传输网B平面（OTN）项目和通州传输网第二平面项目投产，公司核心通信带宽从10G bit/s提升至400G bit/s，北京副中心实现传输网双平面互备。完成174个供电所、供电服务中心视频会议系统高清化建设，有力支撑电网度夏防汛、保暖保供等工作的指挥调度，保障电网平稳运行。

组织开展通信重点隐患专项排查、电视会议系统专项检查、通信电源隐患专项排查、安全生产专项整治三年行动，完成1168条继电保护通道、3223条调度数据网通道可靠性梳理，完成主备调、16个地市级调度机构业务通道方式隐患排查，完成462站通信专用电源系统专项评估，实现隐患治理和方式优化提升539项。制（修）订《公司通信系统突发事件应急预案》和《公司通信运行风险预警管理规范》。完成国家电网公司“放管服”任务，制定《公司通信管理系统差异化建设方案》并通过国家电网公司审核。

5G网络化改造及服务平台应用项目顺利通过工信部中期检查，完成5G融合电力应用方案孵化验证，相关成果荣获工信部第三届“绽放杯”5G应用征集全国决赛优秀奖、北京市“中关村5G创新应用大赛工业互联网专题赛”三等奖，入选工信部“5G+工业互联网”典型案例。举办公司2020年通信专业运维技能竞赛，以赛促培，引导员工主动学技术、练技能，打造一支基础扎实、技能精湛的通信运维人才队伍。

（温明时）

电力市场交易

【综述】稳妥推进电力市场化交易，新增第三批312个行政户入市交易，全年达成交易合同电量167.64亿kWh，其中直接交易合同电量87.76亿kWh。以冬奥会100%绿电供应形成清洁能源消纳新机制，编制冬奥会绿电交易规范，达成交易合同电量1亿kWh，形成清洁能源消纳典范。完成交易中心首轮股份制改造，健全法人治理结构，成立中心党委，调整内设机构。创新实践“管办分离”业务运转模式，为交易机构建设贡献首都经验。切实落地中长期分时段交易改革，组织开展平台开发，如期完成2021年中长期分时段交易。打造多样特色线上服务，完善差异化服务平台，推出16项业务全线上办理、主体园地线上论坛、斗鱼直播培训，广受市场主体认可和媒体关注。

（董　荞　武　赫　赵　靓）

年内，北京电网全口径购电结算电量1101.46亿kWh，同比减少2.46%。其中，购华北电网电量618.39亿kWh，同比减少3.36%；购区内电厂电量483.08亿kWh，同比减少1.29%；购华北电网电量和区内电厂电量占比分别为56.14%和43.86%。2020年北京地区电厂购电量完成情况见表1。

表1　　北京地区电厂购电量完成情况统计表

序号	单位名称	购电量（万kW/h）			上网电价（元/MWh）
		本期	同期	同比	
	电厂合计	4794078.921	4893798.535	−2.04%	—
	火电	4717010.18	4831589.882	−2.37%	—
	其中：燃煤	675466.664	748507.5917	−9.76%	—
	燃气	3857100.738	3920020.568	−1.61%	—
	生物质能	184442.778	163061.722	13.11%	—
	水电	8065.6238	2632.1564	206.43%	—
	风电	36526.226	33073.502	10.44%	—
	光伏	7662.848	7624.588	0.50%	—
一	直购电厂	4769264.878	4874920.128	−2.17%	—
1	华能电厂（1～4号）	91729.664	129092.1917	−28.94%	应急备用
	华能电厂（后置机）	0	0	—	停备
	华能电厂（6～8号）	361139.9825	381598.5644	−5.36%	650/595.6/627.9/599.4
	华能电厂（9～11号）	373583.3109	293403.1496	27.33%	495
2	京丰燃气电厂	159038.781	165134.079	−3.69%	650/601.6/633.9/605.4/470
3	郑常庄燃气电厂	185586.5	204622.55	−9.30%	650/645.6/649.4
4	京阳燃气电厂	303771.6	311691.05	−2.54%	650/646.7
5	京桥燃气电厂	329903.5025	341242.3025	−3.32%	650/632.3/636.1

续表

序号	单位名称	购电量（万 kW/h）			上网 电价（元/MWh）
		本期	同期	同比	
6	京科燃气电厂	100221.605	102212.275	-1.95%	650
7	高井燃气电厂	539320.65	574396.273	-6.11%	650/604/636.3/607.8
8	京西燃气电厂	510538.27	544867.235	-6.30%	650/613.9/646.2/617.7
9	高安屯热电	330432.96	339518.652	-2.68%	650/629.1/632.9
10	国华燃气电厂	375104.004	380977.41	-1.54%	650/616.4/648.7/620.2
11	上庄燃气电厂	105431.3425	106182.78	-0.71%	495
12	华潞电厂	65578.59	48068.0475	36.43%	495
13	协鑫热电厂	67499.52	75418.2	-10.50%	650/640.2/644/470
14	正东热电厂	49950.12	50688	-1.46%	643.3/586.3/618.6/590.1/ 649/470
15	密云水电厂	3777.36	1609.41	134.70%	364
16	京西水电厂	4288.2638	1022.7464	319.29%	313
17	鹿鸣山风电场	36526.226	33073.502	10.44%	459.8/359.8
18	阿苏卫沼气电厂	3496.2	3281.888	6.53%	359.8
19	高安屯垃圾焚烧电厂	20805.84	17087.4	21.76%	359.8
20	德青源沼气电厂	0	36.12	-100.00%	359.8
21	华泰沼气电厂	4426.5	4750.1	-6.81%	359.8
22	鲁家山垃圾焚烧电厂	32587.72	35586.32	-8.43%	359.8
23	金榆路垃圾焚烧电厂	22869.33	24051.39	-4.91%	359.8
24	南宫垃圾焚烧电厂	11805.86	11273.68	4.72%	359.8
25	大工村垃圾焚烧电厂	20969.52	23331	-10.12%	359.8
26	采林路垃圾焚烧电厂	21707.4	22083.16	-1.70%	359.8
27	北控雁栖垃圾焚烧电厂	2942.5	5087.2	-42.16%	359.8
28	密云巨各庄垃圾焚烧电厂	5737.8	4280.4	34.05%	359.8
29	百善垃圾焚烧电厂	35260.28	9685.72	264.04%	359.8
30	平谷垃圾焚烧电厂	1833.828	2527.344	-27.44%	359.8
31	华电密云光伏电站	2516.652	2522.436	-0.23%	359.8
32	龙庆峡光伏电站	5146.196	5102.152	0.86%	359.8
二	非直购电厂	24814.0429	18878.4069	31.44%	—
33	地区小水电站	1072.0496	341.016	214.37%	300
34	分布式光伏	23741.9933	18537.3909	28.08%	359.8/417.1/418.2/391/356.4/ 358.4/385.4/359.7/359.6/385.5/ 359.4/359.1/379.5/359.5/388.4/ 402.3/433.1

（武　赫）

【电力市场建设】稳步推进首都电力市场规范建设，完成第三批电力用户入市。优化业务流程、简化准入流程及材料，精准、高效完成第三批电力用户入市注册系列工作，稳步推进北京市电力市场规范建设；深入研究特殊市场化用户入市问题，推出了针对不同市场主体的履约保函管理机制，防范市场风险，营造公平市场环境。高效推进交易机构规范独立运行。建立涵盖股东会议事规则等 17 项内部管理制度，创新实践"服务前台、运营中台、管理后台"适度分离、有机融合的管理模式，形成了交易组织和队伍建设的首都实践。

截至年底，北京电网在运直购电厂 25 座，发电机组 200 台，总装机容量 1090.81 万 kW。当年北京电网直购电厂情况见表 2。

表 2　2020 年北京电网直购电厂情况统计表

序号	电厂名称	装机容量（万 kW）	机组台数（台）
	直购电厂合计	1154.11	215
	其中：火电	1115.71	82
	水电	14.7	7
	风电	18.6	124
	光伏	5.1	2
一	火电厂	1115.71	82
	其中：燃煤	84.5	5
	燃气	995.96	50
	生物质能	35.25	27
1	华能电厂 1～5 号机（燃煤）	84.5	5
	华能电厂 6～8 号机（燃气）	92.34	3
	华能电厂 9～11 号机（燃气）	99.8	3
2	京丰燃气电厂	41	1
3	郑常庄燃气电厂	50.8	4
4	京阳燃气电厂	78	3
5	京桥燃气电厂	83.8	3
6	京科燃气电厂	25.5	2
7	高井燃气电厂	138	5
8	京西燃气电厂	130.8	5
9	高安屯热电	84.5	3
10	国华燃气热电厂	95.1	3
11	上庄燃气电厂	26.62	2
12	华潞热电厂	22.7	6
13	协鑫热电厂	15	4
14	正东热电厂	12	3
15	高安屯垃圾焚烧电厂	3	2
16	阿苏卫沼气电厂	0.54	4
17	德青源沼气电厂	0.21	2
18	华泰沼气电厂	1	5
19	鲁家山垃圾焚烧电厂	6	2
20	金榆路垃圾焚烧电厂	4	2
21	南宫垃圾焚烧电厂	2.5	1
22	大工村垃圾焚烧电厂	4	2
23	采林路垃圾焚烧电厂	5	2
24	北控雁栖垃圾焚烧电厂	1.2	1
25	密云巨各庄垃圾焚烧电厂	1.2	1
26	百善垃圾焚烧电厂	6	2
27	平谷垃圾焚烧电厂	0.6	1
二	水电厂	14.7	7
28	密云水电厂	5.2	4
29	京西下马岭电厂	6.5	1
	京西下苇甸电厂	3	2
三	风电场	18.6	124
30	鹿鸣山风电场	18.6	124
四	光伏发电	5.1	2
31	华电密云光伏电站	2	1
32	龙庆峡光伏电站	3.1	1

注　以上为截至年底在首都电力交易平台注册的在运发电企业。

（张　岩　鲁秦圣　任汇东）

【交易结算情况】年内组织开展了电力直接交易、跨区跨省交易、绿电直接交易、关停电厂发电权交易等市场化交易，总结算电量 169.1 亿 kWh。电力直接交易结算电量 90.09 亿 kWh。开展“疆电入京”“藏电入京”“甘电入京”三项跨区跨省交易，结算电量合计 12.6 亿 kWh，扩大北京地区清洁能源引入渠道。完成 2020 年北京冬奥会场馆绿电交易，结算电量 0.68 亿 kWh，实现冬奥会场馆 100%绿电供应；完成北京大兴国际机场绿电交易，引入西北清洁能源，结算 3.27 亿 kWh，助力打造大兴机场绿色“新国门”。关停电厂发电权替代交易结算电量 62.51 亿 kWh。

（王海英　武　赫）

【电力市场服务】根据市场主体需求变化，重新梳理内设机构职责和业务流程，制定优质服务细化方案，成立了运行中心和服务中心，进一步优化业务运行和服务受理。形成“管理部门解政策、出方案、定规则，两个中心保执行、促服务、提效率”的业务管理和运行工作格局，整理现行 18 项市场化交易业务，修订《首都电力交易中心业务运行一体化（管办分离）运转操作指引》，通过工作机制的创新实现了“管”与“办”的分离，提升市场主体优质服务成效。

通过互联网思维，创新研发首都电力交易差异化服务平台微信小程序，增加市场主体安全、方便、快捷的市场化交易服务渠道。实现了交易数据申报、数据信息发布、交易电价测算等功能，设立了市场主体沟通模块，实现虚拟账号互联互通，撮合了市场主体联系交易意向，同时推进电力交易业务全线上办理，足不出户就能享受电力交易移动服务。

组建“1234 热线”“在线客服”交易咨询团队，实现业务解答一口对外。不断扩展电力交易业务咨询范围，优化完善接听、转接、答复等处理流程。2020 年累计解答市场主体各类疑问 4100 余次，全面提升优质服务水平。建立并逐步完善问询答复知识库内容，注重市场主体反映问题的数据积累和挖掘，开展工作薄弱点和症结分析，提出决策和改进建议。

（周　哲　崔东君　丁　忱　崔　晨　李　宇　张兆亿）

电力市场营销

【优化营商环境】巩固“三零”服务成效，促请政府出台低压占掘路“免审批”政策，在全国率先将接电时长、成本和财务遏制机制等改革举措纳入地方立法，对外服务承诺由 15 天压降至 10 天。全年服务小微企业 0.93 万户，平均接电时长压缩到 5.14 天，为客户节省投资约 3.95 亿元，各项指标成效比肩世界银行评价全球最佳水平，“三零”服务成为全国“获得电力”标准。大力实施“阳光业扩”服务，推出“一证办电”[1] 服务，推行业扩报装移动作业终端应用，与亦庄管委会、怀柔科学城等区域签订战略合作协议，试点开展客户接电外电源“零投资”。

（耿　涛）

【电能替代及综合能源服务】公司全年累计完成电能替代电量 31 亿 kWh，同比增加 3.238%。各供电公司均完成年初下达的电能替代电量目标值，在公司电能替代工作中发挥了带头示范作用。公司综合能源服务工作成效明显，与国网总部市场营销部建立综合能源信息云会商机制，在 16 个供电公司成立综合能源事业部，制定大兴临空经济区、通州副中心、中央商务区等 7 个区域综合能源规划、建成大兴自贸区创新服务中心多能供应示范，全年完成综合能源营业收入 3.78 亿元，同比增加 121%，营业收入连续 4 年保持较高增长率。

（马　凯）

【电费回收】自 1 月底起，为支持北京市疫情防控及供电服务保障，公司采取包括欠费不停电、不收取电费违约金、大型商场缓交等一系列利民举措，保障了疫情期间用电客户的有序安全用电。8 月，随着疫情形势好转及疫情防控常态化的环境变化，公司全面贯彻国家电网公司统筹推进疫情防控和服务经济社会发展重要指示，落实国家电网公司关于做好疫情常态化电费回收工作要求，积极应对突发疫情对电费回收的不利影响，研究制定《疫情防控常态化形势下电费回收工作方案》及《电费回收百日攻坚专项行动工作方案》等回收举措，稳妥推进疫情防控常态化下的电费回收工作。在保障客户规范有序用电和优质服务的前提下，实现 2020 年电费回收

[1] “一证办电”指用户在业扩报装申请时仅需提供报装项目的合法房屋产权权属文件，其余申请材料通过与政务数据平台远程对接，实现相关数据自动获取、核对。

率 100.00%的目标。

（蒋　旭）

【营业普查】组织开展夏、冬两季大负荷用电打击窃电专项行动，对北京地区 6.1 万高压电力用户和 891.2 万低压用户开展海量用电信息数据分析，共出动用电检查、电费、计量等专业工作人员 2400 人次，公安机关配合出动民警 500 余人次，组织开展专项检查 5500 余户次，共发现窃电及违约用电 928 户，累计追补电量 4031.63 万 kWh，补收电费 1205.81 万元，收取违约金 4769.32 万元。

（李佳玮）

【智能用电】全年新建充电桩 3242 个，建成 10 项公交车充电站外电源工程。完成私人充电设施报装接电 2.93 万户，基本形成覆盖北京全部区域、服务公用行业和私人需求的充电服务网络。完成 43 座低效充电站迁移及 125 座充电站环境整治工作，改造充电桩利用率提升 15 个百分点。已投运的充换电站服务电动汽车 39.8 万辆，当年累计提供充换电服务 743.2 万次，充电量 1.42 亿 kWh，服务里程 72235.88 万 km，实现 CO_2 终端减排 14.07 万 t。在国网系统率先实施充换电设施委托经营，全年实现经营收入 4000 万元。领取建设运营补贴资金 4500 万元。牵头科技项目“电动汽车充电兼容性、安全性检测关键技术、核心装备及规模化应用”，荣获国家电网公司科技进步一等奖。

（许　皓）

【“煤改电”工程】全年共完成 146 个村 2.91 万户“煤改电”配套电网升级改造，北京地区电采暖用户突破 130 万户。减少散煤燃烧 493 万 t，减排 CO_2 1282 万 t，北京 PM2.5 在华北地区降幅最大、数值最低，“蓝天保卫战”取得明显成效。

（李　千）

【电价管理】当年 2 月，根据国家发展改革委印发的《关于疫情防控期间采取支持性两部制电价政策　降低企业用电成本的通知》（发改办价格〔2020〕110 号）、《关于阶段性降低企业用电成本　支持企业复工复产的通知》（发改价格〔2020〕258 号）的要求，对于疫情发生以来停工、停产的企业，可适当追溯减免时间；对因满足疫情防控需要扩大产能的企业，原选择按合同最大需量方式缴纳容（需）量电费的，实际最大用量不受合同最大需量限制，超过部分按实计取。自当年 2 月 1 日起至 6 月 30 日止，对除高耗能行业用户外的，现执行一般工商业及其他电价、大工业电价的电力用户按原到户电价水平的 95%结算电费。当年 6 月，北京市发展改革委转发国家发展改革委《关于延长阶段性降低企业用电成本政策文件的通知》（京发改〔2020〕942 号），将对除高耗能行业用户外的，现执行一般工商业及其他电价、大工业电价的电力用户按原到户电价水平的 95%结算电费，延续执行至当年年底。依据政策要求，公司及时将基本电费计费方式变更周期由季度改为月度，对暂停、减容、暂停恢复、减容恢复、基本电费计费方式流程实行当日办理次日生效，有序开展高耗能用户信息甄别、非高耗能用户防疫优惠电费结算规则。执行该政策后 2020 年共计减收电费 23.08 亿元。

当年 9 月，《关于核定 2020～2022 年区域电网输电价格的通知》（发改办价格〔2020〕1441 号）明确：自 2020 年 1 月 1 日起，将华北电网输配电价中的电度电价调整为 0.0071 元/kWh，并明确京津唐电网范围内，位于北京、天津、河北境内的电厂参与京津唐地区交易电量不纳入华北电网电量电费计收范围。依据政策要求，公司会同首都电力交易中心及时开展用户输配电价差值的政策性清算退补，共计退还输配电费 0.16 亿元。

当年 9 月，市城管委公布第二批市场化交易用户名单，北京地区参与交易用户由 846 家扩大至 1133 家。2020 年用户交易电量达 85.46 亿 kWh，共计减收电费 4.12 亿元。

公司结合历年内外部审计及检查工作重点，编制《2020 年量价费业务质量管控工作方案》，在营销系统中部署 12 大类 142 项电价异常在线监控报表，按月开展电价执行质量监控与评价工作，发现并纠正各类电价执行差错问题 93 户。

（黄　宁）

【电能计量管理】专项开展高损台区攻坚治理，台区线损月度合格率由 95.02%提升至 97.48%，同比提升 2.59%；高损台区较年初 5945 台压降至 1126 台，降低 81.06%；台区平均线损率由 3.48%降低至 3.17%，同比下降 8.91%，减少电量损失 9166.63 万 kWh。完成 60.12 万只智能电能表运行质量监督评价，经北京市市场监督管理局认定延长运行至 2023 年，为公司节约成本 1.27 亿元。全年完成回收、分拣拆旧电能表 32.5 万只，利旧 0.9 万只，为公司节约成本 108 万元。

加快高速载波采集推广应用，累计运行 400.12 万户，日均采集成功率从99.61%提升至99.83%。完成分布式采集系统双轨上线，在石景山供电公司开展功能验证和试点应用。针对计量在线监测与诊断发现的电池欠压故障，争取专项资金，累计更换电池欠压表计48万只。

构建台区线损管理工作质量评价体系，完成1435名台区经理的全部实名认证注册，每月对台区经理、供电所、供电公司开展工作质量评价，推动10个供电公司出台文件，将台区降损与绩效工资联动挂钩。深化高速载波与线损治理的有机融合，在实现高速载波的3.63万个台区中，台区线损合格率由91.37%提升至98.04%，台区平均线损率由3.57%降低至2.85%。

（董　宇）

【营销信息化建设】持续优化网上国网App客户体验，完善一证办电、后付费交费、一户多人口、政策文件及时发布、办电e助手、政务网打通等功能。搭建完成业务及数据链路监控平台，强化全环节监控，保障系统的稳定运行。持续优化电力微信客户体验，完善电子发票查询、政策文件快速发布、一户多人口阶梯电量查询、二维码分享、活动推广等便民服务，建设智能云客服，优化AI机器人在线办理查询、充值、报修等高频业务，开展停电信息、欠费信息精准微信消息推送。完善客户关系管理平台、统一消息平台，实现客户关系与营销业务的有机融合，在业务场景中开展客户关系管理，收集、订正客户联系方式，利用欠费标签灵活展示欠费客户情况，方便开展催缴工作，在客户关系平台依托外部天眼查数据的注入，在国网系统率先试点开展并完成企业档案比对。搭建统一消息服务渠道管理平台，集中管理客户订阅信息及消息推送渠道，实现与客户的消息互动。与国家电网公司实现标签数据贯通共享，完成166个标签的下发和上收。

（姚　斌）

【稽查监控管理】强化营销稽查管控，深化四级联动营销稽查监控体系，规范营销稽查监控运营，强化在线稽查、专项稽查和现场稽查工作，全年完成4项专项稽查和1项现场稽查，累计完成5.36万件异常问题整改，取得稽查经济成效2295万元，稳步提升营销业务质量。

（袁学重）

优　质　服　务

【重要客户服务】完成全国两会、十九届五中全会、服贸会等157项重大活动相关重要客户用电安全服务保障工作，累计保障天数291天。确保了会场驻地、城市运行等重要客户用电安全服务保障万无一失，实现了“设备零故障、客户零闪动、工作零差错、服务零投诉”的工作目标。

（李佳玮）

【营业窗口服务】截至年底，公司共设有营业窗口147个，其中A级营业厅15个、B级营业厅4个、C级营业厅115个、D级营业厅13个。年内，公司共有6个供电公司的7个营业厅完成优化调整工作，其中关停营业厅4个，涉及海淀公司2个，顺义公司1个，延庆公司1个；等级及营业时间变更营业厅0个；迁址营业厅2个，涉及朝阳公司，通州公司；新开放营业厅1个，涉及丰台公司1个。

（王　峥）

【便民服务】结合公司全年中心工作，编制服务队全年工作“24节气表”。开展“首善先锋·红马甲在行动”系列活动，以“服务有我”“奉献有我”“坚守有我”“攻坚有我”为主题开展活动。组织开展“电力爱心教室”讲堂活动，活动期间共产党员服务队走进中小学校，举办电力知识大讲堂，在讲授日常用电知识的同时，宣传公司服务举措。在采暖季期间多次开展“情系万家、电暖京城”“卫蓝暖心”“煤改电”服务日专项行动，在北京地区供电营业厅和“煤改电”村中共计设置248个宣传点，各单位共产党员服务队携手供暖设备厂家深入14913户居民家中开展服务宣传，提供供暖设施免费检修服务，共计发放宣传折页632800份。

（王　峥）

【95598热线】年内，95598话务量累计320.48万通，同比下降40.48%，下派工单370548件，同比减少36.60%。其中，故障报修工单162555件，同比减少12.55%；业务咨询工单111件，同比增加94.74%；服务申请工单169707件，同比减少52.54%；意见35278件，同比减

少 6.35%；受理举报工单 284 件，同比减少 21.11%。

95598 受理投诉共计 402 件，同比减少 66.25%。其中，服务类投诉 67 件（占 16.67%），同比减少 72.31%；营业类投诉 84 件（占 20.90%），同比减少 56.25%；供电质量类投诉 111 件（占 27.61%），同比减少 75.87%；停送电类投诉 115 件（占 28.61%），同比减少 48.20%；电网建设类投诉 25 件（占 6.22%），同比减少 66.67%。

（王　峥）

【履行社会责任】严格落实服务、通知、报告、督促“四到位”客户保障要求，完成 1198 个重要客户的用电安全评估工作。以保障民生用电为重点，度夏期间完成 240 个非公司产权老旧小区用电排查梳理，制定应急保障措施。首次将集中供暖单位、燃气供应站等纳入冬季供暖保障工作范围，开展用电负荷实时监测，惠及 274 万用电客户。

（李佳玮）

科 技 信 息

科 技 工 作

【科技项目管理】全年公司投入研究开发费1.63亿元。牵头的3项国网总部科技项目通过验收；策划牵头申报国网总部科技项目13项，参与申报国网总部科技项目11项。

（徐绍军　帅　萌）

【科技成果和知识产权】在科技成果方面，获得国网科技成果奖励6项，其中牵头项目获得奖励3项，获得中国电力科学技术奖励1项、北京市科技奖励2项。在知识产权方面，围绕智能配电网、综合能源、5G电力应用等开展专利布局，全年共申请专利542件，其中发明专利申请337件；授权专利306件，其中发明授权113件。

（徐绍军　扈　晨）

【环境保护工作】全年新开工项目18项，全部取得环评批复。开工项目环保、水保批复率100%；完成110kV及以上电网建设项目环保验收93项。完成110kV及以上电网建设项目水土保持设施验收59项。全年完成158座在运变电站的环境监测，完成40座变电站外排废水监测，变电站噪声、外排废水监测计划完成率100%。

组织所属单位利用“六五”世界环境日，开展形式多样的电网环保宣传主题活动。通过微信公众号推送环保宣传内容，宣传环保工作意义与重要性。在电力展厅举办“世界环境日”主题展览，宣传环保科普知识。

（刘庆时　沈　琪）

信息化建设管理

【网络与信息安全】构建全场景网络安全防护体系，上线态势感知微应用，完成域名监控、蜜罐系统等6类新技防系统部署，在公安部2020年网络安全攻防演习中取得“零失分”成绩。实施“1+32”网络安全保障，强化网络安全分析室指挥核心功能建设，完成全国两会、服贸会、十九届五中全会等重大活动保障任务。开展网络安全到基层专题活动，发放宣传手册9000册，在各单位52个区域投放宣传视频，成功举办网络安全攻防技术大赛，选树尖兵、新兵，营造全员网络安全共担氛围。初步建成网络安全实验室仿真靶场和实训基地，常态开展攻防实训和安全检测，全年完成16套系统自主安全测评。优化信息调运检体系，完成信息系统瘦身健体专项提升行动，累计下线僵尸系统41套，腾退设备821台。

（赵　飞）

【电网信息化】构建“主配网一张图”，打造国网级“网上电网”试点示范区；上线基建全过程综合数字化管理平台，建立“一横六纵”管理体系；强化安全生产管控、冬奥会电力运行保障指挥、高压电缆专业精益化管理平台建设与应用，促进电网全过程精益化管理。推进多维精益管理，开展运检质效提升专项工作，实现成本多维精细化分析；建设数字化审计平台，成为首家申请平台二期部署单位；搭建覆盖供应链全业务的智慧运营平台，拓展场景应用，建成供应链运营中心；深化新一代电力交易系统、同期线损等应用，提升企业资源精准配置能力。自主研发“网上国网”监控平台，实现全方位信息掌控和运行监控分析；推进省级车联网平台建设，开展智慧车联网及电动汽车服务，与政府监管平台互联互通，试点开展智能运维；完成新能源云部署实施，为新能源用户提供一站式服务。

（赵　飞）

党的建设与精神文明建设

党 建 工 作

【落实党建责任】深入贯彻《中国共产党国有企业基层组织工作条例（试行）》，全面落实国家电网公司“基层党建巩固提升年”部署，把牢“两个坚持”的党建工作主线，实施“夯基础、提质量”专项行动，突出强基提质、深化内嵌融入，持续提升基层党组织政治功能和组织力。坚决贯彻《党委落实全面从严治党主体责任规定》，细化各级党建工作责任清单，切实把负责、守责、尽责体现在全面从严治党各领域各环节。针对首都电力党建责任体系，健全完善党建工作“明责、履责、考责”闭环管控机制，坚持党建工作领导小组办公室、党委书记、基层党建部门负责人三项例会制度，定期研究推进党建重点任务；细化制定党委、党总支、党支部委员三级履责手册，分级落实督导党建责任情况；全覆盖实施党组织书记述职评议、量化计划评价、党建绩效考核三项评价，多维度督促指导基层党建工作，切实打通责任落实“最后一公里”，提升了党建工作质效。

（于宝来）

【发挥党建引领作用】坚持服务生产经营不偏离，落实国家电网公司“党建+”工程部署，连续3年深化“党建引领、内嵌融入”长效机制建设，探索出“党委抓统筹、党建部门抓协同、专业部门抓管控、基层组织抓落地”内嵌融入模式。推行“党建+”工程全生命周期管理，充分发挥党建和业务部门的“双主体”作用，形成了党建与业务横向联动、纵向贯通的高效体系。围绕政治保电、冬奥会、优化营商环境等重点任务，在17个专业全覆盖实施“党建+”工程33项，立项基层“党建+”支撑计划106个，实现党建与业务深度融合，党建价值更加彰显。

（于宝来）

【基层党组织建设】围绕公司深化改革部署，落实“四同步、四对接”要求，结合机构调整，同步完成新能源汽车、首都电力交易中心、产业管理公司党组织设置，确保党组织应建必建。结合党支部到期换届，优化调整基层党支部组织设置，完成339个党支部换届选举，做到党组织应换尽换。针对党员空白班组，运用党员发展倾斜政策、党员班组间优化配置等举措，采取“一班一案、一月一督”等管控模式，多措并举消除党员空白班组59个，有效推动党的组织和工作全覆盖。

（于宝来）

【党员教育管理】落实国家电网公司《2019～2023年党员教育培训工作规划》，提升党员队伍政治理论素质，创新开展为期4年的“全体党员回党校”培训学习，累计培训党员4期2200余名。增强基层党支部“三会一课”学习的针对性和实效性，定期刊发《支部学习交流》，进一步明确学习内容、选树学习典型、交流学习经验，推动形成公司党委、基层党委、一线支部一贯到底的联动学习机制。围绕公司改革发展重点任务，广泛搭建“我是党员我先上”等创先争优平台，先后开展纪念建党99周年“八个一”活动、“学战略、讲担当、干精彩”“做好电力先行官、架起党群连心桥”等主题党日，累计组织学习研讨882次，开展岗位实践461次。

（于宝来）

思 想 政 治 工 作

【干部员工教育】深入贯彻中央关于巩固深化“不忘初心、牢记使命”主题教育成果的意见要求，充分发挥首都教育资源优势，坚持学做结合、突出全员覆盖，着力推动习近平新时代中国特色社会主义思想大学习走深走实。坚持以上率下，两级党委中心组精心制定学习计划，带头落实学习制度，集中学习研讨交流，先后累计开展专题学习354次，学习频率及质效显著增强，领学促学作用充分发挥。坚持开展员工思想调研分析，全面准确掌握员工思想动态，确保员工队伍稳定。结合全国两会等供电保障任务，开展专项调研，针对性做好思想政治工作。

（于宝来）

【精神文明建设】加强职业道德建设和社会主义核心价值观教育，抓实思想政治工作，引导员工知大局、明大势、加油干，汇聚起公司发展的强大正能量。深化文明单位创建，聚焦两级单位责任彰显力和品牌影响，对接市、区政府开展推荐申报，争创全国文明单位 17 家、首都文明单位 27 家，实现“全国文明单位”“首都文明单位”及标兵荣誉数量双增长。

（于宝来）

【企业文化建设】全面落实国家电网公司“文化铸魂、文化赋能、文化融入”专项行动计划要求，深入学习宣贯《企业文化建设工作指引》，结合首都各区域功能定位及发展特点，打造以城市副中心为样板企业文化示范点集群，推动优秀文化进基层、进班组、进站所，增强广大员工对“争先锋、站排头”目标追求的认知认同，为公司改革发展注入文化动力。

（于宝来）

纪　检　巡　察

【落实党风廉政建设监督责任】坚持提高站位压主责，践行“看北京首先要从政治上看”理念，针对性制定全面从严治党“两个责任”清单 47 项，细化明确纪检年度重点工作 22 项。坚持借势借力抓监督，建好生态评价机制，综合运用个别谈话、问卷调查等方式，从政治生活、政治纪律、政治文化、政治标准和政治本色五个方面细化考量。用好“画像”报告机制，明晰政治思想、履职尽责、行使权力、作风建设和廉洁自律五维度“画像”标准，两级纪委对班子成员进行“背靠背”画像。把好权力监督重点，用好用准干部廉政档案，客观出具廉政审核意见，对 30 名新提职干部进行约谈、考廉。坚持严管厚爱筑防线，深化应用“首善清风”廉洁宣教 App，并通过分层分片制作宣教短片、发送廉洁短信微信等形式，持续提升廉洁文化的影响力和辐射力。两级专题谈风险、讲廉课共 54 次，在线考廉 1297 人，累计受教育 5.3 万人次。针对信访举报、巡视巡察、审计监督等发现的跨部门、跨专业问题，督促职能部门从制度上、流程上强化以案促改、以案促建，标本兼治出台管控制度 22 项。

■ 10 月 20 日，公司在 A430 召开 2020 年新提职干部廉政谈话。

（朱春晔　摄）

（李晓宁）

【巡视巡察工作】树牢“整改不彻底就是对党不忠诚”意识，高标准推进中央巡视整改，3～6 月着力实施“见底清零”专项行动 10 项举措，并按照“回头看”要求，统筹联动开展自查自纠，梳理落实举措 43 项，细化佐证材料 66 项，8 月配合完成国家电网公司党建专项督导迎检，9 月对巡视移交问题线索执纪审查的规范性和严肃性再复核，对党建形式主义 17 项措施完成情况再复审，促进质量过硬、改必改好。按照公司党委“三个一抓到底”要求，高质量推进巡察工作，主要做法在国家电网公司《巡视巡察工作交流》上刊载。注重方式优化，破解疫情防控影响，采取“一托二”，压茬推进 3 批 11 家单位巡察，实现全面有效全覆盖。注重机制创新，建立问题“三反馈”、巡察全业务链督导联席、风险管控主动约谈基层班子、整改报告党政纪“三签”等机制，向分管领导、职能部门发送风险提示函 29 件，主动约谈公司党委管理干部 25 人，切实推动专业监督挺在前面。注重自查改进，动态分类提炼、及时通报公司经营管理、工程管理等 15 方面 78 项典型问题，督促基层从党委研究、清单销项 4 个环节抓好举一反三，提升查纠质效。注重巡审联动，针对普遍性、关键性问题，及时抽调审计等人员进组攻坚，力求精准“点穴”。注重倒逼闭环，将整改情况纳入党风廉政建设责任制，并与纪检工作评价、纪委书记履职专项考核等有机结合，着力增强整改刚性。

（李晓宁）

【专项监督工作】把疫情防控监督作为年内首要政治任务，围绕国家电网公司 30 项举措执行落地，及时跟进印发 6 项意见跟踪问效，突出“四个监督”、明确“四个严禁”，重点查纠工程复工复产、后勤服务保障等方面的不担当、不作为问题，并动态发布各地疫情防控中的违规违纪典型案例共 8 期 160 条，有效助力“双零”目标实现。深化推进“廉洁办奥”专项监督，针对12项配套输变电工程，细化经营决策、招标采购等72项“负面清单”，综合运用基层自查、党委巡察、问卷调查等方式，着力对前期赔偿、设计变更、费用支出等进行查纠，两级共抽查检查29次。全面启动安全生产专项整治监督，常态化联合检查，对责任担当不到位、整改措施不落实等重点查纠，促进刚性执行，两级共检查163次。紧扣“四个专项整治”，督促职能部门及时完成设租寻租、化公为私等整治工作，促进经营和从业安全。

（李晓宁）

【纪律审查工作】强化“铁案”意识，认真落实执纪审查“24字方针”，严查各类违纪问题。年内，两级共收到并核查问题线索71件，谈话函询7件。充分有效运用批评教育、诫勉谈话等“第一种形态”处理73人；给予“第二种形态”处分处理3人。对巡察移交35件问题线索，认真组织核查，通过批评教育等方式处理37人。注重人本关怀，坚持用善良的心严格执纪，建立“清单式”、差异化约谈机制，提高针对性、有效性，两级共履责约谈1665人次。完善申诉澄清机制，畅通上传下达渠道，自觉接受监督，及时纠偏改进。

（李晓宁）

【队伍建设】坚持打铁必须自身硬，着力打造“三执四铁五硬”纪律铁军。采取综合培训、常态考试、主动讲廉等方式，力求人人会执纪、会执笔、会执教。以法规条例解读为重点，对全部纪检干部进行3天集中培训，进一步提升水平、达成共识、形成默契。紧扣“铁腕执纪、铁案如山、铁律铸魂、铁人担义”要求，建立周议线索、月盘工作、季评得失、年终述职等机制，并运用以干代训、培养锻炼等，形成常态化“打铁”机制，促进信念、政治、责任、能力和作风过硬。整合两级纪检巡察人才资源，强化梯队培育，创建纪检巡察人才库，遴选营销服务、工程技经等专业骨干217名，形成执纪办案“机动队”、党委巡察“预备队”、基层内部巡察“工作队”3支人才梯队。充分发挥考核“指挥棒”作用，细化界定政治监督、协助职责等8方面42项内容，全面开展基层纪委书记履职专项考核，并将考评结果与党风廉政建设责任制挂钩，切实树立“干与不干不一样、干好干坏不一样”的鲜明导向。

■ 10月21日，公司在党校新会议楼召开2020年纪检干部培训班开班式。（马建飞 摄）

（李晓宁）

宣 传 工 作

【综述】2020年，全面落实国家电网公司党组宣传部和公司党委宣传工作部署，紧密结合公司重点工作，围绕全国两会、国家电网公司战略目标落地实践、“高质量提升年”重点任务、统筹疫情防控和服务经济社会发展、落实“新基建”部署、冬奥会配套电网建设等重点选题开展宣传工作。成功承办国家电网公司“电力天路惠民生——‘张北绿电’点亮‘北京冬奥’”中央广播电视总台及新华社大型现场直播活动。代表国家电网公司向全国宣传推广北京优化营商环境典型经验，中央广播电视总台等权威媒体进行专题报道。全年舆情形势保持平稳。

（李春华　李艳娜　张晨曦）

【意识形态工作责任制】根据公司党委主要负责人员变化情况，及时调整党委意识形态工作责任制领导小组。定期召开领导小组办公室季度例会，形成各专业齐抓共管良好局面。坚持党管宣传，严格落实《关于进一步加强和改进宣传工作的实施意见》。发布《公司党委宣传部关于进一步加强对外宣传审批报备工作的通知》，全年对296项宣传报道进行审核管控，确保正确的宣传导向。强化意识形态阵地管理，严格落实“两个所有”。印发《关于加强对外网站运维管理的通知》《关于加强网络媒体使用管理的通知》等制度规定，对公司内网网站、公司及各单位官方网络媒体账号加强排查备案和规范管理。

（张　画　王佳鹏　孙晓翔）

【品牌传播】全年与国网总部联动宣传 18 次，举行新闻发布 35 次，在各级各类媒体刊发报道 2680 篇。其中，公司在《人民日报》、新华社、中央广播电视总台等中央媒体刊发重点报道 228 篇。中央广播电视总台播发新闻总时长 206 分钟，《新闻联播》7 次报道冬奥供电保障、优化营商环境、“煤改电”等重点工作成效。在《北京日报》、北京电视台等市属媒体刊发重点报道 262 篇，在国家电网公司网站和行业媒体发稿 979 篇。在公司官方微博发布信息 212 条，在微信公众号发布信息 74 篇。

（李艳娜　宣丽娜　孙　璐　王莹彬　李　博）

工　会　工　作

【民主管理】严格落实中华全国总工会、北京市总工会规章制度，组织召开国网北京市电力公司三届二次会员代表大会，完成工会第三届两委会委员以及工会第三届主席、常委的补选工作。指导 10 家基层单位工会完成主席届中调整工作。强化依靠职工办企业理念，不断完善职代会联动机制，坚持把涉及职工切身利益的重大改革方案、重要制度提交职代会审议。广泛征集职工代表提案，积极推进提案办理，共收到代表提案 77 件，其中合并立案 8 项（包括 17 件提案），列为意见 56 项，转交基层受理 4 项，提案办结率 100%。落实职代会制度，做好公司职工代表大会换届筹备工作。严格执行集体协商制度，圆满两级集体合同修订、协商和签订工作。组织开展“我为公司战略添精彩”合理化建议征集活动，共收到 32 家基层单位合理化建议 148 件，并评选出一、二、三等奖共 50 项，择优推送至国家电网公司平台进行展示推广。

（王　婧）

【女工工作】开展三八节主题线上活动。启动“与爱同行 不负韶华”女职工三八节系列纪念活动，以线上和远程等方式组织“与爱同行　共抗疫情，关爱一线　慰问帮扶，爱上阅读　腹有诗书，翰墨丹青　以文聚力，维护权益　呵护心灵”五大主题板块等多项活动。组织女职工参加国家电网公司第八届“书香国网•与爱同行”女职工主题读书活动和全国第八届“书香三八”读书活动，引领女职工多读书、爱读书、读好书，提升文化素养。公司荣获全国第八届“书香三八”优秀组织奖。开展“巾帼建功”活动，紧密围绕公司高质量提升年的中心任务，引导女职工投身公司重点工程、重要任务、重大课题，推动女职工岗位建功。维护女职工权益，加强疫情期间女职工关爱工作，利用公司职工心理健康热线和“首都职工心理发展”微信公众号，对女职工开展人文关怀和心理疏导。修订《女职工权益保护专项合同（范本）》，与《国网北京市电力公司集体合同》同步协商、同步审议、同步签订、同步报批、同步履行、同步监督检查、同步向职代会报告履行情况，切实维护女职工权益。配合北京市总工会开展帮助支持职工平衡工作和家庭责任专题调研，了解职工在平衡工作和家庭责任方面的诉求和遇到的困难。

（王　茜）

【职工文体】组织开展 2020 年“国网好声音”职工歌手暨原创歌曲大赛，进行歌手选拔和歌曲创作工作，在公司范围内创作一批电网题材的优秀原创歌曲，共评出大赛金奖 3 个、银奖 6 个、铜奖 9 个，设立优秀作词奖、优秀作曲奖、优秀 MV 奖，赛事涌现出一批优秀的职工原创歌曲和职工歌手。择优推荐上级比赛，《华灯初上》《电力军魂》荣获华北赛区歌手及原创歌曲比赛双金奖；《为你而歌》《起航》，荣获华北赛区歌手及原创歌曲双银奖；《铁塔》荣获华北赛区歌手及原创歌曲双铜奖；公司荣获华北赛区优秀组织单位，成绩名列赛区前茅。公司承办“国网好声音”职工歌手暨原创歌曲大赛复赛和决赛，公司在“国网好声音”职工歌手暨原创歌曲大赛中囊括“四金”，公司荣获特殊贡献奖。

■ 9 月 24 日，公司获 2020 年“国网好声音”职工歌手金奖。

（孙钢荣　摄）

（于　磊）

【服务职工】积极推进职工诉求服务体系建设，9 月底建设完成公司级、地市公司级和班组站所级的三级职工诉求服务中心（服务站）共计 66 个，实现各单位诉求中心全覆盖。截至 11 月底，受理职工诉求近 450 件，办结、答复率 100%，职工幸福感、获得感不断提升。持续推进建家工程。全年计划完成 2 个职工之家、32 个职工小家和 2 个“五小”供电所建设，切实改善基层一线生产生活环境。

（王　婧）

【劳动保护与劳动竞赛】围绕公司高质量提升年，开展“新基建”劳动竞赛，竞赛过程中对 42 个突出表现集体和 46 名突出表现个人及时给予物资与精神激励。竞赛收官，公司 1 人获评国家电网公司“新基建”劳动竞赛劳动模范、所属 2 家单位获评“新基建”劳动竞赛先进集体。组织完成北京市“职工技协杯”职工技能大赛中的电力电缆工竞赛，共有来自 20 个单位的 477 名选手参加，本次大赛是疫情以来公司组织的规模最大，参赛人数最多的一次大赛。持续深入开展“安康杯”竞赛活动，职工技术技能水平和岗位履职能力显著增强。

（刘清华）

【先进、劳模评选工作】立足首都特质、企业特点，将公司重点工作、重大工程、重要任务作为培育队伍、选树典型的熔炉和学校，积极选树一批符合公司发展特点的先进典型，唱响“平凡孕育伟大、劳动奉献光荣”主旋律。昌平公司王月鹏获评全国劳动模范；延庆公司何彦彬、工程公司张磊、照明中心陈春光获评北京市劳动模范；城区公司崇文供电服务中心获评北京市模范集体；公司本部陈斌发等 4 名员工获评国家电网有限公司劳动模范；海淀公司配电站室运维室、检修公司柔直运维班获评国家电网有限公司工人先锋号；丰台公司、大兴公司、建设咨询公司、能源公司获评国网先进集体。编制公司劳模事迹选编《创业者的足迹》第四辑，传播正能量。

■ 12 月底，检修公司柔直运维班获评国家电网公司工人先锋号。（检修公司　提供）

（刘清华）

【职工创新活动】持续推进职工创新工作室建设，指导各基层工会对现有劳模（职工）创新工作室进行深化建设，城区公司陈牧云创新工作室、工程公司张文新创新工作室顺利通过市总复审，大兴公司刘兵创新工作室获评市级创新工作室。落实公司 2020 年科技创新大会精神，实施“新跨越行动计划”，推动公司职工技术创新向更大范围、更高层次、更深程度发展，助推具有中国特色国际领先的能源互联网企业建设。印发《国网北京市电力公司工会关于进一步加强职工技术创新的工作方案》。

（刘清华）

共青团工作

【“号手岗队”创建】持续打造“青”字号品牌，依托“号岗队站”创建工作，带领团员青年扎根一线、敢于担当，在攻坚克难中建功立业、创造价值，彰显青年先锋力量。丰台公司运检部综合信息化室、照明中心华灯班 2 个集体荣获全国青年安全生产示范岗，密云公司电力调度控制中心供电服务指挥中心（配网调控中心）、照明中心发展建设部 2 个集体荣获北京市青年安全生产示范岗。成立 16 支青年突击队，全面保障北京地区定点医院、发热门诊、疾控中心、药品和物资生产企业等重要用户供电安全可靠。组建国家电网首都电力（社区防疫）青年突击队，连续 38 天深入疫情防控任务最艰巨、风险最高的丰台区 6 个街道的 16 个社区，服务核酸检测 13794 人，值守检查 93400 人次，全力服务北京新冠肺炎疫情防控大局。

（于宝来）

【青年志愿服务】广泛开展“青春光明行”系列活动，围绕冬奥会、优化营商环境和社会公益等重点任务，组织开展用电安全、便民服务、爱心捐赠、垃圾分类等志愿服务，开展“好书伴成长”——为新疆和田地区中小学生捐赠国语图书活动，共捐赠图书4474本。加强青年志愿者队伍建设，举办青年志愿者训练营，加强服务技能培训，提升志愿服务水平，共选拔青年志愿讲解员45名。

（于宝来）

【青年创新创效】激发青年创新活力，制定并印发《关于发挥青年作用担当　青春使命助力战略目标首都实践的指导意见》，明确将青年创新作为公司团委重点任务。加强青年创客培养，举办青年创新培训班，培养青年创新能力，组织青年创新论坛，营造青年创新氛围，选树“青创先锋”，以点带面激励广大团员青年在创新实践中争先锋、站排头，让青创活力“燃”起来。搭建青年创新平台，积极参加国家电网公司、北京市青创赛事，持续举办“青创赛”，推动优秀青创项目培育、孵化和成果交易推广。完善青年创新机制，成立青年创新工作联盟，对内促进属地公司与专业单位资源统筹，开展青年创新联合攻关，将内部资源“聚”起来；对外加强与国网直属单位、北京市属企业、高校等交流合作，提升青创成果质量和转化效果，把外部资源“纳”进来。

（于宝来）

【团组织建设】深化“青年大学习”行动，通过沉浸式主题团日、团课学习等线上线下活动，推动习近平新时代中国特色社会主义思想在团员青年中大学习、大普及、大落实。建立团组织学习资料库，每月编发《团支部学习参考》，组织广大团员青年常态化开展集中学习，每月开展团支部学习线上小测验，检验学习成效，参与答题共2131人次，营造良好学习氛围。深入实施青年马克思主义者培养工程，选优“好苗子”“金种子”，以近5年入企的青年党员、入党积极分子为主，坚持“思、学、练、行”的培养思路，突出理论学习、红色教育和实践锻炼，安排多场党的理论教育和党性教育课程，开展“经典理论学进去”原著读书会、“六个力量讲出来”讲师训练营和“战略执行干精彩”课题研究，打造“高站位、全方位、有作为”的育人格局。加强青年思想引导，开展“1+15”团干部联系青年工作，每季度进行青年思想动态调研，推动广大团干部主动到青年中，认真倾听真心话、烦心事，充分发挥好党联系青年的桥梁纽带作用，把牢青年思想之舵。

（于宝来）

供电公司

国网北京市电力公司城区供电公司

【概况】国网北京城区供电公司（简称城区公司）是国网北京市电力公司直属大型重点供电企业，负责首都核心区（东、西城两个行政区）93km²、32 个街道、200 万人口、91 万客户的供电服务保障，肩负着确保党政军首脑机关、重大国事外事活动和城市运行安全可靠供电的光荣使命。

城区公司内设机构 22 个（职能部门 11 个，业务机构 11 个），受托管理集体企业 1 家，全口径用工 886 人（其中主业全民职工 496 人，集体企业工 43 人、集体企业直签工 347 人）。

城区公司辖区内有 220kV 变电站 6 座、容量 3840MVA，110kV 变电站 32 座、容量 5452MVA，110kV 线路 101 条，均为电缆线路。10kV 配电站室 657 座（开闭站 146 座、配电室 511 座）、配电变压器 7302 台、总容量 4290MVA，10kV 电缆 4604km、架空线路 226km，电缆化率 95.32%。

城区公司地处首都核心区，供电服务特点显著，主要体现在“三多一大”。① 重要客户多、责任压力大。辖区内二级及以上重要客户 292 户，其中中南海、人民大会堂等特级客户 16 户，中纪委、中宣部等一级客户 114 户，占北京公司近 1/3；常态化客户 98 户，占北京公司 70%，其中常态 B+类（首长住地）客户 38 户。国家部委、国际金融、国企总部大都汇集于此，仅金融街地区就聚集了中国人民银行等数百家金融监管部门。② 政治活动多、保电任务重。随着首都“四个中心”功能定位不断深化，国事外事活动频次、保电级别标准逐年提升。近年来，平均每年完成全国“两会”等上级下达政治保电任务 90 项 300 天，承担中南海、人民大会堂等重要机构常态保电任务 2400 项 340 天，基本实现政治保电“全天候、全时段”。③ 客户群体多，服务标准高。辖区内分布着历史文化保护区、各民族居住区、高端商业区及疏解腾退区，还有 28 万户平房“煤改电”居民、43 个集中供暖单位，客户差异化需求多、维权意识强，对办电时限渠道、用电感知体验、冬季供暖保障以及服务信息主动告知、故障停电快速恢复、综合能源服务等都有较高要求。④ 负荷密度大，城市占比高。负荷密度达到 2.59 万 kW/km²，约为北京市平均水平的 20 倍。其中第三产业和居民负荷占比高达 96%，居全国首位；夏季历史最大负荷为 256.5 万 kW（发生在 2017 年 7 月 13 日），约占北京市最大负荷的 1/9；冬季最大负荷 213.7 万 kW（发生在 2021 年 1 月 6 日），约占北京市最大负荷的 1/10。

公司保持全国文明单位、首都文明单位标兵称号；公司党委荣获国家电网公司政治思想建设标杆称号；崇文供电服务中心荣获北京市模范集体称号；王朴荣获国家电网有限公司青年五四奖章；天安门政治供电服务中心杜海涛获得国家电网公司抗击新冠肺炎疫情先进个人、优秀共产党员荣誉。

地址：北京市西城区西直门南小街 174 号
邮编：100034
电话：010—63128718

【人力资源】截至年底，城区公司共有全口径用工 902 人，其中长期工 496 人。长期工中研究生及以上学历 126 人，本科学历 242 人，专科学历 83 人；高级职称 87 人，中级职称 106 人；技师及以上职业资格 270 人，高级工 58 人，中级工 25 人。

积极争取中层干部编制批复，启动干部梯队结构优化。打破人才交流壁垒，畅通员工发展通道，支援产业 6 名管理岗位人员。加强优秀人才管理，推荐评定省公司级专家 1 人，择优选拔地市公司级专家 10 人。

【电网规划与建设】紧密对接核心区控规批复，高质量编制“1 个总规划+9 个专项分析+32 个街道分册”约 113 万字的配套电力规划成果，制定 6 类 17 项三年行动计划重点任务。与东、西城区政府达成“十四五”战略合作意向，争取“零土建、零前期”变电站建设及 10kV 客户外电源工程投资至红线等有利政策支持。加快主配网工程前期，项目核准 91 项、备案 8 项，批复总量同比增长 93%。

重点工程全面实施，积极推动两批 100 项“两年行动计划”项目落地，高效完成全部 47 项“三供一业”工程竣工投产、决算增资 1.6 亿元。完成东四南、北大街等 7 条道路 133 台电力箱体“三化”治理，完成金融街等 7 个片区 15.2km 支路胡同架空线入地、拔除电杆 507 基。工程管理规范提升，攻坚历史遗留问题处置，各专业清理长期挂账工程 57 项，累计处置结余物资 7600 万元、压降库存 3254 万元，处置报废退役资产原值 4300 万元、资金回收 362 万元，超额完成年度目标。加快现代智慧供应链建设，完成 17 个“专业仓”设置。

■ 8 月 4 日，城区公司在羊皮市胡同开展架空线入地撤线拔杆工作。（梁静 摄）

【经营管理】争取外部资金到账 7113 万元，完成资本性工程决算 182 项、6.05 亿元，其中四类外部资金工程 59 项、结转收益 2.5 亿元，助力北京公司业绩考核重返 A 段。资产清查账卡物一致率达到 99.95%，延寿使用有效资产 1.27 亿元，有效降低折旧费用。率先走通设备故障保险理赔流程，实现获赔金额 271 万元，同比增长近 4 倍。大力发扬“三千精神”，实现电费回收率 100%。攻坚治理同期线损 15 类 6951 项问题，分线、分台区线损合格率达到 97.53%、94.31%，较年初分别提升 5.9%、12.85%。

改革创新持续推进，落实“12912”国网战略落地思路，高效编制“三全三高”先行示范区方案，制定 17 项行动 47 项任务。优化组织机构设置，实施管办分离，职能部门、业务机构均由原有 9 个调整为 11 个。创新开展人力资源“双线联动、双向互选”内部优化，提出“减二返一”政策模式，完成主业、产业 80 余名用工转岗，实现双赢局面。加强“一库、四创新”建设，获得专利 6 项，发表核心期刊论文 6 篇，荣获北京公司及以上创新成果 17 项。北京公司内部对标目标完成率最高、达到 96.82%。

加强集体企业规范管理，落实产业优化提升行动，首批成立产业指导委员会，完成全面深化改革任务。协同主业开展用工优化，通过置换劳务用工、压降外包服务等方式，减少费用 200 万元。优化物资采购流程压降成本，产生直接效益超过 8000 万元。

深化依法从严治企，完善合规制度建设，完成重大决策合法性审核 4 项，依法维权挽回损失 120 余万元。加强协同监督联动，下发“红黄蓝”风险提示单 26 份。积极做好国家电网公司经济责任审计，22 项问题整改通过上级验收。全年完成迎审任务 5 项，开展“三供一业”等自主审计 3 项，有效防范经营风险。

【安全生产】始终将全体职工生命安全放在首位，坚决贯彻“一个提高、六个强化”部署，多方筹措发放防疫用品 17 种 20 批次，积极组织全员核酸检测、疫苗接种，确保“双零”目标。坚决执行客户欠费不停电、助推企业复工复产等政策举措，组建抗击疫情应急抢修党员突击队和服务保障党员突击队，连夜奋战为核心区首座“火眼”实验室成功送电。常态化做好区域内医疗机构等 25 户疫情防控重点客户供电保障，为首都防疫大局做出积极贡献。

■ 6 月 19 日，城区公司在广安体育馆搭建充气式移动核酸检测实验室。（梁静 摄）

落实“细之又细、实之又实、确保安全”指示要求，圆满完成全国“两会”、党的十九届五中全会等保电任务 92 项 359 天，人民大会堂一级及以上保电 20 项 43 天，创历年之最；中南海运维班连续 11 个月执行非正常轮换，大会堂运维班累计封闭值守 11 次。扎实推进冬奥保障筹备，成立工作指挥部，组建五棵松场馆柔性团队，供用电安全评估等前期工作取得良好成效。深化“双同时”贴近式要客服务，完成全国政协等 4 户站室改造及 2 户常态 B+客户双电源提升。

■ 9 月 23 日，城区公司保障队员在天安门广场烈士纪念仪式彩排现场保电。（林峰 摄）

启动安全生产专项整治三年行动计划，狠抓安全生产巡查问题整改与回头看，完成防汛度夏等7轮次专项隐患排查，发现治理问题228项。制定安全管理12方面140项重点任务，修编5个层级144项安全责任清单。持续保持安全巡检高压态势，全覆盖现场检查3947次，发现各类问题122件，下发违章通知单40张，安全基础得到夯实，安全形势保持平稳。

创新分街区及低压供电可靠性研究分析，深化开展分段停电及不停电作业，完成291项带电任务、同比增加4倍，户均停电时间降至18.4min、同比下降27%。着力改善设备健康状况，累计加装台区智能融合终端5651个，完成20条线路综合检修、310路电缆试验、50段母线检修和6112台设备状态检测，实现全口径配网高压故障、低压故障、多户报修分别压降16.4%、30.6%、23.4%。电网运行平稳有序，累计执行停电计划1090项，妥善应对各类电网风险252项，滚动发布度夏等风险预警92项，平稳应对连续低温寒潮天气、213.7万kW冬季历史最大负荷考验。

■ 8月25日深夜，城区公司在和平里路开展抢修作业。（林峰 摄）

【营销与优质服务】深化"三零"服务政企联动，建立跨专业报装流程绿色通道，打造北京首个占掘路免审批典型案例"白魁小馆"，累计完成典型案例6例，完成接电1080户、平均时长压缩至4.5天，为客户节省投资约2276万元；协助北京公司召开公布"六项"服务承诺等举措新闻发布会，配合中央电视台拍摄专题宣传片，有力塑造责任央企形象。

创新应用语音大数据智能分析，实现连续292天北京公司认定无责"零投诉"，95598、12345工单分别压降38.7%、29.3%。累计现场核查表计5.1万具，圆满完成HPLC工程收尾，采集成功率提升至99.66%，平均购电下发时长降至1.74min。积极推动服务线上化，建成投运北京公司首家智能自助营业厅。

大力推广"供电+能效"服务产品，主动对接"金科新区"重点客户需求，向新华社、宣武医院等7户推广"节能型机关"用能服务，完成国家粮食局等7个项目合同签订，实现综合能源业务收入850万元。

■ 5月26日，城区公司召开营商环境"白魁小馆"案例发布会。（梁静 摄）

【科技与信息化】扎实推进能源互联网建设，组织赴杭州、南京、房山等试点单位调研学习；制定"网上电网"三年工作方案，明确4类33项任务。优化组织机构设置，实施管办分离，职能部门、业务机构均由原有9个调整为11个。深化配电自动化应用，持续推进老旧终端改造，各类故障自愈动作53次、正确率95.6%，均创历史新高。探索开发政治供电服务保障智慧平台，明确工作方案及核心功能，梳理25项业务流程、排查校核40余万条数据，为平台的上线运行奠定坚实基础。

【党的建设与精神文明建设】将学习习近平总书记最新重要讲话和重要指示批示精神作为党委会"第一议题"，召开党委中心组学习19次、领导班子集中研讨33次。突出政治统领，制定加强政治建设25条措施。落实"基层党建巩固提升年""夯基础、提质量"各项任务，按期完成17个基层党组织换届，新发展党员13名。把堡垒建到抗击疫情、全国"两会"等保电一线，全体党员踊跃捐款2.6万元。发挥党员"三无三争""党员现场作业监督岗"作用，让党徽在一线闪亮。细化制定全面从严治党"两个责任"清单，开展两级履责约谈181人次。高质量完成"见底清零"专项行动和对照第一批巡察典型问题自查自纠。高站位迎接北京公司党委政治巡察，建立整改报告"三签"机制，针对 32 项问题制定整改措施 127 项。

文化品牌不断深化，投入“三必贺、三必访”、度夏慰问、疫情防控等工会资金 110 余万元，将关心关爱职工落到实处。丰富职工文体生活，承办北京公司书法美术协会活动，参加“国网好声音”大赛获得金奖。用心用情做好政策解释，平稳完成 465 名退休人员社会化管理移交。落实意识形态工作责任制，城区公司先进工作事迹在《人民日报》、中央电视台等主流媒体报道，品牌形象充分彰显。城区公司党委荣获国家电网公司政治思想建设标杆，崇文中心荣获北京市模范集体表彰。城区公司政治供电工作得到好评，中纪委、国家电网公司、人民大会堂、北京市内保局等重要客户特意致信公司表示感谢。

■ 5 月 11 日，城区公司共产党员服务队队员在天安门广场及人民大会堂进行保电巡视。（林峰　摄）

（李　根）

国网北京市电力公司通州供电公司

【概况】 国网北京市电力公司通州供电公司（简称通州公司）成立于 1958 年，2015 年 12 月通州公司升格为大型重点供电企业，主要负责通州地区 906.28km^2 的电网规划建设、运行管理、电力销售和供电服务。

通州公司共设有 11 个职能部门、9 个业务支撑机构及 10 个乡镇供电所。

通州公司共有变电站 48 座，其中 500kV 变电站 1 座、容量 4800MVA，220kV 变电站 8 座、容量 3960MVA，110kV 变电站 32 座、容量 3552MVA，35kV 变电站 7 座、容量 192.6MVA。35～110kV 线路 495.07km，10kV 线路 5341km，配电变压器 8609 台。

年内售电量 70.85 亿 kWh，同比增长 2.96%。营业收入 44.61 亿元；资产总额 44.06 亿元；综合线损率 3.68%；电费回收率 100%。

年内通州公司荣获全国电力行业企业文化品牌影响力企业、国家电网公司“十三五”档案工作突出集体、北京市交通安全先进单位称号；获国网北京市电力公司先进单位称号，业绩考核蝉联第一名。申报专利 13 项，授权专利 5 项，2 项管理创新成果分获北京公司二、三等奖，获得 QC 成果奖 3 项，北京市质协 QC 成果奖 3 项。

地址：北京市通州区滨河中路甲 10 号
邮编：101101
电话：010—63666485

【人力资源】 截至年底，通州公司共有全口径用工 1234 人，其中长期工 384 人。长期工中研究生及以上学历 124 人，本科学历 182 人，专科学历 64 人；高级职称 53 人，中级职称 85 人；技师及以上职业资格 179 人，高级工 35 人，中级工 38 人。

构建“1+*N*”干部管理制度体系，充分发挥干部管理相关制度的强制性和约束力，为建设高素质领导人员队伍夯实基础，干部职数由 30 个增加至 41 个，五级以上职员职数增长 41%，开展岗位交流 102 人次。畅通员工三条成长通道，健全通州公司“六能”选人用人机制，推行岗位聘任制，强化职员职级管理，开展专家人才选聘制。优化工资分配机制。建立产业与华商员工收入水平“联调”机制，降低同岗位薪酬差距。健全绩效机制，构建三级 KPI 体系，分层推进业绩提升，推进“进阶制”评价；优化业务外包方式，创新绩效信息化管理，深化结果联动应用；创新组织机构模式，全面完成组织模式优化，将经法管理纳入合规体系，实现生产营销“管办分离”；构建“营配合一”的“1+2+10”供电服务体系，创新柔性组织应用；搭建“源代码”体系。聚焦岗位建设，通过系统迭代，促进企业管理提升；发挥人才培养成效，下沉人才评价管理颗粒度，加大对新员工的关注培养，建立与国网技术学院的沟通合作，打造硬件与师资配套培训资源建设，聚焦理念与技能双提升，开展团建、培训336人次，队伍向心力持续提升。

【电网规划与建设】认真领会并落实北京公司“12912”国网战略落地方案，突出区位特色，确立战略路径，实施副中心先行示范区战略落地方案。紧抓环球主题公园等重大标志性项目落地契机，充分借鉴先进经验、理念，结合文旅区用能特点及需求，完成“十四五”电力规划编制，形成9大专项规划成果，与区政府完成电力发展战略合作协议签订。

践行“电力先行官”使命，全力服务地区重大项目。连续奋战88天，完成城市绿心配套电力工程，有力保障国庆期间精彩开园；提前投运环球影城一期过渡用电及全部配套外电源，超前满足客户需求；建成国内最大智慧有序充电站，为区域发展注入绿色动能。启动架空入地三年行动计划，促请成立以通州公司为主的区级架空入地领导小组，完成5条道路拔杆撤线，实现首战告捷。完成500kV通州北、220kV梨园站前期办理，实现500kV北京东工程全部铁塔进场。220kV副中心站顺利投产，完成副中心站配套切改工程施工、110kV田府站建设。投产220kV顺商顺坝迁改、岳庄输变电工程芦庄南街电力隧道、35kV西双西咸线临时迁改、岳庄站10kV配套切改等4项工程。成功促请政府直接出资负责500kV电网工程前期工作。

7月15日，通州公司环球供电服务中心正式成立。

（洪雷　摄）

【经营管理】坚持“摸清家底过日子”，完成67.32亿元资产清查。成立成本管控委员会，编制104项作业成本标准，让项目审核、成本结算有据可依。狠抓“量价费损”管控，电费回收率实现100%。持续夯实营销基础业务管理，开展重大工作部署、反季节用电异常、光伏用电专项稽查，梳理常见基础问题18类，完成电费追补、窃电查处共计454.09万元。提质增效专项行动取得实效，全年减亏1.64亿元。深化现代智慧供应链、智慧仓储建设应用，实现交接单、验收单线上办理，办公用品智慧供应。开展平衡利库，压降结余物资1034.46万元。将审计、巡察作为提升通州公司管理水平的有利契机，高标准迎接国网审计，第一时间完成22项问题整改。主动配合北京公司党委政治巡察，举一反三梳理漏洞短板。制定全面从严治党“两个责任”清单44项、年度重点任务18项，组织两级履责约谈112人次，开展专项监督4项，完成法律、审计、纪检三位一体监督体系建构。

【安全生产】推行突发事件处置黄金“五分钟”、编制“抢修处缺停送电要令提示卡”、明确抢修处缺现场到岗到位和把关要求，精准防控安全风险。细化安全奖惩方案，人员责任全面压实。全面夯实应急管理基础，修订“1+34”应急预案体系，完善现场处置方案，编制印发常见突发事件类型的应急响应提示卡、思维导图工作手册，稳步推进应急指挥系统平台建设。创新开展无脚本、实战化应急演练，针对各类应急响应、应急演练，坚持深入开展总结、评估和分析，持续提升通州公司应急响应能力。大力开展配网故障压降专项行动，发现并治理隐患5650处，配网故障同比压降30.3%，多户报修同比降低35.6%。探索输电通道运维新模式，实施“谁施工、谁看护”“政企协同、联合执法”等举措，外力故障同比减少40%，运维成本大幅节约81.8%。面对用电负荷连续突破历史极值，迅速激增近20%的挑战，通州公司上下同心昼夜奋战，确保了地区电网平稳、百姓用电安全、城市运行稳定，成功经受了两轮次6天寒潮考验。圆满完成全国“两会”、服贸会、十九届五中全会等10项特、一级供电保障工作，完成二级及以下保电活动72项，累计保障

10月30日，通州公司开展老城区电力架空线入地作业。

（洪雷　摄）

用户 368 个，安全保障天数共计 259 天。顺利完成防疫重要用户供电保障工作，累计保障用户 31 个，安全保障天数共计 332 天。组织网络安全专项监督检查 7 次，隐患排查 12 次，网络安全水平不断提升。组建冬奥保障团队，从常态沟通、手册编制、设备排查等方面全方位确保筹备工作万无一失。

【营销与优质服务】营业区域内，2020 年底拥有客户 73.37 万户，其中第一产业 0.27 万户，第二产业 0.62 万户，第三产业 5.10 万户，居民客户 67.38 万户。累计完成高压接电容量 83.26 万 kVA，完成“三零”服务 8236 项，节省客户投资 2800 万元，其中小微企业接电 375 项。完成“三省”服务送电 18 项，完成收入 2139 万元，节省客户投资 625 万元。

面对两轮次疫情冲击，第一时间响应国家号召。建立“火速接电绿色通道”，郎府医院、白庙检查站等重点防疫站点配套工程均提前竣工送电。第一时间落实国家“降低工商业电价 5%”政策，全年减免大工业、一般工商业企业电费 1.3 亿元。实施疫情防控期间居民欠费不停电，惠及客户 67.9 万户。提升优质服务管理水平。健全接诉即办机制，整合全渠道各业务工单管理，实现接单、派单、预警、督办、回单全流程闭环管理，客户投诉降低 69.39%，12345 排名保持前列。有力开展综合能源建设。超额完成综合能源全年 1700 万营收指标，形成城市副中心特色的“1+1+*N*”体系工作成果。编制《北京城市副中心重点区域综合能源规划》，搭建数字孪生的信息物理系统，开展多项“供电+能效”服务示范工程。推进营销重点项目建设，在环球度假区建成现状最大规模的智慧充电站，共计 901 个充电桩，融合有序充电、车联网平台，满足客户灵活充电需求，为园区提供光伏车棚、储能电站等服务。

■ 10 月 22 日，通州公司在环球影城开展智慧充电站检查工作。（洪雷　摄）

【科技与信息化】试点高弹性数字电网建设，擦亮副中心能源互联网建设新名片；率先在北京公司范围内开展电力复工复产监测，得到区委书记曾赞荣批示肯定。落实通州区关于运用电力数据掌握全区企业复工情况的重要部署，运用国内先进电力模型算法，深挖电力大数据价值，开展了年度电力与经济相关性分析，为政府决策提供更加全面、高效的电力大数据决策支撑。依托能源大数据中心积极构建通州区“城市大脑”智慧能源版块，将“政府牵头、电力主建、多方参与”的模式写入通州区十四五战略合作协议，构建能源数据汇聚，电力数据透视、融入智慧城市管理三类应用，“一个板块、三类应用、多个场景”的“1+3+*N*”智慧能源管理中心。同时，推进热力数据等外部政企数据接入通州公司数据中台，利用现有市政专网，实现由“城市大脑”向通州公司能源大数据中心进行数据推送，由能源大数据中心将数据接入数据中台。完成通州区 131 处锅炉房、226 处热力站基础信息接入，共涉及小区 797 处，预计供暖季期间将实现对各个热力站运行状态的数据接入。投运全景业务运营中心，打造企业数字化转型与对外交流的最佳窗口。独家保留互联网办公室，组建环球供电服务中心，成立综合能源事业部，为通州公司提供有力机制保障。创新柔性组织应用，组建综合能源事业部，实施科技创新揭榜挂帅制，充分释放员工活力。大力推广综合能源，打造充电服务“天桥湾模式”。在通州公司办公大楼投运智能楼宇系统，为降损增效提供可视化平台。试点北斗卫星在输电巡视方面的应用，打造“电力天眼”。

■ 6 月 5 日，通州公司与北京电科院启动科技共建签约仪式。（洪雷　摄）

【党的建设与精神文明建设】通州公司全面加强党建引领，深入开展十九届五中全会精神宣贯，突出领导班子带头学，召开党委中心组学习 13 次，班子成员深入基层讲党课廉课 16 次。开展迎接建党 99 周年“五带头聚力量 当先锋赢双战”系列活动，引领广大党员干部在疫情防控、战略落地、电网建设等重点任务中攻坚克难、破解难题。以习近平新时代中国特色社会主义思想为指引，聚焦疫情防控和战略落地，狠抓政治建设、基层基础和中心工作，以高质量党建引领公司高质量提升。强化政治建设。强化党的创新理论武装，创新学习形式，广泛开展微党课、微竞赛、微宣讲，激发调动党员学习热情。强化党风廉政建设，层层压实两个责任，支部书记带头述职述廉，狠抓“职低权实”岗位风险防控，抓严抓实巡察问题整改，推动全面从严治党向纵深发展。强化基层基础。开展党支部书记、党务工作者、党员“回党校”培训，组织庆祝建党 99 周年系列活动，培育爱国之心、砥砺强国之志。大力实施“夯基础、提质量”专项行动，制定发展党员系列模板，开展积极分子评优推荐，完成党支部按期换届选举，月度发送支部学习交流，定期开展标准化检查，持续提升党建工作质量。强化党建融入。高质量推进承接北京公司 6 个专业“党建+”工程，深入开展党员身边无投诉活动。在疫情防控、电网建设等重点任务中，党员带头攻坚、奋战一线。与区城管委等开展党建共建，形成特色区域化党建共建模式。深化党员服务队建设，规范服务方式和台账，深化党员“双报到、双积分”机制，组织党员为社区接电，参与防疫执勤，打造副中心电力服务名片。深化品牌宣传影响，结合环球主题公园配套充电设施开工和北京城市副中心城市绿心森林公园开园等契机和疫情防控、迎峰度夏、度冬供暖保障等重点工作，在北京公司及以上媒体平台共计刊发稿件 217 篇次，在中央电视台、北京电视台等媒体报道累计时长 12min。

7 月 7 日，通州公司党员服务队进行高考保电。（洪雷 摄）

（王宇曦）

国网北京市电力公司朝阳供电公司

【概况】国网北京市电力公司朝阳供电公司（简称朝阳公司）成立于 1987 年，是北京市电力公司（简称北京公司）直属供电企业，负责朝阳地区 470.8km^2 范围内的电网规划建设、运行管理、电力销售和 167.7 万客户的供电服务工作，肩负着为约占全市三分之二的星级饭店、外交驻华使馆区、奥运中心区、中央商务区、大型商业区、工业、农业、涉外企业及居民生活和重大政治活动和城市运行安全供电的使命。

朝阳公司共设置 11 个职能部门，4 个业务支撑机构，8 个供电服务中心（全能型供电所），1 个受托集体企业。

朝阳公司共负责输电通道 93 条，输电线路 154 条，总长 424km；10kV 线路 1830 条，总长度 9646.99km（其中电缆线路 1480 条、7682.9km，架空线路 350 条、1964.09km，电缆化率 79.65%）；10kV 配电站室 5641 座（开闭站 269 座、配电室 2038 座、箱式变电站 1201 座、分界室 2133 座），配电变压器 11382 台、总容量 6340MVA。

全年完成售电量 178.52 亿 kWh；综合线损率完成 3.34%；完成接电容量 64.8 万 kVA；电费回收率达到 100%，城市供电可靠率为 99.995%，综合电压合格率达到 99.998%，全年最大负荷 351.2 万 kW，历史最大负荷 401.8 万 kW。

朝阳公司蝉联“全国文明单位”，荣获电力行业卓越绩效标杆（AA）企业称号，荣获“电力安全生产标准化一级企业”“北京市安全文化建设示范企业”称号，荣获国家电网公司“抗击新冠肺炎疫情先进集体”“抗击新冠肺炎疫情先进基层党组织”荣誉称号。

地址：北京市朝阳区百子湾西里 300 号
邮编：100124
电话：010—63232273

【人力资源】截至年底，朝阳公司共有全口径用工 1433 人，其中长期工 473 人。长期工中研究生及以上学历 177 人，本科学历 196 人，专科学历 80 人；高级职称

87 人，中级职称 127 人；技师及以上职业资格 245 人，高级工 59 人，中级工 23 人。

稳步推进“两部三中心”建设。对朝阳公司组织机构进行优化调整，构建形成前端供电服务“1+4+4”（1 为大客户供电服务中心，两个 4 指 4 个供电服务中心、4 个供电所），专业支撑“1+1”（配电运检中心、客户服务中心），后端指挥中枢（指挥中心）的组织架构和运行机制。

持续深化人才培养。顺应疫情防控特殊形势，与朝实公司共同开展“朝阳 e 课堂”线上直播培训 10 期，累计参与 6619 人次；强化“三多两全”培养，组织指挥中心人员到供电服务中心、供电所开展“下挂”培养锻炼，组织选派员工赴经研院开展“三跨”学习培养。

优化全员绩效管理。突出业绩、安全、经营导向，完成《全员绩效管理实施方案》与指标体系修订工作；作为试点单位承接并完成北京公司“增人不增资、减人不减资”试点工作任务。岗位管理方面，编制《劳动合同规范管理工作方案》《一线班组浮动岗级（薪级）工资动态管理实施方案》并组织实施，编制完成《岗位聘任制管理实施细则》《一般管理岗位上岗实施方案》，为实现员工“能进能出、能上能下、能增能减”打下良好基础。

【电网规划与建设】围绕国家电网公司战略目标落地，根据北京公司“12912”总体战略实施方案，明确了“147”的工作思路，紧扣“国际化高端区域”特点，结合朝阳区“十四五”电网发展规划，高质量编制了《朝阳国际化高端区域特色示范区实施方案》，形成了 21 项具体举措。按照 2022、2024、2035 年三个阶段，制定了战略落地的任务书、时间表和路线图。

高质量完成朝阳区“十四五”电网规划编制，规划新建“1+5+17”座变电站。完成北京公司与区政府“十四五”战略合作协议签订准备工作，建立推动电网建设专项机制三项。重点推进 CBD 500kV 等 10 项输变电工程前期工作，CBD 500kV 变电站取得规划、核准批复，开展土地房屋征收工作；国会二期项目完成全部规划前期工作，顺利开工建设；驼房营、姜庄湖站配套切改工程取得市发改委立项核准；何各庄、费家村站开展站址控规落实与可研方案编制工作；后街、北小河等 4 座变电站启动选址选线与投资协议洽商工作。

7 项 110kV 工程投产 4 项、新开工 1 项、完成前期工作 2 项。黄港工程克服疫情困难如期投产，确保了市重点项目温榆河公园开园，满足了清河第二再生水厂的用电需求；冬奥会配套速滑—奥体联络线工程如期发电，优化了冬奥会配套变电站的供电可靠性；百子湾、高碑店工程投运，有效解决了南磨房乡、高碑店乡区域长期重过载问题；焦化厂、姜庄湖工程前期工作如期完成。率先完成 104 项“三供一业”工程及结算转资工作，同步实现工程物资“零剩余”。架空入地工程稳步推进，三里屯和广渠路工程进入土建收尾阶段，北会、亮马河、奥运核心三区域项目完成规证办理。

【经营管理】主动应对新冠疫情对售电量增长的影响，深入开展经济活动分析，千方百计提质增效。全面推进 2020 年“降损增效”劳动竞赛，10kV 分线、分台区线损合格率分别达到 98.38%、96.07%；综合线损率完成 3.43%，同比下降 2.22 个百分点，取得历史最好成绩。物资管理不断规范，全年消纳工程退出物资 2300 万元，完成剩余物资回库 3888 万元，大鲁店新仓库物资周转业务顺利开展，现代智慧供应链系统应用取得初步成效；大力开展专业智慧库房建设，提升班组物资集约化管理效率。建立完善固定资产投资里程碑计划管理新模式，资金计划完成率大幅提升。

圆满完成国家电网公司“三项”经济责任审计、北京公司 2019 年工程竣工决算及物资内控管理审计。主动开展冬奥、19006 项目过程跟踪审计。党建及工会经费、产业单位债权债务专项审计，完成问题整改 13 项，整改完成率达到 92.86%。深化合同全流程管理，全年审理合同 2844 份，涉及金额 23 亿元；强化案件闭环管控，全年涉诉案件共计 23 件，其中主动起诉 16 件，挽回经济损失 843 万元；加强决策依法合规，出具重大决策合法合规意见书 15 件。

集体企业全年完成营业收入 8.24 亿元，实现利润总额 1001 万元。新签工程合同 162 个，涉及金额 9.73 亿元，其中市场开拓客户项目 73 个，涉及金额 7.8 亿元，超额完成全年合同签订目标。持续开展“两金”压降，预收压降 6 亿元。开展“三清一控”自查整改，进度债权回收 3.14 亿元，完成目标值的 106%。荣获 2020 年国网 40 家示范施工省管产业单位称号。

【安全生产】服务疫情防控大局，1 月 24 日除夕当天对接地坛医院用电需求，仅用时 10 天完成地坛医院增容工程；统筹推进双桥、三间房两家医院临时增容工作，只用时 3 天完成三间房医院增容工程。动态梳理防疫重点单位，成立“1+*N*”团队 15 支，深入 21 家防疫单位开展隐患排查、负荷梳理等服务，为防疫重点客户提供了坚强电力保障。6月新发地疫情暴发后，及时组建24人特级预备队，实施全封闭管理，积极应对高风险地区电力抢修。

服贸会作为疫情之后我国举办的第一场重大国际经贸活动，从中央到北京市都给予高度重视。朝阳公司上下坚决落实“细之又细、实之又实、确保安全”的要求，首次应用“临时箱变车+发电车”模式，仅用14天时间就完成工程送电；实现了篷房末端负荷排查梳理全覆盖，绘制图纸487份，查找隐患143项；保障团队连续奋战两个月，10个专业组协同配合，共计投入人员3786人次，确保活动万无一失。朝阳公司全年完成保电任务80项、保电天数215天。

■ 2月24日，朝阳公司共产党员突击队在地坛医院开展现场保障。（翟磊 摄）

现场安全管控更加严密，制定开复工现场防疫和施工作业双重安全措施，两级督查队伍共计检查施工现场3720个，下发违章通知单25张，违章率同比下降12.04%。安全生产专项整治三年行动扎实推进，排查各类问题隐患117项，形成问题隐患清单28条，制定措施清单3条。安全教育培训做到全覆盖，开展主业、产业、外包单位作业人员线上安规考试5轮次；依托实训基地，开展地区所有施工人员的有限空间作业培训与考试，共计1036人次。应急保障体系更趋完善，重新组建25人应急救援队，形成1小时应急救援机制；开展应急培训演练32次，启动应急84次。顺利完成“电力安全生产标准化一级电网企业”“北京市安全文化建设示范企业”的复评任务。

输电反外力管控成效显著，监控中心发现通道隐患并发布通知8696次，累计下发巡视任务60920项，看护任务38249项，全年输电故障仅发生1起，同比降低87.5%。配电运维管理更加精益，大力开展线路不停电作业，全年累计带电处缺1550次，同比增长6.74倍；扎实推进电缆反外力、线下去树工作，充分应用超声波成像仪等新装备，开展线路精益状态检测，配网故障同比降低5.9%。持续深化配电自动化“一体双核”工作，累计完成2354台终端切改，实现全部终端接入新系统；更换4G通信模块1363个，实现所有架空线路主、支线开关4G信号全覆盖，自动化终端在线率提升至97.09%，故障区间判断准确率提高至90%。

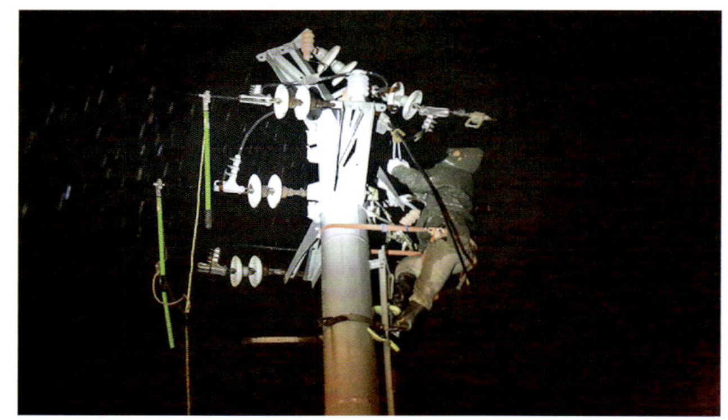

■ 8月2日，朝阳公司对因遭受极端天气影响造成停电的线路开展抢修。（张昊 摄）

【营销与优质服务】组建“冬奥专班”，每周统筹推进冬奥电力保障筹备相关工作，累计召开例会22次。抽调专业技术骨干64名，成立国家体育场、国家游泳中心及大家庭酒店3支前期团队，完成速滑馆等5家一体化合作协议、签订工作，为一体化保障模式打下坚实基础。紧密对接奥组委开闭幕式部，完成开、闭幕式负荷梳理及供电保障方案编制工作。完成国家游泳中心内部隐患排查梳理整改，为4月测试活动保障夯实基础。

营商环境持续优化。严格落实“阳光业扩”工作要求，积极推行“三公开、两强化”服务举措，全年累计完成接电容量64.84万kVA，完成年度接电指标的102.92%。全面提升“获得电力”客户服务满意度，打造2项占掘路世行评价典型案例，在北京市组织的“千人千题”考试中取得第一名的优异成绩。全年“三零”送电项目5028件，平均接电时长5.14天。

服务水平不断提升。建立服务日会商机制，全年投诉同比下降41.89%。利用线上服务推广日、现场服务宣传等渠道，“网上国网”累计推广注册22万余户。计量管理能力持续提高，低压采集成功率提升至99.7%，平均购电下发时长压降至2.36min。严格落实疫情期间5%优惠电价政策，累计优惠电费4.28亿元。全年电费回收实现100%。

综合能源市场全面开拓。积极布局区域能源规划，完成CBD综合能源示范区、朝阳循环经济产业园能源互联网规划；主动对接朝阳电子城、金盏国际服务合作区，推动综合能源纳入园区整体规划。率先推行“双方案”工作机制，实现资源共享，全年完成综合能源收入指标2100万元。重点项目加快推进，完成奥特菲克储能项目验收和国家游泳中心综合能源平台接入，6项年度重点任务全部按期完成。

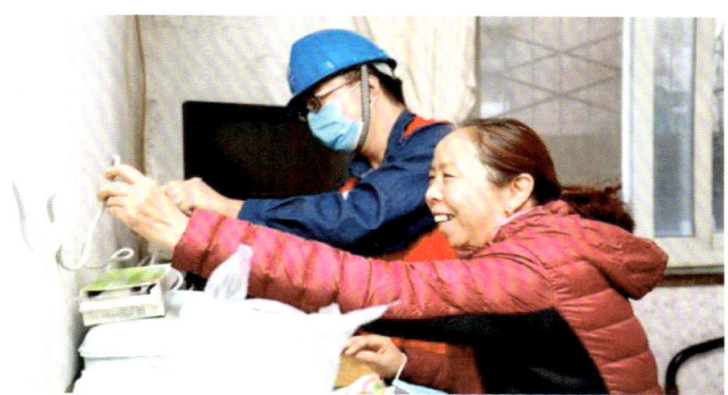

■ 12月3日，朝阳公司共产党员服务队到百子湾社区为孤寡弱残客户提供用电延伸服务。（张昊　摄）

【科技与信息化】深化科技创新管理，建立了“356”科技创新工作体系。数字化转型持续推进，以“网上电网”建设和深化线损治理为契机，开展基础数据常态化治理，发现异常数据1905项，整改完成1153项；试点建设大数据应用商店数创空间，成功上线2项数据产品，发布3项典型经验。

牵头完成“物资采购需求及积压风险预测分析”项目，试点开展大数据应用项目1项，储备大数据应用项目2项，提出电力大数据典型应用场景38项。参与国家电网公司“基础资源共享运营与数据增值服务”专项研究，参与编制《光缆敷挂共享服务设计与安装技术导则》，开展5G基站杆塔敷挂试点6处。完成“班组物资精益化管理支撑末端业务融合应用”信息化项目建成落地，提升物资管理数字化水平。

【党的建设与精神文明建设】党建引领全面深入。加强政治理论学习，全年中心组学习18期，全面掀起学习党的十九届五中全会精神热潮，在全部党支部开展巡展宣讲，累计600余人次。严格执行“三重一大”决策制度，召开党委会50次，审议议题179个。围绕冬奥会电力保障，与人民日报社、国会二期、国家游泳中心、京电设计深入开展党务共建。深化党建内嵌融入，结合中心任务成立临时党总支1个，临时党支部8个，建立“一线在哪里，党支部就在哪里”工作模式，临时党支部“148”工作方法有效落实。

从严治党成效显著。强化政治体检，“见底清零”巡视巡察80项问题、北京公司第三巡察组反馈31项问题、对照北京公司第一批巡察典型问题自查梳理7项问题，已全部整改完成。护航中心工作，持续开展疫情防控、廉洁办奥和安全生产专项监督工作。做细日常监督，“八项规定”自查14次，调整重点岗位人员32人次，班子成员对中层干部及重要岗位人员约谈全覆盖。巩固作风建设，持续深化“七廉”活动，班子集体学廉13次、讲廉7次，中层干部及管理人员开展学廉、考廉120人次。

群团合力更加彰显。坚持正面宣传引导，朝阳公司网站发稿近1400篇，外媒及北京公司上稿92篇，“朝阳好图”累计发图万余张。纪录片《我为冬奥建电网》在北京电视台冬奥纪实频道《双奥之城》栏目播出。地坛医院、服贸会供电保障的相关报道在《国家电网报》等媒体刊发。深化团青与中心工作融合，朝阳公司青年职工荣获北京公司“青马”讲师训练营一等奖，共青团工作成果《打造“团建+”工作模式 助力企业高质量发展》获国网公司统战团青工作标杆。因地制宜开展文化体育活动，建成足球、网羽活动场所，营造和谐稳定氛围。完成289名退休人员社会化管理，做好离退休人员慰问工作。

（王兆东）

国网北京市电力公司海淀供电公司

【概况】国网北京海淀供电公司（简称海淀公司）成立于1987年，是国网北京市电力公司（简称北京公司）的直属供电企业，负责海淀地区430.77km^{2}范围内的电网规划建设、运行管理、电力销售和90.5万客户的供电服务工作。

截至2020年底，共设置9个职能部门、3个业务机构和30个班组。辖区内开闭站144座，配电室1353座，电缆分界室1528座，配电变压器6235台；架混线路260条，总长1366km；电缆线路1144条，总长7063km。配电自动化覆盖率100%。

2020 年，海淀公司各项主要经营指标蓄势回升、稳中向好。发展总投入 12.9 亿元，其中电网投资 5.03 亿元；完成售电量 148.68 亿 kWh；营业收入 100.14 亿元，内部利润 7.18 亿元，实现资产负债率 42.71%。产业公司完成营业收入 6.07 亿元，实现营业利润 1810.2 万元。业绩考核实现 A 级进位。

2020 年，海淀公司获得北京公司 2020 年度先进单位以及 2020 年全国“两会”供电保障先进单位；“提高配电站室自动化终端在线率”项目荣获第 45 届国际质量管理小组会议（ICQCC）发布赛铂金奖；《基于大数据的“一体智慧化”配网调控运行体系构建与管理》获评国家电网公司优秀典型经验。

地址：北京市海淀区常青路 6 号院
邮编：100195
电话：010—63232633

【人力资源】截至年底，海淀公司共有全口径用工 1003 人，其中长期工 435 人。长期工中研究生及以上学历 119 人，本科学历 218 人，专科学历 55 人；高级职称 87 人，中级职称 100 人；技师及以上职业资格 250 人，高级工 44 人，中级工 18 人。

坚持以员工培养、队伍建设管理为核心，以薪酬绩效、业绩考核管理为抓手，以社会保险、员工福利金管理为基础，全方位做好员工服务工作，努力为海淀公司发展提供强有力的组织保障和人才支撑。

努力营造一线岗位成长成才价值导向，启动“青年成长在一线”主题活动，策划“小班组 大舞台”专题，选取生产、营销、基建等 10 个典型工作现场，推选一线班组优秀青年骨干作为讲述人，以最能直观感受、最易学习交流、最受鼓舞激励的方式，讲好成长故事，树立先进榜样。

【电网规划与建设】紧扣“具有中国特色”“国际领先”“能源互联网”三个关键内涵，对接“能源网架”“信息支撑”“价值创造”三大体系，贯彻“12912”首都落地方案，牢牢把握海淀区打造新型城市治理平台有利契机，主动对接、充分沟通、达成共识，构建“133*N*”战略落地框架，实现“四个融合”智慧科创示范区愿景。7 月，海淀公司与城市大脑专班签署合作协议，成为首家独立开展智慧能源版块建设的企业单位。10 月，与区政府签订中关村科学城北区组团第一批 6 项输变电工程投资划分协议，在每年持续提供 4 亿元电力配套资金的基础上，再增加电力专项配套 4 亿元，地方支撑电网建设力度再获增强。12 月 4 日智慧能源版块上线，为区政府提供决策支撑，获各级领导高度肯定。

■ 7 月 23 日，海淀公司与城市大脑专班签署能源建设合作协议。（王洋　摄）

坚持纲举目张，谋定“勇先行、做示范”业绩考核保 A 争先的奋斗目标，明确了呈现方式、实施路径、具体举措，研究部署 53 项年度重点任务、57 项专题督办任务，逐一明确牵头领导、责任部门和完成时限，建立经理专题会调度机制，在一年以来的执行推进中，战略优势愈发彰显，落地效果愈发鲜明。全年各项重点工作件件有着落、事事有回音，圆满完成了年度目标任务。

紧密围绕海淀区域功能定位，加快提速“三年强网”战略攻坚，建立“区、街镇、电力”三方规划联动机制，推动规划 22 座变电站纳入海淀区“十四五”电网发展布局，规划 100 座变电站 25.73 万 m^2 用地指标纳入 2035 年地区规划及街镇单元指引。中关村科学城北区智慧电网工程列入地区智慧城市专项规划和发展行动计划重大项目清单，新增落实创新园变电站北侧 U12 指标 6000 余 m^2 能源中心站建设用地，前期工作进展大幅推进。统筹部署施工现场疫情防控和人员返岗，完成一批具有标志性意义的重大项目。首体工程 2 月 28 日率先复工，年底顺利投产，实现了北京公司冬奥配套项目胜利收官。220kV 玉渊潭及配套切改，110kV 稻香湖、庄皇迁改、西山—闵庄线路工程圆满竣工，主网项目投产数量为“十三五”以来最多。历经一年不懈努力，克服工期受限、产权纠纷等影响，抢抓一切有利机遇，奋力打赢“三供一业”攻坚战，有效解决 88 个小区 7.27 万户居民供电能力不足、设备故障频发等突出问题，全部 106 项工程按期完成决算转资。

【经营管理】聚焦“量价费损本利”关键指标，坚持依法维权规避风险，持续推动产业单位升级发展。

深入开展经济活动分析，千方百计开源节流增收。严格执行预算管控，落实现金按日排程。清查资产和设备卡片 5.86 万张，延寿使用有效资产 4414.81 万元。完成转资 248 项、18.9 亿元，其中竣工决算各渠道外部资金工程 151 项、9.2 亿元，达历史最高。着力优化资本结构布局，64 项、6.9 亿元长期挂账工程实现见底清零，持续五年压降“两金”规模，资产负债率管控水平进一步提高。强化预算执行监督，非生产性支出压减 18%，管理成本达到历史最低。深化线损典型案例分析，加强问题销项闭环管控，提高专业协同治理效率，分线、分台区线损合格率分别达到 96.27%、97.67%，综合线损率实现 1.92%，位列北京公司第二。发扬“三千精神”，强化征信催收，追补电费及违约金共计 684.15 万元，电费回收率完成 100%，确保经营成果颗粒归仓。

发挥数字化审计平台优势，完善关键环节基础信息，配合完成经责审计等专项工作 8 次，规范履行经济合同 2319 份，开展工程管理风险防范专题培训，树牢合规立信思想根基。精心组织“12·4”宪法宣传活动和民法典学习行动，配合北京公司牵头完成“七五”普法评价验收。健全重大涉法事项决策前置审核机制，出具法律意见书 10 份。强化业法融合服务保障，提供履约维权、信息公开等法律咨询 13 次，切实维护公司权益，有效规避法律风险。

坚持问题导向、结果导向，全面破题产业公司“42个怎么办？”，推动企业健康经营水平进一步提升。坚守“年度最低回款额不低于清欠总量六成”底线，多措并举清欠结算，清理历史陈欠 3.09 亿元，累计回款 8.42 亿元。认真履行安全生产法人主体责任，严抓分包管理和现场安全管控两个关键环节，选派精锐团队驰援“三供一业”“架空入地”等重点工程项目，最大力度发挥“第二梯队”支撑作用。

【安全生产】深刻把握安全发展“1”和“0”的关系，深入落实安全生产专项整治三年行动，全面聚焦“愿、能、制、效”四个维度，层层压实各级安全主体责任。坚持铁腕治安，建强巡检队伍，开展现场检查 2429 次，下发各类违章通知单 25 张，现场作业不规范行为和习惯性违章得到有效管控。

■ 7月7日，海淀公司保障高考用电。（王洋 摄）

针对季节性气候特点，制定差异化防火措施，开展专项检查 76 次，及时消除火情隐患。精确分析预测电网负荷趋势，科学调整运行方式 240 次，发布三轮风险预警 127 次。加强输电线路信息化监控，升级改造配网自动化设施，输电通道保持零故障，配网故障次数、停电时间分别再降 15%、54%。

稳妥应对海淀区确诊病例居高的疫情初期和“6·11”突发聚集反弹阶段，全力保障定点医院、隔离场所、核酸检测机构等 48 家防疫重要用户和城市电力运行，配合地方打赢玉泉东市场关联疫情歼灭战。

成功应对大范围寒潮等极端恶劣天气，电网经受住迎峰度夏和 308.2 万 kW 冬季历史最大负荷考验。周密部署保电工作，“细之又细、实之又实、确保安全”圆满完成全国“两会”、中高考、十九届五中全会等重大保电任务 120 项、342 天。

【营销与优质服务】创新开展“用电过户+不动产过户同步办理”便民举措，精心打造“三零”“三省”典型案例，为“获得电力”指标排名大幅提升的北京方案贡献海电经验。“十三五”期间高效完成 108 个村 24750 户“煤改电”工程，绿色能源替代燃煤每年 4.43 万 t，为地区打赢污染防治攻坚战做出积极贡献。

精心打造优化营商环境典型案例 6 项，服务“三零”项目 2536 户，压减“三省”平均接电时长至 16 个工作日，“获得电力”指标年度排名最优，客户投诉、多户报修数量分别再降 64.56%、28.7%。拓展线上服务渠道，“网上国网”App 累计注册 15 万户，绑定 14.69 万户，线上办电完成率达到 99.93%。紧密对接首体场馆需求，不断完善测试赛保障措施，提前完成配套过渡电源发电。开展“煤改电服务日”宣传，做好电采暖外电源情况梳理及隐患排查，为用户安全温暖度冬提供坚实保障。加快推动高速载波采集设备换装，完成 1234 个台区、19.8 万户电表模块升级改造任务，采集抄通率提升至 99.96%，购电下发平均时长降至 1.72min。

疫情期间，坚决执行阶段性降低用电成本等各项措施，减免地区企业电费成本约 3.41 亿元，助力地区复工达产指数稳居全市首位。

【农电工作】注重党建引领，充分发挥党员服务队作用，以优质服务为导向，加强日常培训，不断提升员工工作水平。围绕“业务协同运行、人员一专多能、服务一次到位”的全能型服务理念，充分调动全员，不断打造精益化、精细化的管理模式。

坚持把党的领导、加强党的建设贯穿农电工作始终，优化农电党支部委员会设置，明确分工及职责；支部书记参加并主持农电管理组周例会，第一时间传达海淀公司重点工作开展情况；扎实推进供电所企业文化建设，开展了四季青企业文化专项建设工作，累计召开协调会 5 次，历时 4 个月，为 6 个所更换宣传展板 35 件，在公司团委公众号中，展出 2 期青年员工讲述供电所故事；为供电所员工量身定制系列普法课程。邀请海淀地区派出所干警结合实际案例讲解电力企业员工法律法规风险防范；邀请专业律师讲解《民法典》，提高供电所人员法律法规意识、廉政从业意识；注重提炼农电工作亮点，挖掘特色工作，农电春耕、疫情防控、助力开学等三篇农电新闻稿件均登上国家电网级别宣传媒体平台。

【科技与信息化】连续四年搭建海创先锋平台，举办“全专业、全岗位、全要素”多元创新竞赛，37 个创新“点子”为海淀公司高质量发展增添更大后劲。20 个创新成果斩获电力行业和北京公司科技进步、管理创新、专利成果奖项。远航 QC 小组在第 45 届国际质量管理小组会议中勇夺最高奖项铂金奖，向全球展示海电创新精神。以“基于大数据的‘一体智慧化’配网调控运行体系构建与管理”为代表的一批实践成果，入围国家电网和北京公司专业典型经验库。各类创新成果和获奖数量为历年最多。实施“新跨越行动计划”，组织“科技创新月”活动，举办“源动力·创海电”沙龙，围绕生产运维、客户服务、电网建设、智慧代维等重点领域组建 4 个创新能量营，培养了一批乐于创新、勇于创新的青年干部员工，形成了具有海电特色的科技创新项目培育机制，引起社会各界广泛响应。

【党的建设与精神文明建设】坚持党的领导，完善“大党建”格局，突出政治优势，凝聚全员力量。把习近平新时代中国特色社会主义思想作为终身必修课和学习主线，召开党委中心组学习 12 次，深刻研读十九届五中全会精神，学深悟透《习近平谈治国理政》第三卷等系列重要论述。组织专题党课 22 场、各级主题党日 180 个。不断夯实党组织建设基础，严肃班子双重组织生活，定期召开党组织书记例会，制定 10 项“党建+”工程，建立专业纵向主导推动，党建横向支撑统筹的工作机制，持续提升政治引领作用。连续 3 年开展基层党组织创新实践交流，高质量完成 17 个基层党组织改选，选优配强支委班子，将党建责任延伸到基层末梢；中央党校报刊社将海淀公司党委列为基层党组织调研基地，推介海淀公司党建理论研究和实践创新工作。

完成集体合同签订，建好职工诉求中心，丰富业余文体活动，创新班子接待日形式，推动普惠暖心关爱举措覆盖到每名职工。引导正面舆论，讲好《传承·使命》故事，开展供电保障、冬奥配套电网建设等重点工作主题宣传，获得《人民日报》、新华社等主流媒体重点报道。开展“布谷新声”线上沙龙，展示海电青年精神风采。“电力讲堂”获评“海淀区终身学习品牌”，李昕同志当选“海淀学习之星”，航天桥供电所获评《亮报》“最具传播影响力”基层单位。加强保密教育和信访预控，始终保持和谐稳定局面。

（*左若冲*）

国网北京市电力公司丰台供电公司

【概况】国网北京市电力公司丰台供电公司（简称丰台公司）成立于 1987 年，是北京市电力公司（简称北京公司）直属供电企业，负责丰台地区 305.87 万 km^2 范围内的电网规划建设、运行管理、电力销售和 96.6 万客户的供电服务工作，肩负着为丰台地区党政军重要机关、重大政治活动和城市运行安全供电的光荣使命。

截至年底，共设置 11 个职能部门、3 个业务支撑与实施机构，下设 44 个班组、6 个供电营业所、3 个农村供电所。

共负责 110kV 变电站 37 座，主变压器 94 台，容量 4650 MVA；35kV 变电站 0 座； 110kV 线路 91 条，长度 291.7km；10kV 架空线路 236 条，长度 1837.41km；10kV 电缆线路 680 条，长度 3833.41km。实现全年安全生产无事故目标，累计安全生产长周期 5184 天。

全年完成售电量 87.23 亿 kWh，同比降低 2.84%；完成线损率 2.73%；完成业扩报装接电容量 61.84 万 kVA；电费回收率 100 %。供电可靠率达到 99.9945 %，电压合格率为 99.999 %。最大负荷 181.1 万 kW。

荣获国家电网有限公司先进集体，国家电网有限公司“十三五”档案工作突出集体，北京市 2020 年度交通安全先进单位，连续 4 年保持“全国文明单位”

等荣誉称号。

地址：北京市丰台区丰北路 117 号
邮编：100073
电话：010—63663600

【人力资源】截至年底，丰台供电公司共有全口径用工 1020 人，其中长期工 379 人。长期工中研究生及以上学历 92 人，本科学历 172 人，专科学历 78 人；高级职称 74 人，中级职称 87 人；技师及以上职业资格 195 人，高级工 71 人，中级工 20 人。

在人才队伍建设上发力。完成近 4 年 56 名新入企员工工作业绩公示，有力展现了青年员工朝气蓬勃形象。深化放权赋能，完成 6 个工种 33 人次初、中级技能鉴定自主评定。开展“青蓝计划”、青年示范岗等，为青年展示风采搭平台、建载体。运检部综合信息化室荣获全国青年安全生产示范岗。

【电网规划与建设】规划凸显龙头作用。与区政府签署“十四五”电网建设战略合作协议，争取到更加有力的外部政策支持和资金支持，“十四五”期间将节约丰台公司电网投资 15 亿元。落实“地区发展、电力先行”，组建电网规划建设柔性团队，统筹主配网协调发展。初步完成“十四五”期间“1+5+7”电网规划。积极争取变电站用地稀缺资源，落实至 2035 年街区指引层面 “1+12+27”座变电站，控规层面电力建设用地 33 宗。

两个前期有序推进。丽泽 220kV 变电站及智能调控指挥中心项目迎来重大突破，取得多规合一协调意见、选址意见书和用地预审，为 2021 年工程开工打下坚实基础。取得主网项目立项 2 项；取得配网项目立项 13 项，总投资 1.1 亿元。协助北京公司开展丰火 220kV 输变电工程前期手续办理，取得立项核准。

重点项目全面突破。克服多重困难，按期实现云岗 110kV 主变压器扩建工程投产，在提升河西地区供电能力的同时，为“三供一业”重点工程顺利实施提供坚强电源支撑。丰益 110kV 输变电工程开工建设，张郭庄 110kV 输变电工程本体及外电源土建部分全部竣工，电气安装完成 95%。完成草六、T 南热 110kV 线路迁改工程等 10 项工程结算，有效资产转化率大幅提升。

【经营管理】全面打赢提质增效攻坚战。千方百计对冲首都减量发展、疫情影响等不利因素，深入开展提质增效专项行动，资产负债率大幅压降。清查资产和设备卡片 10.21 万张，全面夯实核价有效资产。多措并举合力攻坚疫情期间电费回收难题，累计催收疑难欠费用户 612 户 5135.86 万元，实现了电费回收颗粒归仓。强化计划管控，依照先利库后采购原则，实现“两级两阶段”平衡利库 530 万元。

同期线损成果显著。出版《10kV 分线线损管理手册》，在北京公司范围内推广应用；印发《2020 年台区线损管理工作质量评价细则》，在国家电网公司率先实现绩效落地。10kV 分线、分台区线损合格率达到 98.34%、98.08%，综合线损率 2.73%，同比下降 3.22%。

依法治企成效显著。全面开展依法主动维权，主动起诉房屋租赁、电费回收案件 9 起，创历史最高，避免和挽回经济损失 195.04 万元。对“三供一业”等 346 项主业工程、127 项集体企业承揽工程开展跟踪审计，纪检审计联合监督实效充分彰显。

【安全生产】政治供电保障到位。面对史上最特殊全国“两会”，克服疫情防控、极端天气等不利影响，保电指挥体系 24 小时不间断运转，9 个工作组各司其职、协同作战，1059 名保障人员刚性执行岗位职责，实现供电保障万无一失。圆满完成中高考、“9·3 重要活动”等重要保电任务 81 项、天数 170 天。

■ 6 月 18 日，丰台公司应急小分队在新发地批发市场进行疫情防控供电检查。（刘畅 摄）

安全管理提升到位。聚焦“愿、能、制、效”四个维度，扎实开展安全生产专项整治三年行动、“查风险、治违章、抓落实”安全大检查等专题活动，排查治理风险隐患 276 项。坚持“严”字当头，修订安全责任清单 82 项。落实“管业务必须管安全”，各级领导干部及管理人员执行飞行检查 525 项、到岗到位任务 4575 项。两级安全督查组开展现场巡检 5218 次，从严查处各类违章行为 139 项，下发蓝色违章通知单 13 张，现场违章行为数量同比下降 10.79%，有效规范了现场安全生产秩序。

电网运行平稳可靠。深入分析电网风险，合理调整运行方式，稳妥应对夏季 171.9 万 kW 最大负荷。入冬以来，北京遭遇两轮次寒潮低温预警，气温断崖式骤降至零下 17℃，创 21 世纪以来最低，丰台电网负荷攀升至 194.3 万 kW，2 次刷新冬季历史最高负荷纪录。严格执行迎峰度冬八项举措，密切跟踪天气情况，提前部署抢修人员和物资，开展延伸服务，确保了电网安全稳定运行和 4.2 万"煤改电"居民温暖度冬。

■ 2 月 12 日，丰台公司冒雪在西红门地区进行线路测温测负荷工作。（刘畅　摄）

设备精益运维管理。调整人员配置、优化管控模式，发现并管控临时施工 155 处，完成隐患立查立改 256 处，全年输电通道责任故障在 1 次以内。高质量开展配电设备运维，配网故障次数同比下降 35.88%。配电自动化实用化全面提升，配电自动化终端在线率达 98%，自愈正确率 96.01%，在北京公司排名第 1。

供电可靠大幅提升。执行带电作业 1545 项，综合停电计划 85 项，减少计划停电时户数 7.09 万个。配网故障就地隔离 84 次，压缩故障停电时户数 81%。年度综合供电可靠率达 99.9945%，户均停电时间 0.4445h/户，同比下降 33.74%，可靠率指标在北京公司排名第 3。

供电保障坚强有力。疫情期间，采取超常规措施保障解放军总医院第五医学中心、佑安医院两家市级定点医院供电安全。对全区 39 家防疫重点单位、68 家相关机构提供重点供电保障，"一户一策"落实专业化保电措施。特别是新发地聚集性疫情发生后，供电保障应急小分队"逆行"新发地消除用电隐患，"红区共产党员突击队"担负起新发地及周边 18 个封闭小区的应急供电保障工作，受到有关党委、政府和上级单位的表彰与感谢，树立了良好的品牌形象。

■ 6 月 25 日，丰台公司"红区"党员突击队在市场路对 10kV 线路进行状态监测。（刘畅　摄）

【营销与优质服务】截至年底，丰台公司共管理营业客户 966020 户。其中抄表收费客户 30426 户，卡表客户 44 户，本地费控表客户 935409 户；充电桩客户 141 户；220kV 客户 5 户，110kV 客户 8 户，35kV 客户 7 户，10kV 客户 4078 户，低压客户 961922 户。全区共有重要客户 127 户，其中一级客户 47 户，二级客户 80 户。

服务水平不断提升。完成 96.43 万户客户信息采集工作，实现信息采集区域全覆盖。畅通线上线下服务渠道，引导客户"网上办""指尖办"，完成网上国网注册 9.34 万户，绑定 12.4 万户。客户投诉数量同比下降 24.22%。

为民服务用心用情。攻坚老旧小区电力设施改造，下大力气解决大负荷期间小区停限电难题，城市经典项目全面进场施工；大成秀园项目完成立项核准、资金申请批复和设计招标；吉利双星项目完成施工、监理招标，外部资金全面落实。

基础管理再上台阶。深化 HPLC 高速电力线载波技术应用，累计更换 HPLC 集中器 1031 台、模块 10.83 万块，实现科技园、花乡地区 HPLC 载波全覆盖，整体工作进度在北京公司排名第 2。查处窃电及违约用电 47 户，挽回经济损失 438 万元。

综合能源蓬勃发展。与丽泽管委达成合作意向，政企协同推进丽泽综合能源示范项目建设。为商务区内用户提供专业"电力管家"服务，完成 5 户节能审计服务，得到用户高度认可。全年节约内部电量

2719.85 万 kWh，电能替代量 2.89 亿 kWh，实现综合能源收入 1800 万元。

【科技与信息化】科技创新硕果累累。落实“新跨越行动计划”，征集需求项目 43 项，转化科技项目储备库 12 项，管理创新储备库 14 项。“基于大数据应用技术的客户内部故障延伸服务技术及应用”获得北京公司科学技术进步三等奖。“架空线路断路器型自动化终端检修仪的研制”项目获得北京市 QC 成果二等奖，“可延展式绝缘挡板的研制”项目获得北京公司 QC 成果三等奖。全年新获得专利授权 14 项。

【党的建设与精神文明建设】在深化理论武装上发力。将习近平新时代中国特色社会主义思想和党的十九届五中全会精神作为学习重点，创新构建党委中心组“五个一”学习体系，有效抓实过程管控，学思践悟贯穿联动。

在夯实党建基础上发力。有序完成 4 个党总支、13 个党支部到期换届，做到党组织应换尽换、班子选优配强。以党建“大数据”挖掘利用为支撑，构建党员“五力”数据库，分设指标 5 类 30 项，探索推行党员多维度画像评价体系。

在强化党建引领上发力。依托“3+X”模式设立“党建+”工程项目 13 项，结对打造“丰供先锋共同体”77 对，在疫情防控和生产经营各条战线充分彰显党建内嵌融入价值。先后成立全国“两会”保障“红旗责任区”、3 个重点任务临时党支部，党组织和党员始终战斗在攻坚克难第一线、最前沿。

在党风廉政建设上发力。严格执行北京公司巡视巡察“见底清零”专项行动方案，全面推进巡视巡察等 140 项问题整改再排查、再深化，确保整改质量过硬、落地见效。对 1052 笔重点领域费用支出进行监督检查，切实做到强监督、促保障。

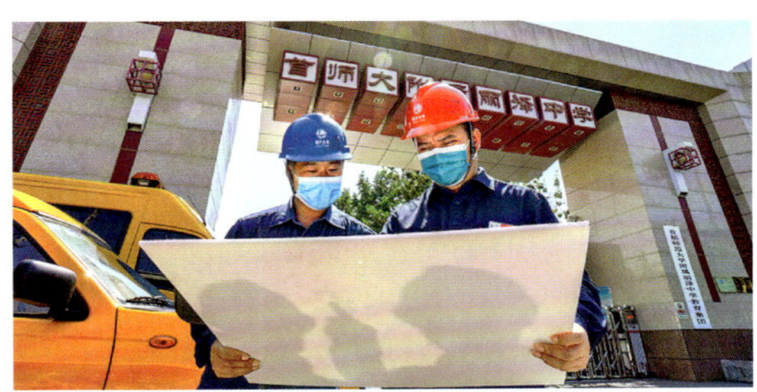

■ 7月7日，丰台公司进行高考保障巡视。 （刘畅 摄）

在塑造企业形象上发力。对内凝聚高质量发展的磅礴力量，对外展示人民电业为人民的责任央企形象。与重点媒体建立宣传联动机制，在《北京日报》等主流媒体和《国家电网报》《中国电力报》等行业媒体刊登宣传稿件 39 篇，在北京公司级媒体刊登新闻报道 60 篇，全年累计发稿 2343 篇。

（李 放）

国网北京市电力公司石景山供电公司

【概况】国网北京市电力公司石景山供电公司（简称石景山公司）成立于 1988 年，是国网北京市电力公司（简称北京公司）直属供电企业，负责石景山地区 85.74km² 范围内的电网规划建设、运行管理、电力销售和 26.02 万客户的供电服务工作，肩负着为辖区内重大政治活动和城市运行安全供电的光荣使命。

石景山公司共设置 9 个职能部门、3 个业务支撑与实施机构，下设 23 班组、4 个供电营业所。管辖范围内共有 10kV 开闭站 59 座，配电室 319 座，10kV 线路 1268.08km，电缆化率 90%。配网容量 888.68MVA。实现全年安全生产无事故目标，累积安全生产长周期 5715 天。

全年完成售电量 19.89 亿 kWh，比 2019 年减少 1.30%；110kV 及以下线损率 3.12%；完成接电容量 14.63 万 kVA；当年电费回收率为 100%；城市供电可靠率 99.998%；供电电压合格率 99.999%。最大负荷 41.2 万 kW，比 2019 年下降 12.15%。

年内，石景山公司获得全国文明单位、北京市交通安全先进单位等荣誉称号。

地址：北京市石景山区鲁谷路 59 号
邮编：100043
电话：010—63664123

【人力资源】截至年底，石景山公司共有全口径用工408人，其中长期工198人。长期工中研究生及以上学历62人，本科学历86人，专科学历27人；高级职称30人，中级职称69人；技师及以上职业资格46人，高级工54人，中级工12人。

石景山公司不断深化干部管理，制定中层领导人员管理办法。发布“干部和人才队伍建设规划（2020～2022年）”，完成人才队伍现状分析报告，深化应用青年员工业绩积分制。开展内部青年员工“三跨”培养，促进青年员工岗位成才。一名同志成为北京公司一级专家人才。推进契约化管理，制定并实施重点岗位聘任制。设立业绩考核专项奖励基金，对13名一线班组成员实施浮动岗级（薪级）动态管理，促进收入能增能减。完成退休人员档案社会化移交工作。与国网信产集团合作，组织承接第一批6人次跨单位交流。

【电网规划与建设】紧密对接“三区定位”，完成《“十四五”110kV网架优化专题研究》《“十四五”配电网规划报告》编制。在北京公司范围内率先完成《新首钢园区能源互联网规划》编制，并通过国网总部评审。落实“12912”工作思路，第一时间完成《石景山新首钢特色示范区建设方案》，深化地区“体育+”“科技+”产业布局，为国网战略率先落地示范奠定坚实基础。取得关键前期手续13项，阜石路架空线入地3项工程取得立项核准。顺利完成“两开两投”建设任务，苹果园、北辛安站工程实现开工，刘娘府、炼钢站工程顺利投产。完成新首钢、群明站配套切改等6项10kV配网工程阶段任务，冬奥会配套电网建设全部完成永久方案实施。国网冬奥电力运行保障指挥中心实现年内开工建设。炼钢站工程完成“一会三函”函转证工作、苹果园站工程取得开工证。完成“三供一业”工程施工和决算转资工作。

■ 11月25日，石景山公司促成北京公司与石景山区政府签署《石景山区“十四五”电网规划建设战略合作协议》。（程伟　摄）

■ 6月5日，石景山公司在喜隆多实施用户配电设施改造。（马炎　摄）

【经营管理】积极推动落实外部资金，全年到位1584万元。通过上门走访、法律诉讼等多种方式加强电费催收，11月底实现后付费客户欠费清零，全年电费回收率100%。全面推进提质增效31项重点任务，完成资产卡片核对2.7万余张、跨单位资产调拨800余张，高质量完成资产清查工作；完成工程决算转资87项，其中长期挂账项目决算转资1项。开展同期线损精益化管控，综合线损率较2019年同期压降2.37%。加强物资平衡利库，消纳结余物资约740万元。全年办理主动起诉案件4件，开展非诉案件法律服务保障2次，挽回经济损失190余万元。制定并落实法律风险防控计划，持续开展触电防治专项行动，全年信访和被诉案件保持零增长。坚持中心组法治学习制度化，确保《民法典》等法规政策宣贯到位。配合开展审计署冬奥跟踪审计和2019年竣工工程审计，自主开展“三供一业”、冬奥配套电网工程过程跟踪审计和成本费用、大修技改工程专项审计。

【安全生产】贯彻疫情防控总要求，成立疫情防控工作领导小组，启动突发公共卫生事件应急响应，科学决策、精准施策，牢牢守住“双零”目标。认真落实安全生产专项整治三年行动计划，排查治理各类隐患60项。安全事件、违章行为同比降低30%、37.5%。率先应用智能安全管控平台开展安全规程线上培训。完成年度电网运行方式分析，分析发布电网风险31项，成功应对43.3万kW冬季历史最大负荷冲击。完成电网自动化主站系统升级，电网调度运行水平得到提升。全年带电作业化率达到97.5%。配电专业率先应用反外力视频监控，配网故障同比下降16.7%。强化配电自动化应用，提升故障自愈水平，户均停电时间减少

8.5min。圆满完成全国“两会”、党的十九届五中全会等供电保障任务 44 项，保电天数 258 天。率先实现国家电网公司首个冬奥 VIK 项目冬奥主运行中心（MOC）投产发电。

■ 1 月 1 日，石景山公司进行新年供电保障工作。
（李丹　摄）

【营销与优质服务】配合完成世行“获得电力”指标评价工作，助力“获得电力”指标排名升至第 12 名。坚持开展“阳光业扩”，持续落实“三零”“三省”服务举措，全年完成接电容量 14.63 万 kVA。疫情期间主动为喜隆多等中小微商户服务，解决转供电历史遗留问题，确保降价红利足额传导到终端客户。优化充电网络布局，完成 56 台低利用率充电桩迁址优化。加大“网上国网”“办电 e 助手”推广应用力度，助推客户全线上办电。完成 9.9 万户电能表采集方式升级改造，HPLC 网络覆盖率达到 70.4%。开展营销稽查监控体系建设，有效管控异常数据，推进营销基础管理持续提升。健全投诉管控机制，投诉数量同比降低 77.4%。与北京公交集团第四客运分公司签订合作备忘录，共同建立公交车充电站外电源建设新模式，全区始发终到公交汽车全电化提上既定日程，践行绿色低碳发展理念。与中关村科技园区石景山园管委会签订第一个电力大数据商业应用服务合同，首次实现大数据应用价值。

【科技与信息化】组织召开公司人才创新大会，率先通过“揭榜挂帅”开展“双创”活动，组建柔性团队，制定党委联系服务专家人才十条措施，加大服务保障力度，推动 14 个重点创新项目落地，全年科技创新投入资金达 341 万元。与国网智能公司合作，成功研发首个智能防疫设备“小墩”并入驻冬奥组委，得到各界关注点赞。与国网电商公司合作，推进绿电溯源项目取得实质进展，得到市政府高度关注。与国网智芯公司合作，将智能芯片应用于输电通道视频系统，反外力综合能力得到大幅提升。加强弱口令、违规外联的检查力度，全年未发生信息安全类事件。

■ 12 月 7 日，石景山公司与国网智能科技公司合作开发的智能化无接触式防疫检测系统——“小墩”正式入驻冬奥组委。
（马炎　摄）

【党的建设与精神文明建设】组织开展中心组理论学习 13 次，“三新”学习 8 次。从五个维度制定全面加强“党建引领、内嵌融入”30 条措施，确保党的建设持续推进。试点基层“党政一肩挑”，党建引领更加有力。高质量配合完成北京公司党委首批巡察工作，组织召开巡察整改专题民主生活会。开展“廉洁办奥”、厉行勤俭节约等专项监督 4 项。巩固深化“不忘初心、牢记使命”主题教育成果，打造“首都电力人‘初心’之旅”党建红色实景教育基地。开展职工诉求服务中心建设，设立党委书记、工会主席接待日。丰富职工文体生活，打造书香国企，举办“秋的收获”主题读书分享活动。成立谷新生活超市，满足职工日常生活需求。精心策划《喜隆多的“喜事”》《“煤改电”以后，模式口发展有了新模式》等宣传报道，全年在《国家电网报》《电网头条》等媒体刊发文章 10 篇次。创新宣传手段，开设“图说新闻”等新闻专栏。高质量完成国家电网公司领导调研、战略合作协议签订、座谈交流等系统内外各类重大活动，接待数量和接待规模均达历年之最。持续加强信访维稳和保密管理，保持和谐稳定局面。一名同志荣获全国家庭工作先进个人，一名同志当选国网劳动模范，原创歌曲《起航》荣获“国网好声音”北京赛区金奖、华北赛区创作银奖。

（赵　飞）

国网北京市电力公司亦庄供电公司

【概况】国网北京市电力公司亦庄供电公司（简称亦庄公司）设置9个职能部门，2个业务支撑机构，职能部门下设班组9个，业务支撑机构下设班组8个，设置其他机构1个（重点工程办公室、数据运营管理中心），1个受托集体企业。

2020年底，亦庄公司实现连续安全生产5998天；完成售电量71.91亿kWh，同比增长6.02%，较北京公司整体增速高6.4个百分点；固定资产原值36.77亿元，同比增长23.46%；内部利润总额9.49亿元，超额完成北京公司下达指标 30.13 个百分点；城市供电可靠率99.9995%，在北京公司排名第1；地区线损率1.29%，在北京公司排名第 1；实现全年电力服务“零投诉”，居全国地市级公司前列；荣获“全国文明单位”称号。

亦庄公司疫情防控战果显著，守住责任阵地。第一时间成立专项工作组，先后召开20次领导小组会，统筹部署上班模式、细化各项保障措施。担负园区整体防疫责任，努力克服人员构成杂等困难，组织完成两轮2964人次核酸检测，确保防控工作有条不紊、忙而不乱，实现零确诊、零疑似“双零”目标。守稳供电阵地。密切跟踪防控形势，常态化开展重点线路运维和状态检测，重点医院、医药企业、隔离场所等29个重要用户供电始终万无一失。调控人员连续封闭值守93天，守护地区电网安全。区内2.3万余户居民享受“欠费不停电”服务。守强党建阵地。向全体党员发出“打赢疫情防控攻坚战”的倡议，号召党员在疫情防控中守初心、担使命。成立4支党员保障队，62名党员参与做好防疫物资调配、人员健康管理、电网运行保障等工作。支出专项党费5.24万元、专项工会经费8.65万元，全部用于一线防疫。全体党员踊跃捐款共计9030元，党旗始终在一线高高飘扬。依托微信工作群，发布“晚安小报”长图新闻58期，积极弘扬正能量。护航复工复产。不折不扣执行国家降电价政策，全年累计为企业节省用电成本2.43亿元，占北京地区总减免电费的 9.89%。持续开展基于电量数据的复工复产情况分析，先后向政府行文专题汇报重点工作 9 次，为政府科学决策提供电力数据支撑。开发区工委王少峰书记、管委会梁胜主任多次就保障地区复工复产和城市安全运行工作作出书面批示，对亦庄公司主动服务企业、降低用电成本、共度疫情难关表示高度肯定和衷心感谢。坚持急事急办、特事特办，复工复产10天内，率先实现北京地区首个“三省”项目发电（北京亦庄细胞治疗研发中试基地），满足防疫生产需求。快速响应轨道交通项目要求，提前一个月实现有轨电车T1线全线送电，确保项目按时具备空载试运行条件。主动对接“3个100”市政府重点工程涉及企业，上门走访了解用户需求。全年累计“三省”发电17户，占北京公司“三省”项目总量的10.4%；接电容量1.37万kVA，平均接电时长20个工作日，为企业节省投资约1300万元。

（梁　勇）

【人力资源】截至年底，亦庄公司共有全口径用工238人，其中长期工 134 人。长期工中研究生及以上学历60人，本科学历66人，专科学历6人；高级职称31人，中级职称 51 人；技师及以上职业资格24人，高级工34人，中级工14人。

内部变革纵深推进。组建产业指导委员会，推进6个专业的同质化管理，助力产业升级。用心用情做好政策解释，完成存量退休职工社会化工作。推动多元绩效薪酬激励，科学开展全年组织、员工绩效评价，全年绩效管理方式更丰富、层级更精准、分配更多维；制定《企业负责人业绩指标考核实施方案》，实现依据指标的绩效刚性考核；实施一线核心岗位浮动薪级，加大组织资源向一线核心业务、承担急难险重任务岗位倾斜力度。抓紧抓实人才培养。扎实开展2020年度地市级优秀人才选拔，聘任二级专家1名、三级专家2名，发挥专家引领作用。提升一线人员检修试验技能水平，推进配电检修班实体化建设。制定专业托举培养计划，培养继电保护、自动化、通信三大专业复合型人才，丰富技能人才培养渠道。搭建“师带徒”、新入企员工培训、实操大比武等丰富多彩的培训交流平台，锻炼青年讲师队伍，提升员工综合能力。在北京市举办的电力电缆工职业技能大赛中获得可喜成绩，首次进入市级技能大赛前10名。发布《开发区热点资讯与政策形势》月报6期，为员工搭建进一步提高站位、拓宽视野的信息平台，引领广大干部职工着眼全局干事创业。

（霍心陶）

【电网规划与建设】规划前期有序开展。完成地区“十四五”110kV 及以上网架优化分析。主动对接地区重大项目需求，及时调整亦芯城站规划时序及规模，将标厂3号110kV输变电工程投产时间提前至2024年，新增1项标厂站扩建工程。积极配合北京公司，开展3300亩智造基地电力专项规划编制和亦城500kV变电站选址、选线工作。完成博兴站扩建工程可研批复、立项核准。紧盯同宁、云和110kV输变电工程“两个前期”工作，确保2021年一季度开工建设。

重点工程加速推进。华康站扩建工程竣工发电，标厂110kV输变电工程零缺陷投产，为亦庄地区新增主变压器容量20万kVA、10kV馈线70回。完成21路瑞新站、华康站配套10kV切改送电，缓解博兴、泰河重载压力。推进23项历史遗留项目实施完成。在路南区利旧新建架空线路5.5km，实现待开发地块增量布局，落实“电力先行”部署。建设管控全面加强。全年取得项目前期政府支持性要件15份，土地证、规划许可证等工程许可手续27项，全面实现基建工程依法合规建设。加强全流程造价管控，通过分部结算促进工程与资金支付进度匹配，实现“工完、量清、价实”。积极执行国家政策部署，落实农民工工资支付。

（姚志璋）

【经营管理】精益管控有广度。提高资金收支匹配度，通过内部协调、精准预测，全面保证整体支付“精确到日”，资金管控规范执行率达到98%以上。落实提质增效专项行动，通过30项举措、45项工作，齐抓共管、开源节流。按月分析内部利润及资产负债率“双模拟”指标，及时解决经营难点、提升创效能力。挖潜增收有深度。协助用电客户快接电、多用电，优质高效完成神州细胞、悦康药业、屹唐电子等重点工程，解决了中芯国际、同仁医院等重要用户用电需求。全年受理报装53户，完成接电33.02万kVA（其中大客服受理14.35万kVA），实现结存发电容量占比和发电容量中大工业用户容量占比达到“双65%”目标。结合开发区929户企业用能情况普查，逐户走访开展业务推广，完成腾龙数据中心能效提升等4项综合能源重点项目，综合能源服务收入1780万元。接收用户资产原值6.38亿元。通过大力增供扩销，售电量及利润继续保持逆势上扬，完成售电量71.91亿kWh，同比增长6.02%；在疫情减利近2亿元基础上，实现内部利润9.49亿元，以最小的经营面积提供最大化的利润贡献。降本增效有力度。组织实施HPLC改造工程，换装集中器106台、载波模块24237个，更换电池欠压表4300余块，采集抄通率名列北京公司前茅。严格成本管控，全年非生产性支出压减7.69%。高质量开展资产清查工作，累计梳理卡片18293张，延寿使用有效资产4.85亿元，有效降低折旧费用。推进智慧供应链系统模块应用，提升物资库存可利效率。全年完成519t废旧物资处置工作，创效金额1373万元。克服诸多困难，首次实现后付费用户电费回收率100%，居民用户电费回收率99.96%，追补违约使用电费46.4万元。产业单位价值提升。多措并举拓展智能代维业务市场，稳步推广用户试验。主动支援奔驰用户变电站紧急处缺，成功入围奔驰企业电力培训业务服务商框架。促进产业单位由施工为主的单一型企业向管理、施工、“新基建”建设并重的发展模式转变，为产业发展寻得新业务方向和利润增长点。全年实现营业收入1.45亿元、利润总额550.39万元、新签合同额2.18亿元，在下达指标基础上超额完成10%，达到卓越指标。

（徐晓萱　竺　林）

【安全生产】地区供电安全可靠，安全基础不断夯实。认真开展安全生产专项整治三年行动和“查风险、治违章、抓落实”专项安全大检查。在北京公司范围内首家迎接安全巡查并完成29项问题整改。持续开展安全管理“九抓”工作，完善30项重点举措。修订安全责任清单116项，确保全员全覆盖。部署开展配电自动化系统专项治理，完成266张电源图校核与优化。持续加强外包单位安全同质化管理。开展应急和信息安全专项提升。政治保电万无一失。面对史上最特殊的全国“两会”保电挑战，落实“细之又细、实之又实、确保安全”要求，成立一支由13名成员组成的特级预备队，开展全封闭保障；安排一级直供输电通道31基铁塔“1+1+1”定点看护。在疫情防控大背景下，圆满完成全国“两会”、十九届五中全会、北京市中考

■ 5月21日，亦庄公司“1+N”保障团队开展重要客户、重要负荷、重要时段的保障。（张博宁　摄）

等14项保障任务，获得新华印刷、人开学校致信、致锦旗表达感谢。电网运行平稳有序。明确43项度夏重点任务并按周推进；实施家电研究院、瑞得盛等度夏工程，解决5对不满足 $N-1$ 运行线路；开展21次多专业联动负荷管控，保障大负荷期间地区电网安全运行。全面梳理148个度冬重点保障用户，细化保障作战图，科学制定21项保障措施，成功应对极寒天气考验，全力保障地区百姓温暖度冬。

设备运维更加精益。开展输电通道隐患集中整治，修剪移栽高大树木341棵，清理输电塔下坟头杂草、易燃杂物约2万 m^2，完成15处塔基硬化，有效防范线下风险隐患。累计派发配网App巡视工单4227张，同比增长188%。对存在运行环境恶劣、负荷较重等问题的电缆开展精准分析，筛选出82条进行有针对性的诊断性试验，及时发现并消除25处严重缺陷。在北京公司范围内率先完成TTU（配变智能融合终端）接入工作，415台终端在线率名列前茅。完成景园街站保护改造、2座开闭站保护家族性缺陷处置等一批消隐工程，提升设备健康运行水平。现场安全有效保障。从严加强现场安全巡检，安全巡检及安全监控中心工作质量明显提升。制定并落实《关于加强现场人员及设备安全管理的通知》，充分发挥实训基地效用，进行工程开工前实景演练62次，有效保证现场安全。在北京公司职能部门总结推广的23条安全亮点工作中，入选4条，数量位居属地公司第二。

（张立涛）

【营销与优质服务】优质服务彰显担当，服务优化营商环境精准有方。积极打造重点用户红线外“零投资”典型案例，协同开发区经发局、营商合作局制定2项实施计划并加快推进。配合完成世行及国内营商环境评价工作，在北京市优化营商环境“千人千题”考试中取得第二名的好成绩。累计为791户用户提供“三零”服务，平均接电时间4天，为用户节省投资约570万元。打造占掘路免审批“三零”案例2项。配合完成46户第三批市场化用电客户准入核查工作。服务“新基建”部署主动有为。充分发挥区域优势，大力开拓新兴市场，首批成立综合能源事业部。明确四类重点挖掘用户，制定典型综合能源方案。与北京公司经研院合作，完成开发区综合能源规划编制，为地区综合能源业务高站位、高标准开展奠定基础。创新打造“千桩计划”，三年计划建设1000台以上充电桩，在开发区内市场占有率提升至55%，已投运375台。联合新能源汽车公司、静态交通亦庄公司，构建公交场站、停车场、园区、企事业单位等多种业态充电基础设施网络。连续三个月获得“奋战新征程 建功新基建”劳动竞赛先进荣誉。

服务地区百姓积极有效。深化用电客户服务业务管控，每日召开优质服务会商。建立12345工单满意度三级回访机制，快速精准响应服务诉求。制定“服务提升月”专项行动工作方案，全面营造良好用电环境和服务氛围。完成一栋洋房623户居民“一户一表”改造，彻底解决长达6年的历史遗留问题。稳步推进老旧小区改造工程。统筹协调、攻坚克难，根据居民需求制定个性化停电施工方案，发挥党团联合优势细化各项应急措施，完成天宝家园等8个小区改造现场施工并按时推进工程决算，实现了户均容量从不足3kW提升至6kW，并同步建设公共充电桩，解决老旧小区充电难问题，实现有序充电。

2020年，亦庄公司共建设完成18座充电站375个交直流充电桩，在区域内形成了新能源充电设施的多点覆盖。（张博宁 摄）

（崔小磊）

【科技与信息化】科技创新成果丰硕。落实“新跨越行动计划”，联合创新工作室、实训基地，打造“众创空间”新格局。高质量完成4项年度项目验收工作。1项科技成果入围北京公司一等奖评选，获得二等奖荣誉，创历史最好成绩。QC成果荣获电力行业二等奖。全年申请专利8项。积极实践创新成果转化，加装30套输电通道自动语音告警装置，警示效果显著。创新“母子箱”新工艺，应用新型充电桩专用电缆配电箱和可扩展表箱，总体积减少65%，总投资降低68%。

（杜 佳）

【党的建设与精神文明建设】党建引领厚植优势，坚持把政治建设摆在首位。及时跟进学习习近平总书记重要讲话和重要指示批示精神，迅速贯彻党的十九届五中全会精神，广大党员干部“四个意识”更加牢固，“四个自信”更加坚定，“两个维护”更加自觉。对标北京公司“夯基础、提质量”16项重点任务，稳步推进61个党建工作节点。在生产经营、优质服务等方面落实党建高质量提升任务，紧密围绕中心工作实施“党建+”工程。积极响应国家号召，大力实施消费扶贫，累计采买农产品和各类扶贫物资1.9万元。认真抓好监督执纪。全面实施“抓整改、除积弊、转作风、为人民”专项行动60项具体措施。开展巡视巡察整改“见底清零”工作，汇总梳理194项问题整改实证。常态化开展日常监督，细化“八项规定”监督检查，依托纪委书记月报开展专项检查17次。对车辆运行GPS轨迹进行跟踪监管，累计抽查车辆195台次。构建“核心层—骨干层—基础层”三级审计监督管理体系。完成工程项目结决算审计、成本审计101项，实现内部审计全覆盖。营造和谐稳定氛围。聚焦重点领域工作，在各级媒体发布稿件400余篇，刊登《新闻30秒》6条，充分展现公司责任央企形象。首次接受中央电视台媒体采访，扩大品牌传播影响力。加大职工关心关爱力度，构建职工诉求服务体系，开展职工诉求中心实体化建设。主动沟通政府部门，在前期申请38套公租房的基础上，再争取15套公租房、4套共有产权房，累计为公司64名职工解决实际居住困难。职工音乐作品在“国网好声音”原创歌曲大赛中获得优秀作曲奖、优秀MV奖。

■ 11月23日，亦庄公司“电力爱心教室”活动再到人大附中经开分校开展电力知识科普。（张博宁　摄）

（温亦冰）

国网北京市电力公司昌平供电公司

【概况】国网北京市电力公司昌平供电公司（简称昌平公司）成立于1958年，是国网北京市电力公司（简称北京公司）直属供电企业，负责昌平地区1343km^{2}范围内的电网规划建设、运行管理、电力销售和65万客户的供电服务工作，肩负着为辖区内党政军机关、重大政治活动和城市运行安全供电的光荣使命。

截至年底，共设置11个职能部门、3个业务支撑与实施机构，下设26个班组、15个供电所。共有110kV变电站33座，主变压器71台，容量3476MVA；35kV变电站5座，主变压器10台，容量172.6MVA；110kV线路53条，长度252.5km；35kV线路21条，长度107.8km；10kV架空线路257条，长度2646.9km；10kV电缆线路4974条，长度2301km。全年完成售电量78.35亿kWh，同比增长0.38%；完成线损率3.68%；完成业扩报装接电容量55.3万kVA；电费回收率100%；供电可靠率达到99.9874%，电压合格率为99.993%；最大负荷193.7万kW。

2020年，昌平公司荣获全国文明单位、首都文明单位标兵、国家电网公司2018～2020年度东西人才帮扶工作先进集体、北京市交通安全先进单位等荣誉。王月鹏同志被授予全国劳动模范称号，齐福存同志荣获国家电网公司优秀共产党员，兰建东同志荣获北京市安全生产先进个人，杨鑫获评北京公司电网工匠。

■ 11月23日，昌平公司员工王月鹏同志当选全国劳动模范。（李强　摄）

地址：北京市昌平区永安路33号
邮编：102200
电话：010—69742681

【人力资源】截至年底，昌平公司共有全口径用工 1050 人，其中长期工 368 人。长期工中研究生及以上学历 88 人，本科学历 191 人，专科学历 64 人；高级职称 50 人，中级职称 98 人；技师及以上职业资格 83 人，高级工 74 人，中级工 21 人。

推动组织机构优化，以业务驱动为导向、以精干高效为原则，梳理业务种类，完成全口径人员业务统计。开展调控、运检、营销等主要业务属性界定，完成相关核心业务、非核心业务梳理，以各专业相关资产数据为依托，测算班组定员与员工实际配置率，为优化用工配置提供依据。以支撑主业、拓展市场、人才培养为目标，推进产业单位 4 个事业部建设运行，严格责任落实、强化过程管控，切实发挥产业单位人员和装备优势。提高人力资源信息系统数据的准确性、完整性、实用性，全面开展系统数据专项治理工作。构建多维人才成长体系，逐步建立“职务与业务”并重的岗位体系和人才梯队，全年共提拔中层干部 4 人，交流干部 8 人，35 岁及以下干部增至 7 人，干部队伍年龄结构进一步优化。全面梳理各部门缺员岗位，完成 6 名管理岗、2 名技术岗人员竞聘上岗，人才更加优化，结构更加合理。推行落实岗位聘任制，转变思维模式，打破岗位终身制的固有思想，完成原有职员和本年度新上岗人员签订岗位（职员）聘任协议签订工作，明确岗位职责和退出条件。

【电网规划与建设】加强规划和前期工作，围绕昌平新总规定位和电网现状基础，融合能源新发展理念，高质量编制地区电网“十四五”发展规划，并推动纳入分区规划。多方多轮次沟通协调，完成“十四五”地区战略合作协议意见征询。启动七里渠变电站等 5 项工程可研编制，取得官高牵引站外电源工程全部前期手续，累计取得主网项目水评、环评、施工许可等前期手续 12 项。推动重点工程“复工复产”，建设部稳步有序推动 110kV 上坡变电站等 3 项工程开工，实现 110kV 桃洼变电站扩建等 4 项工程竣工投产。发挥属地优势，提前介入，主动对接，推进二二重点工程完成立项核准。积极服务地区新能源发展，克服时间紧、难度大等困难，优先组织完成大唐青灰岭风电场临时并网发电。全面推进配网升级改造，在圆满完成“煤改电”任务的基础上，实施完成 50 项配网扩展性改造工程和 8 项“三供一业”改造，推进 66 项遗留工程取得明显进展。

【经营管理】坚决落实国家和上级疫情防控工作部署，坚持科学防控、精准施策，最短时间内完成疫情防控部署，最困难的情况下为职工筹集发放了 16 万件防疫物资，最大力度争取核酸检测和疫苗接种政策，以立体的防控体系和“严、细、实”的防控措施守护了职工健康。主动融入北京公司“12912”战略落地体系建设，全面融合未来科学城发展规划和国网战略目标，高质量编制完成未来科学城特色示范区实施方案。全力以赴“挖潜增收”，推动农学院输变电工程外部资金提前到账，促成“煤改电”政府投资比例调整，年度累计到账外部资金 9.15 亿元，指标完成率 123%，位列属地公司第 1 位。动真碰硬降损增效，开展电费回收百日攻坚，清缴欠费 465 万元，电费回收率达到 100%。精准治理 53 条高损线路、410 个高损台区，全年综合线损率 3.68%，同比降低 2.43 个百分点，马池口供电所 2 次获得国网同期线损“百强供电所”。加大反窃查违力度，追补电量 1025 万 kWh，追补电费 710 万元，同比增加 49%。提升物资管控能力，累计消纳剩余物资 5392 万元，库存物资同比下降 69%。全力开展资产清查，完成账卡核对 6.7 万张。深化“三清理、两提高”，完成长期挂账项目清理 15 项、在建工程决算 157 项，实现工程转资 8.1 亿元。聚焦“风险领域、关键环节”，高质量完成 2 项迎审、2 项自主审计项目，发现问题 42 项，回收资金 12.74 万元。紧盯审计遗留问题整改，28 项问题全部销号清零。深化重大决策合法性审核，对 9 项重点领域决策问题出具法律意见。积极利用法律途径，成功追回八仙物业 730 万元电费欠款。深化法治宣教，法治动漫获国家级优秀作品奖，法治论文获国家级一等奖。强化保密工作体系建设，前移风险防控关口，创新实践“主动预防”工作模式。加快产业升级转型，优化产业单位内部组织机构，建立“五部两中心”管理架构，提升“市场化、专业化”业务能力，全年营收 5.1 亿元，利润 4635 万元。

【安全生产】全面做好疫情供电保障工作，历时 23 天完成小汤山医院电力增容工程，26 人“1+*N*”保障团队逆行出征，圆满完成小汤山医院供电保障任务。面对政治保电新情况新挑战，完善保障措施，付出超常努力，全年完成全国“两会”、服贸会、党的十九届五中全会等重大活动保电 67 项，全部实现万无一失。压紧压实安全责任，修订各岗位安全责任清单，拧紧“知责、履责、追责”链条。强化安全履责，组织开展部门负责人和重点岗位安全述职 304 人次，修编安全奖惩实施方案，执行安全奖励 18 次、考核 12 次，将“重奖重罚”落到实处。扎实开展安全生产专项整治三年行动，整改问题隐患 55 项。深化线上、线下巡检全覆盖，检查作业现场 4673 次，发现制止不安全行为 235

项，违章发生率同比降低 19.3%。深化电网运行风险多维管控，及时发布风险预警 75 项，负荷高峰时段执行方式调整措施 20 项。积极应对极寒天气挑战，落实落细保障方案，全体保障人员顶风冒雪开展设备巡视，不畏酷寒实施应急保障，电网成功应对 193.7 万 kW 历史最大负荷考验，保障了地区供电安全稳定和“煤改电”用户温暖度冬。深化电网隐患排查治理，发挥政企联动机制，“挂牌督办、销号挂账”方式消除隐患 296 项。电网设备运维质量明显提升，主、配网故障分别同比降低 72%、43.6%。深化电网可靠性管理，加大不停电作业应用范围，减少停电 6.6 万时 • 户。

■ 5 月 11 日，昌平公司“1+N”保障团队启动小汤山医院电力增容工程。（李强　摄）

时保障工程。破解老旧小区遗留工程难题，积极向区政府和北京公司申请 10 项长期受阻工程现状结算。深化地区充电网络布点，完成兴延高速上店服务区公共充电站及 4 项公交充电站外电源工程。综合能源业务初见成效，落实国家电网公司“营销+能效”的服务策略，初步建立综合能源服务体系，大力开拓地区市场，推动北方宏达、区教委等项目进入实施阶段，完成了教委 2 所试点校改造运行，成为北京公司首个基层落地实施项目。果断布局先行先试，完成公司办公楼电采暖改造，取得良好成效。全年实现综合能源营业收入 1467.4 万元，超额完成年度指标。

■ 11 月 16 日，昌平公司共产党员服务队在十三陵地区开展优质服务宣传活动。（李强　摄）

【营销与优质服务】截至年底，昌平公司共管理营业客户 65.41 万户。其中， 220kV 客户 2 户，110kV 客户 7 户，35kV 客户 18 户，10kV 客户 5217 户。全区共有重要客户 37 户，其中一级客户 25 户，二级客户 12 户。

持续优化电力营商环境，不折不扣执行国家降价政策，全年降低社会用电成本 1.45 亿元。全面提升接电效率，客服专业“优环节、压时限”，高、低压平均接电时长压降至 32.79 天和 3.16 天，累计完成接电容量 55.3 万 kVA，指标完成率 134%，位列北京公司第 3 位。通过“三零”服务惠及小微企业，节省用户投资 4021 万元。全面提升优质服务水平，健全接诉即办等快速响应机制，严格执行优质考核措施，95598 工单、投诉数量同比分别减少 26.8%、38.70%。深入落实疫情期间保供电各项服务措施，以“欠费不停电”“不计滞纳金”等贴心服务守护地区百姓。大幅提升采集覆盖率至 99.92%，用户平均购电下发时长由 2.96min 缩短至 2.31min。累计完成 29.5 万低压客户信息收集工作。大力推进民生工程，协同开展老旧小区攻坚，实现 5 项工程开工，6 项工程竣工，组织完成王府花园临

【农电工作】深刻认识“煤改电”工作的政治意义和民生价值，克服疫情影响，以超常规的资源投入和工作举措，圆满完成 42 村 2.6 万户“煤改电”任务，改造任务量占北京公司总体的 91.3%，为地区生态环境和民生改善做出了积极贡献。持续打造“全能型”供电所，开展供电所全员量化考核，以“效益最大化、人员最精化、服务最优化”为工作目标，建立完善乡镇供电所激励和约束机制，促进供电所科学、合理、高效的全员绩效管理模式。对供电所实行 7 个关键指标，所长 8 个关键指标的量化考核，对供电所不同身份人员实行考核一个衡量标准，根据收入水平引入考核系数，实现供电所全员一体化考核。

【科技与信息化】强化科技创新发展，全面开展智能运检中心建设，通过整合现有运检各专业系统资源和硬件装备，深化应用“大云物移链”等技术，建设集中智能监控中心，推进“以工单推动业务，以技术代替人工，以集中管控取代分散指挥”。作为北京公司试点单位，高效有序开展输配电无人机巡检试点工作，实现全部输电线路首轮精细化无人机自主巡检，推动开

发 360 全景展示、红外测温、通道巡检功能。启动山区防火重点配电线路无人机巡检试点工作。5 项管理创新成果参与北京公司 2020 年度管理创新优秀成果评选，两项科技项目创新成果推荐申请 2020 年度北京公司科学技术奖励。配电自动化建设稳步推进，先后实现 FA 配置投入 256 条，完成率 100%。深化二次安全管理与监督，推动二次系统“防雷行动”“清朗有序”安全网络、信息安全等安全隐患专项排查活动 5 次，常态开展全业务安全检查 15 次，98 台自动化、网络安全设备接入安管平台顺利纳管，累计处置网络安全漏洞与风险 22 次，治理弱口令问题 38 次。围绕安全专项三年行动要求，强化二次系统安全，多专业细化推进，消除低频（压）减载超期、防误系统失效、保护装置插件损坏等 16 项隐患。全面推进“三型一化”智能营业厅建设。

■ 9 月 2 日，昌平公司开展输电无人机巡检工作现场。

（李强　摄）

【党的建设与精神文明建设】严格落实北京公司“夯基础、提质量”专项行动工作要求，全年开展中心组学习 13 次，研讨 43 人次。与中国移动学院、信息港中心等 4 家单位开展党建共建。及时编制《十九届五中全会口袋书》并发放全体党员。围绕疫情防控、两会保障、“煤改电”等重点工作，深化党员“一带二、一带三”和党员责任区、示范岗创建，全年共组建 7 支党员先锋队，并同步成立 2 个临时党支部。持续强化项目化“党建+工程”，共计完成 27 项“党员攻坚行动”。细化“两个责任”，梳理分解主体责任和监督责任内容 40 项，完成主体责任约谈 48 次、廉政约谈 34 次。强化疫情防控等专项监督，开展现场检查 12 次。组织核查谈话 5 人次，下达纪律检查建议书落实 2 项整改措施。坚持“三个一抓到底”工作要求，深化巡视巡察问题整改，自查自纠 6 项问题全部完成整改。开展“文化促廉”等活动，征集绘画、书法、手工等廉洁作品 64 件，营造了风清气正、廉洁齐家的氛围。品牌建设成效突出，聚焦“煤改电”、迎峰度冬保障等工作，在央视、市属、行业等媒体刊发报道 89 篇，“无人机”巡检在《北京您早》栏目直播报道。宣传视频《诺守光明》获中组部全国党员教育电视片优秀奖，短视频《老韩》获中央企业践行社会主义核心价值观主题微电影优秀奖，小汤山抗疫主题 MV《我爱你不问归期》获“电力奥斯卡”金曲三等奖。昌平公司品牌贡献度连续三年保持北京公司第 1 名。加强信息报送管理，工作亮点成效 5 次获潘敬东董事长批示。精神面貌昂扬向上，按照“因地制宜、立体布局、分级建设、全面覆盖、注重一线”的原则，认真开展三级文化长廊更新建设。围绕国网战略目标、纪念抗美援朝 70 周年主题，开展教育讲堂和道德讲堂。建设实体化职工诉求服务中心，广泛征集解决职工诉求 973 条，有效解决了一批职工“关切问题”。改善职工办公环境，完成十三陵、沙河、东小口供电所及计量专业供暖排水系统整改。圆满通过各级文明办复审，继续保持全国文明单位荣誉称号。

（党　剑）

国网北京市电力公司门头沟供电公司

【概况】国网北京市电力公司门头沟供电公司（简称门头沟公司）成立于 1958 年，是国网北京市电力公司直属供电企业，负责门头沟地区 1455km^2 范围内的电网规划建设、运行管理、电力销售和 22.26 万客户的供电服务工作，肩负着为门头沟地区经济社会发展、城市运行保障和居民生活安全供电的光荣使命。

截至年底，门头沟公司共设置 11 个职能部门、2 个业务支撑与实施机构和 1 个产业单位，下设 15 个班组、7 个乡镇供电所。辖区内共有 110kV 变电站 8 座，变压器 16 台，变电容量 763MVA；35kV 变电站 5 座，变压器 10 台，变电容量 140MVA。110kV 架空输电线路 7 条，长度 64.68km；35kV 架空输电线 26 条，长度 169.69km；10kV 配电线路共 151 条，长度 1779.64km。实现全年安全生产无事故目标，累计安全生产长周期 5704 天。

全年完成售电量 12.63 亿 kWh，同比增长 2.61%；10kV 分线、分台区月度线损合格率持续保持 100%，综合线损率 5.40%，同比降低 0.88 个百分点。完成 8 个村 1680 户“煤改电”工程，为 15739 户煤改电客户提供度冬保障服务。

门头沟公司连续 10 年保持“全国文明单位”称号，年内龙泉供电所荣获“首都文明单位标兵”称号；连续 8 个月获评国网十强市公司，6 个供电所多次入选“百强”供电所；连续 2 年获评北京公司优化电力营商环境突出贡献单位。

地址：北京市门头沟区滨河路 66 号
邮编：102300
电话：010—69844354

【人力资源】截至年底，门头沟公司共有全口径用工 478 人，其中长期工 198 人。长期工中研究生及以上学历 43 人，本科学历 114 人，专科学历 38 人；高级职称 33 人，中级职称 39 人；技师及以上职业资格 78 人，高级工 27 人，中级工 7 人。

全年共组织开展培训 13 次，其中集中培训 6 次，培训内容包含战略解读、技术技能、安全管理、业务流程、行业前瞻等多个方向；现场实操培训 7 次，涉及农网运维、营销服务、现场安全管理三个专业。公司整体培训量达 1035 人天，参培范围覆盖公司全体员工。新增中级及以上专业技术职称 11 人，中级及以上职业技能等级 16 人。

【电网规划与建设】圆满完成门头沟分区规划（市政专项规划～电力专项规划）编制工作，将地区规划全部 3 座 220kV 变电站、13 座 110kV 变电站一次性纳入门头沟分区规划并于 11 月 26 日正式取得北京市人民政府批复，为下一步各变电站地块在控规层面纳入奠定了良好基础。

有序推进各项重点工程。斋堂 110kV 输变电工程取得立项核准批复、环评批复、水评批复，完成全部规划前期工作；清水 110kV 输变电工程站址启动“多规合一”平台审核流程；全年新开工项目核准率 100%；斋堂供电所工程取得立项核准批复；潭柘寺 110kV 输变电工程，依法正序开工。上岸 110kV 变电站 10kV 配套送出工程顺利投产；其中潭柘寺 110kV 变电站工程克服新冠疫情等不利因素，土建基本完工，电气安装即将进场，架空线路 3 基塔基进场施工，工程全面开展创标杆示范工作。

■ 7 月 30 日，门头沟公司员工在潭柘寺 110kV 输变电工程现场进行安全检查。（张文静　摄）

精准对接“12912”首都方案，高质量编制“145”战略落地方案（打造“一张坚强可靠智能电网”，争创“红色党建引领、绿色生态低碳、黑色能源转型、留白空间发展”4 个特色示范，培育“精益化安全生产、卓越化客户服务、标准化建设管理、现代化企业治理、规范化产业发展”5 个精品方案）。获得地区党委政府主要负责同志批示，每年争取到 2 亿元配网专项建设改造资金，营造了政企共建电网的良好氛围。开展“一案一册一征文”活动，形成“1+4+5”专项子方案和 47 项年度重点工作任务。组织“战略落地建示范、立足岗位育精品”主题征文，收集评选参赛作品 72 篇。建成“145”电子展厅，全面展示战略落地实践工作成效。

高质量开展电网规划。按照北京公司要求开展了“十四五”地区电网规划工作，完成了《门头沟供电公司“十四五”10kV 电网规划》《门头沟供电公司“十四五”110kV 及以上电网规划》等规划成果，提出建设 1 座 220kV 变电站与 8 座 110kV 变电站的“1+8”主网规划方案。网上电网应用完成地区所有地块控规信息录入，累计完成 2111 个地块的控规信息录入。

【经营管理】大力推动开源增收。积极争取外部出资，全年资金到位 1871.8 万元。狠抓电费回收，率先实现并保持后付费按月结零，预付费欠费户数、金额较最大值分别减少 94.14%、94.81%。加大反窃电力度，挽回经济损失 44.41 万元。强化物资精益管理，累计利库 1119.5 万元，完成废旧物资处置 183.8 万元，指标完成率 153.17%。深化智链落地应用，实现仓库现场远程监控、库存物资线上盘点、出入库单据无纸化办公，交接单验收单线上办理，建成永定供电所智能无人仓。

全面加强精益管控。结合北京公司“四结合、四创新”要求，发布《2020 年同期线损智能应用提升方案》，创新构建同期线损精益管理“门头沟实践”，持续优化线损管控模式，全面打造“两级供服”线损闭环管理、理论线损试点应用和综合降损示范区。持续优化线损通报考核机制，推动高损消除、采集专项提升工作，在北京公司率先实现地区高损和负损全消除。试点“两级供服”线损闭环管理，开展理论线损试点应用和综合降损示范区建设。提炼治理典型经验，支撑“网上电网”系统及门头沟公司经营评价；深入调研支撑能源大数据体系建设，实现数据分享和价值提升。开展全量理论线损计算，完成综合线损率5.40%，连续8个月入选国家电网公司同期线损管理十强市公司，6个供电所多次入选国家电网公司同期线损管理“百强”供电所。专项治理电网资产账卡物一致性，完成资产卡片清查1.52万张。深入开展“网上电网”源端数据专项核查，治理问题数据5256条。深化现代智慧供应链落地应用，完成31个专业仓建设，赋值1669.71万元，建成北京公司首个智能无人仓。坚持指标定期分析管控，业绩考核、内部对标实现“双提升”。

持续深化风险防控。强化法治企业建设，承办案件获评北京公司十大依法维权案例。制作两期合规警示教育微视频，在北京公司“法治电网”微信公众号播发。坚持容错激励与长效机制建设总原则，成立违规经营投资责任追究领导小组，进一步促进企业依法合规与长效管理。紧盯关键领域与重点环节，开展工程、债权等3方面7项审计监督，促进各领域多个部门管理提升。自主开展潭柘寺110kV输变电工程跟踪审计以及物资管理专项审计，形成审计记录、下发整改通知并出具专项审计报告。规范迎审流程，加强沟通协调，完成经济责任审计、竣工决算“上审下”工作，并持续推进问题整改。完成党建及工会经费、集体企业债权债务管理两项专项审计工作，有序开展“三供一业”全过程跟踪审计工作，同步知悉工程进展，动态开展过程监督，为夯实专业管理基础贡献力量。

不断促进产业稳健经营。落实改革工作部署，成立产业指导委员会，全面加强重点领域运营监管。深入开展“三清一控”和问题整改再审计专项工作，完成9项重点问题整改和债权债务、存货资产清查。积极拓展经营市场，实施首都体育馆改扩建变配电工程，迈出“走出去”第一步。积极拓展代维业务，全年新签代维客户52户，市场占有率提升至51.6%。全年完成营业收入3.01亿元，实现利润1809.74万元。

【安全生产】全面加强施工现场安全管控，实现现场作业视频监控全覆盖，现场巡检与视频监控双重检查，共检查现场1803个，发现并制止现场不规范问题278项。完成安全标准化手机App检查任务流程5066项，其中执行到岗到位检查1938次，“四不两直”飞行检查613次。全年累计发现各类安全隐患479项，已治理438项，完成率91%。组织开展安全规程、一线生产员工安全技能、新入企员工等17项安全培训，累计参培1053人次。开展各类应急演练5次，组织防恐、日常防火等宣传活动4次。

全年共开展全国“两会”特级政治供电任务1项，服贸会等一级政治供电任务8项，二级政治供电任务2项，中高考等三级政治供电任务14项，累计保障时长77天，圆满完成年内各项重大政治活动保障任务。

■ 1月6日，门头沟公司开展雪天特巡。（杨天明　摄）

精益化安全生产维护电网运行安全。与区城管委建立常态化政企联动机制，每月开展1次政企联合检查，在重大活动保电期间共开展政企联动5次，制止大型机械线下施工2次。完成九龙开闭站、“三供一业”南港等6座开闭站发电验收工作以及1项电容器改造工程和1项主变压器油色谱在线监测安装工程；持续推进终端日常处缺工作，配电自动化设备终端在线率由96.47%提升至98.14%，实现投入故障全自愈策略线路105条，故障自愈1次。首次应用暂态录波型故障指示器监测配电线路短时接地信号并下发特巡工单，短时接地故障发现率达到81.66%。创新开展无人机巡视，完成35kV及以上输电线路激光建模共计206km并具备自主飞行条件，完成26条配电线路无人机巡检。全年累计开展带电作业128次，不停电作业化率为81%，同比提高10.87%。全年计划停电压降54.91%，彻底消除超过150时户的计划停电，超过100时户占比降至6.25%。

完成调控自动化D5000系统建设及地区变电站接入，完成城子站等3座变电站自动化改造，有效提升地区电网自动化水平。滚动修订电网方式分析及薄弱环节分析，制定度夏、度冬、“煤改电一线一案”等专项预案31份，完成调控一体化云平台仿真系统建设，在系统中组织开展各类应急演练及后评估19次；处理地区电网故障63起，创新开展接地故障手动自愈模式，手动自愈处理故障7起，故障处理时长平均降低1h；处理设备缺陷273项，执行监控操作票121张，执行调度操作票532张，操作步骤2957步，正确率100%。全年未发生信息安全事件，圆满完成公安部组织的网络安全攻防演练保证工作，实现“一分不失”的目标。成功进行53次网络信息安全预警处置，做到网络安全事前预防工作。在王平变电站完成“北斗”地面增强网基站，逐步探索新型技术在电力系统中的落地实践。

全面提升供电服务指挥能力，全方位管控配网故障、多户停电报修、台区异常工单、日常巡视工单及配电自动化缺陷工单，全年累计处理工单10854张。开展配电网差异化运维指挥管理，持续开展频繁停电预警管理机制，累计发布频繁停电预警与抢修通知518条。

【营销与优质服务】全程跟进营商环境各环节工作，打造典型案例6项，为世行评价提供案例支持。累计为3347户低压用户提供“三零”服务，其中小微企业454户，接电平均时长压缩至5.2天。完成“三省”送电3项，服务费收入61.05万元。“三供一业”接收增加供电区域，市场占有率大幅提升。积极对接政府，合理安排工期，棚改城子C、D地块项目按时送电，保障了3822套回迁安置房如期交房，有力支撑了政府主导棚改项目的圆满收官。

成立综合能源事业部，规范综合能源业务运转，聚焦能源托管等重点领域，丰富“综合能源+能效”等产品，综合能源实现收入782.6万元。完成清水风光储和妙峰山科学实验基地示范项目建设。完成辖区内1116户高压用户用能普查工作，了解客户侧传统能源消费情况及新能源服务需求，为绿色发展提供有效支撑。

年内完成8个村1680户“煤改电”工程，为1.57万户煤改电客户提供度冬保障服务。完成6处站址38个充电桩新建及1处站址8个充电桩迁址优化，有效改善门头沟地区现状充电网络，实现城区范围“3分钟充电圈”、山区景点全覆盖充电网络。完成4次光伏补贴支付工作，累计发放补贴349笔，累计补贴金额82.52万元。

新冠肺炎疫情期间，部门协同、联合作战，2天内完成白瀑寺隔离点变压器安装，3h内完成京浪岛核酸检测点临时电源接入，对8户防疫重点用户及73户楼宇用户制定“一点两案”，协助用户开展用电设备巡视检测，开展服务保障工作1610次。贯彻落实国家电网公司十项服务举措，对地区客户电表启动保电模式，开展欠费不停电服务，惠及用户2.1万余户，涉及电费金额约700万元，保障地区居民21万余户在疫情期间的正常用电。对6455户企业实行阶段性电费优惠5%政策，对2户污水处理企业实行基本电费减免政策，年内共计为企业节约用电成本约2123万元，政策红利有效落地。开展电力大数据分析，为政府引导复工复产提供可靠数据支持。面对新冠肺炎疫情影响、经济下行等不利因素，提早谋划、分层管控，自8月起连续5个月保持月末电费结零，实现电费回收率100%。

解决用户诉求1.33万件，回退投诉8件，实现连续230天无投诉，为历史最长。推进“三型一化”营业厅提升工程，完成永定智能厅、雁翅自助厅、清水中心厅建设，优化调整营业网点模式。创新并推行“事件闭环管理”及“隐患销项管理”两种管理方法，完成隐患销项管理32项，客户满意度大幅提升。

年内，计量中心成功研制出首个分段计量装置，并在雁翅供电所开展试点应用，核查疑难台区并治理合格。开展采集专项提升工作，组织各供电所进行集中治理，采集成功率从年初的99.62%提升至99.85%；通过“堵住新增”“攻坚存量”两方面，全面提升台区线损合格率，台区线损合格率由年初的87.95%提升至97.35%，台区综合线损率完成2.65%，同比降低1.45个百分点。

【农电工作】承接北京公司全能型乡镇供电所定制化管理试点，完成“一所一特色”建设方案编制。年内，完成永定供电所、雁翅供电所房屋及附属设施综合性大修工作；龙泉供电所房屋及附属设施综合性大修工程开工建设；完成妙峰山供电所排污管线系统维修改造，彻底解决污水外排永定河道问题，满足环保要求；各供电所厨房排烟系统改造完成，加装油烟净化装置，满足环保排放标准。

【科技与信息化】积极开展妙峰山众创空间建设，完成自评估报告提交。持续加强科技项目过程管控，对项目负责人执行季度汇报制度，有效提升项目材料完整度、加快项目执行进度，圆满完成“配电线路地电位检查方法研究”项目验收任务，“架空线路拉线楔形线夹制作”“变电站防误解锁钥匙管理机研制”项目有序推进。按季度召开科技及管理创新推进会，组织科技项目、管理创新项目实施和验收、预算编制等培训共计2次，对重点项目进行孵化，群创成果、管理创新成果数量再创新高。贯彻落实北京公司科技创新大会精神，不断推进科技创新在管理工作中的应用。完成申请专利7项申请，授权3项，1项管理创新成果荣获三等奖。

【党的建设与精神文明建设】疫情防控体现担当。在疫情防控一线，发挥党组织、党员先锋作用，应急抢修共产党员突击队仅用3h为京浪岛户外检测点接通临时电源事迹，受到国家电网公司党组书面表扬。划拨专项党费6.23万元用于购买防疫紧缺物资。动员178名党员和积极分子自愿捐款12280元支持疫情防控。鼓励党员主动奉献，回社区“双报到”，助力地区联防联控。

党建责任落严落细。始终坚持和加强党的全面领导，全年召开12次中心组学习会，深入跟进学习中央精神、开展“四史”教育，强化理论武装。定期召开各类党建例会，督导推进党建重点工作任务扎实开展。完成12个基层党组织换届选举，对37名支委及先锋队伍骨干开展集中培训。以支部“三会一课”为平台，策划“一月一主题”特色党日132次。积极推进“夯基础、提质量”专项行动，全覆盖开展党支部书记述职评议，完善党支部管理考核体系。

■ 5月18日，门头沟公司党委在输电通道保障现场开展“保电有我 有我必胜”主题党日活动。（杨天明 摄）

作风纪律持续抓牢。落实班子成员党风廉政建设责任分工，认真履行“一岗双责”。加强和规范党内政治生活，按期开展批评和自我批评。配齐配强纪检干部。严格执行中央八项规定精神及实施细则，紧盯节假日等敏感时段，开展专项检查。严格执行“三重一大”集体决策制度，党委会科学、民主、依法决策议题134项。严格开展党内监督，切实履行述责述廉、领导人员报告个人有关事项等规定。班子成员按期约谈中层干部和重点岗位55人次。深入推进巡视整改落地落实，严格开展自查自纠，全面完成问题整改。

争先创优氛围浓厚。优化本部“三厅两家一廊”、供电所“两家一廊”建设，建成本部一层电子宣传阵地和“145”电子展厅。围绕中心工作开展“文化+”活动，先后建成优质服务、线损治理文化长廊，廉政、法治文化宣传角。在重要供电保障期间与区城管委团支部联合开展反外力宣传，政企联动争取地方支撑。深化文明单位创建，门头沟公司蝉联“全国文明单位”，龙泉供电所获评“首都文明单位标兵”。

宣传引导彰显价值。规范内部新闻宣传和会议活动报道流程，完善宣传报道、图片及影像素材管理及使用规范。优化激励机制，印发《新闻宣传专项绩效方案》，聚焦战略落地、抗疫保供等重点选题，累计刊发稿件1206篇，在社会媒体、行业媒体发布新闻及视频74条，员工拾金不昧、服务乡村振兴、电费回收结零等事迹，分别在学习强国App、《中国电力报》《国家电网报》等媒体刊登报道。

服务职工亮点纷呈。严格执行厂务公开制度，丰富公开渠道，规范公开内容。开展集体合同签订工作。实施班组减负。完成永定、雁翅、妙峰山供电所职工小家暨“五小”供电所的优化提升，建成“职工诉求服务驿站”和本部“妈咪屋”。大力开展“星级集体、员工”评选，共产生公司级月度星级集体117个、星级员工117人次。持续开展为职工办“十件实事”活动，以“十大协会”为载体，开展“会员展风采 追梦新时代”主题文体活动，开展职工慰问，持续关心关爱职工，促进职工身心健康。

（姜冰倩）

国网北京市电力公司房山供电公司

【概况】国网北京市电力公司房山供电公司（简称房山公司）成立于1962年，是国网北京市电力公司直属供电企业，负责房山地区2019km^{2}范围内的电网规划建设、运行管理、电力销售和57.8万客户的供电服务工作，肩负着为国家党政军机关、重大整治活动和城市运行安全供电的光荣使命。

截至年底，共设置12个职能部门、3个业务支撑与实施机构，14个全能型供电所。共负责110kV变电站

26座，主变压器59台，容量2930MVA；35kV变电站10座，主变压器18台，总容量240.2MVA；110kV线路42条，长度245.2km；35kV线路44条，总长度约323.4km；10kV配网线路共397条，其中电缆线路126条，架空或混网线路271条，总长度约3889.24km。10kV开闭站39座，配电室510座，箱式变电站416座，柱上变压器6096台。

全年完成220kV及以下售电量73.74亿kWh，营业收入41.81亿元，固定资产投资11.2亿元，区域综合线损率2.78%。实现全年安全生产无事故目标，安全生产长周期累计3891天，取得业绩考核第四名的历史最好成绩，成为唯一一家排名进入A段的郊区供电公司。荣获全国文明单位、北京市交通安全先进单位、国家电网公司企业文化建设专业标杆单位、北京市电力公司先进单位称号。营销部客户服务室获评北京市电力公司抗击新冠肺炎疫情先进集体；运维检修部（检修分公司）获评北京市电力公司2020年全国“两会”供电保障先进集体。

地址：北京市房山区良乡镇广阳西路11号
邮编：102401
电话：010—63669123

【人力资源】截至年底，房山公司共有全口径用工852人，其中长期工316人。长期工中研究生及以上学历57人，本科学历204人，专科学历46人；高级职称45人，中级职称62人；技师及以上职业资格175人，高级工24人，中级工15人。

大力发现培养优秀年轻干部，科级干部80后占比54%，原始学历大学本科以上占比68%，队伍的年龄、专业、经历结构得到持续优化。创新推行“双师带徒”培养工程计划，为46名青年员工跨部门、跨专业选任跨岗导师，解决专业限制问题，加快员工成长步伐。队伍素质持续提升，具有硕士及以上学历、副高级及以上职称、高级技师资格员工分别增长103.6%、68%、7.9%，培养优秀专家人才18名。

■ 9月23日，房山公司举行“双师带徒”师徒协议签订仪式。
（高可心　摄）

【电网规划与建设】抢抓“十四五”发展契机，率先与区政府签订《房山区“十四五”电力规划建设战略合作协议》，争取电力管沟随路建设等多项政策支持，为“十四五”期间地区能源电力发展营造了良好的外部环境。取得110kV于庄（望楚）等6项工程核准批复、长阳等5项工程环评批复。可再生能源电厂送出工程、瓦窑头站主变压器扩建工程、石化输变电工程、阎村北配套送出工程顺利投产发电。梅花庄扩建、官道配套电力管沟等4项工程顺利开工。高质量完成配网结构优化、解重载等13项工程，10kV青云路解重载工程荣获国家电网公司优质工程金奖。面对巨大的工程量和风险，统筹管控关键环节，顺利完成燕山石化等8家企业，共计5.9万户“三供一业”移交改造工程，为燕山地区打造了一张全新的10kV电网。

【经营管理】高标准建设“网上电网”综合示范区，完成“电网一张图”“网上电网规划”“线上业扩方案”“政治供电沙盘”等核心功能开发。对接北京公司“12912”战略体系，围绕房山平原新城特色示范区建设，明确党建引领强根铸魂、电网升级协调发展、精益管理提质增效、阳光业扩卓越服务“四大落地行动”。建立数据管控机制，治理源端业务系统数据质量问题1.6万余条，助力实现数字化转型。核查资产卡片3.93万张，节约折旧费用近4100万元。区域综合线损率2.78%，同比下降2.61个百分点。“三供一业”工程决算转资全部完成，为北京公司降资产负债率贡献约0.45个百分点。推动平衡利库，盘活利用工程退出和库存物资1255.73万元。开拓综合能源市场，完成营业外收入1579万元。智慧供应链应用落地，示范展示库房业务无纸化办公，顺利通过国家电网公司云验收。深化法治工作室建设，创新法治宣教形式，依法合规能力稳步提升。后勤管理精益求精，加强闲置房产有效利用，实现租赁收益138万元。连续第13年保持市级交通安全先进单位称号。开展乡镇供电所绩效评价体系建设试点工作，印发《房山供电公司所属供电所绩效考核管理办法》《供电所2020年重点工作任务专项奖励方案》，形成比进步、比变化、比增量的“比、赶、超”竞争氛围。集体企业实现产值9.22亿元、利润50.26万元，回收陈欠款826.85万元。代维市场增加客户4户，合同金额突破3000万元。

【安全生产】圆满完成全国“两会”、党的十九届五中全会等重大保障任务84项，保电天数达142天。电网运维平稳高效，科学安排电网运行方式，平稳应对度冬 145.61 万 kW 历史最大负荷冲击。增加反外力视频监控人员，坚持隐患点定点看护，输电线路 967 天未发生故障。积极推进 D5000 系统建设，顺利投入试运行。高质量完成 35 座变电站达标治理，顺利完成良乡、十渡站开关柜改造。统筹计划停电，强化配网运维，停电时户数同比下降 35.1%，供电可靠性稳步提升。有序推进配网智能终端加装工程，配电自动化系统动作成功率达 92%，成功实现南河路、黄院路故障自愈。开展带电作业 561 次，作业化率达 82%。压实各级安全责任，突出现场督导和视频监控相结合，管理人员“四不两直”现场督导 1207 次，坚持与施工人员同进同出，督察人员开展各类现场督察 9802 余人次，有效制止违章行为 161 起。开展网络安全专项攻防演习，强化常态防控，全年未发生信息类、消防类安全事件。保密、信访及舆情形势保持平稳。

■ 10 月 30 日，房山公司在 110kV 良乡站开展秋检工作。

（李铮　摄）

【营销与优质服务】“三零”服务改革红利惠及地区 6550 户，“三省”服务完成送电 6 项、容量 1.52 万 kVA。全面实行移动线上微应用，积极构建“阳光业扩”服务新模式，优化“1+3”业扩服务举措，全年完成接电容量 42.4 万 kVA。可靠落实疫情防控及企业复工复产各项服务保障举措，彰显企业担当。持续推广线上便利服务，新增“网上国网”注册用户 11.2 万户。荣获 2020 年度“网上国网”推广贡献奖、“推荐之星”优秀组织奖。优化社区客户经理微信群，提高停送电通知有效性。完成全部客户联系信息采集，实现短信服务订阅率 100%。建立健全接诉即办快速响应和日会商工作机制，开展“零投诉”服务竞赛，客户投诉、95598 话务量同比分别下降 70%、22%。拓展反窃电设备智能应用，深化全量采集大数据分析，有效查处窃电及违约用电 185 户，追补电费及违约使用电费 225 万元。持续开展高压表计开箱检查，发现问题表计 38 具，追补电量 496 万 kWh。实现六环以内公网低压客户 HPLC 采集设备全覆盖，通信方式由通信网到电力网转变，HPLC 覆盖区域采集抄通率达 99.99%。梳理 13 项变更用电业务服务流程，进一步规范营销业务管理。秉承“八千精神”，落实“一户一策”电费回收方案，保持电费回收高压态势，连续 38 年电费回收 100%。开拓综合能源市场，完成营业外收入 1647 万元。完成 4 个村“煤改电”改造，惠及居民 2402 户，新建充电桩 55 个。在北京公司“奋战新征程 建功新基建”劳动竞赛中获得 2 个月的突出集体荣誉。

■ 11 月 6 日，房山公司党员服务队到长阳镇西场村“煤改电”客户家中讲解“网上国网”App 使用方法。

（李铮　摄）

【科技与信息化】紧抓“数字新基建”发展机遇，依托“网上电网”平台建设，多措并举，涌现一批优秀成果。“基于“网上电网”的企业级电网业务协同作业平台“项目分获国家电网公司管理创新二等奖、北京公司科技进步二等奖。头脑特工队 QC 小组被评为 2020 年全国优秀质量管理小组，成果荣获北质协第 76 次发表会一等奖；调控中心“闪星”QC 小组获北京公司 2020 年度 QC 活动表彰成果一等奖。

【党的建设与精神文明建设】深入学习贯彻党的十九届五中全会和习近平总书记重要讲话和指示批示精神，召开党委中心组学习 12 次、党支部“三会一课”198 次。扎实推进“基层党建巩固提升年”工作部署，高质量完成 22 个党支部换届工作。深入实施“夯基础、提质量”17 项任务，做实 9 项“党建+”工程，实现党建工作“日清月结”，党员先锋作用有力彰显。持续开展“七廉”活动，不断营造廉洁氛围。扎实推进巡察整改“回头看”，确保 223 项问题“见底清零”。实施廉政风险差异化管控，突出对高风险岗位员工教育的针对性、差异性和有效性。开展工程领域廉洁风险防控专项行动，畅通与施工单位联系机制，筑牢外部“防火墙”。充分利用区域红色资源开展“文化+”专项行动，荣获国家电网公司企业文化建设专业标杆。关心关爱职工，建成职工诉求服务中心，解决职工诉求44件，落实班组减负举措14项。广阳西路11号乐队《铁塔》节目获评“国网好声音”2020年职工歌手暨原创歌曲大赛华北赛区铜奖。聚焦主责强化宣传体系，《电享未来》荣获全国电力行业优秀影视作品短视频类一等奖。

（张泽浩）

国网北京市电力公司大兴供电公司

【概况】国网北京市电力公司大兴供电公司（简称大兴公司）成立于1956年，是国网北京市电力公司（简称北京公司）直属供电企业，负责大兴地区1036km²范围内的电网规划建设、运行管理、电力销售和57.5万客户的供电服务工作，肩负着为大兴地区党政机关、重大政治活动和城市运行安全供电的光荣使命。

截至年底，大兴公司共设置11个职能部门、3个业务支撑与实施机构、3个供电服务中心，下设25个班组，11个乡镇供电所。

共负责110kV变电站36座，主变压器78台，容量3732MVA；35kV变电站1座，主变压器2台，容量20MVA；110kV线路59条，长度324.9km；35kV线路5条，长度39.5km；10kV架空线路278条，长度2822.76km；10kV电缆线路350条，长度3253.46km。

实现全年安全生产无事故目标，累计安全生产长周期4890天。全年完成售电量60.98亿kWh，同比增长0.74%；线损率3.73%；完成业扩报装接电容量39.19万kVA；电费回收率100%；固定资产投资4.96亿元；最大负荷157.45万kW。

大兴公司继续保持全国文明单位、首都文明单位标兵荣誉称号，荣获国家电网公司先进集体荣誉称号。刘兵创新工作室获评“北京市市级职工创新工作室”，北京大兴国际机场供电服务中心荣获北京市北京大兴国际机场建设工作先进集体荣誉称号。

地址：北京市大兴区兴政街1号
邮编：102600
电话：010—63670268

【人力资源】截至年底，大兴公司共有全口径用工1000人，其中长期工356人。长期工中研究生及以上学历112人，本科学历166人，专科学历64人；高级职称46人，中级职称102人；技师及以上职业资格111人，高级工72人，中级工18人。

机构改革纵深推进。实行“管办分开”，优化设置“一部一中心”，实现职能管理精细化，业务管理专业化，因地制宜构建“3+3+8”供电服务格局，营配融合更加协同，支撑保障更为有力。队伍素质有力提升。通过岗位竞聘选拔优秀人才11名，精准配置到供电服务中心、一线供电所。以“发挥集体智慧，努力开拓创新”为主题，成立56个学习小组，累计开展学习248次，形成“比、学、赶、帮、超”的良好氛围。开展中层及以上管理人员轮训4期199人次、技术技能轮训6期300人次。开展二级、三级专家选拔工作，择优选拔地市级优秀人才7人。完成中级及以上职称评定申报19人，较2019年增长35%。初、中级职称认定通过51人，较2019年增长30%。

■ 11月6日，大兴公司开展地市级优秀人才选拔答辩工作。

（张章　摄）

【电网规划与建设】电网规划取得实效。紧跟地区发展动态，举办规划沙龙活动，全面收集各乡镇园区重点地块项目信息，准确掌握负荷需求，高质量完成“十四五”电网规划。按照适度超前的原则，全面优化网架结构，重点布局站点廊道，有力支撑地区经济社会发展。

工程前期实现突破。在疫情因素影响下，成功取得110kV输变电工程可研批复3项、“多规合一”意见2项、选址意见书2项、立项核准批复3项。高米店、综保区、民和扩建110kV输变电工程及宝善庄110kV送出工程前期手续有序推进。结合各镇镇域规划和综合实施方案，推动落实变电站国土空间布局规划，“十四五”规划变电站总规落实率100%。

电网建设扎实推进。诸葛营110kV输变电工程实现开工，罗奇营110kV送出和后大营、五福堂10kV切改工程投产，寿宝庄110kV输变电工程进入建设攻坚阶段。完成42个老旧小区改造工程，促成2.54万老旧自管小区居民用户享受到大兴公司的直接服务。

通道管控持续强化。与经研院共建电力通道审图机制，高质量完成机场噪声区安置房等53条市政道路共计18.6km隧道、32.8km管井的图纸审核工作。修编完善电力通道建设管理方案，电力通道建管水平持续加强。

【经营管理】提质增效成果丰硕。积极应对经营“五难”形势，细化提质增效行动方案，加强过程督导，统筹推进48个重点任务落地见效。积极促请区政府完成罗奇营等4项220kV输变电工程5亿元资金拨付，外部资金到位创历史新高。强化线损治理，综合线损率大幅下降2.23%，分线和台区线损合格率分别提升至96.24%和96.65%，减少损耗电量1.44亿kWh，直接增加经济收益6508.8万元。

依法治企不断深入。修订完善《“三重一大”决策管理办法》《党委工作规则》等制度，规范组织召开党委会32次、经理办公会6次，审议议题139个。深入开展中央、国家电网公司巡视和北京公司巡察整改“见底清零”专项行动，138项问题全部完成整改。规范审理合同1700余份，流转公文2500余件，稳妥处理案件31件，挽回经济损失961万元。

产业发展精准发力。围绕地区发展重点区域，积极对接新航城公司、生物医药基地管委会等投资主体，持续拓展业扩报装、电力通道建设等外部市场，全年签订18个项目意向合作协议，顺利完成新签合同额年度目标。创新激励机制，充分发挥各供电服务机构属地优势，提升综合能源业务市场占有率。开发应用区块链技术管理平台，实现项目洽商变更、隐蔽工程质量管控等关键环节全部上链。强化施工现场安全管控，全年对115个施工项目开展现场巡检，下发违章整改通知书9件，约谈施工单位5家，有效遏制违章发生。

【安全生产】政治供电万无一失。积极应对疫情防控、极端天气等挑战，圆满完成全国“两会”、党的十九届五中全会等供电保障任务，累计完成保电任务75项，全部实现“零闪动”。落实大兴机场常态化保障要求，全面提升运维质效，强化外力管控，确保机场电网平稳运行。

■ 11月26日，中国能源化学地质工会主席张波（前排右三）到大兴公司调研北京大兴国际机场供电保障工作。（赵迪 摄）

安全基础不断夯实。修编完善涵盖大兴公司领导、15个部门、127个岗位安全责任清单，将安全责任清单与安全履责深度融合。扎实开展安全生产专项整治三年行动，发现并治理隐患78项。优化安全监控中心与高质量巡检队伍线上线下联动的安全监督体系，严格落实“先控后监”要求，实现2249个生产作业现场全覆盖，累计发现并纠正违章问题54项。严格落实安全奖惩举措，累计发放安全奖励71.14万元、处罚10.62万元。

电网运行安全平稳。密切关注负荷变化，针对电网运行薄弱环节，及时发布电网运行风险预警14类140项。科学安排电网运行方式，提前制定52项电网方式调整措施，推进完成7项度夏、度冬解重载工程，成功应对157.45万kW最大负荷挑战。圆满完成D5000系统建设，实现配电架空线路两分段自愈，电网驾驭能力持续提升。

运维水平稳固提升。全面开展输变配反外力专项行动，压降外力故障率，全年输配电故障率分别降低83.3%和4.4%。强化变电设备安全管理，高质量完成37座变电站298站次红外测温及1772面开关柜超声波、地电波带电检测工作，全年完成各类缺陷及异常处理260余次。全面推进配电设备主人制管理落地，严控巡视质量，强化带电检测，突出实效培训，严肃督导检查，异常台区同比下降39.83%，多户报修下降33.3%。

■ 12 月 29 日，大兴公司机场供电服务中心在机场塔台开展巡视工作。（赵迪　摄）

【营销与优质服务】优化电力营商环境取得新进展。迎接国际国内营商环境评价，大力宣传“三零”服务占掘路免审批新政，成功打造 6 项典型案例。推广“一证办电”，大幅提升新装增容业务办理效率，增强客户服务体验。巩固“三零”“三省”服务成效，全年累计完成低压“三零”服务 5191 项，平均用时 3.64 天，累计完成“三省”服务 34 项、3.32 万 kVA。

客户精准服务水平再上新台阶。成立首批综合能源事业部，与能源公司共同制定代维服务工作实施方案，达成配电室智能运维合作意向 37 户，累计完成综合能源实际营业收入指标 1900 万元。建立并滚动更新全年送电计划，按照“一般项目每日调度、重点项目专题调度”的原则，促成万国数据中心、狼垡公园等项目提前送电。组织宣贯服务规范，强化服务意识，形成跨部门、跨层级优质服务考核细则；强化投诉风险管控，客户投诉量同比下降 46.39%，12345 热线转派工单客户诉求满意率 100%。

营销基础管理取得新成效。扎实开展台区线损治理，建立健全台区经理责任制、台区治理超期考核制及跨专业协同处置机制。全年完成 HPLC 设备安装 11.35 万具，更换电池欠压表计 3.6 万具。积极对接区财政局、区农业农村局，实现 6565 万元煤改电电费补贴资金如期全额到位。建立“一户一档”、分片包干管理机制，合理运用法律手段、停限电等措施，有效回收电费 1394 万元，实现电费颗粒归仓。

■ 6 月 21 日，大兴公司共产党员服务队在火眼实验室进行抗疫保电工作。（赵迪　摄）

【农电工作】积极开展乡镇供电所工作人员培训，促进供电所员工业务能力快速提升。精心编制《2020 年乡镇供电所全员培训计划》，全年共开展培训项目 19 个，累计参培 1077 人次。

【科技与信息化】科技创新稳步推进。落实科技强企战略，编制 9 项关键技术清单，组织召开科技创新沙龙，建立与国网能源院、清华大学等顶尖科研院校联合创新机制。全年开展能源互联网科技项目 3 项，群创项目 2 项，项目数量和资金支持在供电公司中排名前列。成功申报专利 7 项，取得专利授权 8 项，超额完成年度计划。

信息化建设持续提升。深化应用信息化管理手段，运用自动清账机器人扎实开展往来账款清理，按月发布预警告知单及反馈计划并限时清理，实现往来款项的动态监测和实时预警，推动财务管理向智能、高效转型。积极推进 D5000 系统建设，克服疫情影响，优化人员配置和工期安排，高效开展系统调试、变电站接入及实传，完成全部 39 座变电站的接入及传动工作。

【党的建设与精神文明建设】党的建设持续加强。强化理论武装，第一时间学习贯彻党的十九届五中全会精神，以《习近平谈治国理政（第三卷）》为核心，全年开展中心组学习 12 次。夯实组织基础，结合“四同步”“四对接”要求高质量完成支部换届选举，大力开展支部书记线上、线下培训，压紧压实支部党建责任。持续深化“会诊式”组织生活，将业务问题上升到思想层面进行剖析解决，真正做到“见事、见人、见思想”，有力助推中心工作，实践经验在“学习强国”平台专题刊登。高质量推进 6 项“党建+”工程，党组织全过程跟进指导，全部典型经验在北京公司“党建+”工程季报上刊登。

深化精神文明建设。以国家电网公司企业文化为基础，基于专业特点，按照“思、明、讲、践”的步骤，把握岗位要求、细化岗位职责、明确岗位标准，用文化驱动岗位建功，由内而外激发团队活力。围绕服务大兴机场建设保障履责成效，发布《沟通让工程建设变轻松》社会责任根植报告，入选国家电网公司社会责任根植项目库。结合行业特点，在大兴公司全范围内开展创建文明城区五大提升行动，以实际行动践行社会主义核心价值观。梳理完善新建企业文化长廊10个，充分利用办公场所、文化长廊、宣传栏板等载体，开展新时代企业文化宣贯传播。

■ 11月12日，大兴公司团委在临空经济区综合保税区创新服务中心建设现场开展“青年大学习”活动。（张章　摄）

（张　蕾）

国网北京市电力公司平谷供电公司

【概况】国网北京市电力公司平谷供电公司（简称平谷公司）成立于1963年（原为平谷供电局，2004年建制调整后为平谷供电公司），是国网北京市电力公司（简称北京公司）直属供电企业，负责平谷地区950.13km^{2}范围内的电网规划建设、运行管理、电力销售和19.28万客户的供电服务工作，肩负着为地区党政军机关、重大节日活动和城市运行安全供电的光荣使命。

截至年底，共设置10个职能部门，2个业务支撑与实施机构，10个供电所、1个产业单位。

共有变电站13座。其中，220kV变电站2座，容量903MVA；110kV变电站12座，容量921MVA；35kV变电站1座，容量20MVA；220kV线路12条，54.338km，110kV线路20条，长度153.203km；35kV线路9条，长度45.69km；10kV架空线路92条，长度1366.6798km；10kV电缆线路75条（含支线），长度171.7425km。实现全年安全生产无事故目标，截至2020年底累计安全生产长周期3528天。

完成售电量17.51亿kWh，同比下降2.77%；完成业扩报装接电容量15.72万kVA；电费回收率100%；最大负荷49.92万kW。

荣获“一流供电企业”、北京市“首都文明单位”标兵、国家电网公司文明单位、平谷区公共服务行业“五好单位”“全国五一劳动奖状”“首都劳动奖状”“全国文明单位”“首都绿化美化式花园单位”“全国青年安全生产示范岗”等荣誉称号。

地址：北京市平谷区新平南路239号

邮编：101200

电话：010—63671123

【人力资源】截至2020年底，平谷公司共有全口径用工399人，其中长期工244人。长期工中研究生及以上学历18人，本科学历181人，专科学历32人；高级职称47人，中级职称47人；技师及以上职业资格129人，高级工14人，中级工11人。

中层干部等岗位引入竞争机制，面向员工开展公开竞聘，进一步拓宽选人用人渠道，推进人员能上能下局面形成。主任、所长、班长等重点岗位推行三年聘任制，建立配套考核机制，聘任期满根据考核结果决定续聘、解聘，推进岗位能进能出。

启用退运35kV山东庄变电站作为员工技能培训基地，提升变电专业员工实操能力。利用金海湖实训基地开展登杆、倒闸操作、装表接电、无人机飞手等技能实操培训以及员工技能等级评价前培训。积极承办北京公司2020年供电所定向大学生培训班，取得良好效果和示范效应。与人才服务公司开展合作，金海湖实训基地为城区公司员工培训提供实训场地。

【电网规划与建设】围绕平谷区分区规划“一城多点六园、两廊两带一区”的空间格局，落实“地区发展，电力先行”理念，打造电力清洁能源“1166”重点工程（建设1条平谷区220kV生命线，建设一座220kV变电站，完成6座110kV变电站新扩建及配套输电线路切改工程，实施中低压配电网可靠性提升及优化营商环境等 6 大工程），树立绿色发展理念，用电力清洁能源助力绿色生态平谷高质量发展。根据北京公司领导“增加平谷第二方向电源”的重要指示，邀请北京公司发展部、经研院、平谷区规自分局、城管委等各方力量，共促马昌营 220kV 变电站纳入“十四五”规划重点项目。

■ 2 月 17 日，平谷公司对山区线路开展改造工作。（张强 摄）

主动对接区城管委、街道，克服疫情对工期的影响，完成 3 项老旧小区改造工程竣工决算。精细安排线路施工模式，首次实施无人机放线等工艺措施，完成山区线路 10kV 水峪路改造工程，提升金海湖景区供电可靠性和防山火水平。主动对接马坊—马昌营快轨迁改工程，精心编制迁改方案。克服低温影响，年底前实现金海湖休闲大会配套架空入地工程竣工。完成 7 个项目竣工决算及新开工 22 项工程前期工作，为下一年工程开工建设打下良好基础。

【经营管理】印发《国网北京平谷供电公司业务流程梳理工作方案》，以存在问题为导向，以业务流程梳理为主线，以岗位职责匹配、规章制度执行为保障，针对关键业务流程进行全面排查，分析编制管理工作方案 17 项，主、副流程图 51 项。有效解决职责分工不清晰、时间节点不合理、业务管理不到位、部门间流转不顺畅等问题，实现环与环拉手、端与端打通，实现人财物高效运转。全面开展党建+5S 班组体系建设，将班组管理向更高层次推进，为精益管理夯基固本。以深化现代智慧供应链应用为抓手，制定物资管理工作实施方案，初步实现物资全过程管控目标。智慧供应链应用位列北京公司第 2 名，协议库存执行率排名第 1 名，库存物资由年初 995 万元压降至 457 万元，压降比例达 54%，处置废旧物资 144 万元，超额完成年度目标。顺利完成北京公司“协议库存统一配送”试点任务，建成泃河主业仓库，新增仓库面积 1.68 万 m^2。精准开展专业仓建设 31 个，为规范物资管理提供有力保障。

【安全生产】重新修编全员岗位安全责任清单，强化主体责任落实。制定电气协作队伍管理方案，建立工作负责人和安全员“联盟”，开展线上工作交流与培训，实时传达安全防控重点，实现安全“同质化”管理。整合安全巡检资源，规范安全监控中心运行，开展“5G+VR”智能全景安全监控试点，实现作业现场巡检、监控全覆盖。以“杜绝人身伤害事故”为底线，坚持违章“零容忍”原则，进一步加大对现场违章行为的查处，提高安全管控能力。组织开展安全生产专项整治三年行动专项隐患排查工作，持续提升本质安全水平。重新组建应急救援队伍，开展应急装备使用培训，深度参与各类应急抢险，为事故抢修提供了坚强辅助。落实安全生产奖励机制，全年兑现奖惩 61 项，涉及资金 7.51 万元。在公众号发布“逢雨季、防触电、用电安全记心间”等用电安全宣传小贴士，持续提升辖区居民安全意识，全方位营造安全和谐氛围。全年未发生安全生产事故。

■ 10 月 30 日，平谷公司开展输电线路设备及防山火巡视工作。（黄晓东 摄）

【营销与优质服务】高质量服务 271 家小微企业完成“三零”接电，推动区政府执行“三零”服务低压占掘路行政“免审批”政策，率先打造 2 项典型案例。创新开展惠民助企行动，实施用电“顺心”工程，通过 10 项措施提高客户获得电力便捷性。提升供服中心服务实效，走访 12345 报修热点地区村户调研疏导，通过“请进来”，将村民代表带入调控大厅直观了解报修流程，体会报修电话快捷性提升民众用电获得感。精心筹备北京市优化营商环境“千人千题”考试，取得全市第三名的佳绩。创新实施“双客户经理制”，解决弃管小区、客户外电源线路安全运行盲点。共产党员服务队深入社区、“煤改电”村宣传平谷公司优质服务举措。“煤改电”宣传活动在中央电视台及平谷融媒体中心进行报道。累计受理投诉 18 件，同比压降 53.81%，及时规范处理 12345 市民诉求，切实做到服务民生，连续 5 个月在区政务局评价中获得满分。积极推广数字化服务，在北京公司率先完成客户精准信息采集率 100%，推广成效显著。购电下发平均时长缩短至 1.62min。

■ 11 月 6 日，平谷公司共产党员服务队在东高村镇克头村向居民客户讲解“煤改电”安全用电知识。 （安晓静　摄）

【党的建设与精神文明建设】积极承担 10 项“党建+”项目，为二级单位最多，党建+线损攻坚、审计问题整改、大数据中心建设、深化安全管控、多维精益管理、老旧小区改造、基建高质量管理、物资业务质效提升等工作均取得良好成效。党政融合更加深化，吸纳部门负责人、业务骨干、青年党员等，以支部换届为契机，10 个党支部支委会扩大到 5 人。服务队开展“党员为民”专项行动，邀请人大代表、政协委员参加，直观感受老旧小区电力改造成效。围绕安全生产、优质服务、规划建设等重点选题，在中央电视台、“学习强国”等重要媒介发布新闻 3 篇，在国网网站要闻栏目发稿 3 篇，在市级和行业媒体发稿 69 篇，在《平谷报》发布整版报道和系列报道，努力讲好“平谷供电”故事，在地区和系统内塑造良好口碑。建设完成理发室、健身步道等“十件实事”，助推工作生活更加便捷。对供电所食堂、浴室、职工小家等设施改造升级，农电职工获得感稳步提升。在端午节、中秋节等节日开展全员慰问，和谐氛围愈发浓厚。

■ 11 月 21 日，平谷公司进行雪后巡视。 （张强　摄）

（张　强）

国网北京市电力公司怀柔供电公司

【概况】国网北京市电力公司怀柔供电公司（简称怀柔公司）成立于 1958 年，是国网北京市电力公司（简称北京公司）的直属供电企业，负责怀柔地区 2122.6km^2 范围内的电网规划建设、运行管理、电力销售和 18.8 万客户的供电服务工作，肩负着为怀柔地区经济社会发展、重大国际活动和城市运行安全供电的光荣使命。

截至年底，共设置 9 个职能部门、4 个业务支撑与实施机构，下设 28 个班组、13 个农村供电所。辖区内共有 220kV 变电站 2 座、110kV 变电站 17 座、35kV 变电站 6 座、10kV 开闭站 21 座，10kV 储能站 1 座；35kV 及以上线路共 34 条，合计 295.88km；10kV 配电线路 356 条，合计 2352km。

怀柔公司全年完成销售电量 20.97 亿 kWh，同比增长 1.95%；最大负荷 59.21 万 kW，同比增长 23.92%；综合线损率 4.95%，同比降低 1.58%；营业收入净额 12.22 亿元，同比降低 4.44%；实现内部利润–3.55 亿元，同比提高 13.88%；完成发展总投入 9595.28 万元。资产总额 23.55 亿元。

怀柔公司获得电力安全生产标准化一级企业、北京市安全生产示范单位等荣誉称号，科学城西 110kV 变电站荣获国家电网公司输变电优质工程银奖，率先建成北京首座电力北斗基准站，获数字新基建劳动竞赛、基建重点工程劳动竞赛表现突出单位奖。

地址：北京市怀柔区湖光小区 36 号
邮编：101400

电话：010—69653415

【人力资源】截至年底，怀柔公司共有全口径用工 599 人，其中长期工 259 人。长期工中研究生及以上学历 47 人，本科学历 158 人，专科学历 33 人；高级职称 43 人，中级职称 69 人；技师及以上职业资格 125 人，高级工 52 人，中级工 6 人。

深化“三项制度”改革，健全能上能下机制，调整各层级干部 35 人，其中提拔领导干部 13 人，免去各级干部职务 12 人，解决非实职干部 2 人，交流领导干部 10 人。制定《国网北京怀柔供电公司岗位聘任制管理实施细则》，推行用工契约化管理。实施职员职级和专家人才动态管理，1 人被评为公司一级专家，遴选地市级专家 3 名。科学改善干部队伍结构，加强青年干部培养。强化四支队伍建设，10 人次荣获公司级荣誉。健全绩效工资二次分配考核机制，薪酬向一线重点岗位倾斜。探索人才培养新模式，累计 11 期、578 人次青年员工踊跃参加“星星讲堂”。加强党员干部“红色引擎”、专家人才“领军领航”、岗位技能人才“匠心匠人”以及青年员工“正青春正能量”四支队伍建设，选派 4 名优秀青年员工到一线班组长、供电所所长和产业单位内设机构副主任岗位挂职锻炼培养。

■ 9 月 30 日，怀柔公司组织“正青春 正能量”青年员工中秋茶话会暨悦读分享会。（韩蕾 摄）

【电网规划与建设】围绕怀柔科学城世界级原始创新承载地定位，以“1120”怀柔方案为纲，构建以电为中心的能源供给和消费体系。紧扣怀柔分区规划，对接属地政府需求，编制国网战略怀柔落地“139+”工程方案，部署重点任务 147 项。推动怀柔区政府与北京公司签署“十四五”战略合作协议，节省资金 8.8 亿元。

总结“十三五”规划建设有益经验，紧握地区发展形势。主网层面，高标准编制“1+2+7+3”规划，形成“两图一表一清册”成果，顺利纳入怀柔区“十四五”能源专项规划。配网层面，结合“新基建”建设思路，同步开展“十四五”配电自动化、电动汽车充电网和通信网规划。

提前 9 天完成京通铁路 110kV 范各庄牵引站外电源工程，完成跨铁路 43 处配电迁改工程，获北京市领导专门批示表扬。高质量完成 500kV 万顺线改造、220kV 怀柔变电站出线改造及怀密退运线路拆除工程，九渡河（黄坎）、喇叭沟门变电站有序推进。高标准推进 34 项配网工程，26 项工程规范竣工。加强物资精益管控，累计自行利库 721.14 万元、调出物资 95.45 万元、调用物资 577.59 万元，清理历史逾期采购订单 40 项、累计 1189.77 万元。推进现代智慧供应链建设，拓宽场景应用，黄吉营仓库标准化升级圆满完成。全年账卡物一致率保持 100%。

成立重大工程协调办公室，召开 10 次调度例会，部署任务 131 项。220kV 罗山站完成选址选线方案编制，110kV 科学城东输变电工程送电部分进场施工，110kV 永胜站及配套电力保障中心前期工作进展顺利，北房储能二期工程如期投运并打造成“多站融合”示范项目。

■ 6 月 16 日，怀柔公司在京通铁路配套新村牵引站外部供电工程现场安装绝缘子。（赵艳阳 池源 摄）

【经营管理】千方百计争取外部资金政策支持，向区政府申请九渡河、科学城东两项工程 30%土建费用，涉及金额 2353 万元，获得喇叭沟门地上物拆赔补费用 4828 万元，合计 7181 万元。开展竣工决算专项行动，累计完成 96 项工程转资，涉及金额 47486.12 万元。加强闲置房产等资源利用，租赁收益获得提升。

全面压降非生产性支出。完善经济活动月分析机制，挖掘“量价费损本利”指标数据价值。全面开展资产清查，核查存量资产卡片 28162 张，整改问题卡片 9776 张，促进资产运营效率提升。扎实推进线损治理，综合线损率4.95%，同比降低1.58%，分线、分台区线损合格率分别达到98.43%、97.83%。狠抓反违查窃，累计追补各类电费379.35万元。强化多维精益管理体系应用，推动业财全业务融合。持续加强合同全链条管理。依法维护公司利益，通过诉讼挽回损失225.65万元。稳妥实施退休人员社会化管理，完成全部77名人员信息采集。

成立产业管理指导委员会，完善"两商"招采机制。开展问题整改再审计专项提升活动，11项问题逐一挂牌销号。聚焦怀柔区发展，成立重大工程项目部，积极开拓客户工程市场，累计签订工程合同7.43亿元，完成年度指标的285.94%。

主动培育新动能，将科学城管委会综合能源管理示范工程作为金字招牌，通过"供电+能效"双方案模式，重点打造能源托管、多能供应、新能源应用等3大类6项服务产品，实现综合能源收入817.02万元。

【安全生产】修订全员安全责任清单898项，安全理念入脑入心。优化安全工作奖惩机制，明确规定奖励一线员工人数、金额分别超过70%、80%，累计兑现410万元。加强"双准入"管理，强化同质化水平，完成17支队伍、666名人员线上认证考试，实现全员持证上岗。发挥安全管控分中心和两级巡检体系作用，加大现场反违章力度，累计现场督导把关1325次、飞行检查453次，下发蓝色违章通知单6个、安全建议46项。

加强怀柔电网特性研究，科学安排运行方式，部署电网提升重点任务24项，发布预警响应207次。成立供电可靠性提升管理领导小组，实施停电计划预算式管理，节省预安排停电1.0056万时户数，供电可靠性达到99.961%。推进带电作业班组改制，全年累计作业317次，同比提升38.35%，带电作业率提升34.17%。深化配电自动化建设及应用，率先实现开闭站全覆盖，终端在线率、遥控成功率分别达到96.62%、98.00%。健全"1+3+*N*"应急抢修体系，成功应对1月7日历史超低温和最大负荷考验。

扎实开展安全生产专项整治三年行动、"查风险、治违章、抓落实"安全大检查等专题活动，排查治理风险隐患173项。深化智能化供电服务指挥、智能安防等平台应用，开展输变配反外力专项行动，促请区主管领导督导消除树线矛盾等风险401项。加强瞬时接地故障排查，累计排查679次，原因查出率达61.45%。治理老旧小区、"三供一业"小区等重点用户内部隐患163项。

10月12日，怀柔公司在35kV桥黄线带电检修。（赵艳阳 摄）

【营销与优质服务】大力实施"阳光业扩"，积极推广"三零"服务，累计322家中小微企业受益，节约成本1050万元。"网上国网"注册用户超过2万，高低压线上办电率达到97.56%。"千人千题"竞赛勇夺佳绩。深化"网格化"服务，87名客户经理下沉到业主群、镇乡群，打通客户服务"最后一公里"。健全接诉即办等快速响应机制，客户投诉数、95598话务量分别同比下降30.43%、11.61%。加快推进10个老旧小区改造。加强计量采集运维管理，更换计量低压模块4.78万个，购电下发时长降至1.95min。加强量价费稽查，稳妥推进电费回收工作，回收率达100%。主动走访科学城公司、北控集团、中科院物理所及纳米所等，现场办公解决用电难题34个。落实阶段性降低电价等纾困政策，16.40万户居民享受欠费不停电服务，3家商场享受缓交电费政策，减免电费4276.18万元。

4月2日，怀柔公司在怀柔科学城"三省"项目部开展10kV变电箱吊装现场作业。（赵艳阳 摄）

【农电工作】优化组织机构，雁栖湖供电服务中心更名为雁栖湖（科学城）供电服务中心，成立城区供电服务中心，形成覆盖全面、营配融合的"1+1+13"供电服务体系。优化调整庙城供电所运维范围。推进 11 个供电所综合维修改造。

【科技与信息化】健全双周调度机制，推进 14 项创新项目、13 项专利项目，其中首都科技核心区“国际一流”配电网规划创新与实践荣获管理创新二等奖、公司系统内会议自动筹办和管理系统构建荣获管理创新三等奖、高供电质量有载调容变压器关键技术和设备研制荣获科技进步三等奖。参加公安部网络安全攻防演习，实现“零失分”。开展全员线上网络安全学习答题。

【党的建设与精神文明建设】持续跟进学习习近平新时代中国特色社会主义思想，累计召开中心组学习 12 次。全面开展建党 99 周年“一项系列活动、五个先锋行动”主题活动。深化党建量化计划管理，发布月度任务清单。制定 13 项“党建+”工程计划，其中 3 项入选北京公司计划。落实《国有企业基层组织工作条例（试行）》，扎实推进“夯基础、提质量”16 项重点任务。深化党建量化计划管理，发布月度任务清单。有序规范完成党总支（党支部）换届选举，全覆盖开展 18 名党组织书记述职。开展全员人力资源现状分析，探索“一人一案”，推进党员“一带二、一带三”。

针对重点岗位人员开展履责约谈 79 人次，开展疫情防控、安全专项监督检查 29 次。坚持动真碰硬，巡视巡察 175 项问题全部见底清零，“抓整改、除积弊、转作风、为人民”专项行动 35 项任务全部完成。依据北京公司第一轮巡察“全覆盖”负面清单，梳理问题 20 项。完成 2019 年竣工决算审计，针对问题制定整改任务清单。

压实意识形态工作责任，开展形势任务学习宣贯，完成全员意识形态线上调研问卷及分析，分类制定并落实专项措施。把镜头聚焦在疫情防控、战略落地等一线阵地，挖掘先进事迹，弘扬劳模精神、工匠精神，在北京网站刊登稿件 249 篇，市属及以上媒体发稿 19 篇，行业媒体发稿 72 篇，其中电网头条发稿 33 篇。联合区教委开展安全用电进校园，95 名青年员工受聘为 38 所中小学安全用电宣传员。深化职工诉求服务体系建设，开展“三必贺三必访”慰问 200 余人次，组织为困难职工捐款，解决了一批职工“急难愁盼”问题。

■ 3 月 31 日，怀柔公司党员服务队队员向村民宣传安全用电知识。（韩蕾　摄）

（王　祎　韩　旭）

国网北京市电力公司密云供电公司

【概况】国网北京市电力公司密云供电公司（简称密云公司）是国网北京市电力公司（简称北京公司）直属供电企业，负责密云地区 2229.45km² 范围内的电网规划建设、运行管理、电力销售和 29.25 万客户的供电服务工作，肩负着为密云地区党政机关、重大政治活动和城市运行安全供电的光荣使命。

截至年底，共设置职能部室 9 个、班组 23 个，管理集体企业 1 家。

共负责 35kV 及以上变电站 26 座，变电容量 156.9 万 kVA，输电线路 423.19km。其中，110kV 变电站 13 座、35kV 变电站 13 座。10kV 配电线路 2997.54km，其中架空线路 2364.42km，电缆线路 633.12km。

全年完成售电量 21.67 亿 kWh，同比增长 0.14%；实现营业收入 11.84 亿元，同比减少 6.07%；完成固定资产投资 2.58 亿元；固定资产原值达到 44.55 亿元，同比增长 10.55%；累计线损率 5.29%，同比下降 0.83 个百分点；电费回收率 100%。最大负荷 59.17 万 kW（2020 年 12 月 29 日）。

2020 年，密云公司获得全国文明单位荣誉称号。守牢了疫情防控的责任阵地，落实各项疫情防控举措，实现全年零确诊、零疑似。全区 1 万余户居民享受“欠费不停电”服务，满足百姓用电需求。全面落实 95 折防疫优惠电费政策，为 1.7 万客户降低用电成本 4000 余万元。开通“防疫绿色通道”，确保区中医院电力增容等项目第一时间送电投产，受到区领导的高度肯定。

地址：北京市密云区新中街 3 号
邮编：101500
电话：010—69042580

【人力资源】截至年底，密云公司共有全口径用工 736 人，其中长期工 237 人。长期工中研究生及以上学历 29 人，本科学历 126 人，专科学历 66 人；高级职称 33 人，中级职称 42 人；技师及以上职业资格 96 人，高级工 62 人，中级工 8 人。

修订并印发了《国网北京密云供电公司中层领导人员管理办法》；制定并印发了《国网北京密云公司岗位聘任制管理实施细则》；制定一线班组岗级（薪级）工资动态管理方案，加大工资总额分配向关键岗位、生产一线岗位和紧缺急需人才的倾斜力度，优化内部薪酬分配关系。多措并举，注重将青年员工培养为独当一面型人才。开展线上培训 16 期，开展线下实操培训 10 余次，开展管理人员培训 2 期，培训人次达 800 人次。持续强化青年人才第一个十年培养，开展青年员工装表接电技能竞赛，组织青年员工到供电所定向见习，参与一线工作。加强跨单位交流，邀请工程公司专家培训授课；和首电人才服务公司合作，开展各类技术技能培训，提升人才队伍素质。通过实施人才培养，35 岁及以下青年员工聘任管理岗占比达 29.5%。

【电网规划与建设】确定了密云电网“十四五”规划方案，并促成密云区政府与北京市电力公司签署《密云区“十四五”电力规划建设战略合作协议》，最大限度节约了投资成本。高效办理西田各庄 220kV 输变电工程“多规合一”协同意见的函、用地预审与选址意见书等规划前期手续，以及京通铁路兵马营牵引站 110kV 变电站外部供电工程环评批复。共办理 5 项

■ 12 月 18 日，密云公司促成密云区政府与北京公司签署《密云区“十四五”电网规划建设战略合作协议》。（王丽 摄）

110～220kV 工程的 13 项关键规划前期节点，在保证 2020 年工程依法合规开工同时，为 2021 年工程列入投资计划创造有利条件。

截至 2020 年底，完成冯家峪 110kV、北庄 35kV、白河 35kV 3 座主变压器增容工程，更换主变压器 6 台，有效缓解了密云东部、北部“煤改电”负荷重载压力。年初投产大城子 35kV 输变电工程，彻底解决了大城子地区原 10kV 供电半径过长引起的运行安全隐患，提高了地区电能质量和供电可靠性。全年新增 35kV 线路 25.57km，新增 35kV～110kV 变电容量 97.2MVA。

■ 12 月 12 日，密云公司对 35kV 白河变电站开展增容改造工作。（林一轩 摄）

【经营管理】深化线损精益管理，分线、分台区线损合格率达 96.83%、98.4%，同比提升 2.37、0.93 个百分点。后付费电费回收率完成 100%，反窃查违金额突破 251 万元，全年追回电量 46.21 万 kWh，确保了“颗粒归仓”。

实现“一网通办”“一证办电”。提升线上办电效率，确保对外承诺接电时限严格执行到位。形成“供电方案+综合能源方案”深度融合的业务模式，实现全年综合能源收入 700 万元以上。

加大年度审计问题和数字化审计工单的跟踪问效力度，明确把关和验收要求，严控整改质量。坚持依法合规经营，持续开展“煤改电”等过程监督。

投资 2200 余万元改善供电所办公条件，并推动十里堡、东邵渠、大城子等 3 家供电所搬进新址办公。

【安全生产】加强施工现场安全管控，强调现场安全管控，布置安全督查、现场检查工作。共完成计划工作 685 个，各级巡检人员检查现场任务 1038 个，巡检率 100%，公司领导及管理人员完成到岗到位任务 388 个、

飞行检查任务 113 个。共出具违章通知单 12 张。修订发布了全员安全责任清单，完成安全生产专项整治三年行动“一下一上”阶段工作，共排查问题隐患 53 条。组织召开风险审核会 26 次，审核各类电网风险 264 条，修改完善风险 43 条，得到了北京公司肯定。根据密云地区当前电网实际情况修订、增加部分安全预案，增强预案的针对性和实效性。共修编 7 份应急预案，并完成下发。应急响应流程、处置逐步完善，为应对度夏、度冬大负荷和恶劣天气，共启动应急响应 65 次。实现全年故障管控目标。全口径供电可靠率 99.987%，户均停电时间 1.13h，同比减少 2.9h。年度线损合格率 96.83%，其中低损线路（0，3）占比 66.97%。实施扩展性改造项目 42 项约 2.8 亿元，完成技改大修项目 47 项，运维项目 87 项和业务委托 8 项，合计 9600 余万元。

【营销与优质服务】营商环境持续优化，全年接电容量 16.8 万 kVA，完成年度目标的 120%。提升服务品质，客户投诉和 95598 话务量分别下降 37.8%和 32.7%。推广“网上国网”、微信电力营业厅，线上服务渠道新增客户 11.2 万户。实现客户基础信息采集以及停电通知全覆盖。完成 1.3 万具电池欠压表计和 830 户高压非智能表计更换，换装 6.4 万具高速载波采集装备，全年采集成功率 99.87%，购电平均下发时长缩短至 1.56min。

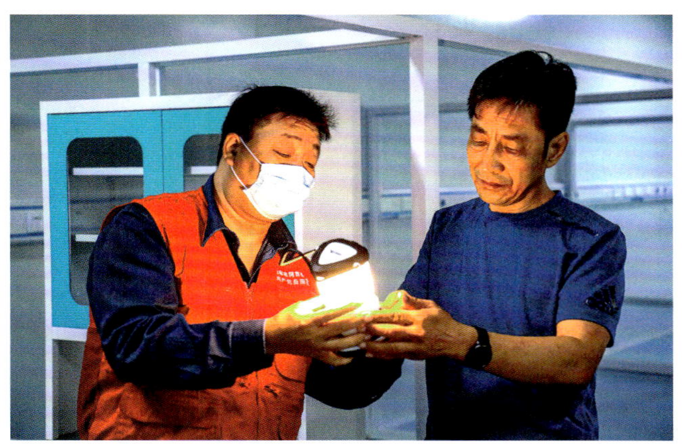

■ 9 月 16 日，密云公司在延生托养中心开展志愿服务活动。

（王丽　摄）

高质量实施 33 个村 1.3 万户“煤改电”工程，10 月底前全部完工。新建 10 个充电站址、20 台充电桩，优化整合 4 个充电站址、28 台充电桩。

【农电工作】华商密云分公司完成 2020 年农电营销业务委托合同第一批、第二批和补充协议三份合同协调、签订和付款工作，完成 2020 年农网配电运维业务外包服务框架采购协议的签订，涉及 2020 年度农网配电运维第二批业务委托第一批和第二批两份合同协调、签订及付款工作。开展 2021 年华商分公司业务外包招投标工作及部分公开性竞谈工作。

组织开展培训工作 13 次，参与培训职工 375 人次。配置了 18 套垃圾分类站，提升分公司和供电所关于生活垃圾分类工作的管理水平；协调华商本部投资约 30 万元进行大修工程，为古北口供电所消除房屋隐患。为 17 个供电所配置厨师及保洁 48 名，完成 7 个供电所园林绿化工作；全年进行一般性房屋维修工作共计 59 次，维修资金共计 627524.26 元。

加强党在供电所日常工作中的领导作用，为 9 个供电所建设党建宣传栏及橱窗工作。

疫情期间，积极协调地方卫生部门，在条件允许下第一时间组织华商职工 171 人进行健康体检；及时协调国网平台提供防疫物资，保障 17 个供电所疫情期间正常开展工作。

【科技与信息化】参与并入围北京公司第三届网络安全技能竞赛决赛，获得网络安全技能竞赛团体二等奖。稳步推进科技创新和管理创新工作，开展青年员工科技创新论坛 1 次，组织小范围内科技工作讨论会 7 次，不断提升员工创新工作积极性。

密云地区电网调度控制系统整体改造工程竣工验收，工程新建自动化机房一组，安装 32 面智能机柜，2 套 ups 电源，5 台精密空调，服务器工作站 65 余台，辅助设备电网自动化监控系统，总建筑面积约 150m^2。工程于 2019 年 4 月开工招标，2020 年 12 月 18 日竣工投产。

【党的建设与精神文明建设】坚持思想建党、理论强党，充分发挥中心组领学促学作用，年内累计组织中心组学习 13 次，开展研讨 44 人次。开设“青年云座谈”专题，举办“战疫不停学”云培训 16 期，切实提升青年员工理论和技能水平。扎实开展“夯基础、提质量”专项行动，以项目化推进党支部标准化建设，有序完成 20 个基层党组织换届选举工作。树立正确选人用人导向，2020 年新提任正职干部 1 人，副职干部 2 人，交流任职 5 人。高度重视，全员发动，高质量完成巡察配合工作。发扬钉钉子精神，一改到底、见底清零，持续推动全面从严治党向纵深发展。发挥文化引领作用，落实“文化铸魂、文化赋能、文化融入”专项行动，深化文明单位创建，继续保持“全国文明单位”荣誉称号。弘扬社会主义核心价值观，热心公益，持续组织冬衣捐赠活动。完成职工文体活动场馆建设，极大丰富了广大职工的业余生活。坚持举办“六一”“暑期夏令营”等亲子活动，搭建“企业—家庭—职工”和谐共融的服务平台。加强宣传工作，年内累计在北京公司及行业媒体上稿 51 篇，市属及以上媒体上稿 3 篇，短视频《我们始终和你在一起》荣获第一届中央企业践行社会主义核心价值观主题微电影（微视频）优秀奖。

（孙佩佳）

国网北京市电力公司顺义供电公司

【概况】国网北京市电力公司顺义供电公司（简称顺义公司）成立于 1957 年，是国网公司市电力公司（简称北京公司）公司直属供电企业，负责顺义地区 1021km^2 范围内的电网规划建设、运行管理、电力销售和供电服务工作，肩负着为顺义区域内党政军机关、高科技园区及首都机场和全区百姓优质安全供电的光荣使命。

顺义公司领导班子成员共有 7 人，设置 11 个职能部门、3 个业务机构，下设 25 个班组、19 个乡镇供电所，1 个产业单位。

顺义区域内 500kV 变电站 1 座，容量 435 万 kVA；220kV 变电站 6 座，容量 288 万 kVA；110kV 变电站 31 座，容量 307.5 万 kVA；110kV 线路 88 条，长度 507km；35kV 线路 28 条，长度 201km；10kV 开闭站 98 座；10kV 电缆分界室 242 座；配电变压器 6480 台，容量 172.4 万 kVA；10kV 线路 677 条，长度 5154km。

地区供电用户 45.49 万户，其中重要客户 27 户，包括特级客户 1 户（首都国际机场）。全年售电量完成 82.84 亿 kWh，同比增长 5.4%。完成固定资产投资 2.35 亿元。完成营业收入 48.19 亿元，同比增长 0.08%。实现利润 –5747.65 万元。实现累计安全长周期 8797 天，长达 24 年有余。

地址：北京市顺义区南法信顺达路 6 号
邮编：101300
电话：010—81483347

【人力资源】截至年底，顺义公司共有全口径用工 922 人，其中长期工 333 人。长期工中研究生及以上学历 87 人，本科学历 172 人，专科学历 61 人；高级职称 50 人，中级职称 79 人；技师及以上职业资格 44 人，高级工 143 人，中级工 58 人。

搭建多样化人才培养平台，组织电匠微课堂 21 期、现场实练 4 次，连续 8 年开展师带徒工作。编制 11 个核心专业“学习地图”，明确青年员工成长路径，激发工作热情。推进京东实训基地建设，完成变电、配电、综合能源、有限空间作业实训区建设，逐步实现员工队伍业务素质和技能水平提升。创新人才选拔培养机制，制定《地市公司级优秀人才管理实施方案》，3 名职工荣获北京公司一级优秀人才称号。打造高素质、专业化干部队伍，3 名中层正职干部走上重要工作岗位。

【电网规划与建设】成功促成顺义区政府与国网北京市电力公司签署《推进顺义地区电力建设战略合作协议》，完成牛山西等 4 项输变电工程投资划分协议签署工作，政企协同开启“十四五”电力发展新篇章。深度结合顺义地区发展定位，编制完成顺义电网《“十三五”规划评估》《“十四五”规划》及《110kV 网架研究》。加大前期攻坚力度，220kV 层面完成牛山西站多规协同、用地预审、立项核准，110kV 层面完成胡各庄站选址选线及尹家府站站址落实工作。

■ 9 月 23 日，公司与顺义区政府签署《顺义区“十四五”电网规划建设战略合作协议》。（李超 摄）

年度电网建设任务全部按期完成，全年开工工程 8 项，投产 6 项，新增变电容量 174MVA，新增 110kV 线路 25.1km，10kV 电缆线路 7.53km。打造于庄标杆示范工程，实现 110kV 输变电工程与 10kV 配套送出工程同步投产，多次组织于庄标杆示范工程现场观摩并取得实效。参加电网建设比武竞赛活动，先后 4 次获得专业前三名的优异成绩。

实施 6 方面 19 项数字新基建重点任务，高质量完成“清洁能源消纳”“低压窃电用户精准识别”2 个大数据项目系统开发应用。加强新技术应用，完成顺义地区首座北斗导航基准站建设。

【经营管理】科学部署疫情常态化防控工作，第一时间成立疫情防控指挥部，统筹部署各项工作。梳理全口径 1721 名员工行程、健康及在岗情况。因时因势调整近百条常态化防疫措施，抓好环境消杀、门禁管控、食堂分餐等工作。全年组织全员核酸检测 5 次。高效应对顺义局部疫情突发情况，采取最严措施果断处置，最快速度对全口径员工进行密接排查，最短时间完成全员核酸筛查和重点人群复测，最大限度减少人员流动，实行部门弹性、居家办公工作模式。顺利完成 1077 人次疫苗接种，做到应接必接。坚实扛起疫情保障责任使命，全年累计投入保障力量约 1.8 万人次、发电车 468 台次，快速满足 25 处防疫点位用电需求，保障 56 家防疫用户及疫情封闭村安全供电万无一失。

高质量谋划港城融合能源互联网特色示范区建设，提出“一融合、二支撑、三服务、四驱动”的发展思路，全面推动国网战略在顺义形成生动实践。大力开展提质增效专项行动，利润同比减亏 2.51 亿元。超额完成资产负债率压降目标任务，可控费用压降 5.38%。拓宽综合能源市场，全年完成综合能源服务收入 1500 万元。推进“三清理两提高”工作任务，转资金额 2.97 亿元。年度综合线损率压降至 3.9%，增效 4325 万元。全年完成废旧物资处置 880.8 万元。

主动依法维权起诉案件 23 件，有效解决电费回收困难等问题，挽回经济损失 480.16 万元。充分发挥领头雁效应，领导干部带头学法 4 次，法治意识和风险防范水平不断增强。狠抓审计问题整改，整改率达 98.5%。开展巡视巡察整改“见底清零”专项行动，237 项整改任务全部完成。加强廉洁风险防控机制建设，约谈覆盖面达到 100%。落实“放管服”改革工作要求，开展优化机构设置及人员编制总体方案研讨。深化产业单位改革，厘清权责界面及运转模式，全年实现营业收入 6.9 亿元，利润总额 3301 万元。

【安全生产】始终坚持发挥“六个力量”作用，在全国“两会”保障中，克服防疫压力，超前启动保障工作，选派 4 名“1+*N*”团队人员进驻全国人大顺喜山庄，全程封闭保障 22 天，全体干部职工连续奋战，兑现了万无一失的庄严承诺。在顺义区中高考等 16 项考试保障中，集中力量完成外电源保障和考点内部隐患排查工作，圆满完成保障任务。全年累计开展保障任务 35 项，保障天数 134 天。

■ 5 月 22 日，顺义公司在“两会”重点保障线路开展巡视工作。（李超　摄）

狠抓现场安全管控，全年检查各类工作现场 2458 个，自查发现整改问题率提升 52%，安全事件、违章行为同比分别下降 26%、33%。提升应急处置和风险化解能力，全年针对大风、低温、雷雨等恶劣天气启动预警应急响应、突发事件应急响应 107 次。滚动开展电网负荷预测，及时发布电网风险预警 82 项。科学调整电网运行方式 58 项，完善电网互倒互带处置预案 84 项，成功应对 208.5 万 kW 历史最大负荷考验。综合运用人防、技防措施，全年输电线路外力故障、配网整线故障分别同比下降 50%、40%，连续三年实现变电“零故障”。供电可靠率达到 99.985%。开展安全生产问题清单专项梳理和专项整治三年行动，梳理专项隐患问题 106 项，及时消除风险隐患 68 项。依托安全工器具试验中心，全年试验各类安全工器具达 4000 余件，不合格检出率达 7%。

【营销与优质服务】率先完成郊区首例占掘路免审批案例以及“2+4”项“三零”典型案例，为世行磋商提供样本支撑。推进小微企业“三零”服务，惠及小微企业 615 户。大力实施“阳光业扩”，完成接电容量 54.99 万 kVA，在北京公司位列第 4 名。不折不扣执行国家降价政策，全年降低社会用电成本 1.86 亿元。

积极对接地区充电设施建设需求，拓展物流、环卫等专用站点布局。苏活、畅顺园等居民小区共享充电桩项目顺利落成，南法信、俸伯 P+R 充电站完成优化升级。大力推广“网上国网”App 应用，荣获“推广贡献”和“推广质量”两项荣誉。健全“接诉即办”响应机制，受理投诉、95598 工单同比分别下降 64.1%、

26.24%。疫情期间全区 41.92 万户居民享受“欠费不停电”服务，1.63 万户企业享受缓交电费政策。依托供服中心大数据分析，持续压降多户停电报修工单数量，全年受理多户报修工单同比下降 32.69%。

组建老旧小区改造柔性团队，通过人才挂职培养等手段，从物资管控、施工安全、优质服务等方面提升工程质量。全年完成双阳南区、石门苑、石园东苑与永强小区 4 个续建项目，有序推进 2020 年度新下达 22 个老旧小区改造项目设计、施工、监理招标工作，地区百姓用电幸福感不断提升。

【科技与信息化】开展科技创新“新跨越行动计划”，率先完成第一批“众创空间”挂牌工作，成功举办 4 个项目创新成果发布会。积极引导青年员工参与创新工作，“顺力”青年创新工作站获评北京市青年创新工作站，“梦想”QC 小组荣获第 45 届国际质量管理成果发表大会铂金奖。

■ 12 月 4 日，顺义公司“梦想”QC 小组在第 45 届国际质量管理小组发表大会上获得铂金奖。（李超　摄）

【党的建设与精神文明建设】修订完善《党委议事规则》《三重一大决策管理办法》，全年累计召开党委会议 34 次，研究讨论议题 101 项。启用《党建履责手册》，将“一岗双责”纳入领导班子职责分工。扎实推进“基层党建巩固提升年”各项工作，大力开展四个方面 14 项“党建+”工程实践。

■ 7 月 23 日，顺义公司在畅顺园小区开展“充电桩落在家门口，学战略落实新基建”主题党日活动。（李超　摄）

坚持以党内政治文化引领企业文化建设，围绕防疫保障、度夏度冬等开展主题宣传 120 余次，全年累计推送信息 3000 余条，讲好“顺电”故事。及时关注社会热点和突发事件，防范化解舆情风险。积极开展防疫慰问、保电慰问、暑期托管班等工作，不断增强职工获得感和归属感。建立职工诉求中心，通过“1+柔性团队”拓宽为职工办实事、解难事的途径。

（蔡溪源）

国网北京市电力公司延庆供电公司

【概况】国网北京市电力公司延庆供电公司（简称延庆公司）成立于 1962 年，是国网北京市电力公司（简称北京公司）直属供电企业，负责延庆地区 1993.75km² 范围内的电网规划建设、运行管理、电力销售和供电服务工作，肩负着为延庆地区经济发展、政治供电和人民生活提供安全供电的重要责任。

延庆公司共设置 9 个职能部门、3 个业务支撑机构、7 个全能型供电所、1 个产业单位。

2020 年，延庆公司全面贯彻北京公司及区委区政府决策部署，深研北京公司“12912”战略实施方案，创新提出“1235”战略落地方案，制定 15 项具备推进实效的重点任务。促成北京公司与延庆区政府签订《战略合作协议》。顺利完成全年 55 项大项、469 小项重点工作任务。发展总投入 1.65 亿元，其中电网基建投资 1.25 亿元。地区投产 110kV 及以上线路 65.2km，新增变电容量 20 万 kVA。年度售电量同比增长 8.68%；实现售电收入 8.98 亿元，同比增长 0.99%。线损率优于年度指标 0.29 个百分点，同比下降 2.01 个百分点。供电可靠性完成 99.9749%，优于考核指标 0.0264 个百分点。完成可控成本 1.8 亿元，模拟资产负债率优于指标

7.19 个百分点，模拟内部利润优于年度指标–5.2 亿元，优于指标 276 万元。

2020 年，面对疫情、防汛度夏、迎峰度冬和保障任务交织等多重考验，延庆公司圆满完成“十四冬”、全国“两会”、中高考、十九届五中全会、雪车雪橇场馆预认证等各类供电保障任务 35 项，累计保电 188 天。

延庆公司连续三届保持“全国文明单位”称号，连续 14 年荣获“首都文明单位标兵”称号，何彦彬荣获北京市劳动模范，窦家本、祁帅涛荣获北京公司先进工作者称号。延庆公司工作得到国家电网公司党组、北京公司党委、区委区政府及各相关部门的殷切关注和大力支持。国家电网公司领导莅临赛区视察冬奥保障，提出了“四个确保一个展示”的冬奥筹备目标。区委区政府各级领导先后到延庆公司调研，各项工作得到区委书记穆鹏和区长于波的高度评价。

地址：北京市延庆区庆园街 53 号
邮编：102100
电话：010—69101219

【人力资源】截至年底，延庆公司共有全口径用工 894 人，其中长期工 222 人。长期工中研究生及以上学历 36 人，本科学历 126 人，专科学历 58 人；高级职称 22 人，中级职称 40 人；技师及以上职业资格 134 人，高级工 83 人，中级工 18 人。

人力资源进一步盘活。推动“三项制度”落地，开展主业管理岗位竞聘，共释放岗位 73 个，竞聘上岗 38 人。严格干部选拔任用流程，年度提拔干部 2 人。择优聘任各级职员 11 名。深化“双向挂职（岗）锻炼”机制，选拔开展第三期 5 位青年员工挂职（岗）锻炼。突出专业技能提升，开展跨单位培养，选派 2 名青年员工到检修分公司开展变电运维专业学习。

深化产业单位改革。开展产业单位管理岗位竞聘，共释放岗位 58 个，竞聘上岗 51 人。全面落实深化改革实施方案，精简产业单位内设机构；积极开展薪档制薪酬体系试点，充分发挥薪酬激励作用。鼓励员工持续学习提升资质水平，18 人通过初、中级职称审核，8 人参加技能鉴定提升。

【电网规划与建设】电网规划实现突破。扎实开展“十四五”规划编制，6 月将规划成果纳入一体化平台。持续推进规划前期手续办理，米家堡 110kV 输变电工程 10 月取得“多规合一”协同意见，11 月取得用地预审、选址意见书和稳评，12 月完成初设评审。5 月取得冬奥村 110kV 输变电工程线路环评批复。完成 11 项配网补强工程、5 项续建工程多规、立项手续办理。构建环保友好型工程，5 项输变电工程取得环保验收，4 项工程取得水土保持验收。全面启动地区未来 3～5 年配网规划工作。

主网建设成果显著。7 月顺利完成 220kV 西白庙站 110kV 切改工程，标志着涉奥主网工程全部完工。12 月完成永东 35kV、10kV 送出工程切改，标志着年度解重载工程全部完工；完成西白庙 110kV、10kV 送出，110kV 永东、海陀、玉渡、世园站及供电保障中心工程，京张高铁迁改工程全口径结算。

■ 10 月 28 日，延庆公司在松山站开展 2020 年雪车雪橇场馆预认证测试活动期间外围保障。

（武增宇　摄）

【经营管理】提前完成资产清查。超前启动“党建+资产清查”工作，召开各类推进会 17 次，加强过程跟踪督办；较北京公司要求提前 1 个月完成 1.6 万张资产卡片和 194 条库存物资核查，账、卡、物核实率实现 100%。建立资产清查问题清单机制，完成整改并提出优化建议 13 项，汇编形成《资产清查问题处置建议方案》，总结形成典型经验 1 篇，有效利用资产清查结果，加强涉奥项目管理，扫清历史问题，盘活闲置资产。

以经济活动分析为抓手，促进提质增效。加强经营业绩指标分析监控，召开经济活动分析会 3 次，促关键业绩指标稳步提升。全年完成投资计划 1.76 亿元，完成率 106.7%；实现资金计划 5.08 亿元，完成年度计划的 122.8%。

稳步提升线损管理水平。制定《线损工作方案》和《冲刺“双 98”攻坚方案》，学习到房山公司调研的成果，开展“日通报、周调度、月总结”的管控模式，治理成效显著提升。区域综合线损率实现 6.2%，优于年度指标 0.29 个百分点，分线、台区线损年度合格率分别达到 98.15%、98.75%，较一季度提升 33.63%、22.91%。其中张山营、大榆树供电所分线线损完成良好，城供服、八达岭供电所台区线损治理成效显著。

物资管理精准高效。全年申报物资类采购计划 541 条，完成采购金额 5916 万元。应用电子化单据签署、办理相关单据 108 张。完成 48 项主配网工程物资结算。完成库房管理监控系统升级并接入北京公司统一平台。提升仓库标准化水平与账卡物一致率。协同各部门快速推动报废处置工作，累计完成废旧物资回收 487.67 万元，提前完成指标任务。

■ 11 月 1 日，延庆公司共产党员突击队在冬奥雪车雪橇中心山顶出发区开展“迎朝阳、站排头、保供电”活动。（武增宇　摄）

【安全生产】落实安全责任。开展领导班子安全述职，常态化开展安全总监、产业单位负责人安全述职，强化安全履职能力。修订完善 193 个岗位安全责任清单。扎实推进安全生产专项整治三年行动，共排查整改各类问题 74 项。以冬奥系列测试活动供电保障为载体，开展各类应急演练 6 次。针对全年 17 个二级，9 个三级风险现场，加大“四不两直”督导和到岗到位检查。组织开展远程视频+现场巡检 857 次，到岗到位 243 人次，飞行检查 41 人次，发现并整改问题 40 项，整改率 100%。规范发电启动联审流程，增强各专业协同，确保作业安全责任落实。

强化安全管控。认真开展风险辨识预控，强化计划编制、现场勘查、风险评估、方案制定、措施落实等各环节管控，审核发布 26 份风险预警控制单。加大对一线员工安全奖惩力度，全年落实安全奖励 317 万元。加强外协队伍管理，完成 21 轮次 316 人安全教育考试。始终保持反违章的高压态势，严肃查纠各类违章 132 项，下发违章通知书 10 份，考核 11.41 万元。结合“延庆电力设施火灾隐患排查”专项行动，完成 376 个村、52 个社区电力设施隐患治理，消除隐患 1300 余项，修剪树木 2.3 万余棵。开展各层级政企联动，处置遗留隐患 76 处，地区整体外部隐患得到有效治理。

加强设备运维巡视，落实隐患消缺工作。通过在线监测、远方控制、系统告警等先进手段对赛区电气设备开展 24 小时不间断监测。新增直流、温度、局放点表 8 个，赛区 10kV 分界室 13 座、配电室 24 座、箱式变电站 25 座已全部完成自动化接入，接入率达 100%。按照特级保障标准，加大隐患排查力度，及时发现氨制冷机房 SIS 系统设备失压联跳隐患。针对赛事场馆累计发现的 10 类隐患，已会同业主单位开展 13 轮次对接沟通，督促整改。

■ 7 月 20 日，延庆公司在冬奥会供电服务保障中心召开冬奥测试活动倒计时 100 天供电保障启动大会。（张旭　摄）

【营销与优质服务】客户服务保障水平不断提升。年度客户投诉工单同比下降 71%，张山营、旧县供电所投诉压降效果显著，12345 工单“三率”实现 99.9%，“网上国网”绑定新增 3.3 万户，客户信息采集新增 5.5 万户，短信绑定率达 99.93%。

电力营商环境持续优化。常态化开展低压报装“三零”服务，圆满完成 2 项“三零”服务占掘路免审批案例。开展 2 轮次优化营商环境专题学习、培训，营业人员业务技能不断提升。年度完成高压接电 87 户，平均每 4.2 天完成一户验收送电，累计完成低压“三零”接电 5600 余户，提前完成年度接电指标。

疫情期间供电服务安全稳定。全力保障延庆区医院、疾控中心等 6 个疫情防控重点单位可靠用电，仅用时 50h 完成纳通公司口罩生产车间临电工程送电，成功打造北京地区首个高压“三零”服务案例。落实疫情期间居民电表“欠费不停电”举措，远程完成系统下发保电指令 16.3 万户，为 1.28 万非高耗能大工业和一般工商业客户落实电费九五折优惠，为客户节约用电成本达 2622 万元。一级防控时期，累计完成高、低压接电 1115 户，累计接电容量 6.04 万 kVA；客服大厅及各营业网点有序运转，确保优质服务和疫情防控齐头并进。调控中心荣获北京公司疫情防控先进集体，苏彪、刘勇荣获先进个人，苏彪荣获疫情防控优秀共产党员称号。

■ 11 月 6 日，延庆公司在黑龙庙村开展用电宣传活动。
（张旭　摄）

【农电工作】农电队伍和谐稳定。设置 5 个维度 29 项指标，常态化开展供电所基础管理绩效评价，千家店、张山营供电所成绩优异；创新开展优质服务“四零”评价，四海供电所管控得力。组织“网上国网”推广之星竞赛活动，有效提升客户服务品质。按照“分级评定、动态评价”原则，全面开展星级供电所评价。多方协调申请资金 80 余万元，开展永宁、千家店、旧县供电所房屋大修工程。打造供电所党建文化阵地、“职工小家”，进一步营造“和谐农电”氛围。

【科技与信息化】创新创效取得突破。12 月底完成国家重点项目“发充储放充电站示范工程”发电。能源互联网创新示范项目已完成方案初审。主动对接电科院、清华大学等科研单位，储备 9 项科技项目，入选北京公司“十四五”科技项目指南 1 项。全年提交专利交底书 20 项，通过专利受理 11 项，获得专利授权 2 项。完成 3 项管理创新项目成果申报，1 项成果荣获二等奖。2 项科技成果分别获得北京公司科技进步一等奖、三等奖。

【党的建设与精神文明建设】党建质量有效提高。持续学习习近平新时代中国特色社会主义思想和十九届五中全会精神，召开党委会 58 次，中心组集中学习研讨 15 次。开展建党 99 周年“一项系列活动、五个先锋行动”主题活动，各支部组织“学战略、干精彩、讲担当”主题党日 168 次。承接并完成北京公司八项“党建+”工程，推选月度典型人物 59 人，典型事迹 12 期，在公司文化长廊和网站主页设置专栏，常态开展先进事迹展示。组织 14 个党总支、党支部按期完成换届选举，全覆盖开展 15 名基层党组织书记述职评议，深化党建量化管理。

加强党风廉政建设。共开展廉政履责约谈 137 人次，开展任前廉政谈话 45 人次，组织开展巡视巡察问题整改“见底清零”行动，涉及 118 项问题，已整改 117 项。全力配合开展北京公司党委巡察工作，反馈问题 33 项，已完成 26 项立行立改。严格监督落实“中央八项规定”，抽查相关费用 111 笔，抽查公务车辆使用情况 103 次。

群团工作落在实处。积极开展职工慰问及文体活动 23 次，合理利用工会经费 63.1 万元，普惠职工 2556 人次。承办北京公司“冬奥杯”网球积分赛并荣获团体亚军、女单冠军、男单季军和优秀组织奖；关心离退休职工，组织重阳节敬老活动，有序推进社会化管理。筹集工会专项资金，稳步推进何彦彬创新工作室、职工健身房、职工影音室等设施建设。丰富文化学习生活，组织青年联谊活动，开展“青年大学习”“青春光明行”特色活动 23 次。

■ 10 月 17 日，延庆公司承办北京公司“冬奥杯”网球团体积分赛。
（张旭　摄）

（肖海松）

业务支撑机构及其他单位

国网北京市电力公司经济技术研究院（北京电力经济技术研究院有限公司）

【概况】国网北京市电力公司经济技术研究院（简称经研院）成立于1955年，历经66年的发展演变，与北京电力经济技术研究院有限公司“一套人马，两块牌子”，合署办公。经研院主要从事±1100kV及以下电压等级的规划设计和咨询、项目评审、质量监督、结算监督、定额管理、工程监理等业务，支撑国家电网公司PMS 2.0系统主数据运维和公司资产全寿命周期管理体系建设。已具备国家送变电工程设计甲级、工程勘察甲级、火电类咨询甲级、通信信息咨询甲级、工程监理乙级等资质。通过了质量、环境和职业健康安全管理体系认证，是国家高新技术企业、中国电力规划设计协会常务理事单位、中国水利电力质量管理协会电力分会理事单位；荣获首都文明单位标兵、全国2020年度博士后工作站“良好设站单位”、全国电力行业用户满意企业、全国电力行业实施卓越绩效模式先进企业、全国电力勘测设计行业企业信用评价（AAA）、全国电力行业质量奖、全国电力行业卓越绩效标杆企业（AAAA）、公司2020年度先进单位等荣誉。

经研院共有办公室（党委办公室）、党委党建部（党委宣传部、监察部、工会、团委）、党委组织部（人力资源部）、财务资产部、计划与经营部5个职能部门，能源互联网研究中心、电网规划研究中心、设计中心、评审与技经中心、数据研究中心、雄安分院（市场部）6个专业机构，代管产业单位北京金电联供用电咨询有限公司。

地址：北京市西城区广安门车站西街15号
邮编：100055
电话：010—63678988

【人力资源】截至年底，经研院共有全口径用工385人，其中长期工221人。长期工中研究生及以上学历157，本科学历58人，专科学历3人；高级职称83人，中级职称96人；技师及以上职业资格5人，高级工8人。

年内，新增教授级高级工程师5人、高级工程师16人、高级经济师2人、工程师17人；新增一级专家2人、二级专家4人、三级专家5人；新增注册电气师1人、一级造价工程师1人。持续强化博士后流动站管理，1名博士后成功入站。

【电网规划与建设】规划前期有力支撑。对接新总规落地要求，完成北京市“十四五”电网规划和42项专题、专项研究，完成亦庄新城、怀柔科学城等重点区域的配套电网规划。深度参与“网上电网”平台建设，推进“网格化”配电网规划及可研辅助审查等模块试点应用。年内共取得规划意见书6项、工程核准11项。工程设计有序推进。完成CBD 500kV变电站、顺义500kV变电站主变压器增容、张北柔直北京换流站至昌平500kV配套送出等主网工程可研、初设、施工图及竣工图1080项，完成环球影城、老旧隧道整治等配网工程可研、初设、施工图及竣工图990项。项目评审能力提升。采用远程视频会议方式开展工程评审，编制《三维设计专题报告模板》《电缆线路工程三维设计评分表》。完成发展、建设、设备、营销、后勤、科技、互联网等各专业评审任务3815项。技经管理不断强化。完成单项工程结算复核工作94项、输变电工程竣工结算监督审查工作34项；牵头完成《电力建设工程工程量清单计算规范　输电线路工程（电缆线路）（2020版）》及配套使用指南等编制工作；支撑公司开展专题分析工作8项，参与冬奥会、新机场等配套工程依法合规检查工作8项。

■ 7月29日，经研院组织编制“十四五”规划。　（杨磊　摄）

年内，“昌吉—古泉（准东—华东）±1100kV特高压直流输电线路工程”“鱼子山220kV变电站工程”荣获全国电力行业优秀工程设计一等奖，“安定—张家务220kV送电工程”“智能变电站户内220kV、110kV GIS二次回路标准化设计”荣获全国电力行业优秀工程设计二等奖，“运河—商务园 220kV 送电数字化设计”“运河 220kV 变电站数字化设计”荣获中国电力工程数字化设计（EIM）大赛优秀奖。“CBD 500kV 输变电工程”“玉渡 110kV 输变电可行性研究报告”“张北可再生能源柔性直流电网示范工程可行性研究报告”荣获全国电力行业优秀工程咨询成果一等奖，“有序放开配电网业务形势下的企业应对研究”“速滑 110kV 输变电工程可行性研究报告”“塘峪 220kV 输变电工程可行性研究报告”荣获全国电力行业优秀工程咨询成果二等奖。

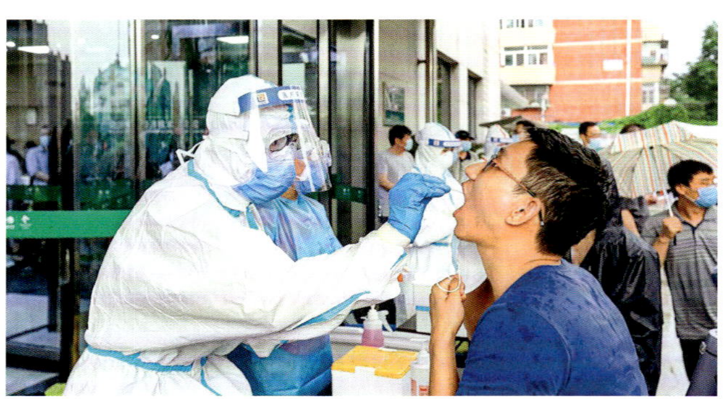

■ 6 月 18 日，经研院组织全体员工进行核酸检测。（杨磊　摄）

【智库建设与应用】全面推进智库建设，组建智库建设领导小组，全面领导、指挥和协调智库建设工作。组织钻研关键领域、关键问题，分层次开展基础、前沿和长期研究工作，分层级、分专业、分群体组织开展各类讨论会 50 余次，常态化开展专业论坛活动 9 次、“周周开讲”主题演讲活动 19 期，主动思考、超前谋划智库配套机制建设，从机构设置、信息获取、内容建设、交流平台、情报收集、成果载体建设等 14 个方面编制智库建设事项清单，加快智库全方位、立体化布局。策划智库成果载体。《智库建设》已完成第一期编辑工作，《观点》首刊选定为综合能源专刊，已征集专报文章 10 篇。支撑公司落实产业升级战略，高质量组织各单位完成“1+4”实施意见的编制工作。

■ 5 月 27 日，经研院开展智库建设研讨会议。（杨磊　摄）

【安全生产】自 2020 年初疫情发生以来，经研院严格落实公司疫情防控要求，严格做好安全生产工作中的疫情防控工作。

安全管控滴水不漏。推进专业管理力度，全面排查梳理人身、信息、生产等各环节安全隐患，提升全场景网络安全态势感知能力；注重安全教育培训，拓宽培训渠道，实现从意识到技能全方位提升。以安委会、月度例会为抓手，部署落实安质工作，及时发布安全通报和技术质量通报，不断提升安质管理要求。完善技术监督网络，实现规划、可研、工程设计、施工建设等全过程质量管控。“智慧工地”完成 2.0 版本升级，智能安防系统实现扩容，完成全国两会、党的十九届五中全会等重大活动保电值班值守工作。成立基建安全质量值班监控中心，应用北京电网建设智能管控平台、基建 e 安全 App 等核查手段监督实施三级及以上风险 1527 项，发现问题 1511 项，下发整改通知单 74 份，并监督闭环整改。

■ 5 月 22 日，经研院参加公司全国“两会”保电工作。（杨磊　摄）

经研院认真贯彻落实“高质量提升年”重点工作安排。认真贯彻落实“高质量提升年”重点工作安排，坚持“两手抓、双胜利”原则，编制并印发《经研院“高质量提升年”工作方案》，完成了 7 个方面、30 大项、857 子项重点任务。在“高质量提升年”月度督察专报中报送并被采纳典型经验 6 条，贡献了“经研智慧”，提供了“经研模式”。

高质量支撑国家电网公司 PMS 2.0 系统运维、公司资产全寿命周期管理体系建设常态化运行。受理各省公司 PMS 2.0 系统数据变更申请 11639 份，涉及数据 47454 条；持续推进资产全寿命周期管理体系深化运行，顺利通过国家电网公司 2020 年资产管理体系监督评价验收工作。

稳步开展工程监理。组织开展各类工程监理任务 86 项，完成安全监管 App 检查任务 2481 项。

【经营管理】子公司累计实现利润总额10949.88万元，经济增加值（EVA）6642.77万元，资产负债率2.61%。分公司累计发生可控成本费用6716.11万元。产业单位累计实现营业收入20327.26万元，累计实现利润总额1475.28万元，资产负债率33.75%。

市场经营创新创效。组织完成勘察、设计、咨询、框架等投标290项，中标138项，中标金额25730万元。签订收费合同264份，合同金额31701.91万元。实现市场化业务收费4442.58万元。取得监理乙级、造价乙级资质，拓宽业务承接范围。组织重点工程设计回访，提升产品和服务质量；创新建立双向信息沟通机制，及时解决制约因素和过程问题，强化生产管控力度。顺利通过“质量、环境和职业健康安全”管理体系内审和外审。

依法治企树牢底线。建立采购管理合规体系，不断提升企业法律风险防范能力；制定《社招工作法律合规管理流程和管理要素指引》，编制《特殊岗位人员竞业限制和保密协议》示范文本。持续优化“战略+运营”管控模式，承担公司下放的三个批次、31项“放管服”改革工作，年度任务完成率100%。

绩效管理持续优化。编制《经研院岗位分红实施方案（预案）》，完成首次兑现工作，促进重大科技项目攻关和原创技术研发。

财务管理高效优质。全面推进资产清查和往来款清理工作；聚焦科技成果转化，取得政府2020年实施首都标准化战略补助资金；制定全流程“无接触”财务报销疫情应对方案，依据分级授权审批制度设置审批权限，将重点费用管控标准系统固化，辅助管理部门进行审核把关，管理台账自动登记；应用“财务机器人”实现“开票”与“协同”业务无纸化办理。

后勤保障精心优异。完成办公区改造等工作，规范车辆管理，编制并印发《车辆及驾驶员管理办法》，开展专职驾驶员工作质量评价；完善火灾应急处置预案和各类场所现场处置方案，组织开展立水桥办公区高层建筑消防演练活动。

省管产业做优做强。成功申报高新技术企业。深入开展产业单位“三清一控”和问题整改再审计，深耕细作北五区市场，“煤改电”等配网任务承揽率达到90%以上；参与城区“两年行动计划”和电缆公司“隧道整治行动”，包揽北京公司投资的充电设施项目设计工作；接洽雄安地区配网工程37项，进一步深化雄安地区的市场参与度。年内签订合同526份，金额23008万元。

【科技进步】科技创新成果丰硕。组织开展北京公司第一批实验室申报工作，成功获批命名两个实验室。开展国家重点研发计划“冬奥赛区100%清洁电力高可靠供应关键技术研究及示范”申报工作，成功获批立项。贯彻落实公司科技创新大会精神，编制《经研院科技创新重点方向》，强化顶层设计，规划8大重点研究领域；完成国家电网公司科技项目3项、北京公司科技项目3项、经研院自立科技项目13项。

“高输送容量高压电缆工程应用技术”荣获全国电力工程科学技术进步三等奖，“一种基于弹道理论的导引绳穿滑车弹射施工技术”“企业级电网业务协同作业平台关键技术研究与应用”“高短路水平设备在北京220kV电网中应用研究”荣获北京公司科技进步二等奖，“面向运行安全性与可靠性提升的储能电站设计技术”“充电站智能设计数字化技术”“基于多代理系统的配电网精准投资规划及应用”“纤维珠链大体积混凝土设备基础的研制与应用”荣获北京公司科技进步三等奖，“电动汽车分散充电设施工程技术标准”荣获北京公司技术标准创新贡献三等奖。“电磁辐射大揭秘”荣获“华云清洁能源杯”电力科普原创作品一等奖。“基于可视化系统的人工智能（AI）图像识别研究与应用”荣获全国电力行业大数据优秀应用创新成果二等奖，“2018年版电力建设工程计价依据编制”荣获国家电网定额系统电网工程造价管理优秀成果一等奖，“省级城市电网管控模式优化构建与实施”“电力工程造价‘三算’分析管理创新与实践”荣获北京公司管理创新成果三等奖。“提高电网工程结算报告编制的规范率”“缩短临时钢管杆设计时间”“缩短电网项目投标信息查询的时间”荣获全国电力工程优秀QC小组活动成果二等奖，“电力工程勘察信息化管控系统研发”荣获北京质量协会第77次QC小组成果三等奖。

标准化建设稳中有进。开展市政电力电信及行业供配电领域、电动汽车领域的标准体系编制工作，承担国家、行业、国家电网等各级标准编制任务28项。其中，国家标准GB/T 51313—2018《电动汽车分散充电设施工程技术标准》、行业团体标准T/CEPPEA 5003—2018《35kV～110kV变电站监控系统设计规范》、国家电网企业标准Q/GDW 11856—2018《电动汽车充换电设施接入配电网设计规范》已颁布实施。

知识产权储备持续增强。获得专利授权8项，其中发明类授权4项，实用新型类授权4项。员工撰写并发表论文36篇，其中SCI、EI和核心期刊收录18篇。

【党的建设与精神文明建设】党建引领强根铸魂。召开党委中心组集中学习13次，累计学习习近平重要讲话精神44篇、上级部署22项，领导班子带头做好理论学习。组织开展党支部“三会一课”线上线下学习156次，部署学习任务51项，重点工作66项；通过党组织书记例会等形式组织开展党务工作培训4次，深入学习党的十九届五中全会精神、《习近平谈治国理政》（第三卷）和习近平系列重要讲话精神。全面落实“夯基础、提质量”16项措施要求。编制党支部学习和重点工作清单，定期开展支部工作督查、考核，将检查结果纳入到当期部门绩效。高度重视巡视巡察问题整改，深入开展“见底清零”专项行动，对照公司2020年第一批巡察典型问题开展清单式自查自纠，问题销号背书，形成闭环管理。细化开展履责约谈，年内约谈125人次，重点岗位人员100%全覆盖。开展学廉、考廉、讲廉等工作。开展“产业单位财务收支”等3项专项审计和数字化审计。

■ 11月9日，经研院各党支部组织学习十九届五中全会精神。（杨磊 摄）

精神文明建设全面浸润。开展“文化铸魂、文化赋能、文化融入”专项行动。聚焦服务公司发展和电网发展关键议题，讲好“经研故事”、传递“经研声音”。2020年在各级各类媒体刊发宣传报道664篇，通过《光明日报》《中国科技报》《北京电视台》等主流媒体刊发报道12篇。连续6年编制经研院社会责任沟通手册，社会责任根植项目入选公司2020年度履责案例。持续帮扶渐冻人王甲、电力爱心教室、衣物捐赠等公益项目，积极培育和践行社会主义核心价值观。开展青年员工创新创效活动。开展职工暖心服务，多渠道为职工解决实际困难。年内贺访职工487人次。职工原创歌曲《电网设计人》在“国网好声音”比赛中摘得铜奖。平稳完成87名退休人员社会化移交工作。

（耿　洋）

国网北京电力公司电力科学研究院

【概况】国网北京市电力公司电力科学研究院（简称国网北京电科院）是国网北京市电力公司的直属单位，主要负责技术监督、技术研发、技术支持、技术服务工作，是北京公司的电力科学试验研究基地和技术服务中心，负责开展计量器具检定配送等省级集中业务执行。

国网北京电科院包括本部、大白楼、磁各庄三个院区，建有电能替代、电网安全、网络安全、设备状态评价、电能计量等5大领域的16个实验室。主要开展“煤改电”、电动汽车充电设施以及综合能源服务、电网仿真分析、电能质量、配网自动化、网络安全、电网设备状态检测、故障分析、智能传感、计量设备质量管控和技术监督、电网设备及材料质量检测等方向的技术支撑和科技创新工作。

连续三年保持首都文明单位称号、获评第七届国家电网有限公司文明单位等荣誉称号。

地址：北京市丰台区南三环中路30号
邮编：100075
电话：010—63677101

【人力资源】截至年底，电科院共有全口径用工487人，其中长期工254人。长期工中研究生及以上学历181人，本科学历55人，专科学历9人；高级职称87人，中级职称100人；技师及以上职业资格44人，高级工80人，中级工14人。

分批次开展管理类、技术类、技能类39个岗位竞聘工作，同时开展员工多层级岗位交流锻炼，其中公司挂职锻炼7人、院内部工作交流3人。编制并印发《国网北京电科院岗位聘任制管理实施细则》和《国网北京电科院中层领导人员管理办法》，为电科院发展提供人才保障。搭建关键业绩指标考核体系，创新设立“满奖基金”，将业绩指标及专业评价结果直接与薪酬分配挂钩。通过“晓言堂”专题培训，选取前沿技术、实用性应用、先进管理手段等相关课题，帮助职工拓宽视野、提升能力。

（赵迪俐）

【疫情防控】面对疫情，北京电科院第一时间成立疫情防控工作领导小组，及时组织召开专题会议研究落实北京公司部署，严格执行疫情防控各阶段、各级别的工作方案和措施，全面做好疫情监测、排查、预防等工作，坚决打赢疫情防控阻击战，接受政府疫情防控现场检查3次并获得通报表扬。

（陈　旭）

【安全生产】组织完成2020年全国“两会”、服贸会、十九届五中全会、冬奥测试活动等政治保电任务，全年开展重大任务值班值守180余天。完成“四不两直”安全督查、安全生产巡查、政治保电专项隐患督查等7项安全支撑工作。开展安全检查784个次，发现问题54项，并全部完成整改。开展2轮安全培训考试，共439人次。修订《国网北京电科院安全责任清单》，涵盖电科院各部门、各单位、各岗位。

（王　维）

【经营管理】组织开展资产清查专项工作，解决历史遗留问题。全面清理有账无物、坐落地点分散、实际使用人不统一、管控难度大的历史遗留充换电类资产，并完成了调拨，实现了账卡物一致性以及资产的合理配置和有效管理利用。“国网商旅云”应用落地，差旅业务线上执行率达100%。

开展巡视巡察整改“见底清零”专项行动。通过再梳理、再整改、再落实，杜绝麻痹和过关思想，严格落实方案，对整改情况进行再梳理、再落实、再考量，共计整理问题129项，并全部完成整改，共计建立长效机制19项。

完成31项放管服承接任务，确保改革工作有效落地。加强合同全寿命周期管控，开展合同自查，完成超期合同治理，消除合同管理“最后一公里”短板。深化法治文化建设，将法治电网App推广工作深入各层级，多维度提升普法宣传效果。完成电科院业务工作涉密事项及密级梳理更新，进一步加强保密责任落实，筑牢保密防线。

（李　佳　范美辉　张祎果）

【科技进步】支撑完成北京公司“十四五”科技规划和“能源互联网技术研究框架”编制。10项国网总部2021年科技项目获批立项，其中牵头4项。获得北京市科技进步二等奖2项、国网科技进步一等奖、三等奖各1项、中国电力科技奖三等奖1项。参与项目获得中国机械工业科技奖特等奖、国网二等奖、天津市二等奖、重庆市三等奖各1项。获得优秀青年能源科技工作者和中国电力优秀青年科技人才奖。年度在编标准57项，当年发布13项，其中参与国际标准1项、国家标准5项，牵头国网标准9项。先进配电自动化与配电网优化控制国网联合实验室顺利通过国网考核评审。6个实验室获得第一批北京公司实验室命名。与通州公司建立科技共建关系，为副中心建设提供科技支撑。加强与清华大学、中国电科院等高校和科研机构在“十四五”科技规划、立项、成果、实验室等方面的沟通合作，持续提升科技合作水平。

（马慧远）

【技术支撑】电能替代支撑方面，参与国家电网公司及北京公司“十四五”科技及专项规划编制，完成《卓越服务工程战略落地实施方案》《电动汽车服务产业升级专项行动计划》。开展充电设施检测及关键设备研制，全年共完成26318台次充电桩测试任务，发现并反馈15类问题5142项。深化大数据应用，支撑北京市发改委等部门提报企业复工复产分析报告196期，在市环境监测中心成功部署“电力看环保”大数据应用，并签署合作框架协议，有力支撑首都打赢污染防治攻坚战。推进源网荷储互动、居民区有序充电、楼宇CPS及智慧能源服务平台应用，提升客户侧资源优化运行水平和参与电网峰谷调节能力，践行公司战略发展。探索区块链在电动汽车领域的应用，建成高性能区块链平台，实现光储充用能数据可靠上链、绿电溯源、隔墙交易等新技术示范，有效提升配网的智能化水平。

电网技术支撑方面，开展北京电网“十四五”新能源承载力测算和电力系统配置储能分析。有序推进保护“排雷”行动，完成保护装置家族性缺陷整改1300余套；完成保护自动化现场监督检查200余次，首次承担电厂稳控系统保护精益化评价、调相机二次专业全过程技术监督、张北柔直短路试验鉴证等工作。自主研发5G虚拟仪器量测平台，在服贸会、延庆冬奥测试活动等保障工作中发挥功效。开展冬奥场馆、朝阳疾控中心等多处的电能质量运行分析等工作19次，出具测试报告58份。自主研发自动化轻量级检测脚本，软件测试能力通过CNAS验证，成为首家开展新建站工控终端全版本全型号安全检测的省电科院。开展网络安全威胁情报收集以及外网未备案排查工作，全年共收集网络安全威胁情报173条，排查互联网网站19230个，发现疑似未备案网站264个。完成首发漏洞申报，获得国网评定110个。打造尖兵人才，连续三年取得北京公司网络安全攻防技术大赛第一名的优异成绩，一人入选中央企业网络安全技术大赛国家电网公司代表队。

■ 12月29日，电科院在国家高山滑雪中心安装5G采集监测设备。（汪伟　摄）

设备评价支撑方面，作为专家组牵头单位完成6省市11座1000kV特高压变电站GIS在线监测告警专项排查，现场确认和定位了16处存在的异常、缺陷，得到国家电网公司肯定。开展设备技术符合性评估，推动国家电网公司设备质量管理由入网抽检向技术认证延伸。对重大保电任务，开展输变缆配等专业状态检测、设备评估、隐患排查等工作，发现缺陷、隐患660余项，完成25座重点变电站带电检测工作，发现并确认缺陷8处。高标准完成冰区、风区、舞动区等电网专题图绘制修订，对北京电网输电线路设计、运维、检修工作具有指导作用。编制SF_6气体安全管理工作规范、SF_6气体专项应急预案等6项国家电网公司规章制度，通过国家电网公司审核发布。完成高压电缆接头区域超细干粉不同重量灭火试验等多次防火试验，提升高压电缆隧道中间接头区域防火能力。

■ 8月4日，电科院开展1000kV特高压泰州变电站GIS在线监测告警专项排查。（杨芮　摄）

营销服务支撑方面，全年完成检定配送电能表近80万只、通信模块153.1万只，保障重点工程计量物资的供应。应用电力大数据查处计量设备异常和用户窃电，助力追回经营收益685.55万元。促请北京市市场监管局批准延期60万只电能表运行4年，节约换表成本1.27亿元。集中开展电能表、采集设备拆回分拣利旧，确保退运计量器具规范处置，筛选出可用利旧电能表1万只、通信模块10万只，节约采购资金650余万元。优化HPLC停电上报、台区识别、高频采集等功能，停电上报准确率提升至90%、停电上报时长缩短至40s、台区识别准确率达到98.5%、高频数据采集成功率达到95%，做好营销服务支撑工作。

基建物资技术支撑方面，完成物资批检和检测能力建设工作，完成“三供一业”“煤改电”等重点工程物资检测样品8059件，保障了物资入网质量；按照“检储配一体化基地”的建设要求，完成磁各庄物资质量检测中心建设工作。全年累计完成库存物资鉴定计划18条共计160项，出具鉴定报告64项；完成19次基建工程电能表、互感器等计量设备现场竣工验收工作；成功运用“采购计划智能申报”等11个场景实现从招标采购计划编制、物资采购到货验收等全流程“物资+互联网”管理模式。

（潘鸣宇　王　宁　王海云　赵　贺　王小虎　秦　欢　李　娜　许冲冲　宋　威　高明伟）

【科技攻关】国家重点研发计划项目“支撑低碳冬奥的智能电网综合示范工程”完成理论研究、关键装置研发和系统开发，顺利通过国网督导；完成课题配套示范工程“延庆发充储放充电站示范工程”整体技术方案及建设方案编制，对东杏园储能站移动储能车改造方案和示范工程交流合环运行方式进行攻关论证。国网科技项目“人工智能驱动的电动汽车智慧出行服务关键技术研究、设备研制与工程示范”在车联网多源海量数据采集与管理、电动汽车剩余里程评估与能量管理、电动汽车智能充电策略等方向开展技术研究，实现了电动汽车智慧出行服务的推广与应用，解决了电动车主续航里程焦虑与长途出行充电难题。设备评估方面，研究基于宽频阻抗谱的配网电力电缆进水受潮缺陷的诊断和定位技术方法，形成配电电缆线路受潮缺陷的频域反射特征图谱，研制配电电缆绝缘修复装置并在城区公司与亦庄公司开展试点应用；研究变电站变压器和开关设备异常声音特征图谱及分析诊断技术，研发变压器和GIS异常声纹物联监测预警系统并在延庆地区进行试点应用。电能计量方面，研究低压台区拓扑识别自动识别技术，提出分级、分相线损计算和三相不平衡数据监测的低压台区拓扑自动识别方法；研究低压理论线损计算与分析，建立低压台区理论线损计算分析模型，支撑低压台区线损分析和台区异常问题判定等。

（杨　芮）

【党的建设与精神文明建设】深入学习贯彻习近平新时代中国特色社会主义思想，聚焦公司战略目标落地和“夯基础、提质量”专项行动要求，紧扣“高质量提升年”工作主线，持续强化党建引领、不断提升党建质效，党的建设各项工作取得阶段性成效。保持首都文明单位称号，获评国家电网公司党员教育管理标杆。

以党的政治建设为统领，进一步压紧压实党建责任，创新开展党支部委员分工履责工作，全面完成基层党组织换届，整体提升基层党组织组织力。强化“党建引领、内嵌融入”长效机制，主动支撑重点工程，推动党建与科技攻关深度融合，深化党建价值创造，以高质量党建引领高质量发展。实施强根铸魂工程，深入挖掘电科院在全力推进具有中国特色国际领先的能源互联网企业建设、服务首都新时代发展等工作中涌现出的先进典型和感人故事，选树“最美电科人”，举办经验分享会，多措并举凝聚建设具有中国特色国际领先的能源互联网企业的强大精神力量。深入开展党员（专家）“一带二、一带三”，充分发挥基层党组织战斗堡垒作用、党员专家示范带动作用，推动重点领域科技创新成果取得突破。坚持凝聚群团力量，创新实干斗志更加昂扬。完善职工之家建设，开展职工诉求服务中心的建设和母婴室、瑜伽室的升级改造工作，提升工会服务的软硬件水平。圆满完成退休职工社会化工作。坚持党建带团建，聚焦落实公司战略，发挥电科院青年创新优势，协助公司科技部成功举办首届“科技创新青年论坛”，发布青年课题 5 项，获得公司预研项目支持 3 项。

（李　群）

■ 10 月 21 日，电科院在冬奥场馆与延庆公司开展支部共建。

（李群　摄）

（张祎果）

北京电力工程有限公司

【概况】北京电力工程有限公司（简称工程公司）成立于 1953 年，是国网北京市电力公司全资子公司，2017 年 9 月由全民所有制改制为公司制企业。工程公司下设 9 个职能部室，7 个专业分公司，设应急抢修中心、综合服务中心及 1 家产业单位。主要从事电网建设、电网运维检修、应急抢修和主配网入网设备检测相关业务。

工程公司注册资金 8800 万元，具有国家电力工程施工总承包一级、市政公用工程施工总承包二级、消防设施工程专业承包二级、建筑工程施工总承包三级、钢结构工程专业承包三级、施工劳务不分等级资质；具有承装、承修、承试电力设施许可一级资质，电网工程类调试乙级资格，智能变电站调试 A 级资格；企业信用等级为 AAA 级。可以承揽各电压等级输变电工程、变电站建筑施工任务和市政工程施工任务，具备年施工架空线路工程 800km、主变压器安装容量 700 万 kVA、年敷设电缆 300km、变电站建筑 5 座、市政（电力）10km 的施工能力。

经过 60 多年的发展和积淀，工程公司积累了丰富的施工经验。在城市电网建设及电网改造、多回同塔并架线路架设、长距离张力放线、户内型变电站组合电器安装、高压电力电缆垂直敷设、大截面高压电力电缆施工技术方面处于国内领先水平。

地址：北京市丰台区南四环西路 188 号 8 区 14 号楼

邮编：100070

电话：010—63678123

【人力资源】截至年底，工程公司共有全口径用工 957 人，其中长期工 322 人。长期工中研究生及以上学历 48 人，本科学历 155 人，专科学历 48 人；高级职称

47人，中级职称51人；技师及以上职业资格47人，高级工128人，中级工26人。现有注册一级建造师46人，注册二级建造师46人，注册安全工程师7人，注册造价工程师5人，3人获得省公司一级专家称号，4人获得地市级二级专家称号，6人获得地市级三级专家称号，34人获得国网北京市电力公司评标专家资格。

加强干部管理制度建设，组织制定《北京电力工程有限公司中层领导人员管理办法》并发布执行，对领导人员选拔任用、教育培养、考核评价、管理监督、激励关爱等进行全面规范。强化考核评价，完成中层干部测评195人次。优化队伍建设，调整干部12人次。优化职员职级管理，择优聘任三级职员1人、四级职员4人、五级职员2人。开展市场化用工管理，开展2020年社会化招聘，择优录取4人。严格进行劳务派遣用工管控，签订劳动合同246人次，办理离职手续94人次。组织完成754份退休人员人事档案整理工作。

清理规范评比表彰项目，制定2020年表彰奖励计划。优化绩效考核指标，深化年度绩效等级评定，调整评价方案，按人员类别、考核层级有针对性地制定评价标准。优化薪酬分配体系，调整各岗位绩效系数，进一步优化各层级人员薪酬水平。推行一线核心岗位浮动薪级，提高一线职工年度收入3000～8000元，引导青年员工向一线流动。积极利用国家政策，减免企业缴纳的职工社保部分2714万元。建立月度成本汇总机制，促进减员增效。

开展专家人才选拔，加强技术技能人才培养，组织开展培训项目54项，培训1998人次。协同技术部完成各项技能竞赛，组织入企高校毕业生国网网络培训和专项培养考核工作。开展基建专业“三跨”培养，共派出青年骨干4人、接收4人。接受宁夏公司岗位实践锻炼1人。开展建造师人员注销、工程解锁、续注、新增等办理工作，完成二级建造师注册企业名称变更事项。

【安全生产】围绕本年度安全管理重点任务，逐步优化安全管理。督促全员安全履责，逐级传递安全压力，组织开展全员安全责任清单抄写书法竞赛活动和分层安全履职信用评价工作，宣贯明晰岗位安全职责，促进各级人员履职尽责；实施安全管理提升，贯彻高质量发展要求，提出“施工管控手段要更全更优、安全保证体系要更精更准、安全监督体系要更严更实”的安全管理提升目标，实施具体提升任务39项；吸取安全事故教训，开展“查风险、治违章、抓落实”安全主题活动，梳理在建工程主要安全风险，领导干部分片包干深入现场开展督导检查，做到施工现场、班组、驻地全覆盖。

完善风险审核方式，强化风险计划管控。修编电网风险审核汇报材料，加强方案审核、人员机械设备、到岗到位全流程关键风险分析及预控措施制定；每日风险管控中精准把控邻近带电、大型机械、悬浮抱杆、有限空间作业计划，逐级明确责任人员。开展前端风险预警，分类开展风险提示。月周风险预警、每日风险提示机制日趋完善，在重大节日、政治活动、异常天气阶段指导项目部调配施工节奏。建立重大风险清单，实施分级销项管理。制定重点安全风险管控任务清单，通过清单管理方式抓重点、查重点，进行销项式动态掌控。

■ 9月29日，工程公司在220kV密云东牵引站外部供电工程N4-N5跨越大广高速搭设跨越架作业施工。

（杨亦侠　摄）

【财务管理】各项财务指标持续提升。资产负债率指标得到有效控制，年末降至64.59%，较2019年降低了13.08%。净利润值2459.13万元，营业收入144463.96万元，均较2019年同期有所增长。

组织开展提质增效工作，通过成本费用的管控和往来款项的压降，取得利润总额4555.44万元，同比增加3888.88万元，为年底完成财务考核指标奠定了良好基础。争取到政府扶持资金，被评为“创新十二条”第一批奖励支持企业，全年累计收到中关村科技园区丰台园管理委员会奖励扶持款达400.51万元，收到丰台区市场监督管理局专利奖励0.2万元，取得了挖潜增效的成果。

组织开展清产核资工作，完善资产卡片信息，保持账卡物一致性。在巡视巡察工作中，结合《国家电网有限公司会计基础管理办法》梳理现有费用审核标准，取得了明确各项费用审核标准的成果。开展内控体系建设工作，编制《内部控制评价手册要素表》，成立工程公司全面风险管理委员会、内部控制委员会、合规管理委员会，落实国家电网公司关于全面风险管理的各项要求。

【经营管理】全年累计中标 89 项，中标额 15.84 亿元，完成施工产值 15.23 亿元。其中北京基建市场持续巩固，中标通州北 500kV、塘峪 220kV、龙潭湖第二回 220kV、北安河市政等 47 项 6.83 亿元。外埠市场实现新突破，中标西安电缆 330kV 2 项 1.09 亿元，中标四川、湖南线路 2 项 0.74 亿元。EPC 及用户项目成为新支撑，中标 PASS 平台、容东片区安置房、中恩云房山数据中心等 9 项 6.13 亿元。

利用北京公司“百日攻坚”专项行动开展结算工作，累计完成全口径结算审定 113 项，涉及金额 13.59 亿元。针对基建工程出具全专业预控指标 60 项，综合预控率 75.81%。

针对疫情防控和政治保电需要，及时出台指导意见，积极办理相关签证，合理合规取得近 200 万元费用补偿。针对新版定额修编组织技经培训 6 次，涉及 153 人次。深入分析各专业特点，修订《全过程技经管理规范》。

通过逐月梳理、重点清理以及借助法律手段等措施，完成昌平至八家 220kV 送电工程、锡盟—泰州±800kV 特高压直流输电线路工程、建行数据机房变配电工程等遗留工程处置共 38 项，回收资金 1.61 亿元。响应农民工工资支付政策，组织 33 支分包施工队伍办理农民工工资个人卡 1927 人次，通过专用账户累计发放农民工工资 156 笔 2560 万元。

【工程建设】确保重点工程有序复工开工。制定复工开工疫情防控措施，强化现场防疫管理要求，完成湖北、绥芬河、新疆、天津、新发地等中高风险区域人员筛查 3800 人次，有力确保张雄特高压、通州站扩建、塘峪等 23 项输变电工程有序复工开工。

工程建设节奏张弛有序。及时调整受疫情影响工程项目的里程碑计划，从方案的编审批、物资供应、施工资源投入、外部协调等多方面入手，抓工程关键路径和关键节点，从管理上采取提速提效措施，有序推进副中心、铁路配套迁改、解重载等重点工程建设任务。

重点工程建设圆满完成。全年投产冬奥配套、城市副中心、三城一区配套等各类重点工程 46 项,其中 800～1000kV 特高压工程 2 项，500～750kV 工程 4 项，200kV 工程 8 项，35～110kV 工程 32 项。完成架空线路 642.2km，敷设电缆 384.4km，安装主变压器 37 台，总容量 614 万 kVA。220kV 岳各庄工程五年磨一剑，期间克服协调主体多、施工难度大等困难建成投产，极大优化了西南部电网结构。北京东—通州、通州北等 14 项工程有序推进。

【工程创优】4 月，工程公司施工的南蔡—房山 500kV 线路（架空）、冬奥 220kV 变电站、西白庙—大路站 110kV 电缆等 21 项输变电工程通过北京公司达标投产考核（暨优质工程评选）。

8 月，工程公司施工的张北柔直北京换流站—昌平站Ⅱ回 500kV 线路、运河 220kV 变电站、商务园—运河站 220kV 电缆等 20 项输变电工程通过北京公司达标投产考核（暨优质工程评选）。

12 月，工程公司施工的北京房山变—天津南蔡变 500kV Ⅰ、Ⅱ回输电线路工程（北京段）获得国家电网公司 2020～2021 年度第一批输变电优质工程金奖，沙河北 220kV 变电站、科学城西 110kV 变电站获得国家电网公司 2020～2021 年度第一批输变电优质工程银奖。

【科技进步】“一种基于弹道理论的导引绳穿滑车弹射施工技术”获得北京公司 2020 年度科技进步二等奖，“输电线路智能立体安防系统研制和工程应用”“架空输电线路施工占地计算方法及应用”获得北京公司 2020 年度科技进步三等奖。“高压引线绝缘辅助装置的研制”“输电线路铁塔地脚螺栓防盗装置的研制”获得北京质量协会第七十六次 QC 小组成果发布会二等奖，“220kV 通用型 GIS 试验套管的研制”获得北京质量协会第七十六次 QC 小组成果发布会三等奖。“多功能仪器保温仓的研制”获得 2020 年电力行业优秀质量管理小组交流活动三等奖。

【技术装备】截至 11 月，工程公司自有装备资产总额（原值）1.68 亿元。各专业主要装备情况为：输电专业拥有 12 台牵引机和 29 台张力机及相应配套工器具，放线滑车约 2320 个；变电专业拥有真空滤油机 8 台，真空机组 4 台，大型 SF_6 回收装置 8 台，折叠式履带吊机 1 台；电缆专业拥有电缆输送机 356 台；还拥有起重、运输和专用放缆车辆 13 辆。试验设备拥有变频谐振试验系统 3 套，主变感应耐压局部放电系统 1 套，电缆局部放电系统 3 套。

【应急运维】应急抢修中心全年任务以疫情防控期间应急值守、“两会”保电、停电检修为主。共完成应急培训 16 项、演练 5 项，启动应急响应 30 次，执行应急抢修任务 8 次，参加政府安全宣传活动 2 次。

着重强化应急救援队伍建设，提升应急处置速度，成立芦城、朝阳两个应急救援单元，针对季节变化调配相应人员和装备，使救援队伍规模和应急处置能力同时提升。面对疫情防控，全天候排班备战，围绕度冬应急、春节值守、“两会”保障、防汛应急等任务开展值班值守，做到快速响应。加强应急能力建设，以赛促培初见成效。参加北京市首届安全应急领域应急救援员职业技能竞赛，获团体第三名；组织并参加北京公司 2020 年应急技能竞赛，获得最佳组织单位及个人第一、第三名。

全年完成停电综合检修线路 13 条，包括 220kV 线路 2 条、110kV 线路 4 条、35kV 线路 7 条。主要工作内容为加装避雷器、安装备份线夹等安全风险等级高、作业环境条件差的高空作业项目，检修班加大安全管理力度，认真组织查活、编制方案、制定措施、现场把关，确保安全的前提下完成加装避雷器 300 余支，安装备份线夹 96 处，安装分布式故障指示器 6 基，为电网安全运行提供了坚实保证。

【党的建设与精神文明建设】把学习贯彻十九大、十九届五中全会精神和习近平新时代中国特色社会主义思想作为党委理论中心组、党支部“三会一课”重要内容，先后组织召开党委理论中心组集中学习研讨 13 次，中心发言和重点发言 46 人次，第一时间跟进学习习近平最新讲话精神和理论成果，进一步树牢“四个意识”、坚定“四个自信”，做到“两个维护”。推动领导班子成员常态化开展党建联系点调研，促进“一岗双责”落实落地。修订完善大党建考核体系，开展党建工作绩效考核。聚焦年度重点任务，制定“党建+”工程 5 项，确保重点专业全覆盖，实现了党建与业务横向联动、深度融合、互促提升。落实国网“文化铸魂、文化赋能、文化融入”专项行动，突出战略宣讲，组织开展国网战略进班组、进一线。深化首都文明单位创建，持续蝉联首都文明单位荣誉称号。工程公司电缆施工分公司四级职员张磊荣获“北京市劳动模范”称号。

■ 12 月 22 日，工程公司电缆施工分公司张磊当选北京市劳动模范。
（郭航　摄）

针对北京公司政治巡察，组织开展巡察问题整改；识别补充部分干部和“位低权重”人员为重要岗位，共增加 100 人纳入履责约谈范围；大力推进冬奥会配套工程过程跟踪审计；开展疫情防控、安全生产专项整治、禁止餐饮浪费等专项监督工作。

通过强化部室间沟通协调，全力构建意识形态工作管控体系，维护意识形态安全，切实形成党委统一领导、党政齐抓共管、宣传部门组织协调、有关部门分工负责的工作格局，全年未发生舆情。开展与基层单位联合宣传，取得工程公司内外网宣传较好效果。在北京头条、电网头条、北京公司要闻和视频平台等媒体先后刊发相关内容。制作《为你而歌》MV 作品，创新宣传载体，深情讴歌电力建设者奋发有为、攻坚克难的崇高品质。

（秀景琪）

国网北京市电力公司检修分公司

【概况】国网北京市电力公司检修分公司（简称检修公司）成立于 2012 年 5 月 24 日，业务范围广、人员数量多，所辖设备覆盖首都全部 16 个区县，是国网北京市电力公司规模最大的二级单位。下设 7 个职能部室、12 个专业生产中心、1 家集体企业。共管辖变电站 298 座，架空输电线路 597 条 5388km。固定资产总额 530 亿元。2020 年，公司未发生电网、设备、火灾等重大安全生产事件，连续安全生产 2017 天，全力确保了首都主网安全生产局面的稳定。获得“北京市安全文化建设示范企业”“北京市电力公司先进单位”荣誉称号。

地址：丰台区万泉寺（菜户营南路）石门甲 1 号
邮编：100069

电话：010—63120400

【人力资源】截至年底，检修公司共有全口径用工 2101 人，其中长期职工 1083 人。长期工中研究生及以上学历 167 人，本科学历 486 人，专科学历 263 人；高级职称 146 人，中级职称 209 人；技师及以上职业资格 701 人，高级工 99 人，中级工 60 人。

组织开展三轮次人员竞聘上岗，55 个专业管理岗位得到优化。全年调整干部职员 60 人次，提拔任用 5 人，38 人评为专家。在基层单位设置专业工程师，组织三期 74 人青年技术骨干培训班，为员工成长搭建平台。青苗班、红马甲、鸿雁计划等人才培养模式遍地开花。东直门站变电运维仿真培训中心建设基本完成，景园街、紫竹院站变电实训室投入使用。承办北京公司变电运维技能竞赛获优秀组织奖，参加国家电网公司变电运维技能竞赛取得历史最好成绩。柔直运维班获得“国家电网公司工人先锋号”，5 个班组荣获“北京市电力公司工人先锋号”，葛东阳荣获“北京市电力公司电网工匠”。

■ 8 月 21 日，检修公司承办北京公司变电运维技能竞赛。（尹星　摄）

【经营管理】制定《检修公司季度绩效测评实施细则》，推进重点任务落实、提升关键业绩指标成效。聚焦重点领域和关键环节，开展季度专项检查，累计发现并整改各类问题 35 个，促进依法合规性经营。开展审计问题销号整改攻坚专项行动，整改具体问题 309 项。开展提质增效专项行动，贴旗问效、挂牌督战，34 项重点任务 405 个工作节点全部完成。日常管理类可控成本同比压降 3.1%。检修公司资产账卡物一致率达 96.96%。主动对接北京公司“12912”战略落地体系，群策群力制订了“1210”战略落地实施方案。结合主题党日推动战略宣贯进基层、进一线，凝聚了全体人员共识。召开科技创新大会，出台加快人才高质量发展、加强科技创新工作两个意见。召开创新实践成果发布会，17 个项目评为优秀成果，《多功能光纤整理箱的研制》获得北京公司 QC 小组活动成果一等奖。检修公司业绩考核在专业公司中排名第一。

【安全生产】完成 3 个百日安全长周期，累计发生安全事件 27 起，同比减少 14 起，整体安全形势保持平稳。

政治供电保障。全年完成政治供电任务 143 项、226 天。圆满完成全国“两会”、服贸会、党的十九届五中全会、中高考等重大活动保电。共制定保障方案 128 项，修订各类预案 1061 项，累计投入 5.3 万余人次、1.2 万余车次。加速冬奥保障筹备，人员测算、保障物资补充等工作全部按期推进。

安全管控。落实安全生产专项整治三年行动部署，开展“知责尽责、再铸辉煌”安全责任清单宣教、历史上的今天、安全生产攻坚、奋战秋检等主题安全活动，两次修订发布全员安全责任清单，安全责任进一步夯实。创新安全管理举措，开展周安全风险预警、月安全形势分析，针对高风险改扩建施工现场明确“三会三措”，领导干部分片包干、一线督导，开展季度安全述职，消除责任盲区，防控安全风险。开展“十佳”保安员评选，提升安保管理水平。完成辅助设施救援队和应急驻点单元建设，依托七大救援场景开展拉练集结和应急演练 130 余次。实施安全生产重奖重罚，累计奖励 639.25 万元，尤其加大保电应急期间突出事件的奖励额度，同比增长 84.9%；坚持反违章高压态势，加大违章曝光力度，累计下发违章通知单 73 张，落实事件责任追究，累计考核 44.41 万元。

■ 5 月 23 日，检修公司在全国“两会”保电重点线路开展巡视工作。（尹星　摄）

疫情防控。面临来势汹汹的疫情，面对所属场站超过 330 个、防疫管控人群超过 3600 人的巨大挑战，第一时间启动应急响应，第一时间做出部署，全年疫情防控始终有条不紊、忙而不乱。为员工配置防疫物资 71 万件，发放口罩 65 万个，落实 2688 名人员的核酸检测，注射疫苗 976 人次。开展防疫重点路保障特巡 6659 站次，运检指挥中心主备调值守 143 天，发电车两次进驻朝阳疾控中心和小汤山医院。10 名党员支援丰台社区防疫，5 名党员逆行新发地变电站开展设备状态监测和巡视，12 名同志支援河北疫情供电保障，成立大兴突击运维班应对疫情突发，关键时刻凸显了检修铁军的大局担当。检修公司 2 个集体、3 名同志获得抗击新冠肺炎疫情表彰。

【专业管理】以运维管理模式突破、产业管理模式突破带动各专业业务承载力和专业支撑力提升。全年发现和消除缺陷分别增长 21%、15%，存量缺陷压减 46%，调控缺陷处缺完成率达 97.5%；设备故障和输电外力故障分别同比下降 37.8%、56.2%；京电集团营业收入 8.06 亿元、新签合同 12.45 亿元，完成指标的 100.75%、129.69%。

变电运维专业优化“四大中心”，将 7 项业务及辅助运维队伍下放。开展清风专项行动，完成 66 座变电站达标整治，软硬件水平持续提升。推进综合评比、班组长测评及运维人员综合测评，开展强基计划、固本行动、每日一查等，激发内生动能。变电检修专业调整“两大中心”，优化职能工区两级管理。完成孙河站主变压器更换、广阳等站家族性缺陷处理、通朝安朝线保护改造升级等，完成新航城异常处置、海淀 601 盆子更换等抢修工作 22 项。完成 500kV 主变压器油枕胶囊、潞电隔离开关导电回路改造等多项技术革新。深化技术监督，发现东升、广阳、万泉等站断路器材质隐患，完成西白庙站感知层试点数据分析应用。输电专业优化输电运行、检修、工程三大专业体系，重新划分地面测试、抢修、带电作业等业务。全面接收 500kV 通朝、安朝线路。推进线路 X 光检测，发现处理压接工艺缺陷 76 处。治理非压接、老旧绝缘子 14 路，安装三跨段落安全备份线夹 1136 支。完成 500kV 安都线全线绝缘子更换治理。15 人、5 辆车装载全部融冰设备支援吉林公司抗冰。完成 500kV 昌海线智慧线路建设。成立无人机巡视班组，完成所有线路点云扫描建模。

■ 11 月 25 日，检修公司输电专业人员前往吉林长春支援线路除冰抢险。（谢虎 摄）

运检指挥专业全年发现、流转设备异常信息 1.73 万条、缺陷 6517 件，发现线下机械施工 5668 起、线路异物搭挂 971 项，实现各类信息流转无差错、无疏漏。深化信息支撑，提升报告质量，全年发布信息 1.2 万条、生产报表 3440 余份。不停电发电车专业全年完成不停电作业任务 5427 次，同比增长 140%，创历史新高。与属地公司建立合作关系，支援完成复杂作业任务 104 项。带电作业小组数量增至 18 个，同比增长 50%。发电车现场实发保障 1352h，同比提高 274.73%。

产业层面成立了以工程任务为核心的“四大”中心，管理人员全员竞聘上岗，京电集团“服务主网、支撑主业”作用进一步凸显。成立检修公司产业指导委员会及办公室。首次开展项目部施工方案审核评比，建立分包人员安全积分制。创新开展变电工程现场“红黄绿”风险分区、输电工程现场防误登安全管控。全年竣工投产工程项目 50 项。圆满完成最大跨越封拆网——京张高铁迁改工程，完成历史上最复杂、风险最高的密云 220kV 主变压器扩建工程和京霸铁路工程。京电集团成功取得承装修许可证一级证书，荣获“北京市用户满意企业”“国网示范施工省管产业单位”“北京公司省管产业先进单位”称号。

■ 10 月 14 日，检修公司在 220kV 密云站开展扩建施工。（尹星 摄）

全面启动老旧设备改造。张仪站、安家楼站、卢沟桥站完成向北京市多规合一平台报送及会签公示，顺利推动稳评、环评、水评工作，张仪站过渡工程顺利开工，6 座 110kV 老旧站升级改造列入城市核心区控规。完成 2 条线路灰杆改造可研编制。确定 126 项老旧线路改造项目。对 324 基老旧灰杆开展加固除锈，对 141 基锈蚀铁塔开展防腐治理。遗留项目压减加速推进。全年压减遗留项目 39 项，占遗留项目总量的 55%，工作量是 2019 年的 2 倍。二次攻坚项目累计完成 30 项，一年内从 41.86%推进到 93.75%。消防管理提升成效显著。完成59座变电站加装固定灭火系统、26座变电站火灾自动报警系统改造，工作量同比提升63%，全年完成三年消防提升任务的40%。

■ 12月28日，检修公司张仪站小型化改造过渡工程正式开工。（尹星 摄）

【党的建设与精神文明建设】成立共产党员保障队1支、服务队2支、突击队7支、临时党支部3个。开展党建分享会、"党建引领促安全"大讨论、"战疫有我·党旗飘扬"主题活动，持续开展党员"一带二、一带三"，形成保安全护稳定强大合力。完成14个党总支及41个支部换届选举工作；组织党支部书记培训班，提高基层党务人员业务水平。落实全面从严治党工作部署，履责约谈全覆盖。持续开展疫情防控落实、安全生产专项整治以及经营管理提升等常态监督。扎实开展巡视巡察"见底清零"专项行动，一体推进问题整改。圆满完成巡察迎检工作，认真开展反馈问题整改，专项约谈重点管理人员11人。完成招投标重点领域专项外部审计，编制典型问题库，巩固和扩大巡察成果。配合完成中央电视台、国家电网报等媒体对张北柔直组网成功进行直播宣传。创新电子报刊、《检修快讯》等传播载体，营造良好宣传氛围。成立新闻记者站，打造坚强有力的新闻宣传队伍。开展线上五四主题团日活动和读书会，"云课堂"系列课程收听达7000余人次。以领导接待日、20123热线、经理信箱等多渠道畅通职工诉求，71件诉求全部完成答复并处理。组织各类协会活动1300余人次。完成642名退休人员档案移交。洋桥办公区新建成1712m²立体停车库，职工办公环境持续改善。

（刘　丛）

国网北京市电力公司电缆分公司

【概况】国网北京市电力公司电缆分公司（简称电缆公司）是北京公司安全生产领域的核心业务支撑机构，承担着35kV及以上电缆线路、35kV及以上电缆所在隧道的运维检修及消防应急工作，负责35kV及以上电缆隧道资源管理、规划配合以及专业技术研究与支撑工作。共设置5个职能部门，5个业务机构，1个受托产业单位。管辖高压电缆隧道共计939.7km，管辖35kV及以上电缆线路共计2812.3km。固定资产总额约283.97亿元，约占北京公司资产总额的1/7。

获得全国"两会"供电保障先进单位、"国网好声音"大赛原创歌曲职工歌手双金奖、全国电力行业AA级企业等荣誉。

地址：北京市朝阳区建国门外大街月河胡同2号
邮编：100022
电话：010—63124242/010—63124243

【人力资源】截至年底，电缆公司共有全口径用工297人，其中长期工138人。长期工中研究生及以上学历41人，本科学历72人，专科学历21人；高级职称40人，中级职称45人；技师及以上职业资格40人，高级工42人，中级工6人。

落实做优团队工作思路，全年调整人员23人次，涉及中层干部9人次，一般管理技术岗位11人次，班组长3人次。接收2020年新入企员工6人，并开展轮岗锻炼。强化绩效考核激励，制定组织绩效测评方案，按季度组织开展部门、中心绩效测评，有效激发组织及员工工作积极性。大力培养选拔优秀骨干人才，1名职工被评为北京公司级技能专家，5名职工被评为地市公司级专家。

【疫情防控】春节期间第一时间成立电缆公司疫情防控领导小组，组织落实防控举措。密切跟踪北京、河北、辽宁等地疫情，严格执行敏感人员隔离观察规定。主动开展全员核酸检测，组织职工接种新冠疫苗、流感疫苗，筑牢健康防线。全面执行定时消毒、体温检测、分时就餐等措施，对外业务"线下改线上"，设立紫外灯室对外来资料进行消毒，保障业务不断不乱。统筹发放口罩、消毒液、防护服等24类、10.9万余件防疫物资，在落实防疫措施前提下有序开展设备运维、应急抢修、隐患治理等生产工作，保障了电缆网始终安全可靠运行。各党支部通过学习强国、微信群等新媒体开展微学习40次，发布防疫知识、辟谣信息98条，调研解决职工家庭困难需求56次，全体党员响应党中央号召捐款1.3

万元。1 个集体、1 名同志分获北京公司抗击新冠肺炎疫情先进集体和个人。

【安全管理】电缆公司全年未发生人身伤亡事故，未发生六级及以上安全事件，实现三个百日安全长周期，累计安全生产 366 天。

压紧压实安全责任，修订安全责任清单 189 条，常态化开展安全述职 76 人次。修订安全工作奖惩实施细则，严格安全奖惩。开展安全生产专项整治三年行动，梳理 3 类、60 项隐患。组织 151 名公司生产人员、281 名外包作业人员开展安全培训考试。推进应急救援单元建设，组建 2 支、10 人的应急救援队伍，设置 2 个应急救援驻点。建立常态化风险防控机制，完成 178 项一级、212 项二级及以下风险会商。各级人员到岗到位把关和飞行检查现场 280 次，安全督察队对 398 个作业现场开展安全巡检 790 次，发现违章及不规范问题 59 项，下发蓝色违章通知单 14 张。强化有限空间作业安全管控，扩大管控范围，将运维巡视、抽水清淤、后勤专业等涉及有限空间工作全部纳入周计划管控。明确有限空间作业安全防护用品配备和使用标准，采购发放 50 余套安全防护设备。深化微信群应用，强化现场人员管控。参加北京市有限空间作业安全交流活动，制作有限空间作业安全教育动画片，提升全员安全意识。

【专业管理】服务大局坚强有力。克服新冠疫情、极端天气等艰巨挑战，圆满完成全国“两会”、服贸会、党的十九届五中全会等重大活动保电，全年累计完成保电任务 104 项、186 天。制定高压电缆专业验收标准化作业手册及验收规范，在电缆公司内网首页设置“基建验收查询”模块，及时公布基建验收工作进度，配合基建迁改投产工程 33 项，新增电缆线路 191km、电力隧道 114km。设置“断面办理查询”模块，业务办理更透明、高效，全年办理断面申请 273 项、有限空间作业申请 1269 项。

9 月 4 日，电缆公司在服贸会保障现场开展保障工作。

（赵旌朝　摄）

运检管理全面夯实。深入落实线长制、沟长制，编制运维手册等 26 项标准化作业指导书，规范作业流程。建立“1+2”专业应急值守模式，快速响应、有效处理突发事件 129 起，到达现场速度及查线效率分别提升 29%、31%。编制《高压电缆线路典型故障案例集》，形成典型经验。整理发布现行有效高压电缆专业标准和制度，方便查询使用。建成高压电缆精益化管理系统，全面完成 13 项统推功能和 12 项特色功能模块开发，并率先通过国家电网公司验收。开展监控类设备消缺“百日专项行动”，有效提升高压电缆设备状态信息在精益化平台的接入率、准确率和及时率。完成 PMS 基础数据治理 7912 条，治理进度 80.73%，显著提升基础数据台账完整性与准确性。

风险防控扎实有效。突出老旧隧道隐患整治，编制加固技术、主材管控、工艺管控卡等技术文件，完成工程 10 项主要材料现场抽取和送检，开展拉拔试验和专业结构检测，周密组织、超常规投入，用时 7 个月完成 6 段、16.3km 首都核心区老旧隧道整治。突出隧道火灾隐患整治，完成 35.9km 隧道防火槽盒、82.4km 防火隔板加装，实现二环内防火槽盒、隔板覆盖率 100%，三环内覆盖率达到 80%。对 76 路架混线路电缆中间接头旁相电缆加装防火带，完成 115 回电缆测温光纤、32 回电缆接地环流监测装置加装以及 713 只灭火弹补装更换，开展隧道应急消防演练 3 次，显著提升隧道消防安全。突出设备隐患整治，完成 220kV 海昆一、堰康一共计 20 组沈阳古河隐患中间接头全部更换。完成 12 路、21 组长园局部放电异常 GIS 终端消缺。开展 26 路 35kV 电缆线路预防性试验，发现并处理 4 路中间接头缺陷。建立 45 个基建遗留问题台账，并纳入精益化系统管理，加快整治进度，全年完成 7 项工程、11 个问题整改。

6 月 10 日，电缆公司在老旧隧道综合整治现场开展工作。

（赵旌朝　摄）

【科技创新】创新能力不断提升，电缆评估与智能运维实验室获得北京公司命名，作为唯一代表获得国家电网公司众创空间授牌；组织召开首届高压电缆科技创新论坛，申报的《城市电网高压电缆线路感知融合与边缘赋能关键技术研究及应用》项目获得国家电网公司批复。实施“新跨越行动计划”，采用揭榜挂帅制，开展 17 个创新课题研究。创新成果亮点纷呈，完成 16 项专利申报，发表核心期刊及以上论文 31 篇，相关科研成果获中电联科技一等奖 1 项、中国安全生产协会二等奖 1 项，以及管理创新三等奖 2 项、北京市 QC 成果二等奖 1 项。与中国电科院高压研究所共同完成 3 项新技术新装备研发。标准著作成绩喜人，牵头修订北京市地方标准 1 项，牵头和参与编制国家电网公司企标 6 项，参与编制中国电机工程学会团体标准 1 项，自主编制《高压电缆健康诊断技术应用》《电力电缆及其附件 X 射线检测与诊断》专业书籍 2 本，承担国家电网公司 2 本教材编制。

■ 10 月 20 日，电缆公司科创中心在隧道内测试电缆智能巡检四足机器人。（赵旌朝　摄）

【经营管理】全面梳理公司资产状况，完成全部 20920 项固定资产清查盘点。强化项目全过程管理，生产技改项目决算转资率达 100%。高度重视政治巡察，高标准自查自纠，强化巡察成果应用，6 方面 27 项问题全部落地见效。深入开展“抓整改、除积弊、转作风、为人民”专项行动，推进 9 方面 22 项整改举措，开展“见底清零”专项行动，75 项问题全面整改落地。制定“两个责任”清单，助力“一岗双责”。融合业务做实监督，构建立体廉洁风险防控体系，线上线下签订廉洁共建告知书 637 份。针对业务领域廉洁风险，创作工作现场廉洁从业系列微电影，宣教更具温度。强化法治宣传，组织中心组学法 4 次、专题培训 3 次。积极宣贯《民法典》，拍摄宣传微视频《小井的“法宝”》，职工依法维权意识和能力显著增强。全力提升产业单位价值，成立产业指导委，规范对产业监督指导。申请获评 ISO 三标体系认证。全力开拓市场，新签合同 4.9 亿元，承接 225 项工程任务，实现营业收入 3.44 亿元、利润 1000 万元。

【党的建设与精神文明建设】修订党委议事规则、“三重一大”决策管理办法，全年组织召开党委会 43 次，研究决策重大事项 114 个。党委班子成员带头到党建联系点督导调研 42 次，讲授党课 9 次、廉课 5 次，开展党委理论中心组学习 13 次。聚焦《习近平谈治国理政》（第三卷）、党的十九届五中全会精神等专题，深入领会习近平总书记重要讲话和重要指示批示精神，广大党员干部“四个意识”更加牢固，“四个自信”更加坚定，“两个维护”更加自觉。创新成立党建理论研究工作组，承担北京公司“3+1”项“夯基础、提质量”重点任务，牵头完成 36 家二级单位中心组半年督查。全覆盖实施五大类、9 项“党建+”工程，扎实推进“党建+老旧隧道综合整治”和“党建+资产清查”，相关实践经验入围全国电力行业优秀党建成果，2 项组织生活经验入围北京公司优秀案例。强化高端主题传播，在人民日报客户端、中国电力报等社会及行业媒体发布报道 52 次，在北京公司及以上网站刊登新闻 53 篇。《爱有力量》等 4 部影视作品荣获“电力奥斯卡”一等奖 1 项、二等奖 1 项、三等奖 2 项。积极参加“国网好声音”大赛，荣获原创歌曲职工歌手双金奖。获评国家电网公司优秀合理化建议 1 项、北京公司优秀合理化建议 3 项。组建劳模群体创新工作室，获评北京市级青年创新工作站。建设班组小家 3 个，建成“1+11”职工诉求服务中心，解决职工诉求 36 项。率先完成 55 位退休职工社会化管理改革。承办北京市“电力电缆工”技能大赛，并取得包揽前两名、4 人进前十好成绩。

■ 11 月 26 日，电缆公司承办北京市“电力电缆工”技能大赛，并取得包揽前两名、4 人进前十的好成绩。（赵旌朝　摄）

（王　健）

国网北京市电力公司信息通信分公司

【概况】国网北京市电力公司信息通信分公司（简称信通公司）是国网北京市电力公司信息和通信业务的专业支撑机构，负责北京公司信息与通信系统的建设、运行、维护工作。共设置6个职能部门，3个专业机构，1个受托产业单位。

地址：北京市大兴区地盛北街2号院
邮编：100176
电话：010—63123865

【人力资源】截至年底，信通公司共有全口径用工542人，其中长期工221人。长期工中研究生及以上学历102人，本科学历88人，专科学历19人；高级职称37人，中级职称50人；技师及以上职业资格76人，高级工25人，中级工2人。

推进专家人才队伍建设，强化专业技术人才培养，人才当量密度达1.1907。累计遴选国家电网公司级专家人才1人、省公司专家人才2人；地市公司级专家人才4人。制定了地市级专家人才考核实施细则。全年培训3778人次，人均学时717h，员工培训率达100%。组织员工参加专业技术资格评定以及相关行业的技能培训、鉴定工作，其中23人认定为初级专业技术资格、19人认定为中级专业技术资格、3人评定为中级专业技术资格、4人评定为副高级专业技术资格，28人通过社会认证的信息、通信类专业考试，并取得相应证书。

■ 8月31日，信通公司开展以“战略强落地，数字新信通”为主题的中层干部培训活动。（柳阳　摄）

【经营管理】完成财务专业全年绩效考核评价指标，其中成本费用完成63626.86万元；生产技改投资预算完成8540.16万元，电网基建投资预算完成11205.68万元，工程竣工转资金额13501.20万元。

截至2020年底，信通公司资产总额221729.27万元，较年初增长5.35%。全年完成资金支付金额共计90189.31万元，同比增长4.23%。

根据北京公司统一部署，开展提质增效专项工作，全面梳理各专业通信业务，通过竞价谈判实现通信业务提速降费；作为牵头单位成功中标国家工信部项目，探索5G与电网业务融合新模式，获得专项资金960万元；“深化信息系统瘦身美颜　促进资产管理提质增效”专题刊登在北京公司首页。

开展资产清查专项工作，共核查资产卡片37469张，其中固定资产36122张，无形资产1347张，对资产卡片信息不准确等问题及时整改，编写“资产清查工作总结报告”夯实有效资产基础，提高资产管理水平。

开展应付款项梳理清查、再排查工作，构建应付款项台账，编写“民企清欠工作总结报告”“2020年度往来款项清理处置报告”，不存在逾期欠款的情况。

开展资金管控专项排查工作，从七大方面对资金安全管控进行梳理自查，对存在的问题及时发现、及时解决，剖析问题产生原因，落实整改措施，编写“资金管控专项排查报告”，筑牢资金安全防线。

按照北京公司统一安排，全面启用国网商旅App线上报销功能，实现差旅业务全流程在线处理、无纸化移动审批。

【安全生产】实现安全生产连续3175天，完成公司、工区、班组三级安全目标。强化岗位安全责任，梳理修订安全责任清单，涉及149个岗位、932条安全职责。开展安全专项整治三年行动，按照“两个专题”“九个专项”的排查范围，历时3个多月梳理编制问题隐患和制度措施“两个清单”39项，全面完成了“一下一上”阶段任务。

完善安全监控规范，提升查违能力，建立监控、巡检人员周培训制度；实现远程监控与现场巡检协同监控，两级巡检组全年检查作业现场6281个。开展作业现场“四不两直”督导检查，领导到岗把关526人次，各部门、各单位领导干部及管理人员现场督导2304

人次，发现整改问题147项。

高质量完成应急保障，完成应急响应保障、专业应急响应84次；开展防汛度夏、迎峰度冬、节日值班等应急专项保障值守工作，管理人员100余人参与值班值守276天。开展应急管理培训2项，信息通信应急专业培训130余项；开展信通公司级应急演练7项，信息通信专业演练524项，参与配合北京公司应急演练6项。

开展安全技能等级教育培训12次，举行外协施工单位工作负责人及一线作业人员考试，实现100%持证上岗。组织各项管理性培训87次，全年参培2000余人次。圆满完成重要活动保障及攻防演习活动8项，拦截攻击事件10862次。启动蓝队能力提升行动，完成理论基础、设备实操等各类培训，依托“信通杯”攻防竞赛检验培训效果，提升网络安全专业技能水平。

■ 12月18日，信通公司举办第三届“信通杯”网络安全攻防竞赛。（柳阳　摄）

通信专业完成省级光传输网管系统集中建设，首次实现传输网管服务器异地容灾功能。北京公司系统内首次全覆盖开展53个传输网络级、849台设备级功能验证性传动试验。会议应急通信支撑能力持续增强。系统内率先将电视会议系统纳入通信方式管理范畴，实现系统主要设备的实时监控。启用芦城应急通信运维基地，首次实现应急通信7×24小时有人值守。通信专业支撑电网质量持续提升。延庆换流站等500kV线路保护首次应用“三端选二”通道技术。试点电源可视化监控平台，系统内率先实现电源系统运行方式和运行工况可视化实时监视、电源检修方案演算和风险辅助分析。依托生产计划管理系统实现智能化管控、计划编制科学高效、运维资源精准投入、计划执行实时可视，获得国网职能部门高度肯定。全年通信业务可用率达到99.9998%，创历史最高。通信专业人才培养取得突破。成功承办北京公司通信运维技能竞赛，5名员工成绩进入前八名。

坚持技术创新研究落地实用化，实现信息系统方式实时监控、可用率实时计算等功能；开展数据库健康管理平台研究，完成258套数据库实例运行健康管理；完成智能一体化运维支撑平台（i60002.0）部署工作，发布微应用程序12个，采集各类IT资源2691套。

7月完成云平台部署，共有188台物理服务器、33台网络设备、22个云平台组件。自投运以来，累计为43个业务系统分配各类云资源，云平台的投运进一步提升了业务系统部署效率、增强了对业务系统可靠性支撑。

【科技进步】聚焦一线实际问题，组织创新团队开展技术攻关，加大成果转化和推广力度。积极开展5G与电力业务融合应用探索，完成首钢冬奥园区、国家会议中心等配网差动保护、用电信息采集等10大典型电力业务场景5G落地验证。在政治保障活动中首次应用基于5G虚拟仪器量测平台技术。“5G电力地空一体化解决方案”项目分别在中华人民共和国工业和信息化部主办的第三届“绽放杯”5G应用征集全国决赛中获得优秀奖、中关村5G创新应用大赛工业互联网专题赛决赛荣获三等奖、北京电力科技创新青年论坛荣获二等奖。“基于大数据分布式计算的居民用电算费技术应用”荣获北京公司科技进步奖三等奖。信通公司自主研发的“基于智能感知技术的电力隧道传感器网络单元”荣获北京公司技术发明奖三等奖。“电力用非金属阻燃光缆”等2项技术标准持续编制。2020年度《企业级数据生态体系构建》荣获北京公司管理创新一等奖；“基于大数据时代的首都电力保密管理创新与实践”荣获北京公司管理创新二等奖；“网络安全态势感知平台构建实践”和“5G助力能源互联网高质量发展管理实践”荣获北京公司管理创新三等奖。“供应链资源高效协同、智慧运营模式的研究与应用”等9项优秀成果在信通公司第三届创新成果发布会上成功发布。信通公司通过北京公司科技专家评审，成为第一批“众创空间”挂牌单位。

【项目建设】完成国网云年度建设任务，为业务系统提供云化部署基础环境支撑，增强各基础组件横向扩展能力，首次实现北京公司从传统IOE架构向云架构演进。完成数据中台部署实施以及北京公司定制化改造工作，为业务提供数据溯源、全链路监测分析、支撑跨表跨库多维度数据共享应用能力，建立数据中台模型统一管控机制，助力北京公司数字化转型。建成能源大数据中心数据产品展示门户并开展能源数据资源和分析产品运营工作，实现与政府单位和能源企业的交互通道构建，为打造能源大数据生态链提供了有力的保障。完成骨干传输网网管系统优化改造，完成NCE网管双机异地部署，提高网管系统可靠性。完成北京电网骨干传输网A平面整体改造工程118个站点的勘察及施工图编制、审核工作，安装25台设备；完成北京电网骨干传输网B平面建设工程24个站点的勘察及施工图编制、审核工作，安装20套OTN，完成前门、顺义网管部署及调试。

【优质服务】信通公司被中国水利电力质量管理协会正式授予2020年电力行业卓越绩效评价标杆AA企业。

本年度，信通公司圆满完成136项政治供电保障任务，其中全国“两会”等6次重要保障任务、中央会议等13次临时性保障任务、高考等117次三级保障任务，实现“工作零违规、业务零中断、数据零泄露、安全零事件、服务零投诉”（“五个零”）的专业保障目标。

支撑北京公司营销业务，依托阿里云技术架构，构建了松耦合、高性能、高可用的微服务和应用，提高用电信息采集系统对计量业务的支撑能力，实现购电下发分布式多点“云并发”，满足“全覆盖、全采集、全费控”。落实“网上国网”的上线和推广工作，使北京用户平均电费查询时长由4s缩短到2s，有效保障“网上国网”7×24小时安全稳定运行。通过压缩抄核工作操作环节，整体用户抄核时长由96h缩短到4h，实现营销分布式实时算费。

本年度186客服呼入总量110672个，创建工单112715张，工单创建率100%。加强知识管控，推动各业务组进行常见问题梳理和知识库建设，定期更新共享186客户服务手册，为用户提供便捷的知识获取渠道。根据各组业务特性，定期开展186特色宣传活动，主动与业务部门和重点用户建立服务联系。深入用户群体，了解用户核心需求，悉心听取用户的意见及建议，及时整改。全面提升用户满意度和对186客服品牌的认知度。

【党的建设与精神文明建设】信通公司党委持续开展“党建业务我来讲”系列讲座，共计7次。建立党支部督查机制，采取周管控，月通报，季分析，强化党支部标准化管理。发挥专业优势，承担北京公司党建履责系统研发工作。深化内嵌融入机制，支撑北京公司物资部、互联网部、后勤部、企协分会等部门共同开展“党建+”项目建设。发挥党的组织优势，党建深度融入重点工作最前沿。疫情防控期间履责担当社会责任，共产党员服务队走进西长安街街道，连续开展6期43人次“你们休息一天我们来值守”文明共建活动，筑牢疫情防控人民防线；员工扛起“抗疫”战旗，无私奉献的“抗疫”事迹被《青春国网》《北京青年》等微信公众号选用刊登。践行“12912”战略落地，党员服务队开展“技术监督·送服务”活动，对39家二级单位的专线系统进行专线检查；党员服务队开展“网络安全送服务”活动，为员工现场讲解网络安全事项，提升全员网络安全意识，将信息安全送上门。推进职工民主管理工作，工会广泛征集合理化建议18件，荣获北京公司一等奖两项，荣获三等奖一项。参加北京公司“奋战新征程　建功新基建”劳动竞赛，获得“新型数字基础设施建设专项劳动竞赛”第一期、第二期过程评价表现突出个人奖一名。首次完成235名退休职工档案社会化管理工作。团委组织青年围绕国家电网公司战略目标落地实践，开展“投身战略实践、争做时代新人”主题团日活动、“践行战略目标、担当青春使命”五四主题团日活动。圆满完成北京公司青马工程培训工作。强化青年创新能力，召开第三届创新成果发布会，参与北京公司创新青年论坛、“绽放杯”全国总决赛等活动，其中“5G电力地空一体化解决方案”在“绽放杯”全国总决赛中获得优秀奖。

5月20日，信通公司调控中心临时党支部开展全国“两会”供电保障宣誓活动。

（柳阳　摄）

深化“信通极客青年”微信公众号建设，占领青年舆论高地，展现青春奋斗之美。坚持党管宣传，自主策划“新时代、青年说”，宣讲活动照片在《国家电网报》上刊登。全国“两会”、服贸会等重要供电保障期间照片、视频、宣传稿件在《电网头条》客户端刊登，冬奥电力运行保障平台相关照片在《亮报》刊登，树立良好信通形象。充分利用新媒体平台，占领舆论高地。信通公司在《首都电力青年》微信公众号刊登稿件 29 篇，在北京公司首页要闻刊登稿件 20 篇，在北京公司层面发布视频新闻 10 条，在北京公司基层动态刊登稿件 205 篇。自主策划《信通极客青年》微信公众号，旨在表现信通青年员工无限活力与履责担当的工作态度，已发稿 37 篇。荣获“国家电网公司文明单位”“国网北京市电力公司 2019 年大数据应用知识竞赛获奖单位”“2020 年能源行业普法创新实践征文一等奖”“国网北京市电力公司 2020 年度管理创新成果获奖单位”等荣誉称号。

（赵欣阳　范晶晶　骆　娜　郝　颖　王　辉）

国网北京市电力公司党校（人才服务公司）

【概况】2020 年 5 月 15 日，北京公司发文（京电人资〔2020〕60 号），按照《国家电网有限公司关于国网北京电力收购北京银杰供电民用电有限公司的批复》（国家电网资本〔2019〕692 号）文件精神，北京公司收购集体企业“北京银杰供电民用电有限公司”，并将其更名为“北京首电人才服务有限公司”（简称人才服务公司），为公司全资子公司。同步撤销国网北京市电力公司培训中心（简称培训中心），原与培训中心合署设置的中共国网北京市电力公司党校（简称党校）保持不变，为公司分支机构。人才服务公司与党校合署，作为公司二级单位管理，职工总数 119 人。

党校主要职责：按照国网北京市电力公司党委部署，负责制定年度教学计划；负责落实公司下达的科级以上领导人员党的理论和党性教育工作，做好中青年领导人员、党务工作者、组织人事工作者、普通党员等培训工作；负责开展党校科研工作；与国网党校及系统内其他单位党校在教学与科研资源体系建设、课题研究等方面加强协同合作与资源共享；完成公司党委交办的有关任务。

人才服务公司主要职责：作为公司员工培训、人才培养的支撑实施机构，主要负责公司经营管理人员、技术、技能人员培训培养；负责培训需求调研、培训方案策划、培训计划实施、培训项目和培训教学的开发研究、培训课件开发、教学研究和教学统计等工作；负责培训基地、实训设施、培训师资等培训资源建设与管理；做好培训培养支撑工作，聚焦公司发展和队伍建设需要，建设完善培训资源体系。负责公司专家人才评价、专业技术资格评审、后续学历认证、技能等级评价等业务的支撑。受中国电力企业联合会委托，负责电力行业职业技能鉴定、电力行业从业人员技能等级认证相关工作。

■ 8 月 20 日，党校举行青年干部培训班开班典礼。（马建飞　摄）

党校（人才服务公司）年内荣获首都文明单位、北京市交通安全先进单位称号。获公司 2020 年网络安全攻防技术大赛优秀单位称号。1 项建议获公司 2020 年“我为公司战略添精彩”优秀合理化建议三等奖。1 项 QC 成果获公司 2020 年度 QC 成果三等奖。获公司 2020 年职工歌手暨原创歌曲大赛铜奖。

地址：北京市石景山区模式口三号院
邮编：100041
电话：010—63679500

【人力资源】截至 2020 年底，党校共有全口径用工 143 人，其中长期工 112 人。长期工中研究生及以上学历 36 人，本科学历 57 人，专科学历 15 人；高级职称 25 人，中级职称 38 人；技师及以上职业资格 27 人，高级工 22 人，中级工 2 人。

【党校建设】紧跟公司决策部署，制定三年发展规划，优化组织机构设置，赴国网党校、河北电力党校、冀北电力党校等地，围绕党校建设、智库研究等方面进行走访调研，参加国网党校工作座谈会，组织召开京津冀党校工作论坛，为党校建设拓展更宽思路，推动党校建设换挡升级。聚焦主业主课，周密策划重点主体班次。高质量组织实施青干班，与中央党校创新合作模式，全模块开展课程引入和学员送培；高质量组织实施“全体党员回党校”项目，项目累计培训党员2980人次，获国网党校领导高度评价。开发《习近平谈治国理政》第三卷研究课题、十九届五中全会精神等相关课件，并推送至基层单位。坚持教研并举，开发公司职能部门14项二类项目，开展公司“夯基础 提质量”党建重点课题研究，“培训方法制定和优化”等项目落地应用。自主开发基层党建研究课题，1篇论文收录入《北京市党校系统学习贯彻党的十九届五中全会精神理论探讨会论文集》。立足首都电力特色，深入开展“政治保电精神挖掘”和“北京红色电力溯源”项目，回顾红色电力历史，讲好首都电力故事。

■ 10月16日，党校组织召开国网系统京津冀党校工作论坛。（马建飞 摄）

决策智力库筹备成效初显，实体化建设党建中心、领导力开发中心和党风廉政建设中心，推动教学、科研与决策咨询相互促进、协同发展。组织开展公司青干班领导力测评研究，编制纪委办“红毅善铁”支撑方案，制定公司《关于新时代工会工作的指导意见》落地实施方案，智库作用逐步显现。

【培训工作】面对突如其来的新冠疫情，党校（人才服务公司）上下坚决贯彻落实北京公司“高质量提升年”各项工作要求，统筹推进疫情防控和复工复产两手抓、两不误，全年共承办各类培训、会议、考试等共319期，培训量达89908人天次，培训任务完成率达到100%。承揽国网级竞赛调考3项，公司级5项，为竞赛团队提供有力专业支撑和优质服务保障。全年完成技能等级认证1785人次，职称评审2094人次，完成29个工种技能评价省级备案工作。

利用公司各二级单位实训基地、培训场地，建立合作模式，全年共开展合作培训17517人天次，形成合作共赢、资源共享的良好局面。充分利用网络大学、京电党校App等平台，上传考试资源154项、微课58个、课程40门。结合公司核心专业“知识树”建设，构建课件、案例、教材等资源管理系统，提升资源使用效力。总结线上培训经验，配套制作线上培训操作手册。与京津冀系统党校开展资源合作，交流优秀课程、互享先进经验。

■ 7月3日，党校工作人员开展高校毕业生招聘考试资格审查。（马建飞 摄）

复工复产有力有序，全年组织安规考试20406人次，利用线上平台完成新入企大学生培训等重点项目，确保公司培训任务顺利完成。

【经营管理】牢固树立“一盘棋”思想，强化合作意识、优化职能体系，整体工作效能全面提高。摸清党校（人才服务公司）资产“家底”，盘活存量资产，提高资产使用效益。有序开展子公司财务衔接变更，搭建子公司财务流程框架，开展经营情况分析，寻求平衡点，促进经营利益最大化。强化全员绩效管理，优化科级干部考核，落实绩效经理人责任，加大考核权重，“优绩优酬”分配导向更加鲜明。深入推进“三个100”工程，培养推荐优秀年轻干部，推动高素质人才不断涌现。加强智慧校园建设，实现扫码报到、就餐。规范开展集体企业深化改革工作，组建产业指导委员会，集体企业内控管理水平不断提升。

【服务保障】非常时期勇扛重任，落实落细各项防控措施，克服大规模聚集带来的疫情风险，保障国网在京直属单位大学生招聘考试、“国网好声音”大赛等重要活动圆满完成。疫情暴发后，及时对返京返岗人员进行隔离检测；采取错峰上下班、远程办公等方式合理控制到岗率；改造职工餐厅，保障就餐安全。做好防疫物资发放、全员核酸检测，加强社区联防联控，多措并举，牢牢守住“双零”目标。全方位拓展培训资源，推进内部建设，扩建教室和机房，整体培训容量提升20%，修建党建图书馆、录课室，加固升级网络，完成6段光纤架设及录课室组网工作，硬件设施水平大幅提升。顺利完成冬奥供电保障团队、供电所专业人才等重点培训项目。高标准推进“职工技协杯”各项组织协调任务，圆满完成竞赛组织实施工作。加强智慧校园建设，实现扫码报到、就餐。

【党的建设与精神文明建设】坚持党校姓党，充分发挥政治引领作用，坚持不懈抓好理论学习，以学习贯彻习近平新时代中国特色社会主义思想为主线，深入学习十九届五中全会精神和国家电网战略，组织中心组学习12次，深入开展“品读经典 锤炼党性”网上读书活动，党员理论水平有效提升。规范开展党组织换届选举，按计划顺利完成6个党支部换届工作。加强基层党建管理创新，建立入党联系人准入制度，强化入党积极分子培养联系人的“领路人”职责。全面落实上级党委、纪委要求部署，加大对疫情防控、厉行节俭等方面的监督力度。高质量开展“见底清零”和巡视典型问题自查自纠工作，切实做好整改“后半篇文章”。升级廉洁教育基地，组织全体党员网上参观圆明园廉洁教育基地，筑牢全面从严治党阵地。

■ 12月24日，党校开展金牌项目评比活动。　（马建飞　摄）

落实文明单位创建工作，积极参加社区共建，履行社会责任；优化校园环境，修建足球场等运动设施，建立职工诉求服务中心，顺利入选首都文明单位公示名单。开展形势任务教育11次。创建京电云校公众号。歌曲《电力保卫战》荣获公司职工歌手暨原创歌曲大赛铜奖。在《国家电网报》、公司要闻网站等共登载12篇报道文章。稳妥推进退休人员社会化管理工作，规范整理移交档案。

（王　彤　娄　强）

国网北京市电力公司物资分公司

【概况】国网北京市电力公司物资分公司（简称物资公司）作为国网北京市电力公司直属二级单位，承担着北京市电力公司大宗物资招标、采购和仓储配送以及非电力物资供应重任，主要负责国网北京市电力公司各单位物资供应和物资仓库管理，物资计划收集、汇总和结算审核，招标和非招标物资采购、合同签订和结算，履约协调，产品质量，供应商关系管理，仓储配送，废旧物资处置及应急物资管理等工作，是国网北京市电力公司坚强的物资保障机构。

物资公司共设置3个职能部门、7个业务支撑机构和1个受托集体企业。

地址：北京市西城区樱桃二条七号
邮编：100054
电话：010—63679119

【人力资源】截至年底，物资公司共有全口径用工164人，其中长期工131人。长期工中研究生及以上学历49人，本科学历67人，专科学历9人；高级职称17人，中级职称48人；技师及以上职业资格44人，高级工9人，中级工1人。

注重加强员工队伍素质建设，制定年度教育培训计划6类29项，借助“樱桃讲坛”教育培训平台，针对员工综合素质、生产效率和服务水平提升开展综合业务专题培训16项；开展针对员工技能水平提升、以培养业务专家为目标的业务专题培训活动13项；完善新员工跟踪培养机制，组织开展8名新员工岗前培训和轮岗实践锻炼，持续做好新员工跟踪培养工作记录。人才队伍建设成效显著，新取得高级职称1人、中级职称12人、初级职称4人。首次自主组织开展地市级专家人才选拔，优化编制方案、积极组织申报，择优选拔出二级专家1人，三级专家3人。创新创效成果突出，完成网络大学四优课程成果一项，建立完善物资专业培训体系，完成二类教育培训项目立项及课件开发11个。高效开展离退休人员档案移交，分三批次接收离退休人员档案239册，从街道、派出所找回离退休人员档案17册。装订整理离退休人员档案256册。

【安全生产】全力以赴落实疫情防控举措。2020年初，启动突发公共卫生事件一级应急响应，党委研究部署抓紧抓实抓细防控措施。对全范围管理的264名员工及共同居住人员开展全口径人员统计，组织干部职工开展核酸检测，隔离人员100余人次。共计采购配发防疫物资15.32万元。组织完成首轮新冠疫苗接种。保持全员零确诊、零疑似。制定复工保障措施及实施方案，依托“线上”审核、电子签章、电子投标、掌上“e物资”等技术，确保疫情期间“不间断”履约。安全基础不断夯实。严格落实安全生产责任制，修订全员安全责任清单330项。加大物资库房和办公用房安全投入，开展燕郊仓库供电线路隐患治理，启动马坡仓库消防系统标准化改造，完成仓库消防水泵系统升级。开展“安全月”主题活动，组织全员安全规程考试，举办消防安全、交通安全等安全培训3期，交通违章率同比下降40%。物资供应安全稳定。深化履约现场作业安全承载力分析管控。完善仓库安保系统技术手段，确保库区物资安全。落实北京公司设备安全管理要求，全面强化物资质量安全监督，杜绝问题设备“带病入网”。严格落实物资应急和度冬值班工作要求，确保防汛、迎峰度冬应急物资响应及时。安全风险防控有力。扎实开展安全生产专项整治三年行动、“查风险、治违章、抓落实”安全大检查等专题活动。4项威胁库区多年的安全隐患得到彻底整治。针对交叉作业及高处作业等安全风险，对磁各庄开展现场安全管控，确保京电智能库建设工程顺利完成。

■ 11月24日，北京公司董事长潘敬东同志到京电智能库调研。
（尹方舒　摄）

【科技进步】积极组织QC项目和管理创新成果申报，QC项目荣获北京公司级二等奖1项，三等奖1项。

【经营管理】风险防控能力持续增强。开展提质增效专项行动，全面梳理成本预算执行进度，深化现金流管理，提高资金使用效率。依法合规、扎实有效推进超期合同清理，梳理核实2019年以前订单483条，完成清理189条。严格落实合同全链条责任管理相关要求。全方位、专业化维权，妥善处置4起协执案件。后勤保障能力持续提升。合理规划办公环境修缮计划，完成办公区供暖主管线等7处安全设施整治维修、牛街办公楼屋顶防水改造等维改工程。主动服务职工生活需求，丰富食堂用餐种类、提升食堂用餐质量。档案管理更加规范高效。完成工程物资采购类、招投标资料归档358批次，接收整理文件22894件。接收京供民招标资料2824件。积极配合各类审计检查、案件处理，全年借阅检索资料780件。“三项制度”改革纵深推进。制订《国网北京物资公司“三项制度”改革工作方案》。持续宣贯劳动合同管理实施细则。实行赋能授权，给予各级绩效经理人更多的奖金分配权限，通过年底一次性“绩效奖金包”、专项奖等形式，进一步加大向绩优人员的薪酬倾斜力度。通过组织年度各层级绩效评价会议，合理分配绩效考评评价权重，提高绩效评价精准度，有效促进员工队伍内生动力的形成。产业公司实现价值提升。落实深化改革要求，明确经营、监管职责界限。全面完成“三清一控”审计阶段性自查，实现资产提效、往来清理、债权回收，助力公司高质量发展。

开展运营中心运作。2020年6月，挂牌成立北京公司供应链运营中心，实现风险监控预警、资源优化配置、运营分析决策、应急调度指挥、数据资产应用等五大能力运作，完成22次风险预警，通过指标监控预警，将单据签署时间控制在15天内。统筹物资“资源池”，保障应急状态下实物调拨的高效响应，平均响应时间缩短至15min。完成三期运营月报编制。开展运营监控人员选拔、培养，完成近期场景建设落地。推动智慧化运营。梳理177项国网统一部署功能点及190项北京特色功能点，通过开展业务数据化，将原有分散的条块化管理变成整体链式运营，实时监控业务工作质效，使实际业务工作与系统功能紧密结合，将纷繁的大数据转化为业务策略优化的大智慧，推动实现数据“业务化”。完成京电智能库建设。紧密对接数字孪生系统开发，完成立体货架搭建、通信网络建设，完成中心库附属用房土建建设、立体货架等智能化仓储设备的安装调试。开展作业自动化、感知网络化和管理智能化建设，通过开发应用自动化及物联网设备，实现设备与系统互联、物资状态可视与库存信息溯源，实现出入库、倒码、盘点等信息精准管理，初步具备“检储配”一体化运行条件。高标准做好成果展示筹备。面对供应链成果展示筹备时间紧、任务重局面，成立成果展示专项工作组，统筹物力，通过每周调度、协调展示筹备。各场景人员、保障人员加班加点，高标准开发完善供应链运营平台，完成“智慧园区”“自动化立体库”等7个特色成果场景彩排演练，全方位展示智慧业务场景建设成效。

【优质服务】采购管理更加精益。建立“两级两阶段”平衡利库机制，制定物料替换策略，通过协议库存“计划关联，溯源管控，统筹调剂”，破解以往因实物状态不明确、物资通用性差难以利库的难题。实现全流程电子化采购，及时高效组织完成14个批次项目评审。合同服务更加便捷。应用供应链运营平台系统，实现3789条合同履约数据的线上迁移，减少供应商往返4485次。全面启动电子签章业务。实现从合同流转、签署、审核及归档等业务环节的无纸化操作。向前一步，牵头开展项目物资结算，将项目物资结算工作周期由30天缩短至10天，为高质量完成工程决算奠定坚实基础。质量监督水平持续提升。建设完成北京公司智慧运营平台监造模块。依托EOP系统自动生成抽检计划，实现了多专业线上无缝衔接，全流程闭环管理。完善供应商管理，首次开展服务类供应商资质能力核实，创新完成487家次配网物资供应商绩效评价，完善供应商不良行为处理流程。物资履约精准高效。构建重点工程物资信息协同机制，确保生产、运输各环节可控，通过提前落实物资到货计划，对存在风险的供应商进行提前预警，高效率服务重点工程建设。实现全流程电子化采购、远程图纸交付、生产管控、线上单据签署，全年完成870项主配网工程物资到货，工程投产646项，确保物资保障及时有序，冬奥配套、三供一业等重点工程物资到货及时率实现100%。

【党的建设与精神文明建设】党建引领发挥党组织战斗作用。持续跟进学习习近平新时代中国特色社会主义思想，组织召开党委会25次、中心组学习14次，定期开展专题研讨会，带动领导干部改进作风、推进工作。加强思想引领，成立党员直播间，特邀中央党校教授开展党支部委员系列培训，为党员教育开辟新阵地，为党员学习搭建新平台。抓好形势任务教育，以支部为单位常态化开展形势任务教育36次，制定印发《全国两会形势任务宣传手册》，创新制作宣传手持扇，确保形势任务教育覆盖全员。围绕冬奥会服务保障计划，成立冬奥会物资保障临时党支部和突击队。发挥党建引领，深化内嵌融入机制，实施“党建+现代智慧供应链建设”工程，持续推动党建与业务深度融合。从严治党进一步深化。着力构建“大监督”体系格局，制定两个责任清单，做好顶层设计，切实把住要害，持续做好常态化监督工作。坚持“零容忍”态度，认真开展巡视巡察整改“见底清零”专项行动、第一批巡察发现典型问题自查自纠工作，排查各类问题81项，落地实施整改措施270项，做好“后半篇”文章。将风险梳理与廉政约谈相结合，开展约谈35人次，全面梳理业务和岗位廉洁风险，强化风险管控。引入“大数据”理念，结合现代智慧供应链建设，设计嵌入“善物清风”廉洁模块，实现“双向互保”信息化的同时，加强对供应链廉洁风险的综合预警防控。持续激发干部职工队伍内在活力。制定中层领导人员管理办法，进一步完善干部选拔任用和退出机制，通过综合应用年度绩效评价、干部民主测评等方式加强干部的考察和培养。组织开展物资公司二、三级专家人才评选。通过“樱桃讲坛”系列培训活动，让青年员工参与到教育培训项目研发，在创新实践中锻炼培养人才。精神面貌昂扬向上。完成职工诉求服务中心建设，接办诉求12件，收到表扬2件。支持协会定期开展活动，读书协会录制的读书视频被媒体专栏收录，合唱协会自编自唱的歌曲《三个姑娘》喜获北京公司职工好声音大赛二等奖。统一谋划、统一口径、分片包干、分步实施，254名全口径退休职工社会化管理一次性移交成功，成为北京公司首批100%完成单位，公司经验2次推广到国家电网公司进行交流。加强信访保密管理，保持和谐稳定氛围。

■ 10月16日，物资公司团委开展读书活动。（尹方舒 摄）

（谢榕桢）

国网北京市电力公司综合服务中心

【概况】国网北京市电力公司综合服务中心（简称中心）成立于2012年4月，是国网北京市电力公司（简称公司）的直属二级单位。负责人事（不含领导干部）、科技、基建、会计、文书、声像等档案管理工作；负责公司续志、年鉴资料搜集和编撰工作；负责公司层面临时机构专职人员、外借人员、本部司机等员工的人事关系管理；负责公司新闻采编制作、公司媒体平台建设和运营等工作，配合党委宣传部开展重大新闻宣传策划、舆情监测与处置、内外部媒体资源协调等工作。

中心下设综合管理部、财务资产部、人力资源服务部、融媒体服务中心、审计服务中心、法律服务保障中心。

地址：北京市西城区前门西大街41号
邮编：100031
电话：010—63127197

【人力资源】截至年底，综服中心共有全口径用工190人，其中长期工131人。长期工中研究生及以上学历43人，本科学历80人，专科学历4人；高级职称92人，中级职称29人；技师及以上职业资格13人，高级工34人，中级工4人。

按照国家电网公司和国网北京电力要求，开展清理规范评比表彰工作，统筹管理年度计划，加强表彰奖励规范管理，增强员工的荣誉感和归属感。建立劳务派遣员工劳动保护用品管理机制，保持劳务派遣员工队伍稳定，增强员工归属感，切实关注职工健康，提高工作积极性。建立新调入人员联络机制，提前与原单位做好工资、福利与绩效的交接，与员工本人及部门建立交流渠道，做好各项薪酬福利制度讲解。做好社会保险减费工作，用好用足政策降本增效。全年完成人员异动32人次，平稳有序完成57名劳务派遣员工合同续签。

【经营管理】贯彻落实国家阶段性降费政策，全年社会保险企业缴纳部分累计减少175.49万元。整合广告宣传资源，提高广告宣传支出的使用效益，费用较2019年减少295.3万元，压降成本32.33%。开展全面资产清查，摸清家底，及时处置待报废待调拨资产，确保账卡物动态联动，夯实资产管理基础。全面应用“国网商旅云”系统，实现差旅业务全系统集中采购、全流程在线处理、无纸化移动审批，规范差旅业务流程，提升工作效率，降低差旅成本。

积极应对疫情防控挑战，密切跟踪疫情动向，排查梳理人员情况，及时发放防疫物资，保证中心工作紧张有序推进，员工队伍建设和思想水平稳中提升。

【档案管理】全年档案馆共收集各类纸质案卷2640卷6645件，电子档案7.1GB，数码照片3.85GB，数字录音录像245GB；移出纸质案卷6071卷；利用档案5633人次，7931卷；编研成果公开出版资料1种，共43万字。

人事档案专业认真落实退休人员社会化管理工作小组的工作要求，从2月底制定工作方案，统计核对数据，分拣各单位档案5825卷进行搬运装箱下放，组织各单位开展立卷工作培训，到派出所、街道查询未归属档案，并积极与相关单位沟通，转至派出所182卷，移交319卷，确保企业退休人员档案移交工作平稳有序开展。截至年底，全部档案已顺利移交住总集团进行数字化扫描工作。

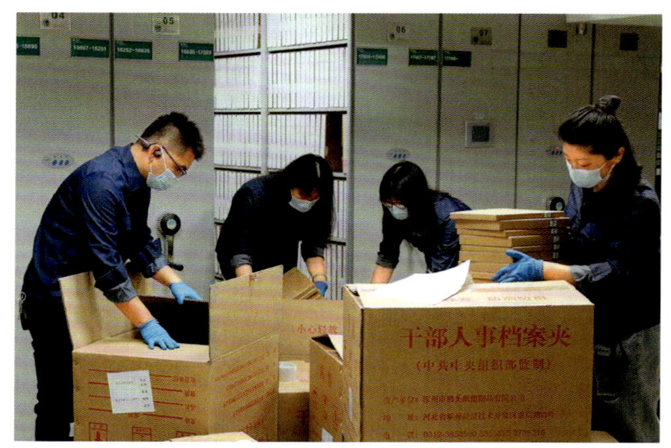

3月27日，档案馆工作人员整理下放退休人员档案。（陶雄 摄）

基建工程档案按照《国网办公室关于特高压和跨区联网工程档案实施属地化保管的通知》要求，结合工程运维工作需要，初步完成基建工程档案属地化保管工作模式及制度的制定工作。档案收集与基建管理同步，疫情期间利用腾讯会议面向23个基建项目部培训档案案卷整理，并通过微信群方式面向项目部资料员进行专业指导累计 149 次。

落实《国家电网公司关于印发文书档案整理规范等九项档案业务规范的通知》文件要求，文书档案、声像档案、会计档案三个专业与公司协同办公系统人员深入研究，积极沟通，使现行的档案系统与国网数字化档案数据相匹配，实现了档案系统全网数据的统一。

【志鉴管理】稳步推进年鉴编纂工作，按时完成大纲修订、材料收集、内容编撰、清样审核、样书审阅、印刷发放等各阶段工作。同时以“点”促“面”，完成《国家电网有限公司年鉴》《中国电力年鉴》《西城区年鉴》及《北京工业年鉴》涉及公司部分的编纂任务。

经过 3 个月的资料查询数据论证，完成《中国电力工业史·综合卷》的撰写工作，并上交国网英大传媒公司。协助设备部，组织《中国电力工业史·电网与输变电卷》的大纲征集，以及北京地区电网发展历史概况资料收集工作。完成《中国工业史·电力卷》出版前的稿件确认工作。

【党的建设与精神文明建设】围绕中心工作，强化支部自身建设，以党支部“三会一课”为阵地，深入学习《习近平谈治国理政》第三卷，持续强化党的创新理论武装。认真落实《中国共产党国有企业基层组织工作条例（试行）》，按照党支部建设标准化要求，加强干部员工的政治思想教育，严肃组织生活纪律，落实民主评议等党员日常教育管理制度，提升政治生活的质量和水平，提升党建工作质量，提高党支部的凝聚力和战斗力。

（居　然）

国网北京市电力公司客户服务中心

【概况】国网北京市电力公司客户服务中心（简称客服中心）是国网北京市电力公司（简称公司）直属二级单位，作为公司营销专业业务支撑和实施机构，对外开展党政军机关等重要客户服务保障、大客户业扩报装全流程办理、普遍客户服务渠道运营和服务质量评价等优质服务工作，对内承接电费一级账户业务处理、售电交费渠道运营管理、营销业务质量稽查监控和业务指标管控等专业支撑工作。另外负责代管北京电力展厅；受托监管北京京电电力工程设计有限公司惟明力通分公司。

截至年底，共设置 4 个职能部门，分别为办公室（党委办公室）、党委党建部（党委宣传部、纪委办公室、工会、团委）、党委组织部（人力资源部）、财务资产部；设置 6 个业务机构，即重要客户服务部、大客户服务部、95598 客户服务部（95598 远程工作站）、95598 运营管理部、电费管理部、营销稽查技术支持部。

客服中心年度业绩考核、党建工作考核成绩分别在公司业务支撑机构中排名第 8、第 1，获得北京“接诉即办”改革工作先进集体称号。

（冯冰清）

地址：北京市东城区东打磨厂街 1 号
邮编：100062
电话：010—63122088

【人力资源】截至年底，客服中心共有全口径用工 334 人，其中长期工 153 人。长期工中研究生及以上学历 71 人，本科学历 78 人，专科学历 4 人；高级职称 47 人，中级职称 56 人；技师及以上职业资格 21 人，高级工 49 人，中级工 10 人。

完善全员绩效考核体系，编制绩效管理“一部室一册”，设置党团工作等 6 个专项奖励。注重青年员工培养，完善“第一个十年”培养方案，持续开展“双师领航”活动，建立岗位胜任能力评价体系。

（冯冰清）

【疫情防控】落实公司疫情防控工作安排，成立以党政负责人为组长的领导小组和 4 个专项工作组，组建疫情防控工作运行体系，形成全面联防联控机制。科学制定疫情防控方案，坚决落实“四不”“四勤”等要求，从严抓好办公场所、食堂等重点区域，紧盯窗口服务、现场作业等重点环节，做实测温、验码、登记等工作。按照“应检必检、应隔尽隔、应查全查”原则，组织干部职工开展核酸检测 348 人次，176 名员工接种新冠疫苗，持续保持疫情“双零”态势，办公室获得抗击新冠肺炎疫情先进集体荣誉称号。

（冯冰清）

【经营管理】将安全稳定体系建设作为全年工作主线，成立安全委员会办公室，压紧压实各级安全责任，梳理涵盖 71 个岗位共计 459 条安全责任清单，安全形势保持平稳，全年未发生安全生产事故。各部门全力落实“高质量提升年”督办任务，6 大方面、46 项重点任务、252 个阶段性目标如期完成。强化内控经营，筑牢合规管理“三道防线”，组织中心组学法活动 4 次，营造良好法治氛围。以审计监督为核心抓手，高质量完成经费、产业单位债权债务等专项审计工作。强化“月度滚动预算”管控，纵深推进成本预算分析，圆满完成年度成本预算指标。

高质量开展提质增效专项行动，建立中心跨部门齐抓共管、协同推进工作机制，完成 6 大攻坚战、17 项重点任务，“提质增效”典型经验在公司要闻、网络大学刊登。发挥业财协同合力，深化项目资金全过程闭环管理机制，负债余额有效压降。搭建“四级管理”资产清查工作体系，制定 5 个专业工作方案，实现资产账卡物一致率 100%。深挖经营潜力，盘活存量资源，全面完成摸排公司 1091km 的地下管廊沟道租赁收益情况，占公司租出资产收益 30%。

深化集体企业同质化管理，严格执行安全“双准入”标准，加强“三供一业”等工程现场管控力度，全面整改安全问题 13 项。扎实推进“三清一控”专项提升行动，建立 72 项规范制度，开展产业单位经营分析会 7 次。顺利完成年度经营考核指标，经营收入、利润分别达到 6050 万元、461 万元，预收账款超额完成“两金”压降指标。

营财账务核算智能化水平实现新突破，完成 13 家银行“一对一”银企自动对账全覆盖，自动对账率达到 99.87%。构建电力客户大数据企业信用评价“一个体系、三个模型”，创新编写《基于加强银营财三方电费账务核算内控管理信用评价体系》，两则应用实例获评中电联第四届信用电力知识竞赛优胜奖。创新项目管理卡片，开展项目全过程跟踪审计，中心项目管理更加精益。搭建中心内部视频会议系统，提高行政办公效率。

（冯冰清）

【重要客户服务】深化集团要客定项服务举措，巩固高层沟通交流机制，全年召开服务联席会、工程调度会 97 次，累计开展重要客户服务 1068 户次，涉及重要客户 100 余户。拓展定向服务范围，积极促成公司与全国政协、中央警卫局战略合作探索。现场解决中直机关管理局、国家机关事务管理局等中央部委的涉电业务，与市医院管理中心所属各医院建立应急服务保障模式，保证疫情前线电力稳定供应。全面做好政治供电客户保障工作，组织专家完成 91 户重要客户现场安全评估及报告审核，发现隐患 270 余项。选派 5 名专家骨干加入冬奥运行保障组。圆满完成全国“两会”、十九届五中全会等 48 项重大活动保障，保障时长 3104h，政治供电实现“万万无一失”。重要客户服务部被评为 2020 年全国“两会”供电保障先进集体。

（冯冰清）

【业扩报装服务】疫情期间为客户开通绿色通道，实现业扩报装“零件即办”，主动作为助推客户复工复产。创新开展事前咨询服务，坚持业扩项目双周调度机制，组织重点工程协调会，高效完成地坛医院改扩建及全国政协 23 号院、冬奥场馆等重点工程送电任务，确保客户早用电、快接电，累计接电 353.55 万 kVA。全力推进综合能源服务试点工作，电信易通云光伏等 10 个“双方案”项目成功落地，综合能源营收突破 1000 万元，两项公司下达指标均提前超额完成。线上多渠道开展世行调研问卷工作，配合公司制订小微企业“三零”、施工临电“三省”服务政策，积极宣传推广“三零”“三省”服务举措，助力公司优化电力营商环境。

（冯冰清）

■ 5 月 21 日，客服中心在冬奥项目现场进行竣工验收。

（杨永铃　摄）

【普遍客户服务】加强与各单位 95598 服务管控协同，建立投诉退单联合申诉机制，开展二次回访及 12345 回访结果跟踪调查，确保客户诉求及时妥善处理，全年投诉量、95598 话务量同比压降 66.25%、40.48%，助力公司 12345 热线综合指标排名保持前列，荣获“接诉即办”先进集体。依托 95598 大屏展示及桌面监控平台，深入开展全渠道分析和 95598 业务及指标监测。电力微信公众号上线“小电”智能客服，完善在线服务客户评价功能，提升在线服务能力。深化服务渠道运营，实现外部渠道存量用户向“网上国网”引流。开展“交费有礼”等线上活动，发布线上海报和推广文章147篇，客户规模达到155.54万户，现场活动超过6000人次，与苏宁公司开展特色宣传活动入选国网典型经验库。

（冯冰清）

■ 2月26日，客服中心开展95598服务保障工作。

（杨永铃　摄）

【电费账务管理】打造电费资金全链条管控机制，较年初收费过程超期笔数下降99.71%，结零日未到账在途资金下降97.14%，非正常支票退票下降96.52%。深化集团客户缴费定制服务，将新华社、北京移动3家单位纳入服务范围。加强电费充值卡基础管理和线上管控，有效保障资金安全。深化营财一体化建设，通过建立协同机制、完善系统功能，电费月结时长由5h缩减至2.5h。建立电费在途资金日监控模式，解款确认超期问题得到根治。承接电费代收手续费结算业务，实现预算、结算、核算闭环管理。先后配合公司完成

■ 11月17日，客服中心进行电费一级账户日常运营监控管理。

（杨永铃　摄）

一般工商业电价下调、两部制电价调整、“一户多人口”电价政策的实施宣贯，开展智能抄表、核算试点工作。协助公司建立市场化用户交易模式。

（冯冰清）

【营销稽查监控】拓展集团客户交费服务范围，制定16个量价费控电费质量管控主题，构建电费欠费日监控、月统计工作机制，实现19家集团户电费100%回收。健全资金闭环监督模式，实现差异账快速处理。构建主动付款未认领清理机制，压降在途电费资金挂账约219万元。率先开展网上国网运营质量稽查，为公司减少损失105.36万元。创新开展稽查工单质检，建立稽查回头看机制。首次承担属地公司现场稽查任务，与兄弟单位协作试点“稽查双提升”模式。全年累计稽查问题5.56万件、整改5.16万件，助力公司稽查经济成效完成目标值的176.53%。

（冯冰清）

【党的建设与精神文明建设】发挥党委核心领导作用，全年召开中心党委会议44次，形成集体决策107项。深入学习贯彻党的十九届五中全会精神，巩固主题教育成果，党委中心组集中学习研讨12次，各党支部开展“三会一课”186次。落实“基层党建巩固提升年”要求，规范完成党支部换届选举，组织开展两级党务培训，高质量完成量化计划管理任务。加强阵地建设，更新各支部党员活动室，打造党员服务队阵地和展厅“科普+党建”多功能智享空间。

严格落实党风廉政建设“两个责任”，强化权力运行制约，开展履责约谈87人次，交流重点岗位人员20人次。组织“见底清零”专项行动，对照2020年公司第一批巡察典型问题开展自查自纠，梳理问题共计86项，现已全部完成整改。盯紧关键领域，开展“一书两查”专项监督。持之以恒抓好中央八项规定精神贯彻落实，年度累计完成账务检查15099笔，跟踪车辆使用检查859辆次。

持续构建具有中心特色的“点线面”立体式党建内嵌融入机制，深化“党建+”工程建设，客服中心“党建+”工作经验被国家电网公司网站刊登。以党组织活动为连心桥，坚持“走出去、请进来”，与电力客户、上级单位、兄弟单位开展党务共建活动，推动业务工作开展，实现协同共赢。发挥党员示范岗、党员攻坚小组和党员服务队先锋作用，在疫情防控、业扩报装、投诉压降等重点工作中攻坚克难，圆满完成各项工作任务。

围绕中心重点工作开展专题宣传，累计在公司及以上媒体上稿 37 篇，制作微电影 3 部，其中一部荣获中电传媒集团“电力奥斯卡”评选活动纪录片单元三等奖。为职工办实事办好事，设立职工诉求服务中心，丰富职工文体活动。做好统战离退工作，制定统战工作责任清单，完成退休人员社会化管理移交。开展“五四青年月”系列活动，连续第三年圆满完成公司青年志愿讲解员训练营承办工作。

（冯冰清）

国网（北京）新能源汽车服务有限公司

【概况】国网（北京）新能源汽车服务有限公司（简称新能源汽车公司）为国网北京市电力公司与国网电动汽车服务有限公司的合资子公司，于 2017 年 6 月正式挂牌成立，现注册资金 3.06 亿元。新能源汽车公司承担首都电动汽车充换电业务发展的主体责任，统筹开展充换电设施建设运维，负责首都地区充换电设施建设运维工作的全过程专业管理，参与充电设施发展规划编制、关键技术研究、技术标准制定，积极推广电动汽车市场及拓展电动汽车增值业务。

2020 年，新能源汽车公司委托经营首都地区充电站点 1434 处、充电桩 16828。完成电动汽车充电电量 1.42 亿 kWh；受理完成各类客服工单 7.1 万件，完成率 100%。实现营收 1.5 亿元，利润 802 万元，利润同比增长 167%，实现利润翻番。年内运营各站整体安全生产情况良好，未发生人员安全事故和重大设备异常及故障，未发生重大社会负面影响事件。

地址：北京市亦庄经济技术开发区地盛北街 2 号院 13 号楼

邮编：100176

电话：010—63230875

【人力资源】截至年底，新能源汽车公司共有全口径用工 209 人，其中长期工 20 人。长期工中研究生及以上学历 2 人，本科学历 17 人，专科学历 1 人；高级职称 11 人，中级职称 7 人；技师及以上职业资格 2 人，高级工 1 人，中级工 1 人。

【安全生产】牢固树立首都安全无小事理念，以落实全员安全责任为抓手，以“三杜绝、三防范”为重点，推动各项安全生产管理工作要求落地，确保安全生产局面稳定，确保重大活动供电保障万无一失。

多维度开展安全教育培训，全力提升干部职工安全生产意识。在疫情防控常态化的大背景下，对 16 个运维分部、班组实施安全技术培训，全年共开展安规考试 492 人次，组织应急演练 16 轮次。一线人员安全意识显著提升，安全生产工作井然有序。

严格落实安全监督责任，准确把握安全工作大局。圆满完成安全生产专项整治“一上一下”阶段任务，建立排查任务标准，完成“两个清单”制定与发布，做到隐患任务立查立改，确保集中攻坚成效。稳步开展常态化治安消防检查工作，通过现场布置火灾探测装置、智能消防柜等手段，不断提升充电现场安全监测智能化水平。明察巡视工作持续推进，全年累计检查充电站点 2460 站次，涉及设备 29309 台次，解决充电设施问题 378 件。持续对 3 家施工单位开展现场轮巡，督导作业现场严格落实营销小型作业现场安全管理要求，为设备可靠运行提供有效支撑。

■ 5 月 29 日，新能源汽车公司负责公司本部“两会”北会中心驻点保障队伍凯旋。（瞿传贺　摄）

【经营管理】坚持“稳中求进、强化支撑、精益管控、防范风险”的原则，加强业财融合，深入分析管理短板，及时消除隐患，提升风险防控能力。探索创新业务体系，研究成立充电客户服务体系，集优质服务、安全生产、应急抢修功能为一体，提高服务质量效率。

不遗余力做好疫情防控。坚持“精准防控不松懈”，严格执行日常办公楼宇消杀、人员测温登记等防疫举措。及时贯彻落实上级防疫指示精神及措施，准确、快速上报公司防疫信息。累计对办公区域及公交、医院等高危充电生产区域消毒9.3万次，多措举筹备发放口罩3万余枚、一次性手1.5万双套。确保疫情期间人员与经营安全，确保维持公司防疫“双零”成果。

依法治企不断深化。积极开展法治宣传教育，开展“12·4”宪法日宣传工作，深化“法治电网”App应用实例，强化干部职工依法维权和法律风险防控思维。全面推进公司一审重申案件诉讼审理，深化法律风险防范体系，案件管控能力显著提升。

能力建设有效提升。完成ISO 9001、ISO 14001质量管理体系认证，取得承装（修、试）资质，持续推进实验室CNAS资质申报，加强充电设施试验检测能力。完成专利申请7项，集成电路布图申请2项，专利授权5项，为服务公司创新发展提供有力保障。

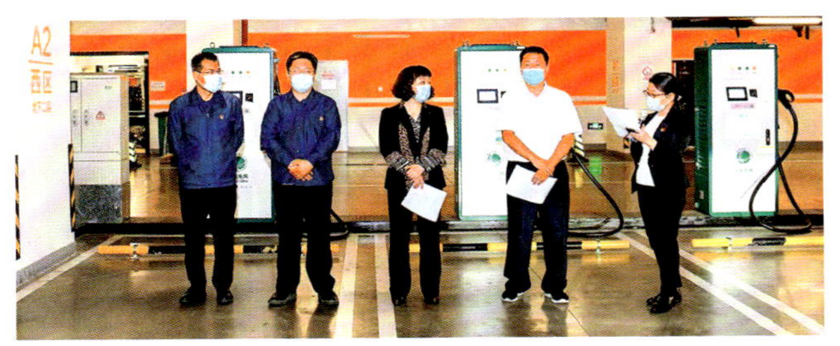

■ 5月19日，新能源汽车公司召开五棵松充电站投运新闻发布会。（瞿传贺 摄）

【体制改革】严格贯彻落实国家电网公司关于优化省电动汽车合资公司管理模式调整的工作部署。完成新能源汽车公司治理体系变更，完成领导班子任免，组建董事会，召开董事会议9次，决策重大事项13项；完成新能源汽车公司增资与股权变更工作；完成经营模式调整，在系统内首家以委托经营方式开展首都公共充电设施运维，全年累计提供充电服务745.77万次，实现充电收入1.78亿元。

【“新基建”落地】紧抓“新基建”机遇，践行充电服务主体责任。坚持以“需求导向，优化布局，精准投资，行业引领”为方针。自建桩累计完成充电次数7.6万次，实现充电电量160万kWh，同比增长20%。建成投运北京会议中心、北京城市副中心等多项国家、国家电网公司重点充电建设工程。深挖环卫、物流、邮政等各类专用车辆充电需求，开展东城环卫、地上铁、北京奔驰等专用车辆充电设施建设项目。结合属地供电公司老旧小区电力改造，建设天宝家园、鲁能美高梅等社区公用充电设施试点站，打造覆盖面广，受众广的充电网络。重点针对充电需求大的热点区域开展设备新建、改扩建，持续优化充电网络布局。创新非资产售后的委托运营、委托运维服务合作模式，开展国资委充电桩二期、中国核能电力有限公司等建设项目，根据客户类型和需求提供定制化服务，促进充电服务水平进一步提升。积极寻找商机，利用桩体资源主动开展增值服务，为绿色充电业务多元化发展打开良好局面。

【优质服务】圆满完成全国“两会”保障工作。首次被纳入全国“两会”重点保障单位，保障人员24小时坚守“两会”保障指挥部，保障团队入驻“两会”驻地现场并开展7×24小时现场保障，会议期间运营全部充电站、桩平稳运行，故障处缺及时高效，实现零事故、零投诉的成绩。

迈出系统内充电设施委托经营模式第一步，自2020年6月1日起以委托经营的方式承接国网北京市电力公司充电设施运维工作。开展电压升级工作。坚持以客户需求为导向，积极主动对接北京智程、顺丰速运等物流企业，按需制定年度310台直流充电桩电压升级改造计划。有效提升充电设施运维智能化水平。依托车联网平台数据全面分析设施运营特点，率先试点应用场站分级管理，将9类故障整合为4级工单，工单诉求匹配场站服务能力，实现工单智能研判。积极筹措充电设施降费。落实国家电价降价政策，主动担当、积极作为，大幅降低电动物流、电动巴士、网约车充电成本，助力复工复产。有序推进补贴申领工作。紧密部署，积极协调，实现充电数据互联互通，完成建设及运营三项补贴批复2616.59万元，申报工作获得北京发改委、城管委的高度评价。

加强新技术手段应用。加强异常信号监测，研究汇总充电设施故障前期信号，通过对充电设施充电功率、充电成功率、结算精确度等数据异常情况的远程监测，提前“诊断”并进行有针对性的维修保养，确保充电设施稳定运行率达到99.5%。大力推进远程重启技术应用，提高充电设施故障恢复效率，实现抢修频次降低25%。提升信息化平台应用，协助车联网夯实平台基础能力，实现云资源、网络安全、物联接入等九大能力的效用。

【党的建设与精神文明建设】坚定不移注重质量提升，党建堡垒和政治优势充分彰显。始终坚持哪里有攻坚任务，哪里就有先锋保障队伍。疫情防控一级响应期间，党员干部带头值班，始终走在前、做表率，确保全部业务顺利开展。“两会”保障期间，成立由5名共产党员示范岗组成的北京会议中心保障服务特勤小组，全程参与“两会”保障工作。全国“两会”期间，开展党员干部带队巡视充电站点，全面消除安全隐患，共400余人次参加，巡查站点1300余座、充电桩16000余台，行驶总里程近4万km，充分发挥党员先锋模范作用。开展“车主合伙人”党建共建活动，创新服务渠道，与顺丰、京东等大客户开展党建共建，多渠道、多形式对接客户，充分了解客户需求，制订科学合理的投资计划。继续开展党员“一带二、一带三”、共产党员示范岗等活动，创先争优，引领公司不断向前。以人为本，让职工时刻感受家的温暖。疫情期间，工会积极开辟渠道为职工购买消毒液、米、面等必备生活物资。

坚定不移筑牢思想基础，疫情防控和理论学习齐头并进。2月以来，受疫情影响，党总支第一时间组织党员干部通过多媒体网络学习，全年共开展各类线上线下学习19次。组织员工收看十九届五中全会及精神宣讲班2次，40余人次参加学习，制作全会精神宣贯小视频，在公司内迅速掀起学习全会精神的热潮。

定期分析研判方向。强化意识形态领域风险点排查，实现对重大事件、重点问题、重要情况的针对性引导与安排，全年研究意识形态工作4次。同时，畅通职工意见收集渠道，新设职工诉求服务中心，对员工反映的重要情况、重要意见建议、突出或倾向性问题有针对性地引导。坚持正确舆论引领。一方面加强疫情防控期间的正面宣传和舆情引导，积极主动宣传疫情防控知识，制作疫情防控小视频和系列展板。另一方面加强与上级宣传部门沟通，关注重点工程宣传，加强舆论监督和引导。先后与国网电动汽车公司制作多期新媒体作品，配合北京公司外联部、营销部做好五棵松公共充电站运行的新闻发布工作等，展示了北京公司在服务北京市民绿色出行和推动新能源领域发展，特别是服务好北京地区电动汽车充换电服务方面做出的贡献。强化阵地建设，弘扬主旋律。围绕质量提升年打造党建阵地，展现党建工作成就，同时将党建阵地与企业文化长廊有机结合，呈现新能源汽车公司深化改革的新局面和职工“撸起袖子加油干”场景。

坚定不移履行主体责任，将党建工作做深、做细。强化党组织建设，强化支部书记责任，认真落实“三会一课”制度，拓展党务知识学习，开展领导班子带头讲党课、廉课活动。严格党员教育管理，定期组织各级党组织层面集中学习，同时结合实际，配发学习书目，强化党员自学。充分发挥党总支委员会政治核心作用，始终坚持民主集中制，坚决落实“三重一大”集体决策制度，重大事项集体讨论。认真开展党总支调整。完成党总支下两个支部设立，积极推进首届支委选举。

（张　鹏）

国网北京电力公司建设咨询公司

【概况】国网北京电力公司建设咨询公司于2018年5月25日按照《国网人资部关于国网北京电力等单位基建相关机构及职责优化调整方案的批复》（人资组〔2018〕11号）要求成立。设置5个职能部门，分别为综合管理部、党委党建部（党委宣传部、纪委办公室、工会、团委）、计划财务部、安全监察部、工程技术部。设置3个业务机构，分别为项目管理一部、项目管理二部、项目管理三部。其中，一部负责500kV及以上输变电工程管理，二部和三部以南、北分区的方式共同负责220kV输变电工程和110kV及以上迁改工程管理。形成了分层分区、高效运转的项目管理体系。

2020年，建设咨询公司业绩考核位列北京公司第4，同比提升4名。荣获国网公司“新基建”劳动竞赛先进集体；项目管理三部荣获北京公司先进集体，项目管理二部荣获北京公司抗击新冠肺炎疫情先进集体，项目管理二部二室荣获北京公司工人先锋号。

【人力资源】截至年底，建设咨询公司共有全口径用工85人，全部为长期工。其中研究生及以上学历36人，本科学历43人，专科学历5人；高级职称29人，中级职称30人；技师及以上职业资格21人，高级工23人，中级工4人。

人才培养体系建设方面，创新构建“581”人才培养量化积分体系，涵盖5项素质提升、8项培训培养、1项工程建设，将员工学习提升全过程纳入痕迹化管理，通过积分兑换奖励，全员能力素质不断提升。人才培养方面，选拔北京公司二、三级专家各1人、领军人才17人、后备领军人才8人和兼职教师43人，构建了分层分级的人才队伍，初步建成管理、技术、技能人才梯队和人才储备库。8人取得高级职称，1人取得中级职称，6人取得初级职称。

【安全与质量】修订安全责任清单，实现了岗位、流程、安全责任全覆盖。严格执行安全责任量化考核，将到岗到位、现场检查、视频监控等纳入考核评价体系，周评分、月通报。准确识别风险等级，制定有针对性的风险控制措施，管控基建三级及以上风险1506项，电网一级及一级+风险37项，确保关键作业点管控到位。建立隐患治理台账，编制典型违章图例，扎实开展安全生产专项整治三年行动、“查风险、治违章、抓落实”安全大检查等专题活动。业主和监理项目部固定人员，锁定现场，驻场管理。领导班子带头，各级管理人员到岗到位，有效管控现场安全。全面排查施工项目部关键岗位人员和作业层班组配置情况，督促施工单位调整施工项目部21个，明确各专业作业型班组骨干人员652人。编制1186项检查清单，各级人员检查要求更加明确。建立“辅导式”安全督查机制，发现问题现场开展培训。加大督查力度，安全督查队检查作业现场716个。充分发挥指挥中心作用，全时段、全覆盖监督现场情况，即时督查及时整改，始终保持高压态势。制定信息安全管理制度，明确考核标准，压实各级责任。将安全移动存储介质传递涉密信息等6类事项纳入网络安全红线事件管理，定期开展办公计算机涉密检查，信息安全管理全面到位。瞄准全覆盖打造精品目标，房山—南蔡、沙河北工程分获国网公司优质工程金、银奖。建立三级质量管控体系，明确管控职责，现场落实质量终身责任制，设置质量终身责任牌。出版《输变电工程质量典型图集100例》，有效指导质量管控工作。在塘峪工程开展掏挖基础预留观测管超声波检测，在岳各庄、昌平扩建等工程应用GIS对接环境控制系统，全面提升质量管控水平。

【电网建设】全年开工输变电工程11项，402万kVA、98km；投产输变电工程12项，474万kVA、55.22km；完成迁改工程39项，120km，工程里程碑计划匹配率100%。创新应用结决算一体化管理，完成工程结算100项、92亿元，工程决算及暂估增资59项、36.5亿元，推进电网投资及时转化为有效资产，加快外部资金效益转化。提前介入选址选线，参与可研审查，加强建设过程环水保管控，强力推进环水保验收，完成环保验收21项、水保验收19项。取得塘峪等3座变电站施工许可证，密云东牵引站等4项送电工程规划许可证。完成太阳宫等4座变电站土地手续办理，取得潞城变电站划拨批复。全面梳理制约点，定期调度、逐项销号，完成停滞工程治理4项，遗留尾工8项，涉及民营企业质保金全部按期返还。完成15条、595.8万元的物资利旧工作，3021t退役铁塔、导线等撤旧物资处置。打通在建工程废旧物资处置通道，解决了张家务、罗奇营、昌八三项工程的处置难题。建立项目档案管理机制，集中力量梳理历史遗留档案，严格过程控制，完成了近三年1290项的档案归档任务。

■ 9月18日，建设咨询公司220kV岳各庄输变电建设团队讨论工程发电事宜。（陈龙　摄）

【科技创新】启动“百项创新课题”实践，落实国家电网公司“新跨越行动计划”，开展“百项创新课题”攻关，启动6类208项创新项目。设置6名信息化专业联系人，分头对接工作组，历时2个月，完成全部19项在施工程数据迁移，助力基建全过程数字化管理平台如期上线。创新开展大型机械准入和定位管理。基建工程“e安全”应用率100%，全覆盖推行App考勤打卡、电子作业票等功能，在国网系统首批实现“e安全”单轨制运行。以通州北、塘峪变电站为试点工程，配备北斗终端设备，实现人员机械的实时定位、安全自救报警、沉降监测等功能。在北京东—通州、塘峪工程开展旋挖钻机线路基础施工，塘峪配电装置楼开展钢结构施工。管理创新项目“电力工程造价三算分析管理创新与实践”获北京公司三等奖，“变电站预制围墙安装装置研究”“降低室外GIS安全过程杂质浓度”两项QC成果获北京公司三等奖，专利授权2项。

【经营管理】开展“三清理、两提高”专项行动，应付账款较年初压降43.92%。成立违规经营投资责任追究工作领导小组，建立办公室常态化运作机制。将提质增效工作嵌入年度重点工作，详细编制六大攻坚战、47项提质增效任务清单。

【后勤保障】与上级防疫体系即时联动，严格落实“四清”“四勤”“三关”“三到位”的要求，实行健康状况“日报告”“零报告”，始终坚守“双零”目标。工程现场“一人一档”，实名制管控。项目部、施工区、生活区、食堂分区设置，封闭管理，严把4个区域入口，落实高频次消杀等举措，确保疫情防控和安全生产“两手抓、两不误”。11名员工驰援丰台疫情防控一线，以实际行动助力社区抗疫。通过统一管理平台派遣车辆4000余次，使用车载定位系统监督检查节日用车154次，车辆管理实时可控在控。为密云地区等偏远项目部配置7辆生产用车，一线用车占比达到79%，极大提升了区域工作效率。开展职工暖心工程，完成文体中心实体化建设。成立职工诉求服务中心，构建了完备的职工诉求服务体系。

【党的建设】开展“夯基础、提质量”专项行动，完成党委中心组理论专题学习12次，读书班1期，高质量开展党支部书记抓党建述职评议，修编党建责任量化计划表，细化党建工作联系点，推动党建责任落实落细。全覆盖推进两级党组织、4个现场临时联合党支部标准化建设。成立电铁配套电力建设共产党员突击队等6支先锋队伍。制定党员发展流程标准化模板24项。扎实开展“见底清零”专项行动，57项整改任务全部完成。落实纪检专家人才库要求，7人入选北京公司巡察人才库。

■ 6月18日，建设咨询公司落实工程现场各项防疫措施。（苏轼凯　摄）

■ 6月19日，建设咨询公司在京雄迁改工程现场实地开展项目管理工作。（苏轼凯　摄）

（刘　星）

国网（北京）综合能源服务有限公司

【概况】国网（北京）综合能源服务有限公司（简称能源公司）为国网北京市电力公司与国网综合能源服务集团有限公司的合资子公司。经营范围覆盖能源生产、输送、消费等领域。下设4个部门、2个支撑机构，分别是综合管理部、财务管理部、市场部、安全监督质量部、建设保障中心和能效服务中心。

地址：北京经济开发区地盛北街2号院9号楼
邮编：100176
电话：010—63234955

【人力资源】截至年底，综合能源服务有限公司共有全口径用工 31 人，其中长期工 12 人。长期工中研究生及以上学历 4 人，本科学历 8 人，专科学历 0 人；高级职称 9 人，中级职称 3 人；技师及以上职业资格 1 人，高级工 1 人。

组织开展新入企员工岗前与入职后培训工作，包括到公司各个展示场所与相关部门观摩学习，熟悉公司运作的逐个环节，了解综合能源公司的产品历程，促进员工更快速了解综合能源公司。施行绩效考核制度，由不同层级领导分别对员工进行评分，遵循公平、公正原则，最终达到督促激励的效果。

【经营管理】完成与国网综合能源服务集团有限公司资本纽带关系的建立。12 月，完成与国网综合能源服务集团有限公司股权划转协议签署、账务处理、银行账户转挂接国网公司中电财账户、科目衔接映射、合并报表等事项。通过股权划转，国网综合能源服务集团有限公司成为能源公司新股东。

完成涪陵电力收购能源公司配电网节能资产的专项审计及资产交割。配合会计师事务所对相关资产先后进行初期审计、加期审计及过渡审计，最终确认相关资产收购价格，于年末完成交易协议签署、开具发票及账务处理。

■ 11 月 25 日，能源公司召开 2020 年第一届第一次股东会与董事会。（彭梦瑶　摄）

完成能源公司投资的市场化项目风险评审。协调推进事务所及时进行项目评审，并对事务所出具的评审内容再审核，最终出具评审报告。年内完成四个市场化项目和筹建新航城合资公司的投资风险评审。

【安全生产】安全管控及项目建设工作深入贯彻各项部署，以较好的成绩完成了安全、建设、巡检、创新等各工作任务，实现了全年安全生产目标，为综合能源服务的发展提供了有力保障。

完善适合综合能源服务业务发展的安全责任清单。编制并执行以“三省”服务为主的六大类现场安全管理指导手册。编制完成危险点分析与控制清册。完善 2021 年安全管理体系日历表，总结管理节点近 400 项。探索开展施工队伍、施工人员双准入机制，并创新搭建手机应用程序进行信息化管理。尝试开展工程建设后评价工作，形成安全管控闭环管理模式。组建安全监控中心，形成现场、巡查、监控三位一体的安全管控体系，实现利用技术力量对业务管理的全面支撑。严格落实施工作业现场 100%全覆盖的要求。全年共开展安全巡视 326 次，涉及各类建设项目 186 项，现场巡视覆盖率达到 100%。强化安全教育培训，组织开展各类专题培训 9 次，开展专题安全日学习 5 次，筑牢全员安全意识。坚决聚焦“愿、能、制、效”四个维度，着力夯实安全基础，确保安全生产稳定局势。

【市场拓展】坚决落实国家电网公司“供电+能效服务”工作部署和北京公司《关于全面提升综合能源服务水平的意见》指导意见，推动“146n”方案（即构建 1 个综合能源合作平台、推广 4 大类服务产品、建强 6 个支撑体系、建成 *n* 个综合能源示范区）落地。

超额完成营收指标，9 月完成国家电网公司 2.1 亿元指标任务。累计营收达 3.78 亿元，同比增长 122%，超额完成国家电网公司营收指标 80%，11 月完成 3.4 亿元内控指标。

推进重点工作和“1+4”产品体系落实，2020 年 7 月完成涵盖四大类 20 项产品设计，服务新基建和节约型机关创建定制服务产品；构建协同机制，建立供电+综合能源“双方案”模式，截至 8 月 16 个供电公司成立事业部，建立与国网能源院、信产集团等单位的协作关系，打造“供电+能效服务”新业务模式。相关工作经验两次在《国家电网工作动态》上刊登。

9 月 1 日完成石景山喜隆多转供电治理项目、11 月 30 日完成东管头变电站综合能源展示项目一期、12 月 9 日完成重点生产基地综合能源示范项目、12 月 29 日完成北京自贸区创新服务中心综合能源项目建设；强化协同合作，成功开展业务领域模式创新，打造一批“供电+能效服务”示范工程，示范项目入选《综合能源服务实践百家案例集》，国网北京能源公司荣获国家电网公司“新基建”劳动竞赛先进集体奖。

■ 11 月 20 日，能源公司投资建设的临空经济区创新服务中心项目成功入选《综合能源服务实践百家案例集》。（彭梦瑶　摄）

【综合服务】运行维护 10 个能源站，91 台机组、4 台电锅炉、93台各类水泵，全年运维巡视266次，故障维修16次，机组年均安全可靠运行334天。维护“三省”项目353个，设备628台，全年故障抢修6次，维护服务35次。应用远程在线管控系统，实现热泵能耗计量、设备运行状态远程实时监测、故障预警处理，实现优化运行，提升节能效果。

【新技术研发】开展大规模电采暖设备监测调控和运维保障技术研究与应用，研发电采暖设备智能控制器网关、大规模电采暖设备监控平台、共享运维平台，获得发明专利2项；开展高性能微光能路灯的研制工作，获得实用新型专利1项。

【平台建设】遵循国家电网公司省级智慧能源服务平台统一建设标准规范，采用建运一体，“边建、边用、边对接、边运营”的工作思路，持续迭代升级、提升完善北京智慧能源服务平台功能，深化平台应用，扩大各类数据接入，推进平台实用化。

按照《省级智慧能源服务平台功能规范》，开展平台架构优化，业务升级、功能迭代，作为第三批建设单位提前一年完成系统建设，顺利通过国网营销部验收评审，并完成年接入用户500户目标。在平台全业务功能上线基础上，持续扩大各类数据接入，实现营销重点项目、综合能源示范项目、冬奥场馆综合能源等项目数据接入。

深化平台应用，创新服务产品，打造了多站融合、转供电治理等一系列综合能源服务产品，提高智慧能源平台服务政府、电网和客户的能力。按照“绿色国网”和省级平台集成规范，科学有序推进集成工作，实现两者应用和数据贯通，改善客户体验，增强客户黏性，初步建成综合能源服务生态体系。

【党的建设与精神文明建设】深入学习习近平总书记系列重要讲话和指示批示精神，领会贯彻《习近平治国理政（第三卷）》，第一时间学习党的十九届五中全会精神，组织形势教育60余次。扎实开展党支部书记年度抓党建述职评议考核，强化党建责任落实。优化党员活动室场所功能，形成具有能源公司特色的党建阵地。

应用全电服务车，积极参与十九届五中全会等政治保电活动。与国网电商公司“光伏云”党支部开展线下扶贫共建活动，与新疆、湖北等省份贫困地区联系，销售扶贫产品，形成全电服务车线下扶贫与国网商城线上扶贫的“线上线下”合作模式，先后参加北京丰台住宅小区扶贫、硅谷产业园后厂生活季央企消费扶贫活动，收到良好反响。党总支研究党风廉政建设和反腐败工作19次，召开党风廉政建设和反腐败工作会议1次。依托“三会一课”、主题党日、专题廉课等，积极开展廉政教育。完成北京公司党委巡视巡察整改“见底清零”专项行动、资产清查、三清一控及内控评价等迎检工作，圆满完成离任审计、专项审计等迎审整改。严格履行廉政约谈机制，做到100%全覆盖。

■ 9月17日，由能源公司生产经营党支部与国网电商公司光伏云（电商扶贫）党支部主办、北京数字谷集团协办的“后厂生活季——央企消费扶贫”活动开幕。（彭梦瑶　摄）

定期开展员工思想动态分析工作，以把握员工思想动态为抓手，圆满完成2020年员工思想动态调研4次。切实履行工会职责，深入开展生日慰问、大病互助等工作。建成诉求服务中心，畅通职工诉求通道，切实为职工解决实际问题。

（何承永）

北京市供用电建设承发包有限公司

【概况】北京市供用电建设承发包有限公司（简称承发包公司）成立于1985年11月，是国网北京市电力公司的全资子公司，致力服务于北京地区配电网建设。围绕配电网建设这一中心任务，夯实项目管理基础，提高客户服务水平，加强企业自身建设。下设9个部门，分别是综合管理部、财务资产部、纪委办公室（合规审计部）、投资经营部、客户服务部、安全监察部（保卫部）、工程管理部、合同预算部、规划设计部，北京京供民科技开发有限公司为承发包公司下属集体企业。

地址：北京市东城区祈年大街 8 号
邮编：100062
电话：010—63123330

【人力资源】截至年底，承发包公司共有全口径用工 152 人，其中长期职工 50 人。长期工中研究生及以上学历 21 人，本科学历 27 人，专科学历 2 人；高级职称 22 人，中级职称 18 人；技师及以上职业资格 2 人，高级工 9 人，中级工 11 人。

结合发展定位与管理实际，以项目管理信息平台建设为抓手，不断屡顺职责划分，优化管理模式，持续提升组织运营效率。完成岗位薪点积分的动态调整，实现了分配机制的优化转型，进一步激发了员工的工作热情与劳动效益。

【疫情防控】第一时间落实北京公司疫情防控相关工作举措，并将常态化疫情防控措施贯穿全年。疫情发生之初防疫物资紧张，承发包公司多方努力寻找渠道购买防疫物资并及时下发到每一位职工，及时保障了职工个人安全健康。经过多方筹措资金，累计 51 万元用于防疫工作，共发放口罩 5.1 万只，发放消毒湿巾、消毒凝胶、酒精等物资 13 批次。严格落实北京公司工作要求，将办公场所、就餐环境等防疫管控措施细致到位。建立防疫工作体系，利用微信群、视频会议等信息化手段及时传达贯彻各项防疫要求，收集汇总上报各类疫情统计信息。结合自身工作特点对客户经理、施工现场项目经理、招评标工作人员及评标工作场所制定了专门的防疫规定，增加了专项防疫物资。加强员工管理和关怀，专门出台了《告员工及家属的一封信》《员工承诺书》，组织完成三次全员核酸检测，及时组织员工参加疫苗普打工作，员工自我防疫意识逐渐提升。在全体干部员工的共同努力下，守牢了“双零”阵地，有效助力常态化疫情防控下的复工复产。

■ 4 月 10 日，承发包公司在客户外电源施工现场开展防疫检查。（金建　摄）

【经营管理】全年实现利润总额 228 万元，可控管理费用 1790 万元，资产负债率 69.53%，所有各项经营考核指标均圆满完成。全年完成存量项目处置 144 项，处置容量 126.8 万 kVA。京供民公司完成招标总金额 122.92 亿元，实现利润总额 704.46 万元。全年未发生影响承发包公司形象的各类事件，安全生产、优质服务工作保持平稳。

加快长期挂账资金清理降低资产负债率。积极与各属地公司配合，持续开展长期挂账工程项目推进和资金常态清理，以工程收付台账为依托，实现清理工作的闭环管理；通过优化管理流程、周密管控阶段性资金收支计划，实行“周平衡、日排程”，进一步强化资金管控能力，加快了工程付款与结算进度。全年共完成长期挂账项目清理 70 项，长期挂账资金压降 1.1 亿元，客户工程存量资金共压降 2.79 亿元，北京公司下达的资产负债率指标如期完成。

以创新实践引领企业发展。把创新实践作为培育人才和提升管理水平的重要手段，全年共围绕工程质量、现场安全组织完成 8 个管理创新、4 个实用技术的创新实践，10 项成果参加了年终发布，3 项成果申报了北京公司示范项目，为各项工作的高质量提升提供全方位支撑。国网青创赛银奖项目落地应用，智慧供应链招投标辅助系统有效解决招投标工作中电子文件递交不便、围串标行为防范困难等五大问题，已应用于 2020 年所有招标批次，累计完成围串标比对分析 60 余万次。

发挥平台优势提升产业服务保障能力。京供民公司全年完成北京公司物资和服务类采购任务 22 批次，总计 3550 个标包；完成承发包存量及外部客户委托招标项目 348 项。克服疫情影响，圆满完成北京公司冬奥项目、城市副中心配套项目等重点工程招标采购任务；配合建设部完成 2020 版电力行业标准《电力建设工程工程量清单计算规范电缆线路工程》编制送审，进一步提升电力行业电缆工程的造价管理水平；配合物资部编审服务类固化技术规范书 277 份，组建服务类招标固化技术规范文件库，为北京公司框架批次招标采购的规范有序开展奠定了坚实基础。

【优质服务】灵活运用“两级协调”工作机制。充分发挥自身优势，对内，主动对接系统内部单位，搭建报装客户与内部单位之间的桥梁，帮助客户协调解决断面审批、物资强检等关键环节遇到的重点、难点问题，通过《项目快报》的方式与北京公司营销部建立协调沟通机制；对外，紧跟项目进度加强协调推进，建立完善的项目基础信息台账，及时掌握工程组织现状，协调解决项目推进过程中遇到的问题。通过日碰头、周调度的管理方式，实现项目各节点专人盯、专人管。同时根据客户需求动态更新“里程碑”计划，完善细化“一户一策”推进方案。2020 年，由北京公司营销部牵头组织协调会 7 次，承发包公司组织周调度会 28 次，月调度会 12 次，共有 88 项停滞三年以上的工程项目得到实质性推进。

■ 9 月 21 日，承发包公司在客户外电源工程现场施工。
（金建 摄）

组织开展“强管理、减存量、保安全、促提升”专项行动。整合优化专业部门人员，成立 4 个项目部，分区域对剩余项目实行全过程、全业务包干负责，集中开展存量项目的处置攻坚。通过项目部制改革，充分发挥了团队协同作战的合力，实现了服务更加精准、推进更加高效，全年共完成处置存量项目 144 项，处置容量 126.8 万 kVA，顺利完成年度工作目标。688 存量项目剩余 130 项，报装容量 92.57 万 kVA。2020 年处置完成的项目数与上一年度基本持平，并且容量数有所增长，这是在疫情影响下取得的成绩，来之不易，尤显珍贵。

【安全管控】压实安全基础。制定年度各级安全生产工作目标，逐级签订安全生产双向互保责任状，修订《安全责任清单》《生产现场到岗到位管理办法》《安全工作奖惩实施细则》等管理制度，指导各专业安全工作有序开展；深入推进安全生产专项整治三年行动，完成“一下一上”阶段自查和问题整改。

强化安全教育培训。结合疫情防控形势，组织参建单位和工程管理人员实施多种方式的线上培训和线上考试；结合工程现场开工情况，组织参建单位作业人员进行安规考试，成绩合格后方可入场作业。

完善应急体系。增补和修订《有限空间防中毒窒息应急预案》和《防汛应急预案》，应急体系更加完备；针对外电源项目深基坑作业特点，开展防汛专项应急演练，结合冬春季火灾防控工作，开展消防知识培训和火灾逃生应急演练，全面检验预案实操性，员工现场应急处置技能和能力进一步提高。

加强现场安全管控。项目部与安监部人员成立联合督查组，对在施项目进行联合巡检；严格管控作业计划，对工程项目进行“分级管理”和“精准管控”；运用安全监控中心开展视频巡检，安全巡检组同步进行现场检查，实现施工现场安全监督全覆盖；通过抓好现场关键人、关键事、关键时段，全方位做好现场安全监督。全年共开展现场巡检 1155 次，查纠各类问题 266 项，其中特别严重违章 2 项、一般违章 24 项、现场不规范类问题 240 项，均已监督参建单位整改落实；同时对违章单位开展约谈教育，有效指导参建单位规范作业行为，加强现场安全管控，确保了全年安全生产局面稳定。

■ 11 月 3 日，承发包公司在施工现场进行工程管理例行检查。
（金建 摄）

【党的建设与精神文明建设】筑牢党建工作根基。围绕“基层党建巩固提升年”建设任务，注重夯基础、提质量，扎实推进党建工作落实落细。健全党建工作领导小组机制，严格执行党委议事规则，定期专题研究党建工作，全年累计召开党委会 34 次，决策“三重一大”事项 91 项。抓实学习教育，累计开展党委理论中心组学习 13 次，中心组成员撰写发言提纲 40 篇；以“三会一课”“学习强国”为抓手，带动全体党员干部往深里学、往心里学。深化支部建设，开展党支部书记述职考评，所属4个党支部按期完成换届，严格遵循发展党员原则、程序和要求，共接收预备党员转正4人。

提高内嵌融入实效。紧密围绕重点工作任务，在安全风险管控、长期挂账资金清理、“强、减、保、促”专项行动中，深入推进党员“一带二、一带三”长效机制和党员责任区建设，把阵地建到最前沿，充分突显党组织的战斗堡垒作用和党员先锋模范作用。围绕专项行动涌现出的先进人物开展正能量宣传，全年刊发新闻报道110篇，引发广大职工共鸣，激发职工干事创业的热情和积极性。

深化党风廉政建设。强化政治监督，驰而不息落实中央八项规定精神，坚决防止四风反弹。全年开展领导班子成员讲专题廉课4次，中心组集体学廉7次，29人进行了重点岗位交流轮岗。压实主责担当，贯彻全面从严治党工作部署，落实27项主体责任和20项监督责任，督促干部履职尽责；持续开展廉洁宣教，筑牢思想防线，领导班子深入基层讲廉课、说风险，研究部署廉政风险防控任务，组织学习《公职人员政务处分法》《以案为鉴》案例等，促进干部员工廉洁自律思想自觉和行动自觉，有效化解各专业领域廉政风险。

带动群团凝心聚力。加强人才建设，认真做好选人用人工作，严把干部任用标准，打造过硬人才队伍。弘扬企业文化，深入开展专题教育和宣传引导，推动企业战略目标入脑入心。以职工需求为出发点，丰富职工生活，开展心理疏导、健康讲座、书法社、中国舞、羽毛球等文体活动，让员工切身感受公司关心关爱的同时，激励员工在工作中担当作为。开展离退休职工节日慰问送温暖，平稳推进退休职工社会化管理。持续开展“电力爱心教室”志愿服务活动，打造团青品牌；参加北京公司青年创新论坛，推动广大青年员工提升创新能力，保持双创热情，助力公司创新引领高质量提升。

（金　建）

国网北京市电力公司物业管理公司

【概况】国网北京市电力公司物业管理公司（简称物业公司）是国网北京市电力公司直属二级单位，承担着公司办公楼、公寓、职工住宅小区的物业服务、餐饮服务、供暖服务、医疗保障及后勤保障基地运营等重任，是公司的后勤保障机构。

物业公司与北京谷新投资管理有限公司按一套人马两块牌子并列运行，内设职能部门8个、分公司及业务中心10个，北京谷新投资管理有限公司成立于2006年，现为国网北京市电力公司层面集体企业，公司注册资金6965万元。

地址：北京市海淀区阜成路97号
邮编：100037
电话：010—63233080

【人力资源】截至年底，物业管理公司共有职工191人，其中全民工37人。长期工中研究生及以上学历5人，本科学历15人，专科学历6人；高级职称9人，中级职称9人；技师及以上职业资格5人，高级工8人，中级工2人。

2020年围绕“高质量提升年”重点工作，圆满完成年度各项目标任务。深入贯彻落实公司“三减一增”工作部署，全年“减人工、增效益”1314.08万元，完成计划的155%。实现人才招聘渠道多样化；制定《公司专业人才管理办法》，完善人才培养体系；制定《公司领导人员管理办法》，建设高素质专业化领导人员队伍；开展9个项目培训，参培393人次，实现中层干部、管理人员、新进人员、部门单位培训“四个全覆盖”；开展服务之星、工程维修人员技能比武，98人参加；开展18个创新成果项目评比；开展职称、取证及专业培训37人次。人员管控确保防疫“双零”。共审批进出京、复工1258人次；向上级报送12类统计信息报表，共计662次；全员投保新冠专项保险，两批共2617人次；发放防疫补贴185万元。优化完善8个职能部门、10个分公司及业务中心职责界面，完成44个班组，约850个岗位的重新梳理工作。初步实行全公司薪酬集约化管理，强化加班的审批管控，实行部门考评与个人考评相结合、统一考评与主责考评相结合、重点工作考评与日常工作考评相结合的绩效考评管理，进一步调动员工积极性。完成处理人资数据库业务878人次，为职工办理档案查询45人次，开具各类证明68人次，变更定点医院121人次，办理公积金支取43人次。

【安全生产】安全体系更加完善。严格落实安全生产责任制，全面推行安全责任清单管理，修订全员安全责任清单3365项。健全“双准入”机制，从严资质证照审核、负面清单管控和安全巡查。完善“1+8”应急预案体系，加大教育培训和奖惩力度，开展关键领域教育培训和应急演练2000余人次，修订《安全工作奖惩规定》。

■ 9月20日，物业公司开展消防巡检。（王晶　摄）

消防管控力度加大。扎实推进消防安全三年行动计划，全面开展冬春季火灾防控、“消除事故隐患　筑牢安全防线”安全生产月等专项活动，全年开具动火作业票55张，刚性落实特种作业审批机制。

极端天气应急响应有序。针对春季大风、夏季雷暴、冬季冰雪等极端天气，超前部署应急预案，刚性执行日管控、重大事项联动机制，领导班子分赴一线督导演练，迎酷暑、战寒潮、融冰雪、除隐患，成功经受恶劣天气考验，共同守护了生产服务有序运营。

【经营管理】2020年全口径全年创造产值4.87亿元，完成年度营业收入指标（3.80亿元）的128.13%。大力实施“三减一增”“三清一控”提质增效专项行动，通过实施业务优化、人员调配和争取社保政策减免，落实减人工1303.89万元，超出全年计划的34%。通过刚性执行全面预算，严控各类成本支出，落实减成本1270.04万元，超出全年计划的173.53%。通过统筹制定项目储备，用好综合项目计划管控，压缩压减“建设”项目12个，大力实施“三清一控”，全年追讨债权1043.75万元。

【优质服务】物业服务主动有为。坚持标准化、专业化、差异化管理，用心做好北京公司系统30余家单位、80余处办公区的物业管理；两供一业工作组下大力气推进宣海家园房屋产权证的办理，获得麦子店街道防疫先进集体，亦庄、海淀、清河安宁庄等项目部共收到5封表扬信、10面锦旗，赢得业主认可赞誉。

生活服务精心精益。不断丰富线上线下产品品类，有效满足职工差异化需求，职工超市门店扩展至17家。畅通产销配渠道，全面解决菜篮子基地物流配送迟滞的“中梗阻”，线上预售、要客团购、微信售卖等销配手段多管齐下，基地绿色产品速达职工食堂和家庭餐桌，全面满足疫情期间的井喷需求，菜篮子基地蔬果年产量高达206.31万斤、蛋类41.77万枚，突破历史纪录，实现产值500.88万元，同比增长55.56%。

■ 8月16日，物业公司前门区域服务中心巡查空调运行情况。（刘雪丽　摄）

【重点工作】在疫情大考中彰显了硬核担当。严密有效保“双零”。面对突如其来的疫情，物业公司坚决贯彻国家电网公司、国网北京市电力公司决策部署，第一时间启动应急响应，因时因势因地完善差异化防疫举措，全年疫情防控审慎如始、有条不紊。

■ 9月20日，物业公司常态化开展防疫消杀。（王晶　摄）

在重大保障中发挥了磐石作用，统筹八大业态，用心用情用功为机关、城区、通州等多个指挥部和办公场所提供全国“两会”特级预备队封闭备勤、制餐送餐、物业管理、食材供应等支撑服务，圆满完成“毛伟明董事长莅临延庆供电保障指挥中心”、全国“两会”、服贸会、五中全会、冬奥系列活动等重大保电保障任务。

餐饮保障暖心贴心，对职工进行健康膳食管理，遵循季节更迭规律，持续开展二十四节气养生美食推广活动，暖心服务北京公司系统7家食堂、4500余名职工，进一步加强谷新工坊的标准化、专业化和特色化建设，坚持产销态势常态化分析，摸清职工喜爱的热卖产品，动态优化排产计划，产品价格、包装、规格、造型统一开发、统一设计，熟食、主食、西点等加工产品在北京公司系统热销热卖，谷新大厨已然成为北京公司餐饮特色品牌。

销售配送热情有方，做精做细食材价格稽核、质量监管、备查留样和无接触配送，食堂集采覆盖北京公司系统39家单位、8家产业单位、133家食堂、60个供电所，全年贡献产值16558.29万元，完成计划产值的141.89%。发挥集采配送规模优势，助力城区、通州、朝阳等25家系统单位攻坚扶贫，超前超额完成北京公司消费扶贫工作指标的109.69%。

生活服务精心精益，不断丰富线上线下产品品类，有效满足职工差异化需求，职工超市门店扩展至17家。基地绿色产品速达职工食堂和家庭餐桌，全面满足疫情期间的井喷需求，菜篮子基地蔬果年产量高达206.31万斤、蛋类41.77万枚，突破历史纪录，实现产值500.88万元，较2019年同期增长55.56%。圆满完成北京公司系统抢修维修任务558项，克服新冠疫情、夜间施工、工期紧、要求高等难题，投入760余人次，快速响应、高效组织北京公司本部抢修维修项目123项。阜成路体育场、青年公寓档案馆等重点建设项目建成投运。青年公寓持续挖潜服务深度、广度和频度，通过加强需求分析、丰富食堂菜品、翻新超市设计、加持配套设施、高频开展活动等举措，千方百计把北京公司领导关心关爱职工的好事办好办实。

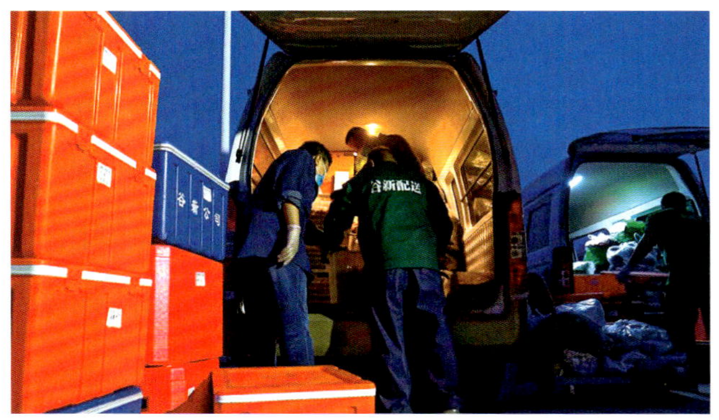

■ 6月29日，物业公司销售分公司为食堂提供集采配送服务。
（王晶　摄）

【党的建设与精神文明建设】坚持把政治建设摆在首位。全年召开47次党委会、12次中心组学习，领会党的十九届五中全会精神，以读书班、“三会一课”等多种形式，落实“四学”常态机制。以“夯基础、提质量”专项行动和党建量化计划管理为抓手，高质效推进两级组织标准化建设。围绕重大保障、疫情防控等中心任务，开展“学战略、讲担当、干精彩”等主题教育活动。

正风肃纪不断深化。坚持“严”的主基调，制定从严治党“两个责任”清单47项、年度重点任务33项，聚焦招投标、资金管理等重点业务，常态开展监督，按月风险预警，提升查纠“四风”水平，刚性执行履责约谈和任前廉政谈话机制，全年约谈78人次。

宣传工作富有成效。落实意识形态工作责任制，坚持正确舆论导向，全年入选北京公司、产业办新闻信息39篇，物业公司疫情防控、全国“两会”保电保障典型做法在北京公司要闻栏目连续刊载4期，“密织防疫保障网”系列报道在北京公司“聚焦一线”网页专刊独家发布。

精神面貌昂扬向上。做好“首都文明单位标兵”创建工作，开展“三减一增”“礼仪服务”劳动竞赛和岗位练兵活动。划拨专项党费、工会经费用于一线防疫，累计慰问走访一线班组192个、职工2540人次。开展职工建家、诉求服务体系建设、青年联谊等活动，完成439名退休职工档案关系、120名退休职工党员关系的社会化移交。统战、团青、保密、信访维稳、后勤等工作同步推进，企业干事创业的文化氛围不断汇聚。

（董　凤）

北京市城市照明管理中心

【概况】北京市城市照明管理中心（简称照明中心）是由国网北京市电力公司（简称北京公司）举办，同时隶属于北京市城市管理委员会（简称市城市管理委）管理的城市公用财政全额拨款事业单位。照明中心作为北京公司长期派驻在北京市政基础设施运维一线的服务队伍，负责北京市城六区市政道路照明设施的运行维护管理工作，为郊区县道路照明提供技术指导和业务支持，参加本市道路照明规划、工程设计和施工，参加市属景观照明项目的组织、运行维护以及重点地区景观照明设施运行监督管理工作。

截至2020年底，照明中心管辖路灯光源31.28万盏、灯杆24.56万基、工井24.62万个、变压器2941台、配电室68座、供电线路10902km；负责4处市属景观照明设施（雍和宫桥、农展桥、鼓楼、射击场路）的运行维护工作；负责市属景观照明设施运行情况的监测管理；负责97户市属桥区和155家业主单位夜景照明电费管理工作。全年照明中心缴纳路灯电费共计1.72亿元。

照明中心坚决贯彻北京公司和市城市管理委决策部署，对内克服困难抓好自身有序生产，对外积极主动服务首都经济社会发展。年内，照明中心荣获“全国文明单位”“北京市安全生产先进单位”“首都城市环境建设样板单位”荣誉称号，连续15年获得“首都文明单位标兵”称号，连续17年获得“北京市交通安全先进单位”称号。照明中心华灯班荣获“全国青年安全生产示范岗”称号、发展建设部荣获“北京市青年安全生产示范岗”称号。华灯班班长陈春光同志荣获“北京市劳动模范”称号。

11月2日，北京市副市长卢映川（二排中）一行到照明中心华灯班调研。（张超　摄）

地址：北京市丰台区方庄路2号
邮编：100078
电话：010—67618030

【人力资源】截至年底，照明中心共有全口径用工337人，其中长期工124人。长期工中研究生及以上学历49人，本科学历56人，专科学历9人；高级职称29人，中级职称27人；技师及以上职业资格14人，高级工23人，中级工23人。

严格执行干部选拔任用程序。专题研究干部调整2次，提任中层干部8人，岗位调整2人。建立科学规范的干部管理制度体系，印发《中层领导人员管理办法》《中层领导人员任职试用期暂行办法》，逐步形成“1+*N*”干部管理制度体系。大力培养选拔年轻干部，坚持树立正确用人导向，大力选拔敢于负责、勇于担当、善于作为、实绩突出的年轻干部，提职重用80后干部4名。稳妥推行岗位聘期制，建立“能上能下”的选人用人机制，12名新上管理岗位人员全部实现岗位聘任制。抓紧抓实专家优秀人才选拔培养，推荐省公司级一级专家1人，选拔二级专家1人、三级专家2人。

【经营管理】资金管理全面强化。严格资金支付，统筹照明中心整体项目情况，对支付进度进行内部调剂，确保每月资金支付进度超过时间进度6个百分点。精准核算管理，加大对账务各系统、各数据间核对关系的校验工作，进一步加强财务会计核算的及时性准确性。深化改革蹄疾步稳。贯彻落实北京市关于全面推进城市道路照明管理体制改革工作的要求，发挥行业学、协会理事长单位作用，第一时间向行业内各兄弟单位开展道路照明管理体制改革书面调研，梳理完成城市照明管理核心要素。进一步完善机制，强化对政府部门的专业支撑力度，在全力确保首都城市照明安全稳定运行的同时，将改革工作打造成与首都定位要求相适宜、具有示范效应的城市照明管理事业发展典范。依法治企不断加强。切实推进照明中心巡视巡察、“不忘初心、牢记使命”主题教育、民主生活会等发现的86项问题全部整改完毕。围绕“三重一大”、安全生产、管党治党等七个重点领域开展自查自纠，发现并整改问题4项。强化日常监督，开展常态化监督检查16次，组织专项监督检查6次。推动纪检和审计监督有机贯通，开展产业单位经济责任审计，督促完成整改问题13项，配合北京公司开展债权债务审计发现问题7项，及时防范审计风险。产业单位规范管理。内挖潜力、外拓市场，全年实现营业收入2亿元，圆满完成集体办下达的各项经营指标。创新机制推进改革落地，制定深化改革实施方案和监督管理工作规则，累计新制定制度2项、修订3项、废止3项。围绕固定资产、存货、债权，以实施“三清一控”为抓手，全面摸清资产家底和经营风险，以推进“提质增效”为目标，实现资产提效、库存出清、往来清理、债权回收。按期保质完成春节长安街及城六区16162基路灯景观布置任务，完成重大政治活动15122基路灯道旗悬挂施工任务。落实物资采购信息化工作，签订物资采购合同78份。全年完成路灯设计任务369项，设计里程300余km。

【安全生产】安全生产责任制严格落实，修订《北京市城市照明管理中心安全责任清单》，共计修编通用清单5项、机构清单28项、岗位清单145项。进一步明确了各部门、各岗位人员安全职责，细化安全工作奖惩实施细则，切实做到“尽职免责、失职追责”。隐患排查治理深入开展，有针对性的开展政治保障、迎峰度夏等各类隐患排查工作。年内共计排查隐患59项，已全部治理完毕。现场安全监督和疫情防控工作持续强化，针对高敏感度、高风险点生产作业现场，提高领导干部飞行检查和管理人员到岗到位频次，全年达152次。坚持将安全管控前移一步，以风险审核会为抓手，提前分析现场安全风险。严格执行施工三项基本条件，全力确保作业现场安全。年内安全监控中心执行App巡检255次。应急管理水平有效提升。针对政治保障、防汛、度夏等重点工作，开展华灯快切装置等5次应急演练，有效提高了队伍的应急技能。年内共启动预警和突发事件应急响应34次。安全宣教培训积极推进。开展10kV要令人员、带电作业、有限空间作业、巡检人员等培训考试，实现关键岗位全覆盖。组织全体职工参与应急普法竞赛活动，照明中心人均成绩在北京公司排名第一。

【设施运维】政治保障万无一失。采取超常规措施、付出超常规努力，圆满完成了全国“两会”、服贸会、党的十九届五中全会、向人民英雄敬献花篮、人民大会堂重要活动等重大政治保障任务，以及年度节日保障和防汛度夏等保障任务共计26项，全年累计保障天数达230天，有效确保了重大活动期间首都城市照明设施的安全可靠运行。运维基础工作稳步开展。严格按照运维规程开展设施运行维护管理工作，总计巡视道路4772条次、线缆21.66万km、电源3643台(次)、灯杆44.56万基（次)、工井44.32万个（次)，发现各类缺陷4658个，处置率100%。累计夜间查灯358组次，检查设施完好率63组次，全年平均亮灯率达到99.66%，设备完好率达到96.03%。加强权属设施保护工作力度，累计开展外力事故追责73次，追责约谈64次，拆除山寨指路牌、私搭设备和线缆等752处。开展地下管线防护，共处理维护市城市管理委地下管线挖掘防护系统信息294条。完成GIS系统新增工程录入174项。

■ 12月29日，照明中心检修维护白塔寺周边照明设施。（张超 摄）

新技术应用促推落地。全力推动“多杆合一”、华灯负荷快切装置、第五代华灯车、照明控制系统国产密码、高防护等级电缆接头、高强度华灯灯球等新技术、新产品和新工艺的研发应用。全力促进创新成果推广，“基于普通路灯升降车研发的便捷型应急照明车”项目由北京公司推荐纳入国网双创平台进行推广，“多杆合一照明技术”荣获北京公司科技进步三等奖，被收录至北京公司科技成果新技术推广应用目录2020版。新标准制定参与主导，参编《智慧城市 智慧多功能杆 服务功能与运行管理规范》《城市道路照明设施运行维护规范》《自行车专用路设计标准》《直流照明系统技术规程》等9项国标、地标和团标，全力推动城市照明行业标准化建设。积极筹备《城市道路照明运行管理与服务》国标立项申报，并获批加入全国信息技术标准化技术委员会智慧城市标准工作组。

【工程管理】重点工程任务顺利推进。圆满完成“北京市 2020 年办好重要民生实事”工作，组织实施涵盖东城、西城、朝阳、海淀、丰台行政区域内的 52 条无灯路路灯建设，新敷设电缆 23.75km，安装灯具 917 盏、变压器 11 台，已全部点亮。组织完成 2019 年东城区路灯架空线入地项目，涉及 28 条道路施工任务已全部完成，新建管线长度共计 11.74km、灯具 698 盏。顺利完成 2020 年西城区路灯架空线入地项目天桥片区 49 条道路土建施工工作，新建管线长度 10.54km。“新基建”落地坚定有力。融入数字城市、智慧城市战略，推进“多杆合一”项目试点应用，截至目前，海淀区中关村西区、西城区鼓楼西大街、宫门口东西岔、朝阳区光华路等“多杆合一”项目已纷纷实现亮灯应用，真正实现了市政基础设施“质”的飞跃。积极配合北京公司冬奥办开展冬奥场馆配套照明设施建设，全力确保智慧灯杆在首体变电站投运前竣工亮灯。

【优质服务】坚持“民有所呼、我有所应”，确保“接诉即办”。照明中心全年共受理 12345 工单 1426 件，同比降低 9.6%；高效处置 95598 工单 452 件，同比降低 44.2%；打通各街、乡、镇网格工单“微循环”，接收并处理各类网格工单 3658 件。照明中心 12345 热线“三率”平均成绩 98.05 分，5 月份更是取得了满分的好成绩，在各市属机构序列中成绩靠前，受到了上级领导的高度认可。提升精细化监测能力，争取“未诉先办”。结合精细化分路监测，深入推进监控系统大数据应用，提升系统自动化和智能化水平，主动发现集中亮灭灯故障 886 起，主动报警率达 62.3%，切实实现了集中亮灭灯故障的“未诉先办”。配合远程照度仪和光照时间决策系统提升人性化开关灯决策的精准性，全年提前开灯 283 次、延迟关灯 332 次，累计延长路灯运行时间 9179min（153h）。推进系统实用化建设，提升优质服务保障能力。全力推进新工单系统的软件开发、硬件部署及试运行，力争快速实现新老系统更替。探索运维管理系统实用化技术方案，实现 GIS 数据坐标转换，完成城区内 6 万基灯杆的转换和录入。开展中字区大数据统一平台整合开发及应用试点，完成全部灯杆信息的采集和定位，实现了长安街及其周边地区单灯监测全覆盖。扎实开展网络安全工作，确保系统等级保护体系正常运转，持续推进监控系统国产密码试点项目实施。开展“首善先锋・红马甲在行动”系列活动，践行“人民电业为人民”。华灯班共产党员服务队在“两会”保障前夕，主动延伸服务重点保障客户，走进天安门地区管理委员会和国家博物馆义务为其自管路灯提供技术支持，共筑核心区城市照明坚固防线。华灯班共产党员服务队与牛街春风社区持续深化共建，到牛街春风社区慰问困难群众 4 户，协助社区开展垃圾分类。运行中心共产党员服务队，为百姓解民忧，义务为市民装灯共计 30 盏，服务小区 19 个，收到社区感谢信 7 封、锦旗 3 面。

【党的建设与精神文明建设】坚持把政治建设摆在首位，时刻牢记习近平总书记“看北京首先从政治上看”的重要指示，在服务首都城市照明发展工作大局中发挥国企党建优势。理论武装强根铸魂。深入研读《习近平谈治国理政》第三卷，第一时间学习贯彻党的十九届五中全会精神，及时跟进学习习近平总书记重要讲话指示精神，坚持读原著、学原文、悟原理，加大力度、提高频次开展中心组学研 18 次，7 个党支部高质量开展“三会一课”178 次，“不忘初心、牢记使命”主题教育成果不断巩固深化。党建基础不断夯实。落实国家电网公司“基层党建巩固提升年”和北京公司“夯基础、提质量”专项行动要求，结合照明中心实际制定 5 大类 21 项指标的党建量化计划管理体系，规范流程完成 4 个届满党支部换届选举工作，47 人次参加各类党建培训，高标准开展党支部绩效考评。照明中心连续 2 年在公司党建专业考评中排名第一，照明中心党委获评国家电网公司组织建设标杆。价值创造成效显著。严格落实意识形态责任制，增强品牌宣传厚度，从单一新闻向人物故事深度传播。围绕疫情防控、华灯清扫、国庆保障等重点工作开展主题传播 6 次，全年发布公司要闻 38 篇，在新华社、《人民日报》等中央、市属媒体发稿 83 篇次，先后五次登上学习强国，CCTV 累计播出时长 93min，其中 CCTV9 两集联播纪录片《月色无眠—掌灯人》获国家电网公司宣传部高度肯定。照明中心创作的《60 年前周总理亲自拍板，

■ 9 月 24 日，照明中心创作的歌曲《华灯初上》荣获“国网好声音”职工歌手暨原创歌曲大赛原创歌曲和歌手双金奖。

（段勇　摄）

长安街华灯暗藏玄机》获得国务院国资委第六届“国企好新闻”广播电视类特别奖。照明中心宣传工作在北京公司宣传专业考核中名列专业单位第一名。

群团文化聚力争先。志愿服务蓬勃开展，照明中心获评第四批首都学雷锋志愿服务站。普惠贴心服务职工，完成健身房改造和职工小家建设，持续开展形式多样的“送清凉、送温暖”系列慰问活动，圆满完成 220 名退休人员社会化移交。文体活动丰富多彩，照明中心创作歌曲《华灯初上》获国网好声音原创歌曲、歌手双金奖。

（贯忱然）

产 业 管 理

【综述】2020年，面对复杂严峻的内外部形势和来势汹汹的疫情考验，省管产业深入落实北京公司党委决策部署，全面实施五大提升行动和两个专项活动，全力支撑北京公司和电网高质量发展。全面完成改革改制和瘦身健体任务，在系统内首家实现“1+1+N”产权架构。组建两级产业指导委，出台工作规则，修订52项管理制度，全面按照新模式运转。落实“五严格五强化”标准规范，对照50项风险和10类问题，检查作业现场10103个，查改问题2312项。聚焦6方面18项举措，实施市场拓展、三清一控等专项行动，排查项目2.85万个，形成“一企一书、一案一策”。统筹疫情常态化“防”和生产加速度“复”，先后出台6方面25项措施，全年实现新签合同额171亿元，营业收入130亿元，利润3.85亿元。全面参与供电保障，主动融入工程建设和后勤服务，深入参与“三零”“三省”，全流程提供快捷高效服务。为属地电网建设和能源安全提供全方位服务，直接解决就业1.5万人，贡献利税近10亿元。

（李　伟）

【深化重组整合】首批完成国家电网公司省管产业“有效分离”深化改革任务，树立系统标杆，构建“1+1+N”集中规范产权架构，组建产业管理公司和公司两级产业指导委，科学界定监管重点和权责界面，出台产业管理公司、产业指导委工作规则，逐户明确产业单位监管关系。发挥顶层设计优势，采取“一企一案”方式，开展改革质效评价提升行动。圆满完成四户参股股权的处置。深化省管产业升级行动，制定省管产业“一个总体方案+三个专项方案+N个行动计划”升级操作体系，着力推动拓围提质增效。总体方案以管理好、发展好、支撑好为目标，以做优产品、企业和生态为主线，以创新管理机制和业务风险防范为重点，形成5方面30项任务举措。聚焦3个重点领域，制定施工企业转型升级、充电业务提升、电力管沟试点专项方案。逐户编制N项行动计划，确保方案在基层落地落实。加大充电设施、综合能源协同发展探索实施。研究制定省管产业“十四五”发展规划。

（李　鹏）

【安全生产管理】贯彻《国家电网有限公司集体企业安全生产管理工作规则》要求，参照国家法律法规、行业标准规范和公司规章制度，结合产业单位实际业务，全力推进内控合规试点建设，积极探索产业安全管理方式方法。编制安全生产典型案例19项、典型业务流程9项，形成安全生产试点成果，并由国网产业部印发推广。按照国家电网公司有关产业单位作业现场专项治理活动工作部署，协同公司安监部联合制定专项方案，编制印发《国网北京市电力公司关于开展产业单位作业现场安全专项治理活动的通知》（京电安〔2020〕19号），细化措施任务，组织各产业单位同步部署活动启动。组织各单位严格对照作业现场安全专项治理活动50项突出问题并结合内控合规安全生产试点工作分析整理出的省管产业单位作业现场18项典型风险，共排查作业现场问题1961项并已全部完成整改。试点建设安全管理信息模块。根据国网产业部要求，作为试点单位组织开展省管产业单位新一代信息系统安全模块建设，编制完成安全模块需求分析报告和原型设计，梳理主要数据项并进行完善，并采用统一部署、分散试用、集中总结形式开展内部测试。组织参加国网配网技能竞赛。严格落实国网公司技能竞赛开展要求，坚持以赛促培、以培提效，并利用半脱产方式开展集中培训进行人员能力提升，引导各单位强化生产现场安全管控，在竞赛中荣获优秀组织奖。

（庄苗苗）

【企业风险防范】制定全面从严治党“两个责任”清单47项，细化纪检年度重点工作22项。制定疫情防控专项工作方案，明晰7项工作任务，落细17项工作措施，确保上级重大决策部署有效落地落严落细。全年约谈共56人次，源头把控和提升廉政谈话质量，积极维护良好政治生态。开展“抓整改、除积弊、转作风、为人民”专项行动，落实5项工作任务。全年开展八项规定常态化监督检查14次，累计抽查共计68笔，抽查车辆60辆次，发送廉洁短信26人次。持续开展特色廉洁文化活动。通过北京公司巡视巡察整改“见底清零”督导检查，建立三项清单，对照7方面163项典型问题举一反三，夯实157项问题整改佐证质量。指导产业系统对中央巡视、国网巡视整改再排查，对涉及的12家20项个性问题整改情况进行了逐一复核。制定《巡察典型问题整改专业督导工作方案》，对所有单位下发“典型问题全面查改通知”，组织针对重点风险事项开展全面排查、督导整改验收。做好“三项”经济责任审计整改督导验收。组织产业单位问题整改再审计，运用负面清单思维，组织对12种涉及国有资产流失、违规追责、巡视整改的严重事项全面排查，并对近两年内外部6项审计检查中易被外部关注的120个典型问题进行再整改，全产业系统对12种负面事项实现有效清零和长效管控，对重点问题实现整改落地和管理提升，形成了典型经验专刊和管理建议书两类成果性资料。

（张　曦）

【企业运营管理】着力推进市场开拓。制定《国网北京市电力公司产业单位市场攻坚专项提升行动方案》（集体办〔2020〕20号）推动产业单位抢抓市场、持续发展，应对首都非核心功能疏解，建安市场增速趋缓和新冠肺炎疫情影响。省管产业单位全年新签合同171.11亿元，同比增长4.7%，实现产值128.54亿元，完成年度指标的102.8%。持续推动客户运维市场拓展，年度新签代维合同4.62亿元指标，实现收入3.74亿元。持续规范物资采购行为。依托电商化平台应用，持续完善一、二、三级专区有关数据，共入驻供应商332家，上架商品21个大类、154个中类、1053个小类，共计69140件商品，采购下单总额超过18.17亿元，物资采购上线率达到97%。深化制度体系建设，根据国家电网公司发布的有关通用制度，梳理修订物资及工程分包采购五项管理制度，强化物资及工程分包采购管理内控体系，明确决策机构、适用范围、审批程序、监督管理等重点环节，进一步规范采购行为。深入开展能力提升。出台能力提升专项方案，制定评价标准体系，以安全生产、组织管理、业务承载、管理创新四个维度，定目标定任务，全面推进能力标准化建设。京电集团和朝实公司获得2020年示范施工企业称号。

（郑　旭）

【人力资源管理】持续发挥人力资源保障作用，加强产业单位用工管控入口，截至12月底，产业单位全口径用工14778人。全面梳理产业单位近三年补员及减员情况，开展各单位用工需求调研，实施年度补员工作，提请《关于省管产业单位2020年补员工作的请示》签报，采用“长期+短期+调剂”的用工方式，明确分类补员标准，截至年底产业单位共计补员106人。引导实施市场化激励机制，编写并发布《产业单位高质量提升重点任务专项奖惩细则》，建立涵盖安全管理、市场拓展、经营效益、风险防控等4类8项的考核体系，增强激励的引导性和精准性。选拔和培养产业单位人才队伍，鼓励提升专业技术资格水平，梳理参评条件及要求，开展职称申报指导服务，职称申报1541人次，初级职称认定747人，中级职称评定368人，高级职称评定38人。畅通技能鉴定渠道，积极应对国网改革新形势，组织产业员工参加中电联能级评价。建设内部人力资源市场，开展系统内竞聘1次，解决企业余缺矛盾调转1批次，实现企业内部员工合理流动。

（刘　霞）

【财务资产管理】完成“三清一控”综合治理工作：落实北京公司高质量提升年工作部署，历时6个月全面摸清资产、存货、债权家底和经营风险；“点对点”以问题为导向下发35份管理建议书，宣贯成本补偿测算模型，组织推进存量问题资产出清和债权清收，形成企业经营业绩分类“画像”及差异化经营管控原则。组织产业经营提质增效工作：制定产业经营6个维度18项提质增效工作举措；牵头组织各部门、各单位狠抓市场增效、管理增效、降本增效、投资增效、资产增效、政策增效，确保产业年度经营指标全面完成。协同推进产业全面预算管理：组织实施单项工程造价与核算管理，推行编制项目预算，狠抓效率效益；利润总额指标考核模式优化为主营业务利润+资金收益相结合的方式；建立两级业财融合的预算管控体系，推行“二上”执行预算，分类细化10大类39小类固定运营成本支出预算科目，完善预算执行、分析、通报、调整的过程管控机制。持续深化资金安全管控和价值创造：坚持“三敏”原则，构建产业单位月度现金流动态监控机制，及时对低于安全备付警戒线的单位发出预警提示，督导加强现金流入和资金平衡管控，避免出现现金流断链问题；持续开展大额资金实时监控，部署月度现金流预算管控报表，指导各产业单位建立健全月度现金流预算管理机制。

（申经纬）

■ 12月23日，华商伟业公司召开2020年度财务决算暨2021年财务预算会议。（马建飞　摄）

【后勤资源管理】全面梳理产业单位固定资产情况，核查车辆统一平台数据质量，首次应用国网电商平台予以线上履约，增强车辆更新规范程度。印发《关于严格贯彻落实〈国家电网有限公司省管产业单位车辆监督管理办法〉的通知》，在全面落实国家电网公司制度要求的前提下，针对北京公司特点补充、完善管控要求。印发《关于开展省管产业单位房屋、土地确权工作的通知》，年内推动房山公司1套、城区公司6套、海淀公司4套房产的名称变更工作；印发《关于开展产业单位房地资产创效能力提升工作的意见》，督促各产业单位综合施策提升房地资产创效能力，2020 年各产业单位房地资源租赁收益为 1.19 亿元。

（张玉生）

【党群组织建设】坚决落实北京公司党委各项决策部署，引导全体党员树牢“四个意识”，坚定“四个自信”，做到“两个维护”，持续发挥党建引领作用。组建产业管理公司和省地两级产业指导委，同步设立产业管理公司党委，指导 13 个到期应换届党支部按时保质完成换届改选，全年发展党员 18 名。将疫情防控、能源革命、深化改革等内容纳入年度学习计划，以党员大会、主题党日、专题研讨等形式开展集体学习 24 次，开展中心组集中研讨 15 次，专题发言 60 人次，讲授专题党课廉课 7 次，召开主题教育领导小组办公室例会 12 次，疫情期间全面推广微党课，增强政治生活的政治性。细化分解从严治党主体责任和监督责任清单，明确 27 项主体责任和 20 项监督责任内容。充分运用约谈提醒机制，逐级常态化开展廉政风险提醒和行为纠偏，约谈各职能部门负责人以及分管领域专责人 56 人次。在国家电网公司及公司要闻等栏目刊发产业单位专题报道 19 篇，产业网站刊发基层动态 341 篇、专栏 6 期，“华商一家人”公众号完成推送 237 条，各产业单位在《北京日报》《国家电网报》等媒体登载产业单位报道 8 篇。以宣传教育的深入开展，激发干部职工奋力拼搏的热情。

（辛　颖）

■ 11 月 6 日，华商伟业公司与华商三优公司举办“引领　融合　促进”党日联建。（田宗仙　摄）

（姚　澜）

公司荣誉

2020年国网北京市电力公司荣获国家、市级、国网劳模及先进荣誉称号

全国劳动模范（1名）

昌平公司　王月鹏

北京市劳动模范（3名）

延庆公司　何彦彬
工程公司　张　磊
照明中心　陈春光

北京市模范集体（1个）

城区公司崇文供电服务中心

国家电网有限公司先进集体（2个）

丰台公司　大兴公司

国家电网有限公司工人先锋号（2个）

海淀公司运维检修部（检修分公司）配电站室运维室
检修公司柔直调相机运检中心柔直运维班

国家电网有限公司劳动模范（3名）

公司本部　林　华
石景山公司　张　琳
亦庄公司　竺　林

国家电网有限公司“新基建”劳动竞赛

先进集体（2个）

建设咨询公司　能源公司

国家电网有限公司“新基建”劳动竞赛

劳动模范（1名）

公司本部　陈斌发

2020年国网北京市电力公司先进单位、先进集体、工人先锋号、劳动模范、电网工匠、先进工作者

公司先进单位（6个）

城区公司　通州公司　海淀公司
房山公司　检修公司　经研院

公司先进集体（59个）

公司本部
　办公室（党委办公室）综合管理（外事）处
　发展策划部规划二处
　党委组织部（人事董事部）机关人事处
　财务资产部资金管理处
　设备管理部（政治供电办公室）配电处
　后勤工作部后勤保障一处
城区公司
　运维检修部（检修分公司）天安门政治供电服务中心
通州公司
　安全监察部（保卫部）　综合服务中心
朝阳公司
　运维检修部（检修分公司）
　党委党建部（党委宣传部、工会、团委）
海淀公司
　办公室（党委办公室）
　纪委办公室（合规审计部）
丰台公司
　运维检修部（检修分公司）综合服务中心
石景山公司
　发展策划部　纪委办公室（合规审计部）
亦庄公司
　运维检修部（检修分公司）财务资产部
昌平公司
　发展策划部　运维检修部（检修分公司）
门头沟公司
　营销部（客户服务中心）
房山公司
　安全监察部（保卫部）
　建设部（物资中心、项目管理中心）
大兴公司
　发展策划部　输变电运检中心
平谷公司
　发展策划部　营销部（客户服务中心）
怀柔公司
　运维检修部（检修分公司）
　建设部（物资中心、项目管理中心）
密云公司
　建设部（物资中心、项目管理中心）

电力调度控制中心　供电服务指挥中心（配网调控中心）

顺义公司

运维检修部（检修分公司）　营销部（客户服务中心）

延庆公司

运维检修部（检修分公司）

党委党建部（党委宣传部、工会、团委）

经研院

办公室（党委办公室）　设计中心（中心设计院）

电科院

设备状态评价中心（物资质量检测中心）

党委组织部（人力资源部）

工程公司

安全监察部　电缆施工分公司

检修公司

运维检修部　变电检修中心

二次检修中心

电缆公司

党委党建部（党委宣传部、纪委办公室、工会、团委）

信通公司

办公室（党委办公室）　信息通信运检中心

党校（人才服务公司）

培训管理部

物资公司

供应链运营中心（物资供应部）

综服中心

融媒体中心

客服中心

大客户服务部

电动车公司

运营管理部

建设咨询公司

项目管理三部

承发包公司

工程管理部

物业公司（谷新公司）

办公室

照明中心

办公室（党委办公室）　安全监察部（保卫部）

公司工人先锋号（60个）

城区公司

建设部（物资中心、项目管理中心）项目组

营销部（客户服务中心）电费室

通州公司

建设部（物资中心、项目管理中心）项目一室

电力调度控制中心　供电服务指挥中心（配网调控中心）地区调控室

潞城供电所

互联网办公室平台数据室

客户服务中心市场建设室

朝阳公司

双桥供电所

综合服务中心综合班

营销部（客户服务中心）客户服务二室

海淀公司

电力调度控制中心　供电服务指挥中心（配网调控中心）自动化信息通信运维室

运维检修部（检修分公司）配电站室运维室

营销部（客户服务中心）电费室

丰台公司

营销部（客户服务中心）马家堡供电所

电力调度控制中心　供电服务指挥中心（配网调控中心）配电运营指挥室

石景山公司

运维检修部（检修分公司）线路电缆运维室

亦庄公司

电力调度控制中心　供电服务指挥中心（配网调控中心）地区调控室

昌平公司

建设部（物资中心、项目管理中心）项目组

营销部（客户服务中心）客户服务一室

十三陵供电所

门头沟公司

电力调度控制中心　供电服务指挥中心（配网调控中心）自动化信息通信运维室

房山公司

良乡供电所

运维检修部（检修分公司）配电工程室

大兴公司

电力调度控制中心　供电服务指挥中心（配网调控中心）地区调度监控室

客户服务中心客户服务室（共产党员服务队）

采育供电所

平谷公司

营销部（客户服务中心）计量室

运维检修部（检修分公司）输电运维室

怀柔公司

电力调度控制中心　供电服务指挥中心（配网调控

中心）地区调控室
营销部（客户服务中心）客户经理室
密云公司
运维检修部（检修分公司）变电运维室
营销部（客户服务中心）北京密云经济开发区供电服务中心
顺义公司
建设部（物资中心、项目管理中心）项目组
营销部（客户服务中心）电费室
仁和供电所
延庆公司
营销部（客户服务中心）市场大客户服务室（共产党员服务队）
电力调度控制中心 供电服务指挥中心（配网调控中心）地区调控室
经研院
规划评审中心主网规划室
数据中心安全监察质量室
电科院
计量中心运营管理室
设备状态评价中心（物资质量检测中心）物资检测室
电源技术中心（照明技术研究中心）电动汽车技术室
工程公司
应急抢修中心综合应急救援队
输电施工分公司（作业型）施工作业队项目一部
土建施工分公司项目管理中心项目四部
变电施工分公司施工作业队保护自动化调试班
检修公司
变电运维东北中心高丽营运维班
柔直调相机运检中心柔直运维班
输电运行中心智能巡检班
变电运维西北中心清河运维班
变电运维西南中心牛街运维班
电缆公司
电缆运维北区中心电缆运维一班
信通公司
信息通信调控中心调控五室
信息通信工程中心信息工程室
物资公司
仓储配送部仓储一班
综服中心
档案馆
客服中心
重要客户服务部 VIP 客户服务班
电动车公司
检修配送中心检修班
建设咨询公司
项目管理二部项目管理二室
照明中心
城市照明监控指挥中心系统运行班

公司劳动模范（10 名）

公司本部 林 华
通州公司 史江凌
朝阳公司 吴 欣
丰台公司 王加乐
石景山公司 张 琳
亦庄公司 竺 林
门头沟公司 刘翠艳
顺义公司 彭 宇
延庆公司 窦家本
电缆公司 赵 洋

公司电网工匠（10 名）

通州公司 徐向东
海淀公司 刘长江
昌平公司 杨 鑫
房山公司 刘 广
大兴公司 孟宪来
密云公司 彭新立
工程公司 刘 磊
检修公司 葛东阳
电缆公司 熊 俊
信通公司 赵紫君

公司先进工作者（80 名）

公司本部
胡进辉 林 华 徐绍军
城区公司
肖万芳 杨 霖 李 超 毋 凡
通州公司
赵长青 史江凌 张国瑞 杨 楠
朝阳公司
吴 欣 孟凡晨 王 斌
海淀公司
马 强 廖 晖 刘 智 何 健 张 頔
李燕旌
丰台公司
王加乐 李 斌 周 磊
石景山公司
张 琳

亦庄公司
　　竺　林
昌平公司
　　兰建东　杨　鑫　魏　然
门头沟公司
　　刘翠艳
房山公司
　　岳　辉　王登政　上官甲天
大兴公司
　　王　林　王启帆
平谷公司
　　李甡屾　周　伟
怀柔公司
　　吕　陆　戴罕奇
密云公司
　　彭新立　徐赛宗
顺义公司
　　彭　宇　仇　波
延庆公司
　　窦家本　祁帅涛
经研院
　　李　伟　王恩德
电科院
　　任志刚　冯　义
工程公司
　　汪　奇　秦泽阳
检修公司
　　张　雷　何　璇　鲁　杰　李　欣　李　炜
　　刘璋玮　杨　艳　杨　童　姚　磊
电缆公司
　　赵　洋
信通公司
　　王　宇　曹　坤
党校（人才服务公司）
　　李丽敏
物资公司
　　鲁　敬
综服中心
　　王　沁　黄　蕾
客服中心
　　钟宏伟
电动车公司
　　杭　洋　赵贺雍
建设咨询公司
　　郭达奇
能源公司
　　赵　峰
承发包公司
　　王　琼
物业公司（谷新公司）
　　董　凤
照明中心
　　阎　欣
省管产业
　　郑　旭　李　琳　侯晓颖　段峥辉　李召扬
　　曹京兵

2020年国网北京市电力公司省管产业先进单位、先进集体、先进工作者

省管产业先进单位（6个）

谷新公司
城区公司产业单位
通州公司产业单位
丰台公司产业单位
检修公司产业单位
电科院产业单位

省管产业先进集体（60个）

华商伟业公司
　　财务资产部
华商远大公司
　　合同造价中心
　　项目二分公司
华商三优公司
　　综合管理部
　　党建部（合规审计部、团委）
　　电气设备分公司
华商电灯公司
　　党建部（合规审计部）
吉北咨询公司
　　财务部
　　设计部
京电设计公司
　　综合服务中心
　　项目部设计中心

中电联汽车公司

车辆维修中心

谷新公司

综合服务中心（后勤管理中心）

城区公司

北京城区供电开发有限公司综合管理部

北京城区供电开发有限公司财务资产部

北京城区供电开发有限公司安全监察部

通州公司

北京潞电电力建设有限公司综合管理部

北京潞电电力建设有限公司市场经营部

北京潞电电力建设有限公司工程技术部

朝阳公司

北京朝阳电力实业开发有限公司财务资产部

北京朝阳电力实业开发有限公司业务管理部

北京朝阳电力实业开发有限公司客户运维中心

海淀公司

北京海淀供电实业开发有限公司工程技术部

北京海淀供电实业开发有限公司安全监察部

北京海淀供电实业开发有限公司市场经营部

丰台公司

北京丰供送变电工程有限责任公司客户运维中心

北京丰供送变电工程有限责任公司业务管理部

北京丰供送变电工程有限责任公司财务资产部

石景山公司

北京市银光电力工程有限公司业务管理部

亦庄公司

北京亦利和电力工程安装有限责任公司业务管理部

昌平公司

北京市京电博源供用电工程安装有限公司综合管理部

北京市京电博源供用电工程安装有限公司市场经营部

北京市京电博源供用电工程安装有限公司工程管理部

门头沟公司

北京门供电力工程有限公司业务管理部

房山公司

北京房供电力工程有限责任公司综合管理部

大兴公司

北京首兴安成电力工程有限公司工程管理中心

北京首兴安成电力工程有限公司合同预算中心

平谷公司

北京绿谷光明电力工程有限公司业务管理部

怀柔公司

北京市京怀电力工程安装有限公司市场经营部

密云公司

北京云电电气有限责任公司工程技术中心

北京云电电气有限责任公司综合管理部

顺义公司

北京顺力成电力设备安装维修有限公司业务管理部

北京顺力成电力设备安装维修有限公司客户运维中心

延庆公司

北京诚惠电力工程有限公司业务管理部

经研院

北京金电联供用电咨询有限公司财务资产部

电科院

北京丰供送变电工程有限责任公司鼎诚恒安分公司市场经营部

工程公司

北京卓越电力建设有限公司先行分公司财务资产部

北京卓越电力建设有限公司先行分公司施工作业队

检修公司

北京京电电网维护集团有限公司工程技术部

北京京电电网维护集团有限公司变电工程中心

北京京电电网维护集团有限公司输电工程中心

信通公司

北京博瑞翔伦科技发展有限公司综合管理部

北京博瑞翔伦科技发展有限公司市场经营部

党校（人才服务公司）

北京亦利和电力工程安装有限责任公司北京银杰分公司综合管理部

物资公司

北京金电联供用电咨询有限公司供应链管理分公司综合管理部

客服中心

北京京电电力工程设计有限公司惟明力通分公司计划经营部

承发包公司

北京京供民科技开发有限公司招标部

电缆公司

北京卓越电力建设有限公司运维检修中心

照明中心

北京路明路灯电气安装有限公司运维检修部

能源公司

北京华商远大电力建设有限公司能源科技分公司项目管理中心

省管产业先进工作者（80名）

华商伟业公司

杨智慧

华商远大公司

李建意　赵晓芳　王　晨

华商三优公司

王占全　胡　海　聂满堂　张俊敏　马振华

华商电灯公司

朱　丹

吉北咨询公司

杨　扬　马帅帅

京电设计公司

郭改华

中电联汽车公司

李晓蕾

谷新公司

罗秀红

城区公司

王　迈　朱新广　于　军

通州公司

刘长林　刘桂平　张　欣　张建华

朝阳公司

刘　钊　王　琛　张聚强　李江波　陈新雨　王士龙

海淀公司

刘丽娟　王　琳　丛　禹

丰台公司

杨照伟　李　朝　张　伟　于　涛　王振强

石景山公司

李金刚　吴　微

亦庄公司

柯文杰

昌平公司

刘玉来　温谊君　邢慧颖　李　重

门头沟公司

韩永明

房山公司

任国奇

大兴公司

张建君　甄志杰　张亚梅

平谷公司

于金柱

怀柔公司

于昌波

密云公司

王利波　郑瑞成　李联合

顺义公司

杨红艳　赵克虎

延庆公司

胡丽娜　赵　毅

经研院

强　芸

电科院

郭　颖　王建明

工程公司

史敏涛　张建华　陈老虎

检修公司

刘燕晖　田志勇　于　欢　申海涛　李建臣　李宝国　李　丹

信通公司

贾新华　左本君

党校（人才服务公司）

由立松

物资公司

何树敏

客服中心

崔　莹

承发包公司

罗　西

电缆公司

刘　冉

照明中心

李燕方　时春才

能源公司

孙忠良

2020 年劳模先进事迹

全国劳动模范——王月鹏

■ 王月鹏　国网北京昌平供电公司配电带电作业班班长

王月鹏，男，汉族，中共党员，1979 年 11 月 15 日出生，1998 年 6 月参加工作，2005 年 7 月加入中国共产党，本科毕业，高级工程师、高级技师，2003 年 3 月起担任国网昌平供电公司运检部配电带电作业班班长。

王月鹏有个远大的理想：有朝一日 10kV 配电线路带电作业能够完全替代停电检修作业，更好的提升百姓用电幸福指数。为此他专注于带电专业二十余年。

在带电班，他刻苦训练技术本领，苦心钻研国内外先进带电作业技术，被国家电网公司聘为生产技能专家。2015 年，王月鹏带领班组人员成功研制了“抱立杆型边相导线固定装置”，获得了发明及实用新型两项国家专利。从 2009 年至今，王月鹏已经收获了 7 项国家级专利成果。2016 年，王月鹏代表国网北京市电力公司参加首届北京大工匠评选活动，经过两年层层比拼，他不负众望被评为北京大工匠。2018 年夏季，北京电网负荷连创新高，为了确保人民群众可靠供电，王月鹏勇冲第一线，绝缘服内的温度一度高达 50℃，等完成任务后，摘下来的绝缘手套竟倒出半碗汗水。从事带电作业的 23 年里，他共带领班组安全开展带电作业 1.9 万次，累计多供电量 1.11 亿 kWh，减少停电时间 4.9 万 h，他用行动展现了对百姓、对社会、对首都电力发展的无限担当！

北京市劳动模范——何彦彬

■ 何彦彬　国网北京延庆供电公司发展策划部主任兼管理二支部书记

何彦彬，女，汉族，中共党员，1983 年 12 月 10 日出生，2006 年 8 月参加工作，2004 年 2 月加入中国共产党，本科毕业，高级工程师、技师，2018 年 6 月起担任国网延庆供电公司发策部主任兼管理二党支部书记。

何彦彬同志扎根延庆 15 年，从一线班组专责工逐步成长为电网规划类地市级优秀专家人才。随着世园会、冬奥会相继落户北京延庆，地区电网进入跨越式发展的关键时期。作为发展策划部主任，何彦彬带头开展电网规划方案的研究，统筹考虑世园会、冬奥会、煤改电等区域发展的用电需求，践行“绿色冬奥、美丽世园”的理念，完善地区“十三五”“十四五”配套电网规划，科学制定 2035 年电网空间布局，明确了延庆地区“十三五”“十四五”乃至 2035 年的变电站站点及走廊，形成一系列规划成果，并纳入延庆分区规划。

面对延庆地区电网建设任务重、要求高、时间紧的电网发展新常态，何彦彬迎难而上，顽强拼搏，以“一刻也不能停，一步也不能错，一天也耽误不起”政治担当，全力投入规划变电站选址、方案论证及建设任务中。她积极促成国网北京市电力公司与区政府签订地区电网建设战略合作协议，助推延庆电网建设走上“快车道”；联合成立重点工程现场指挥部，创新政企联动促电网建设新模式，政企协同加速冬奥会、世园会、煤改电配套电力工程落地建设。深入开展工程可研论证，结合地区电网远景规划情况，严格把关工程建设规模，并结合世园会和冬奥会景观要求，优化规划变电站建筑风格与外形，确保工程方案科学合理，符合北京市规划要求，打造隐于山林之间的变电站。她多方协调，加快工程规划、立项等前期手续办理，会同建设专业人员逐项工程制定“时间表”和“路线图”，积极推进世园、海坨、冬奥村、永东四座 110kV 变电站建设，各项工程均如期投产，电网规划蓝图变成生动现实。为世园会成功举办、冬奥会全面筹备和清洁空气行动计划贡献了一份基层电力人的力量。

何彦彬先后荣获国网北京市电力公司先进工作者、优秀共产党员、巾帼岗位能手、首都劳动奖章、北京市劳动模范、延庆榜样等荣誉。

北京市劳动模范——张磊

■ 张磊　北京电力工程有限公司电缆施工分公司四级职员

张磊，男，汉族，2002 年 7 月毕业于华北电力大学，2005 年 11 月加入中国共产党，高级工程师，具有机电工程、市政公用工程、建筑工程专业国家一级建造师执业资格。

张磊一直在北京电力工程有限公司从事高压电力电缆施工工作，曾任海淀 500kV 送电（电缆）工程项目总工程师，参与过西北热电中心送出、首都核心区架空线入地、冬奥会国家高山滑雪中心电力工程等多个重点项目建设。工作中张磊长期扎根一线，精心组织协调，最终圆满完成了各项施工任务。

张磊深刻认识到技术创新、人才队伍是企业长远发展的保障，积极带头开展创新研究。共取得发明专利 3 项、实用新型专利 3 项。主持编写的《非开挖电缆保护管铺设施工工法》，被中国电力企业协会评为行业级工法。参与编写《电力电缆机械化施工技术》《10kV 电力电缆接头安装图集》等专业著作 6 部。撰写《高落差大截面高压电缆的敷设》《500kV 电力电缆施工工艺改进及研究》等论文十余篇。作为项目负责人开展的电缆线路故障快速恢复技术研究，在 2018 年国家电网公司第四届青年创新创意大赛上荣获金奖。

张磊先后获得国网北京市电力公司先进工作者、国网北京市电力公司优秀共产党员、国网北京市电力公司百佳工匠、国网北京市电力公司劳动模范、国家电网有限公司优秀共产党员、国网北京市电力公司电网工匠等荣誉。

北京市劳动模范——陈春光

■ 陈春光　北京市城市照明管理中心三级职员、主任检修师兼华灯班班长

陈春光，男，汉族，中共党员，1976 年 2 月 19 日出生，2000 年 7 月参加工作，2000 年 5 月加入中国共产党，大学本科毕业，高级工程师、一级建造师，2017 年 12 月起担任北京市城市照明管理中心华灯班班长。

陈春光参加工作 20 多年，政治站位高，工作业绩优，以实际行动践行“人民电业为人民”服务宗旨，出色完成各项工作任务。2015 年以来，参与组织完成“93”阅兵、党的十九大、新中国成立 70 周年等 13 项特重大活动保障任务。获得国家电网党的十九大供电保障先进个人、庆祝新中国 70 周年活动保电先进个人等荣誉称号。

勇于创新，服务首都城市照明高质量发展。参与研发的科技项目获 25 项专利，12 项获各级奖励；参与编制《城市道路照明设计标准》等七项现行国家、行业标准。

甘于奉献，志愿服务社区百姓。多年来，作为华灯班共产党员服务队的一员，与服务队一同累计为北京市上百个胡同和老旧小区装灯千余盏。作为华灯班班长，他带领华灯班获得全国工人先锋号、全国青安岗、新中国 70 年最具影响力班组。

国网劳动模范——林华

■ 林华　国网北京市电力公司营销部营业处处长

林华，女，汉族，中共党员，1975 年 3 月 8 日出生，1998 年 7 月参加工作，1997 年 11 月加入中国共产党，本科毕业，在职研究生，高级经济师，2017 年 9 月起担任国网北京市电力公司营销部营业处处长。

林华，北京电力营销队伍中普通一员。2018 年，国网公司确立了"'获得电力'指标全球排名 2018 年进入前 60 位、2019 年进入前 50 位的目标"。林华成为这一目标达成的执行团队成员之一。从接收这一指令，历经 7 天，从研阅世行评价《方法论》、翻阅电力接入标准历史典籍，到组织基层开展 2 万余名客户调研、翻译并借鉴阿联酋、俄罗斯、日本等先进经济体的改革经验，最终确定了北京"三零"（零上门、零审批、零投资）服务核心改革。将低压接电标准从 100kW 提升至 160kW，满足多数小微企业服务诉求，涵盖世行评价样本。将电力公司投资延伸至客户表箱压接螺栓处，由电力公司负责建设实施。这项改革解决客户投资、施工等难题，同时压缩了接电环节、时长和成本，提升客户"获得电力"满意度。为确保"三零"服务顺利实施，林华所在的"获得电力"办公室共组织了 18 个部门参与的 6 个专项工作组同步开展工作，1 个月内连续召开 50 多场协调讨论会，制定出 18 项制度标准，最终改革促使北京"获得电力"在全球排名从 98 位跃升至 14 位。

2019～2020 年，林华和团队成员持之以恒深化"获得电力"改革，将低压小微企业合同签订前置至用户申请环节、首次在报装申请时启用电子签名，主动沟通政府落实电价调整提前一个月公示政策，将财务遏制写入《北京市优化营商环境条例》，推动北京"获得电力"升至全球 12 位，其中接电 2 个环节、0 成本均达到全球最佳。国务院将"三零"服务作为可复制推广的典型经验，国家能源局下发 1479 号文件要 2022 年底前，在全国范围内实现居民用户和低压小微企业用电报装"三零"服务。

国网劳动模范——张琳

■ 张琳　国网北京石景山供电公司首钢冬奥供电服务中心主任兼首钢冬奥供电服务中心党支部书记

张琳，男，汉族，中共党员，1977 年 11 月 3 日出生，1992 年 12 月参加工作，1996 年 7 月加入中国共产党，大学本科学历，政工师，2017 年 3 月起担任石景山供电公司首钢冬奥供电服务中心主任。

多年的军旅生活磨砺了他良好的政治品格和军人本色，从脱下军装进入到电力系统工作的 20 多年里，他时刻牢记自己是一名光荣的共产党员，无论在哪个岗位，他都能继承和发扬"老兵"精神，甘于奉献、吃苦耐劳、敢打硬仗，尽职尽责高标准地完成每一项工作任务。他曾荣获国家电网有限公司劳动模范、优秀共产党员，国网北京市电力公司"百佳"党员先锋、优秀共产党员、先进工作者和营销专业先进个人等荣誉。

在党支部建设工作中，作为面向冬奥组委和首钢用户的一线服务人员，充分认识到一言一行都关系到国家电网人在首钢人的形象。利用身处首钢园区的优势，充分发挥前沿阵地的战斗堡垒和党员的先锋模范作用，将支部工作与日常工作有机结合，为推动首钢园区用电负荷接入、涉奥用户发电投产、重大活动供电保障、综合能源建设等工作提供强有力的思想保障和组织保障。

在服务冬奥供电保障工作中，主动承担重点项目的供电责任，先后完成冬奥组委全球招聘、央视张北柔直并网直播和“中国科幻大会”等重大活动保电，实现供电保障“万万无一失”；在距离冬奥会正式比赛仅剩一年的时间里，他带领首钢滑雪大跳台保障团队认真梳理园区内涉奥用户各类负荷特性及各业务领域电力需求，深入现场开展隐患排查工作，不放过一处隐患，督促场馆方确保隐患全部排除。积极推进智慧路灯、防疫机器人、5G应用和绿电溯源等项目在冬奥场馆的应用，充分展示国网先进科技成果，以实际行动践行“科技冬奥”理念；积极落实中央“绿色办奥”要求，推进园区冬奥场馆绿电交易，园区内所有涉奥用户已实现100%绿色电能供应。建立起首钢滑雪大跳台配电室运行环境监测平台，打造首个冬奥比赛场馆运行环境数据接入案例，实现了“首钢滑雪大跳台区域分界室+总配电室+分配电室”电参量、环境量等运行环境数据全采集、全监测，确保赛时首钢滑雪大跳台电力运行安全可靠。

在服务建设新首钢园区工作中，推行“前至规划咨询，后至运营管理”的全流程业扩报装服务，协助客户办理所有涉及用电方面的业务，彰显公司“靠前服务、主动服务”的服务理念，进一步优化园区客户用电营商环境；疫情期间在带领团队成员做到个人疫情防控万无一失的同时，利用先进的电力监测采集系统，主动对所有客户开展无接触式电力设备巡视，组织进行多轮次客户配电站室隐患排查，全力保障电力设备安全可靠运行，确保冬奥国家队训练和冬奥组委办公用电万无一失；完成首奥中心综合能源示范项目建设，为首钢园区供电模式、综合能源建设提供了可借鉴、可复制的范本。推进园区充电项目有序落地，实现国网公司公共充电桩首次进驻百年首钢园区。

国网劳动模范——竺林

竺林，男，汉族，中共党员，1983年2月出生，2005年8月参加工作，2011年8月加入中国共产党，本科毕业，高级经济师，2018年8月起担任国网北京亦庄供电公司产业单位总经理。

■ 竺林 国网北京亦庄供电公司安全总监兼产业公司执行董事、总经理

竺林是亦庄公司产业单位的“领头羊”，是施工现场的“消隐官”，更是重点工程的“推进者”。他常说，安全来不得一点马虎，工程现场不能留有丝毫隐患，产业单位的任务就是服务好政府，服务好用电客户，支撑好主业。

他牵头落实亦庄公司所有工程反事故施工前演练，为公司安全生产保驾护航，工程现场在疫情复工复产后的极高密度情况下保持零事故。

贯彻国家电网公司战略落地部署，规划产业单位升级发展方向，指导提出“十四五”期间多方面34条举措，同时推进政府战略协议落地，为产业单位高质量发展指明方向。在他的带领下，亦庄产业单位改革在北京公司最早一批完成并正轨运行，并积极拓展了“新基建”等新的利润增长点，推动产业单位落地自有投资充电桩，促进产业单位向“施工、管理、新基建建设”型企业发展。带领产业单位极速完成芯片产业的中芯国际，疫苗产业的北京生物等重点工程，以及经开区架空线入地和T1线沿线道路改造及景观提升工程，提前组织落地经开区路南区新规划地块临时电源，践行了一名共产党员的责任担当，获得政府和企业的一致好评。

大　事　记

1月

1月3日，公司安全生产电视电话会议暨2020年安委会第一次会议召开。

1月7日，北京市重大项目建设指挥部办公室党组书记王钢一行来到公司，就北京2022年冬奥会电力建设与服务保障、轨道交通配套电网规划建设工作开展交流座谈。

1月8日，国家电网有限公司副总经理、党组成员张智刚来到张北柔直工程现场，调研北京换流站系统调试等工作。

1月14～16日，公司召开第三届职工代表大会第五次会议暨2020年工作会议。

1月17日，公司荣获"国家电网有限公司2019年度基建优质工程金奖"称号，同时公司基建系统建设咨询公司、工程公司分获"国家电网有限公司2019年度特高压工程建设先进集体"称号。

1月17日，公司董事长、党委书记潘敬东及公司领导班子成员与离退休老同志座谈交流。

1月21日，华北能监局党组书记、局长王思强一行来到公司，就2020年春节和全国"两会"供电安全保障工作开展调研。

1月22日，国家电网有限公司董事长、党组书记毛伟明，总经理、党组副书记辛保安，来公司看望慰问坚守一线的干部员工，检查电网运行和春节供电保障工作。

1月27日，公司成立应对新型冠状病毒感染的肺炎疫情工作领导小组，紧急召开第一次会议，全面启动突发公共卫生事件一级应急响应。

1月28日，北京小汤山医院修缮启动，公司全力以赴确保北京小汤山康复医院用电安全可靠。

1月31日，公司董事长、党委书记潘敬东到公司调控中心调度大厅和值班人员住所，检查落实国家电网公司疫情防控工作部署情况，看望慰问在节日期间坚守一线的调控运行人员。

2月

2月1日，公司召开应对新型冠状病毒感染的肺炎疫情工作电视电话会，坚决落实上级决策部署，明确发挥党组织作用、职工节后返岗等具体要求，对公司做好疫情防控和供电服务保障工作进行再动员、再部署、再落实。

2月2日，国家电网有限公司党组副书记韩君来到公司检查疫情防控工作，看望慰问干部员工。

2月17日，公司党委理论学习中心组（扩大）学习会召开，认真学习领会习近平总书记在北京调研和中共中央政治局常委会上两次关于新冠肺炎疫情防控工作的重要讲话精神，贯彻落实毛伟明董事长关于中央巡视整改工作的指示要求。

2月20日，国家电网有限公司董事长、党组书记毛伟明一行来到公司，调研指导疫情防控和冬奥保障筹备工作，看望慰问一线干部员工。

2月21日，北京市城市管理委主任孙新军一行到公司，现场调研疫情防控和复工复产工作，慰问一线供电员工。

2月25日，公司2020年第一批物资、第一批工程及服务采购项目在怀柔、延庆两个评标基地同步开标。公司创新采取互联网技术手段，全流程电子化，为精准稳妥推进复工复产、保障首都电力安全、改善民生提供了有力支撑。

2月26日，CBD500kV输变电工程站址规划意见及用地预审正式获得北京市规划和自然资源委员会批复，标志着该变电站长达十年之久的规划选址工作终于圆满落地。

2月27日，公司召开冬奥会电力建设与服务保障工作启动会，动员和推进2020年冬奥相关工作。

2月27日，公司召开加强疫情防控和开复工管理工作再动员再部署电视电话会。强调要有力防控疫情，科学有序复工复产，坚决打赢疫情防控的人民战争、总体战、阻击战，确保完成"高质量提升年"各项目标任务。

3月

3月2日，公司召开2020年深化改革工作领导小组第1次会议，传达学习毛伟明董事长重要讲话精神，研究部署公司深化改革重点任务。

3月2日，公司召开党委（扩大）会议，传达习近平总书记在2月23日统筹推进新冠肺炎疫情防控和经济社会发展工作部署会议上的重要讲话精神，以及毛伟明董事长在2月26日国家电网公司推进新冠肺炎疫情防控和服务经济社会发展工作部署会议上的指示要求，对疫情防控、复工复产等工作进行再部署、再落实，坚持两手抓，夺取双胜利，确保实现全年目标任务。

3月3日，北京市副市长张家明到公司调研检查疫情防控和复工复产工作，向一线干部职工表示慰问。

3月初，清研灵智信息咨询（北京）有限公司（简称清研智库）针对疫情防控期间全国公共服务满意度评估数据出炉。调研报告显示，公众对总体公共服务较为满意，供电、供水、金融评价较高。北京、深圳、上海、浙江等四个省级电力公司供电服务满意度位列前四，其中公司以8.34分（满分10分）排名首位。

3月5日，国家电网有限公司总经理、党组副书记辛保安一行来到公司，调研指导疫情防控和复工复产工作，看望慰问干部员工。

3月10日，国家电网有限公司董事长毛伟明在公司《北京市政府领导充分肯定北京公司疫情防控及服务首都经济社会发展工作》的值班报告上作出批示："很好，继续努力。"

3月13日，公司董事长、党委书记潘敬东一行前往亦庄办公区和国网北京数据中心，调研检查亦庄公司、基地办、信通公司、能源公司、巡察办、电动车公司、建设咨询公司近期重点工作开展情况，并实地察看国网北京数据中心建设进展。

3月16日，公司负责实施的北京小汤山医院改扩建电力工程所有供电保障准备工作就绪，四路外电源供电，全面提升北京小汤山医院供电可靠性。

3月17日，公司以电视电话会形式召开优化电力营商环境工作部署会，坚决贯彻上级指示要求，再动员、再部署、再落实，坚决打赢优化电力营商环境攻坚战、持久战。

3月19日，国家电网有限公司副总经理、党组成员张智刚一行来到公司西八里庄公寓，慰问参加"双值守"的公司调控中心调度员。

3月24日，公司董事长、党委书记潘敬东到公司重点生产基地现场调研，检查项目工程进展情况，强调要贯彻公司"高质量提升年"工作要求，统筹疫情防控和项目工程建设，确保完成项目工程建设目标。

3月27日，公司召开新能源汽车充电业务发展研讨会，以国家"新基建"决策部署为指引，落实国家电网有限公司"具有中国特色国际领先的能源互联网企业"战略目标，谋划公司新能源汽车充电业务发展工作。

3月27日，公司负责建设实施的北京市政府重点项目配套电网工程——黄港110kV变电站正式竣工送电。这是公司首个在疫情期间复工建设并投产的变电站

3月27日，在东城区朝阳门内北小街，公司成功为白魁小馆（白魁老号饭庄）合闸送电。这是北京市出台优化营商环境3.0版企业低压接电占掘路免审批新政后，公司完成的北京首例掘路免审批"三零"项目。

4月

4月2日，国家电网有限公司董事长、党组书记毛伟明一行赴国网北京电力所属华商三优新能源科技有限公司调研。

4月3日，公司召开2020年党风廉政建设和反腐败工作会，深入学习贯彻十九届中纪委四次全会精神，认真落实国家电网公司2020年党风廉政建设和反腐败工作会议部署，深化全面从严治党，深度推进党风廉政建设和反腐败工作。

4月9日，中央纪委国家监委驻国家电网公司纪检监察组组长、国家电网公司党组成员黄德安一行，到公司检查疫情防控及复工复产、供电服务保障工作，调研公司落实国家电网公司党组重大决策部署和党风廉政建设情况。

4月15日，国家电网有限公司总经理、党组副书记辛保安来到±500kV延庆换流站调研指导疫情防控和复工复产工作。

4月16日，国内规模最大的智慧有序充电楼在通州环球主题公园开工建设，这是公司首次在北京城市副中心进行新能源汽车有序充电技术试点。

4月21日，国家电网有限公司董事长、党组书记毛伟明一行赴国网北京电力通州供电公司调研，检查春季安全生产工作，慰问一线干部员工。

4月26日，北京市委农工委书记、市农业农村局局长李志军一行来到公司，座谈交流"煤改电"工作。

4月28日，国网电动汽车服务有限公司董事长、党委书记全生明一行到公司，交流座谈"新基建"充电业务。

4月29日，中国人民解放军总医院第五医学中心主任姬军生一行专程到公司赠送锦旗和感谢信，感谢公司在疫情防治期间对医院电力增容扩容、用电保障等方面给予的支持与帮助。

5月

5月9日，国家电网有限公司董事长、党组书记毛伟明，总经理、党组副书记辛保安赴全国两会供电保障重点场所、变电站、供电服务中心督导检查2020年全国两会供电保障工作，慰问坚守一线干部员工。

5月13日，北京市规划和自然资源委员会副主任周楠森、二级巡视员张亚芹一行到公司，调研北京电网发展规划等工作。

5 月 13 日，公司总经理、党委副书记万志军与市重大办党组成员、副主任丁建明一行来到国家会议中心二期项目建设现场，进行了现场办公。

5 月 14 日，公司召开 2020 年全国“两会”政治供电工作部署大会。

5 月 15 日，公安部十一局副局长、一级巡视员、总工程师郭启全，国家电网公司总信息师孙正运到公司督导检查全国“两会”网络安全保障工作。

5 月 15 日，北京规模最大的集中式电动汽车充电站在五棵松体育中心地下停车场投入使用。

5 月 23 日，公司领导班子成员分别带队深入全国“两会”供电保障工作相关站线、驻地现场，看望慰问各现场保障人员，并对供电保障各项工作进行督导检查。

5 月 26 日，在东城区朝阳门北小街，公司举办 2020 年优化电力营商环境新闻发布会，介绍了“六项服务承诺”“三零”服务再提升、一证办电等内容，发布《服务北京打造国际一流营商环境高地白皮书(2019—2020 版)》。

6 月

6 月 1 日，公司在国网系统内率先实施充电桩委托经营，市场化方式运营充电桩业务，提升充换电设施资产效能。

6 月 1 日，在北京市政务服务中心，公司组建的北京“获得电力”团队通过视频方式，与世界银行政策咨询团专家团队进行了优化营商环境“获得电力”指标磋商。

6 月 5 日，公司董事长、党委书记潘敬东与中国移动北京公司董事长、党委书记夏冰一行座谈交流。

6 月 8 日，通州 500kV 变电站扩建工程顺利投运北京最大规模集中式汽车充电站投入使用。

6 月 9 日，公司董事长、党委书记潘敬东与中国电科院董事长、党委书记赵鹏座谈交流科技项目合作等情况。

6 月 15 日，公司召开应对新冠肺炎疫情工作领导小组第六次会议，要求坚决执行北京市和国家电网公司关于疫情防控的最新部署，以“三级响应、二级措施、一级战斗状态”要求，严格做好常态化防控措施，及时应对本市新发生的疫情，确保首都供电安全可靠，保护员工健康。公司应对疫情领导小组组长潘敬东主持会议，副组长万志军和领导小组成员出席会议。

6 月 17 日，公司董事长、党委书记潘敬东一行到北京市应急管理局（简称市应急局），与市应急局党委书记、局长张树森交流座谈。

6 月 19 日，国家电网有限公司董事长、党组书记毛伟明一行赴国网北京电力检查疫情防控工作。

6 月 17～19 日，公司领导班子成员分别带队前往各单位施工作业现场、供电保障重点区域等场所，对度夏及防疫工作开展情况进行督导检查。

6 月 18、19 日，公司市调调控人员进入全封闭值守工作模式。

6 月 23 日，公司董事长、党委书记潘敬东到平谷督导迎峰度夏、防汛、疫情防控和食品安全等工作，并开展“学战略、讲担当、干精彩”主题党日活动，宣讲国家电网公司战略目标体系专题党课。

6 月 24 日，公司选派 16 名年轻同志深入丰台区相关街道社区，配合当地社区工作者和医护人员开展为期 15 天左右的志愿服务工作，履行国有企业的社会责任，助力首都疫情防控大局。

6 月 25 日，冬奥会重点配套工程张北柔性直流电网组网成功，实现了张家口地区大量清洁能源便捷进入北京，也将使北京电网中的清洁能源翻一番。

6 月 26 日，国家电网有限公司总经理、党组副书记辛保安赴国网北京电力、国调中心、公司应急指挥中心检查疫情防控、工程建设以及电网迎峰度夏安全生产工作，看望慰问坚守一线的干部员工。

6 月 30 日，公司提前全面完成产业深化改革年度工作目标，成为国家电网公司系统首批实现省管产业一体化管理架构的单位。

7 月

7 月 7 日，公司董事长、党委书记潘敬东，公司总经理、党委副书记万志军及领导班子成员深入多个保障现场，督导检查高考供电保障工作，慰问一线员工。

7 月 13 日，公司收到国家电网公司党组致北京公司党委的表扬信，表扬公司新发地疫情以来的快速反应和积极行动，为北京的疫情防控做出重要贡献。

7 月 24 日，公司召开 2020 年年中工作会议。

7 月 24 日，公司董事长、党委书记潘敬东到怀柔北房 110kV 储能电站，检查储能电站运行和二期工程建设情况，调研“三城一区”等重点区域能源互联网建设工作。

7 月 27 日，世界银行发布的《中国优化营商环境的成功经验：改革驱动力与未来机遇》专题报告指出，“在‘获得电力’方面，中国目前已接近或位于全球最佳实践前沿”。北京作为世行评估中国营商环境的样本城市之一，在获得电力、开办企业、办理建筑许可等领域创新的改革举措，也被世界银行向全球进行推广。

7 月 29 日，公司董事长、党委书记潘敬东与北京市水务局党组书记、局长潘安君座谈交流北运河（通州段）综合治理工程建设推进情况。

7 月，公司公布首批命名的 8 个公司实验室，这是公司首次开展公司级实验室命名工作。其中“电力设备状态感知技术及应用实验室”（电科院）、“电力网络安全实验室”（电科院）、“电能量测与信息采集技术实验室”（电科院）、“电力场景人工智能影像分析技术实验室”（经研院）4 个实验室命名为公司实验室，实验室有效期为 2020 年 7 月至 2025 年 7 月。“电动汽车充放电技术实验室”（电科院、华商三优）、“电力电缆状态评估与智能运维实验室”（电科院、电缆公司、工程公司）、“交直流混合配电网实验室”（经研院、华商三优）、“分布式能源协调控制及节能技术实验室”（电科院、综合能源公司）4 个实验室命名为公司联合实验室，实验室有效期为 2020 年 7 月至 2025 年 7 月。

7 月 30 日，公司发布北京能源大数据中心建设方案。

7 月 30 日，公司董事长、党委书记潘敬东，总经理、党委副书记万志军到北京市规划和自然资源委员会，与市规自委主任张维就电网发展规划工作进行交流座谈。

8 月

8 月 6 日，山东电工电气集团有限公司董事长、党委书记周群带队来到公司，围绕输变电设备制造、电力运行系统服务、双方合作等进行交流座谈。

8 月 7 日，中国电力财务有限公司董事长、党委书记辛绪武，总经理、党委副书记侯培建一行来到公司，就深化金融业务合作、共同推进国家电网公司资金管控优化提升等事宜进行交流座谈。

8 月 7 日，公司召开磁各庄重点生产基地建设工作推进会，总结前期各项工作进展，协调解决相关事宜，部署下阶段工作重点。

8 月 12 日，公司董事长、党委书记潘敬东一行到华北能源监管局，与华北能监局党组书记、局长王思强交流座谈。

8 月 12 日，北京市城市管理委员会党组书记、主任孙新军带队来到公司应急指挥中心，督导度夏防汛供电保障工作，检查公司应对强降雨具体措施落实情况。

8 月 12～14 日，2020 年“国网好声音”职工歌手暨原创歌曲大赛华北赛区比赛在河北省石家庄市举行。公司选送的《华灯初上》《电力军魂》《为你而歌》等 5 首优秀歌曲分获歌手及歌曲比赛金银铜奖项，成绩名列赛区前茅。

8 月 13 日，公司董事长、党委书记潘敬东在公司与中央政法委机关服务中心主任么子国一行座谈交流。

8 月 13 日，国家电网公司副总经理、党组成员庞骁刚到公司调研优质服务、优化电力营商环境等营销专业工作。

8 月 14 日 15 时，北京电网最大负荷达到 2044.4 万 kW。

8 月 20 日，公司 2020 年党校青年干部培训班开学，学习贯彻习近平新时代中国特色社会主义思想，培养公司系统优秀年轻干部，推进国家电网公司战略在公司落地实践。

8 月 26 日，公司与房山区政府签署《房山区“十四五”电力规划建设战略合作协议》，共同推进坚强智能电网和能源互联网规划建设，提升供电服务品质和保障能力，促进电力与地区经济社会协调发展。

8 月 28 日，公司与门头沟区政府签署《“十四五”电力规划建设战略合作协议》，共同推进地区坚强可靠智能电网建设、打造营商环境新高地，推动国家电网公司战略目标落地。

8 月 27 日～9 月 1 日，公司党委首次采取“一托二”方式，完成 2020 年第二轮巡察进驻。

9 月

9 月 2 日下午，国家电网有限公司总经理、党组副书记辛保安至公司检查 2020 年中国国际服务贸易交易会供电保障工作，慰问一线干部职工。

9 月 7 日，公司在房山公司召开 2020 年“网上电网”建设应用推进会，全面落实国家电网公司“网上电网”成果发布暨建设推进会议精神，深化“网上电网”建设，为公司“高质量提升年”重点任务完成、“12912”战略落地提供支撑。

9 月 8 日，公司在党校举办 2020 年第一期处级领导人员轮训班。

9 月 8 日，公司董事长、党委书记潘敬东同志主持召开党委扩大会议，通报了国家电网有限公司党组关于公司领导班子调整的决定：董朝武同志任国网北京市电力公司副总经理、党委委员；任峰同志任国网北京市电力公司党委委员、纪委书记；陈守军同志兼任城区供电公司总经理、党委副书记。

9月10日，公司与北京经济技术开发区管委会签署《亦庄新城电网建设战略合作协议》，共同推进地区坚强可靠智能电网建设和智慧城市建设，将亦庄新城打造成电网发展建设创新示范区和用电营商环境创新示范区，推动国家电网公司战略目标落地落实。

9月17日，公司召开科技创新大会，学习习近平总书记关于科技创新的重要指示精神，贯彻国家电网公司科技创新工作会议部署要求，落实“新跨越行动计划”。

9月23日，公司与顺义区政府签署《推进顺义地区电力建设战略合作协议》，落实北京城市总体规划和国家电网公司战略目标，携手推进顺义区电网规划建设工作开启“十四五”新篇章。

9月29日，北京市抗击新冠肺炎疫情表彰大会举行。朝阳公司经理助理赵志华被授予“北京市抗击新冠肺炎疫情先进个人”称号。

9月30日，公司通过北京市碳市场交易平台，完成碳配额交易和CCER（国家核证自愿减排量）置换业务，这标志着国家电网公司首笔碳资产增值业务成功落地实施。

10月

10月1日，公司董事长、党委书记潘敬东带队到公司调控中心、丰台公司张郭庄110kV输变电工程建设现场，督导检查节日供电保障和安全生产工作，并慰问坚守岗位的广大一线员工。

10月10日，公司董事长、党委书记潘敬东同志主持召开党委扩大会议，通报了国家电网有限公司党组关于公司领导班子调整的决定：张钺同志任国网北京市电力公司总会计师；李路同志任国网北京市电力公司三级顾问，免去其国网北京市电力公司总会计师、党委委员职务。

10月12日，国家电网公司抗击新冠肺炎疫情表彰大会在京举行。公司13名同志和3个集体共获得6项表彰，丰台公司运检指挥临时党支部作为代表在会上接受表彰。

10月12日，2019年度“全国青年安全生产示范岗”名单公布，丰台公司运检部综合信息化室、照明中心华灯班分别作为国网团委唯一代表、团市委先进集体，创公司历史最好成绩。

10月20日，公司与延庆区政府签署《关于提升冬奥会延庆赛区供电保障能力 建设地区高可靠电网战略合作协议》，共同构建合作与发展新格局，进一步提升冬奥会延庆赛区供电保障能力和电力服务水平。

10月29日，公司董事长、党委书记潘敬东一行到中国舰船研究院（七院）“三供一业”老旧配电设施改造工程现场，调研朝阳公司“三供一业”安全管控和工程推进等工作，并与中国舰船研究院院长刘郑国座谈交流。

10月30日，北京地区首座电力北斗地基增强网基准站在怀柔110kV汤河口站正式建成。

11月

11月2日，北京市副市长卢映川一行到公司调研整体工作。

11月4日，公司董事长、党委书记潘敬东与中办特会室副主任高嵌、中直管理局副局长李俊杰一行交流座谈。

11月6日，潘敬东、万志军带队开展“煤改电服务日”供电保障服务活动。

11月6日，国家电网公司党组副书记韩君深入顺义公司、检修公司基层一线，实地调研指导“党建+”工程、“五小”供电所、职工诉求服务中心建设等党建和工会工作，慰问一线职工。

11月9日，公司组织内外部专家完成智能化供电服务指挥系统优化提升项目的验收评估，标志着公司配电业务基本实现全数字化管理。

11月11日，公司与怀柔区政府签署《“十四五”期间关于建设怀柔区能源互联网战略合作协议》，推动能源互联网在怀柔示范落地，服务怀柔区融合发展新格局。

11月12日，北京地区10座电力北斗地面增强基站建设全面完成，电力北斗精准服务网在北京地区实现全面组网。

11月17日，北京东特高压——通州500kV输变电工程（北京段）实现全部进场，“百日攻坚”取得重要成果。

11月20日起，作为支援长春的全国首支融冰抢险队伍，公司抗冰抢险支援团队在开展了6日的工作后凯旋。

11月21日，国务院国资委在京举办第一届中央企业践行社会主义核心价值观微电影（微视频）展映发布活动。大兴公司《8小时后的黎明》、昌平公司《老韩》、密云公司《我们始终和你在一起》分获1个三等奖和2个优秀奖。

11 月 24 日，北京送变电公司通过线上承租公司 1 台牵引机、90 个放线滑车，这是公司应用施工装备“滴滴平台”——“e 装备”平台完成的首单对外租赁设备业务，开启了施工装备租赁业务新生态。

11 月 24 日，全国劳动模范和先进工作者表彰大会在北京人民大会堂隆重举行。昌平公司配电带电作业班班长王月鹏荣获劳动者的最高荣誉——“全国劳动模范”称号。

11 月 24 日，公司董事长、党委书记潘敬东到大兴区公司重点生产基地，调研检查现代智慧供应链、应急防恐等生产项目建设工作。

11 月 25 日，公司与石景山区政府签署《石景山区“十四五”绿色低碳能源互联网规划建设战略合作协议》，共同构建合作与发展新格局，服务石景山地区发展，助力冬奥会顺利举办。

11 月 26 日，中国能源化学地质工会主席张波前往大兴区，就北京市电力电缆工技能比赛、北京大兴国际机场供电保障、产业工人队伍建设等情况开展调研。

11 月 26 日，首届国网北京电力人工智能数据竞赛在经研院正式启动。

11 月 30 日，张北柔直北京换流站至昌平 500kV 配套送出工程 2 号母线顺利送电投运。标志着 2022 年北京冬奥会重点工程——张北柔直北京换流站至昌平 500 千伏配套送出工程全面竣工投运，将有效满足张北地区风、光、水能新能源送出和消纳。

12 月

12 月 1 日，CCTV9 频道两集联播公司纪录片《月色无眠》系列之“掌灯人”。

12 月 4 日，公司主导建设、独立开发的海淀城市大脑智慧能源版块在海淀科技大厦城市大脑体验中心成功上线。

12 月 10 日，公司董事长、党委书记潘敬东，公司总经理、党委副书记万志军与北京市经济和信息化局党组书记、局长杨秀玲座谈交流，协同推进亦庄新城配套电网发展及重点项目用电需求。

12 月 11 日，国家电网公司副总经理、党组成员刘泽洪到公司调研指导冬奥电力建设与保障筹备工作，看望慰问一线干部员工。

12 月 15 日 20 时 23 分，北京电网用电负荷 2156.4 万 kW。

12 月 15 日，公司董事长、党委书记潘敬东到朝阳调研冬奥场馆配套电力设施建设与测试赛保障筹备工作。

12 月 16 日，公司与海淀区政府签署《关于建设海淀区国际领先的能源互联网合作框架协议》，致力打造国际领先的能源互联网，支撑海淀区高质量发展。

12 月 18 日，公司与密云区政府签署《密云区“十四五”电力规划建设战略合作协议》，互利共赢、共谋发展，保障密云区经济社会发展和清洁能源供应。

12 月 18 日，通州公司建成北京环球度假区停车楼充电站，这是目前国内最大规模集中式智慧有序充电站。

12 月 21 日，由公司建设运维的首体 110kV 输变电工程正式投运。至此，北京地区规划建设的 12 项北京 2022 年冬奥会配套电网工程全部投运。

12 月 22 日，全国首座全业务电力执法培训基地在通州公司漷县供电所举行揭牌暨开班仪式，正式投入使用。

12 月 22 日上午，北京市劳动模范、先进工作者和人民满意的公务员表彰大会在北京会议中心隆重举行，公司所属延庆公司何彦彬、工程公司张磊、照明中心陈春光荣获“北京市劳动模范”称号，城区公司崇文供电服务中心荣获“北京市模范集体”称号。

12 月 24 日，公司与通州区政府签署《通州区“十四五”电力发展战略合作协议》，贯彻习近平总书记考察北京城市副中心重要指示精神，落实京津冀协同发展战略，推进城市副中心“十四五”电网规划建设等工作。

12 月 28 日，公司下发紧急通知，从精准排查、减少流动、减少聚集、常态防控、做好防护等方面，再次对近期新冠肺炎疫情防控工作进行了部署。

12 月 29 日，国家电网有限公司总经理、党组副书记辛保安一行赴国家电力调控中心、国网华北分部、北京电力、冀北电力检查迎峰度冬供电保障工作，看望慰问一线干部职工。

12 月 29 日，北京 2022 年冬奥会北京赛区、延庆赛区的 8 座竞赛场馆全面完工，由公司负责建设施工的场馆配电设施均已竣工送电，总送电容量 16.1 万 kVA。

截至 12 月底，公司充电桩总量突破 2 万个，成为北京市规模最大的公共充电服务运营商。

重要文献

公司领导重要讲话

国网公司副总工程师兼北京公司董事长、党委书记潘敬东在公司2021年党风廉政建设和反腐败工作会议上的讲话（摘要）

（2021年2月23日）

一、提高站位、提升认识，进一步增强深化全面从严治党的责任感和紧迫感

一是准确把握中央深化全面从严治党新精神。十九届中央纪委第五次全体会议，是在贯彻党的十九届五中全会精神、深化全面从严治党、开启“十四五”新征程的关键时期召开的一次重要会议。习近平总书记在全会上发表了重要讲话，充分肯定了过去一年在应对重大风险考验中推进全面从严治党所取得的重大成果，明确指出党风廉政建设和反腐败斗争形势依然严峻复杂，旗帜鲜明提出“全面从严治党首先要从政治上看，不断提高政治判断力、政治领悟力、政治执行力”等兼具理论创新、历史意义和实践逻辑的重要论断，首次把一体推进不敢腐、不能腐、不想腐提升到战略目标的高度。习近平总书记的重要讲话高屋建瓴、思想深邃、内涵丰富，充分彰显了高瞻远瞩的战略眼光、始终如一的历史担当、为民无我的崇高境界、兴党强国的使命情怀，具有很强的政治性、思想性、指导性，是推动全面从严治党向纵深发展的重要遵循，是新时代纪检监察工作高质量发展的行动指南。赵乐际同志在全会上作了工作报告，通篇贯彻习近平总书记重要讲话精神，回顾总结了2020年纪检监察工作，全面部署了今年重点任务。公司上下要深入学习领会，切实把思想和行动统一到会议精神上来，坚定政治方向，保持政治定力，始终保持“赶考”的清醒和对“腐蚀”“围猎”的警觉，坚决把全会部署的各项任务落实到位。

二是准确把握国网反腐败斗争新部署。在2月3日召开的国家电网公司2021年党风廉政建设和反腐败工作会上，辛保安书记立足国有企业“六个力量”定位，强调要以推动高质量发展为主题，以党的政治建设为统领，纵深推进全面从严治党，充分发挥引领保障作用，为建设具有中国特色国际领先的能源互联网企业提供坚强保障。会议紧紧围绕国家电网公司战略目标，提出了“五个聚焦”的工作要求，释放出了全面从严治党态度不变、决心不减、尺度不松的强烈信号。这些为我们深化党风廉政建设和反腐败工作、服务保障高质量发展、确保“十四五”发展开好局起好步，提供了实践途径。

三是准确把握公司党风廉政建设新形势。年初公司“两会”面向“十四五”、立足这一年，进一步明确了在国家电网公司高质量发展新征程中争先锋、站排头的目标定位，作出了将“三首”理念贯穿始终、扎实推进“12912”方案落地、大力实施“高质量争先年”等部署，为做好下阶段工作制定了任务书、时间表、路线图。2021年公司改革发展面临的风险挑战很多、形势依然严峻，迫切需要深化全面从严治党，充分发挥党建独特优势，为公司高质量发展保驾护航。特别是公司在争先发展征程中将会遇到新问题、新矛盾、新挑战，更需要一个安全健康和谐的发展环境，更需要发挥全面从严治党的引领保障作用。

刚刚过去的2020年是极不平凡的一年，面对新冠疫情肆虐、经营形势严峻、重点任务叠加等艰巨挑战，公司坚决贯彻中央全面从严治党战略部署，坚持不懈抓好党风廉政建设，旗帜鲜明开展反腐败斗争，全面深化“两个责任”落实，为高质量完成全年任务提供了坚强保障。一是党建引领更加突出。深入学习贯彻习近平新时代中国特色社会主义思想，“四个意识”更加牢固、“四个自信”更加坚定、“两个维护”更加自觉。践行“国企姓党”理念，全面实施强根铸魂工程，高标准完成疫情防控、重大保电等攻坚任务，党旗始终在一线高高飘扬。二是履责担当更加有力。主动服务党和国家工作大局，“四个中心”功能建设保障有力，冬奥会服务保障走在前列，电力营商环境持续优化，责任央企形象充分彰显。以“钉钉子”精神狠抓中央巡视整改，大力实施“见底清零”专项行动，顺利通过国网党建专项督导检查。三是监督管控更加有效。坚持“三个一抓到底”，创新巡察工作机制，高质量完成3批11家单位巡察工作，实现全覆盖。全面开展“廉洁办奥”、安全生产专项整治等监督工作，实现精准纠偏、靶向治疗。四是严管厚爱更加凸显。保持高压态势，充分有效运用“四种形态”处分处理76人。强化首善关怀，建立“清单式”约谈、问题“说清楚”等机制，抓早抓小、防微杜渐。

同时，我们也要清醒认识到，对照中央全面从严治党的高标准和公司高质量发展的实际要求，我们的工作还存在一些不容忽视的问题。在管党治党方面，有的单位对全面从严治党“两个责任”认识不深刻，存在重生产经营、轻管党治党的思想偏差。责任落实存在“上热中温下冷”现象，压力传导有层层衰减甚至是脱节的情况。在作风建设方面，有的单位对“四风”的顽固性和反复性认识不深，在管理中仍存在“上下一般粗”、重布置轻督导、基层减负“打折扣”，以及执纪问责宽松软等问题。有的单位在落实中央八项规定精神上仍存在“打擦边球”现象，车辆管理使用等方面仍不够规范。在重点领域管控方面，工程建设、物资招标等重点领域风险防控仍需进一步加强，制度执行上“绕道走”的情况依然存在，招标采购不严格、供应商选取不规范、结算依据不充分等问题屡查屡犯、屡禁不止。同时，营销服务、后勤管理、产业经营等领域也不同程度存在 “发热点”。在干部廉洁自律方面，2020年，国网系统查处“小微权力”人员占比超过95%，主要集中在业扩报装“三指定”、乱收费、吃拿卡要等方面，“微腐败”问题依然突出。这些问题在公司也不同程度存在，反映出对基层站所等“低职实权”人员的监管仍需加强。上述问题警示我们，公司反腐形势依然严峻复杂，必须持之以恒、常抓不懈，以抓铁有痕、踏石留印的实劲和韧劲，敢抓敢管、敢于斗争，推动党风廉政建设和反腐败斗争不断取得新胜利，更好地促进公司安全健康和谐发展。

二、以党的政治建设为统领，充分发挥全面从严治党引领保障作用

做好今年的党风廉政建设和反腐败工作，要做到“五强化、五提升”。

（一）强化政治监督，切实提升“两个维护”的自觉性

全面从严治党首先要从政治上看，党内监督首先是政治监督。要着力发挥政治监督的护航功能，始终做到在思想上政治上行动上与以习近平同志为核心的党中央保持高度一致。

一要强化思想引领，保持政治定力。把理论学习作为终身课题，严格落实“第一议题”制度，持续深化习近平新时代中国特色社会主义思想大学习大普及大落实，激发悟初心、践使命的正能量。以庆祝建党100周年为契机，巩固深化“不忘初心、牢记使命”主题教育成果，以党史教育为重点，大力开展学“四史”活动，以理论上的清醒促进政治上的坚定。坚持把政治过硬作为第一标准，树牢“看北京首先要从政治上看”理念，不断提高政治判断力、政治领悟力、政治执行力，进一步强化“四个意识”，坚定“四个自信”，坚决做到“两个维护”。

二要狠抓贯彻落实，确保决策落地。不折不扣贯彻落实中央决策部署，是检验“两个维护”是否坚定坚决的试金石。前期，国家电网公司制定了专项工作机制，明确将贯彻落实习近平总书记重要指示批示和党中央决策部署作为重要政治责任，作为必须严格遵守的政治纪律和政治规矩。公司地处首都，京津冀协同发展、“四个中心”功能建设、“两区”“三平台”建设、“碳达峰、碳中和”等国家重大战略集中落地，冬奥会、建党 100 周年等国家大事要事汇聚，每项部署都需要我们以首善标准服务好、支撑好。我们要切实抓好贯彻落实，并加强政治监督，坚决做到党中央决策部署到哪里、我们的监督就跟进到哪里，以强有力的监督管控，确保决策部署落实落地。

三要深化巡察监督，强化护航功能。公司党委巡察从2017年起步，历时3年多，深入基层、直面矛盾、及时纠偏，实现了全覆盖，充分彰显了对党负责、对企业负责、对员工负责的担当精神，成效很好、价值很大。今年，中央将巡视巡察功能进一步定位为党内监督利剑和密切联系群众纽带。下阶段，在强化利剑作用上，要紧扣“四个落实”，突出上下联动和巡审联动，创新载体方式，通过纵深推进党委巡察“回头看”、有的放矢精准“点穴”、有序开展基层内部巡察等方式，以上促下、联动贯通、协同高效，着力发现和推动解决问题，持续提升巡察工作的权威性、震慑力和推动力，打通管党治党“最后一公里”。在强化纽带功能上，要聚焦党中央决策部署在基层的落实情况，聚焦群众身边的腐败问题和不正之风以及群众反映强烈的问题，聚焦基层党组织建设，在精准发现问题、深化整改落实、倒逼管理提升上持续用力，有效发挥“发现问题、形成震慑、推动改革、促进发展”作用。

（二）强化主责担当，切实提升管党治党的协同性

全面从严治党的根本在于扭住责任制这个“牛鼻子”。各级党组织要践行“三首”理念、发扬“三敏”

作风，持续压紧压实“两个责任”，切实做到知责于心、担责于身、履责于行。

一要拧紧责任链条。去年，中央印发了《党委（党组）落实全面从严治党主体责任规定》，公司也配套制定了“两个责任”清单和年度重点任务，为大家履职尽责提供了重要依据。各级党组织要树牢“党风廉政建设既是主责、更是全责”观念，准确识变、科学应变、主动求变，着力在提升政治敏感性、风险敏锐性和防控敏捷性下功夫，落严落细全面从严治党“两个责任”，不断扣紧“压力阀”，持续耕好“责任田”，一级抓一级，层层抓落实，坚决防止“沙滩流水不到头”的情况。

二要注重“四责联动”。国家电网公司对健全完善“四责联动”机制提出明确要求，公司上下要深刻认识、坚决落实。党委履行主体责任是根本，要发挥牵头抓总作用，持续健全完善“明责、履责、考责、问责”闭环管控机制，把党的建设融入企业治理的各领域、各环节。纪委履行监督责任是保障，要靠前监督、主动监督、精准监督，严肃执纪问责，并按照上级要求，加强对下级党组织的履责约谈，充分发挥“监督保障执行、促进完善发展”功能。党委书记履行第一责任是关键，要以身作则当表率，管好班子、带好队伍、抓好落实，支持、指导和督促领导班子成员、下级党组织书记履行全面从严治党责任，发现问题及时提醒纠正。要大力支持纪委开展工作，持续加强纪检巡察队伍建设，充分发挥巡察“熔炉”作用。班子成员履行“一岗双责”是支撑，要把廉政要求与业务工作同研究、同部署、同检查、同考核，加强对分管领域全面从严治党工作的领导、检查和督促，切实把好廉洁风险“第一道防线”。

（三）强化作风建设，切实提升正风肃纪的严肃性

人民立场是党的根本政治立场。公司作为首都最大的公用事业单位，必须始终践行“人民电业为人民”企业宗旨，持之以恒正作风、树行风，切实当好电力先行官、架起党群连心桥。

一要聚焦靶向纠偏，对形式主义、官僚主义毫不妥协。深刻认识形式主义、官僚主义的多样性和变异性，紧盯新动向、新表现，坚决果断纠治。特别是对落实上级指示要求做选择、搞变通、打折扣等问题，一经发现要盯住不放、精准施治，严肃查处各类不作为、乱作为、假作为行为。对公司党委决策部署，领导干部既要挂帅、又要出征，以“钉钉子”精神一抓到底，重实干求实效，力戒表面文章。严格执行中央八项规定精神和公司实施细则，考察调研等工作要轻车简从、简化接待，不搞层层陪同。大力深化“放管服”改革，强化放管赋能、减轻基层负担，让基层员工将更多精力放在生产经营工作中。

二要聚焦问题导向，对享乐主义、奢靡之风反复敲打。享乐主义、奢靡之风具有顽固性、反复性，抓一抓就会见效，松一松可能回潮。从2020年全国通报情况看，违规收送礼品礼金、公款吃喝等问题依然不少。从国网巡视巡察情况看，违规套取列支费用、公务用车管理不规范等问题依然突出。我们要深刻认识到，八项规定是长期有效的铁规矩，是带电的“高压线”，必须保持高度警惕，以持之以恒的韧劲，绵绵用力、集中发力，打好狙击战、持久战。针对节假日等敏感时期，要聚焦“关键少数”，紧盯职务消费、车辆使用等关键环节，严查隐形变异问题，特别是对公款吃喝、公车私用、利用婚丧喜庆事宜大操大办借机敛财等问题，要露头就打、严肃查处、通报曝光。

三要聚焦群众关切，持续整治群众身边腐败问题。民心是最大的政治。要不断改进行风形象，严格落实国家电网公司员工服务“十个不准”要求，大力实施卓越服务争先行动，推出“阳光业扩”、主动抢修等服务举措，持续优化电力营商环境，不断提升客户用电幸福感、获得感和安全感。要严肃查纠群众身边的“微腐败”，紧盯招标采购、工程分包、验收送电、电费回收等敏感领域，严肃查处靠电吃电、吃拿卡要、乱收费、“三指定”等群众身边的腐败问题，坚决查处“蝇贪”“蚁腐”，绝不姑息迁就，切实维护群众利益、公司权益和社会公平正义。

（四）强化权力监管，切实提升风险防控的有效性

习近平总书记对加强重点人、重点事的监管提出明确要求。公司上下要强化风险意识和底线思维，抓好重点人员和重点领域的风险管控，切实做到抓早抓小、防微杜渐。

一要监管好重点事。针对决策风险，各单位党委要强化依法决策意识，严格落实“三重一大”事项科学民主决策、重大决策合法合规性审核等机制，上会前严格履行审核流程，做到应审尽审、合法合规，严防集体“闯红灯”和“绕道走”。针对业务风险，职能部门要树牢“抓管理必须抓监督”意识，强化主责主抓，聚焦工程建设、招标采购、营销服务、科研管理、后勤保障、产业管理等重点领域和关键环节，狠抓日常监管、督导检查和整改落实，切实把专业监督挺在前面，以实际行动把好业务廉洁风险的第一道防线。纪检系统要强化日常督察和协同监督，充分调动和发挥好审计、财务、经法等监督力量，提升“大监督”综合效能。

二要监管好重点人。监管既是约束，更是爱护。

要聚焦“关键少数”领导干部，用好政治生态评价、背靠背“画像”等载体，发挥好生态“护林员”作用，促进党员干部恪守底线讲廉洁，做到有原则、有界限、有规矩。领导干部要以身作则，发扬为民服务孺子牛、创新发展拓荒牛、艰苦奋斗老黄牛精神，在实干中比贡献、在实绩中显价值。要严格落实中央八项规定精神，坚决反对特权思想和特权现象；带头廉洁自律、廉洁治家，管好自己和身边人；时时自重自省自警自励，处处慎独慎微慎始慎终，做到心有所守、身有所循、行有所止，做人不逾矩、办事不妄为、用权不违规，以实际行动践行忠诚干净担当。要聚焦“低职实权”重点岗位，结合本单位巡视巡察、信访举报、审计监督等情况，动态梳理基层站所、一线服务等重点岗位人员的风险问题，采取针对性措施压减“自由裁量权”，促进阳光运作，减少寻租空间。同时，充分运用约谈提醒、谈心谈话等方式，让“咬耳扯袖”“红脸出汗”成为常态，使干部员工习惯于在监督下工作和生活。

（五）强化贯通融合，切实提升“三不”推进的一体性

一体推进“三不”是新时代全面从严治党的战略目标。要强化系统思维，持续推动构建“三不”体制机制，释放叠加效应。刚才，任峰同志对系统打造“红毅善铁”监督服务保障体系作了深刻阐释，这是我们一体推进“三不”的重要抓手。下阶段，要进一步把握好“三个注重”。

一要注重严管与厚爱相统一。综合发挥惩治震慑、惩戒挽救、教育警醒功能。要保持力度。把严的主基调长期坚持下去，重遏制、强高压、长震慑，紧盯重点人、重点事和重点线索，严格落实“一案双查”，严肃惩处违规违纪行为。用好用准“四种形态”，对不收手、不知止，甚至顶风违纪的，一律严查快办、通报曝光。要体现温度。坚持宽严相济，学好把准规、纪、法界面，认真落实“三个区分开来”，切实为敢于担当、踏实做事、不谋私利的干部撑腰鼓劲。健全完善容错纠错机制，敢于对恶意诬告者亮剑。

二要注重治标与治本相融合。针对第一轮巡察，公司纪委已下发了“全覆盖”负面清单 84 项，为各单位深化举一反三整改提供了依据。有问题不整改，还不如不巡察。各级党组织要高度重视，切实做好“后半篇文章”。一手抓当下改，坚持刀刃向内、全面整改，跟踪问效、销号背书，一抓到底、善作善成，切实做到整改不见底不收口、问题不清零不罢休。一手抓长久立，坚持以案促改、以案促治，强化系统施治和源头治理，切实从制度上、流程上补短板、堵漏洞，持续扎紧扎密制度笼子，真正做到用制度管人、管事、管权、管企业。

三要注重教育与文化相促进。落实清廉建设要求，坚持把廉洁宣教作为对干部员工的首善关怀，突出文化引领和警示教育并举，丰富拓展载体渠道，用身边事教育身边人，持续打造“首善清风”宣教品牌，不断提升廉洁文化的影响力、辐射力、约束力，大力营造风清气正浓厚氛围。

公司董事、总经理、党委副书记万志军在公司 2021 年人力资源工作会暨人才培养工作会上的讲话（摘要）

（2021 年 3 月 16 日）

一、2020 年及“十三五”工作回顾

（一）2020 年工作回顾

2020 年是极为特殊、极为不易的一年，在公司党委坚强领导下，人力资源工作聚焦助力公司高质量提升，创新管理机制，夯实工作基础，取得了显著成效。公司业绩考核重返 A 段，跃居国网第 4 名；职工劳动生产率 169.31 万元/人，位列国网第 2 位。

一是组织效能持续提升。机构设置不断优化。通州公司、朝阳公司、经研院等 8 家单位完成组织体系优化，在生产服务体系优化提升、管理体系迭代升级等方面形成有效经验。定员管理取得新突破。用专家经验、数据分析等多维方式，确定各专业核心业务比例和各单位核心业务定员，促进核心岗位配置不断优化。员工成长通道进一步拓展。统筹职务、岗位、职级、专家人才发展路径，职员实行聘期管理，强化待遇与考核结果联动；四级、五级职员优先使用于技术技能岗位，各单位聘任职员 272 人，充分激发了员工干事创业的积极性和主动性。

二是用工管理更加精益。引才引智精准精细。严把标准，广泛择优，招录高校毕业生 411 人，电工类等主干专业占比达 81%、研究生及以上占比超 56%；招聘紧缺社会人才 8 人；补充华商电灯公司职工 14 人；与山东电专校企合作，联合招生培养供电所储备人才

24 人，为公司高质量发展提供多维人力保障和智力支撑。员工流动服务核心亟需。深化长期职工配置分析，围绕核心一线岗位，积极盘活内部存量，引导人员科学流动，跨岗位交流配置 1743 人，人才分布结构进一步优化。员工履职尽责意识不断增强。在一般管理岗位、供电所长、班长等重点岗位全面推行聘期管理，700 余人签订聘任协议，职工契约化理念得以强化。

三是绩效工作成绩斐然。业绩考核以优异成绩重返 A 段。紧密围绕公司业绩 A 段目标，详尽分解争先目标，及时优化各单位业绩考核指标体系和业绩考核看板，全覆盖管控“安全生产、优质服务、运营效率、经营效益”等考核关键，实现了优势指标持续超越、短板指标进位提升、新增指标名列前茅。全员绩效管理持续深化。实施组织绩效工资总额包干，大兴公司、检修公司等 8 家单位试点推行“增人不增资、减人不减资”的绩效工资分配机制。推行“一业一策”，促进绩效管理差异化、精细化。加大安全生产奖励力度，奖励资金逾 3000 万元，占比超过各单位工资总额的 1.6%，为电网安全提供强大激励源泉。设立电费回收专项奖励基金，长期职工人均奖励额度逾 8000 元，助力公司年度电费回收率达到 100%。公司累计开展各类表彰 14 项，表彰先进个人 272 人，奖励资金 156 万元，有力发挥先进典型的示范引领作用。

四是人才培育多措并举。“四大工程”[1]强力启动。落实公司党委《关于加快人才高质量发展的实施意见》，明确“十四五”人才队伍建设工作目标及 11 项重点工作。专家队伍成效显著。印发《国网北京市电力公司优秀人才管理实施细则》，优化优秀人才管理模式，向技术技能类人才倾斜，选聘优秀人才 233 人，其中特级专家 7 名、一级专家 57 名。公司各级各类专家获得科技、管理创新成果奖 1006 项，授权专利 447 项，发表论文 1028 篇，承担培训授课 3.57 万学时，获得个人荣誉 588 项，人才业绩成果丰硕。聚焦重点锤炼队伍。持续开展核心专业“技能再提升回炉”培训，拓宽培训广度深度。围绕冬奥保电能力需要，完成冬奥保障人员分类培训规划。开展安全技能等级评价，覆盖全口径用工 9000 余人。全年累计开展公司级培训 179 期 12645 人次。

五是薪酬激励显著增强。工资总额科学分配。突出效益效率导向，优化工资总额核定模型，加大工资总额与各单位业绩考核、经济效益、用工效率的挂钩力度，工资总额挂钩占比超过 55%。强化工资是挣出来的理念。4 家单位人均工资增幅超过国家电网公司核定公司人均工资增幅的 1.1 倍，14 家单位低于人均工资增幅的 90%，人均工资高低差额随增幅适度拉大，收入实现能增能减。创新推行岗位（薪级）工资动态管理。重点聚焦调控运行、继电保护、配电一次检修等一线核心专业优秀人员，各单位严格筛选 251 人分别享受浮动 1 至 3 薪级工资，年度收入最高增加超过 7000 元，其中 35 岁及以下青年员工占比超过 56%，推动薪酬分配向一线核心岗位倾斜。有序实施首年科技型企业岗位分红。试点单位经研院健全完善甄选评价与差异化兑现工作机制，科技骨干岗位分红 180 余万元，有效调动职工科技创新活力。

六是福利保障作用凸显。扩大减费增利成果。充分用好用足国家减免企业保险缴费政策，节约公司成本 1.5 亿元，向政府争取稳岗补贴 3000 万元，抓住政策契机动用工资结余 8.6 亿元，为公司实现经营目标提供有力支撑。增本金、创收益，年金喜获双丰收。企业缴费水平提升 60%，全体职工共享政策红利，职工综合贡献挂钩年金分配，引导职工“奋斗当下、收获未来”。企业年金收益率达 13.04%，投资业绩创历史最高水平。

（二）“十三五”工作回顾

这五年，我们放管结合、因地制宜，组织运行效率不断提升。适应电力体制改革、技术进步、管理变革等要求，构建形成“标准化与差异化相结合”的组织运行体系。各层级职责和机构设置不断调整优化，在供电公司强化“以客户为中心、以市场为导向”的供电服务体系建设，在业务单位强化“创新发展新业务、新业态”的支撑能力建设，组织运行效率持续提升。持续完善“五位一体”平台建设，将职责、制度、标准、考核等要素与业务流程有效匹配，形成供电企业标准业务流程名录 1217 项，典型岗位名录 2577 个，保障组织体系扎根落地、高效运转。

这五年，我们主动担当、服务大局，人力支撑保障成效显著。坚决贯彻中央要求。以“增岗位、强服务”为重点，加大高校毕业生招聘力度，开展紧缺人才社会招聘和退役军人接收安置，创新供电服务职工“订单”培养，服务“六稳”“六保”工作大局。“十三五”累计新增就业 2401 人，其中招录毕业生 2144 人，补充紧缺人才 45 人，接收退役军人 9 人，专项补员供电服务职工 203 人。积极响应国网号召。高标选派优秀干部员工东西帮扶，圆满完成西部青年骨干培养，助力对口地区电网、经济、队伍全面发展。累计开展援藏、援青、援蒙人才帮扶 23 人，培养西藏、新疆、宁夏优秀青年骨干 28 人。着力服务公司发展。发挥统

[1] “四大工程”指高端人才引领攻坚、骨干人才锻造升级、青年人才托举成长、紧缺人才引进育成工程。

筹优势，吸纳优秀毕业生到基层岗位，一线研究生学历职工增加至1108人，为“十二五”末的2.45倍；通过内部人力资源市场，调配用工2412人到急需岗位，有力保障了“东西南北中”重大工程建设。

这五年，我们锚定高标、攻坚克难，公司业绩考核硕果累累。四年获评国家电网公司业绩考核A段，“全方位、全动力”业绩考核体系建立，“三维比较”“责任共担”“目标分档”等考核机制逐年完善，全面客观衡量业绩贡献，促进经营效益、劳动生产率提升。绩效管理评价连续三年位居国家电网公司第一，基本建立“多元化、强激励”全员绩效管理体系，在关键业绩制、目标任务制、工作积分制等考核模式基础上，创新实践差异化、多样化考核方法，强化个人绩效与薪酬待遇、岗位调整、评优评先等紧密挂钩，促进考核更精准、激励更直接。

这五年，我们革故鼎新、增赋动能，薪酬激励作用全面彰显。扎实推行岗位绩效工资制度，打破近20年的“一岗一薪制”体系，全面实施“一岗多薪制”的“宽带”薪酬体系，职工通过提高职称技能学历、专业学术成果、绩效考核等级等，实现薪资水平快速增长，营造“比业绩、比能力、比贡献”的进取争先企业氛围。依托推动国家重大工程、保障重大政治活动、助力营商环境提升等优秀业绩，公司工资总额增幅达34.8%，有力激发干部员工的干事创业热情，职工归属感、幸福感、收获感大幅提升。

这五年，我们创新突破、助力发展，人才队伍建设坚强有力。人才培养体系日益完善。加强人才培养顶层设计，出台三大指导意见，构建科学完善、覆盖全面的人才培养“四大工程”体系；树立全员人才培养理念，明确职责分工，完善组织体系，形成上下联动、齐抓共管的人才培养工作合力。人才队伍结构不断优化。人才当量密度提升6.2%；中级及以上职称人才比例提升17.6%；新增电力行业特有工种高技能人才107人；公司专家341人，系统外省部级高端人才43人，新增国家级人才2人，国家级人才实现零突破。各类培训资源愈加丰富。有效盘活、充分利用各类实训资源，建成覆盖设备、调控、营销、建设等核心专业的实训设施19处，年均开展培训3000余人次。绘制生产一线核心专业知识树、学习地图、标准化作业指导书，专业培训资源共建共享机制初步建立。选拔800余名兼职培训师，传帮带作用有效发挥。

这五年，我们心系职工、用心用情，全员保障实现后顾无忧。基本养老待遇稳步提高，当年退休人员月均养老金由7865元增长到10845元，为北京市平均水平的2.48倍。多层次养老体系持续完善，基金总量达33.23亿元，累计收益率为38.4%，养老储备更加充裕。补充医疗保障作用有力彰显，优化形成“保基本、侧重点、多层级、可持续”的制度体系，个人负担仅占医疗费用总额的5.26%。全面实施“互联网+保险”行动，职工“足不出户”提取住房公积金，享受“电子化”报销医疗费用，保险服务品质不断提升。

二、深刻认识当前公司人力资源工作面临的形势和任务

服务国家和首都新发展，为公司人力资源管理带来新机遇。首都新发展提供事业平台。北京提出率先实现“碳达峰、碳中和”，公司加快构建能源互联网、建设先行示范区，都将为公司各类人才提供更为广阔的发展空间和施展平台。深化改革释放组织活力。适应电力体制改革，实施国企改革三年行动，内部体制机制改革不断深化，将有力推动建立健全市场化人力资源管理机制，更加充分地释放组织活力和效能。新兴技术提升管理效率。大数据、人工智能等新兴技术广泛应用，公司以云平台、物联网等建设，推动生产、运营、服务等全环节数字化升级，将深刻改变人力资源业务模式、组织方式、队伍结构，促进人力资源的数字化转型，提升管理效率和决策能力。

推动“12912”国网战略落地，对公司人力资源管理提出新要求。“以具有中国特色为根本”，要求公司升级人力资源管理模式。“具有中国特色”是战略目标的最本质特征，要在体制机制、发展方式、价值追求等方面着力推进公司治理体系和管理模式转型升级，推进人力资源管理体系适应性调整和优化升级。“以国际领先为追求”，要求公司提升人力资源效率效益。“国际领先”要求公司突出效率效益导向，着力推进提质增效、人才引领、科技进步和产业升级，促使职工实现更高水平的价值产出。“以能源互联网企业为方向”，要求公司强化人才队伍建设。打造能源互联网业务生态、促进公司产业升级发展，是推进公司转型发展的必由之路，需要优化组织体系，健全体制机制，广泛引才聚才，加快培养一批具有行业影响力、带动力的专家人才。

助力企业高质量发展，公司人力资源管理面临新挑战。改革发展亟需提升组织效能。电力体制改革不断深入，传统的条线式业务管理难以支撑营配等业务深度融合，与满足好人民美好生活用电需要存在差距；各级组织专业分工较细、信息共享不足、组织效率效益不高等问题亟待解决。科技发展亟需坚强队伍支撑。公司肩负支撑首都新发展使命，对标首善标准，需要培养更多的核心业务技术专家、技能工匠；实施科技

创新战略，强化核心技术攻关和能源互联网新业态新模式创新，亟待培养一支既熟悉传统电网业务、又精通新业态新技术的高素质复合型人才队伍。市场发展亟需强化激励赋能。随着能源电力行业准入门槛进一步打破，外部竞争日益激烈，市场拓展必须激发组织和队伍活力，亟需突破分配制度保守单一、“高水平大锅饭”等难题，强化对绩优团队和核心骨干人才激励力度，不断增强公司核心竞争力。

分析当前面临的形势，公司人力资源工作任务艰巨、责任重大，我们要抢抓机遇、迎难而上，立足新发展阶段，践行新发展理念，服务新发展格局，以更坚定的信心、更严实的作风，推动人力资源工作再上新台阶。

“十四五”人力资源工作总体思路是：以习近平新时代中国特色社会主义思想为指导，坚决贯彻国家电网公司和公司决策部署，践行“三首”理念，遵循“服务新时代电网和公司高质量发展”宗旨，紧抓推动企业组织提效、促进员工职业成长“两条主线”，持续创新优化组织运行、用工配置、绩效管理、薪酬分配和人才开发“五项机制”，努力实现职责、能力、激励“三个到位”，充分激发组织和员工活力，不断提升人力资本效率效益，率先建成“具有中国特色国际领先的能源互联网企业”高质量人力资源管理体系。

建设高质量人力资源管理体系，必须始终坚持党的领导。坚持党的领导、加强党的建设，是国有企业的“根”和“魂”，是开展一切工作的谋事之基。公司地处首都，在旗帜鲜明讲政治上必须有更高标准、更严要求，要切实增强“四个意识”，坚定“四个自信”，坚决做到“两个维护”。要牢固树立大局观，识大体、顾大局，强化制度意识，增强制度执行力。要坚持党建融入的政治优势，突出党管人才的制度优势，充分发挥党员先锋模范作用，牢牢把握“三首”理念，全力建设高质量人力资源管理体系。

建设高质量人力资源管理体系，必须始终坚持战略引领。人力资源各项工作要在“12912”国网战略落地方案实践中统筹谋划、综合施策、系统推进。工作谋划要同心。把人力资源工作放在国家发展、首都建设、公司争先的大局中谋划，加强顶层设计、创新体制机制、完善制度体系，确保人力资源工作始终在战略的引领下阔步前进、行稳致远。专业规划要同步。科学编制“十四五”人力资源规划，对接公司战略，确定总体目标，明确重点任务，清晰实施路径，创新重大举措，有力支撑公司实现发展目标。任务推进要同频。重点任务推进过程中，坚持目标导向，纵向时时对标，建立健全机制，不断完善提升；坚持结果导向，横向处处协同，提高标准要求，紧抓政策落地，找准“坐标系”，凝聚“新合力”，推动人力资源工作与其他各项工作有力协同。

建设高质量人力资源管理体系，必须始终坚持改革创新。改革创新是攻坚克难、勇攀高峰的有力武器，坚持把改革创新作为推动工作的强大动力。要深化“三项制度”改革。聚焦管理人员能下，强化岗位聘期制管理，促进“庸者下”；聚焦人员能出，强化契约意识，依法依规实现“劣者汰”；聚焦“收入能减”，薪酬与业绩紧密挂钩，“业绩降、效益降、薪酬降”，充分激发积极性、主动性和创造性。要深化“放管服”改革。放管服三者是个辩证统一的整体，要切实处理好三者之间的关系，“管”是管好不是管死，“放”是放活不是放任，在放管过程中要做好服务指导，提升放管质效。公司已承接国网人力资源事项36项，下放基层28项，出台配套制度14项。公司要管统筹、管监督、管考核，提升管理的科学性、精准性；基层单位要接得住、接得好，梳理完善制度、标准和流程，把下放的权利当责任管好、用好。要推动人力资源数字化转型。全面提升数字化能力，稳步推进人力资源管理2.0系统上线运行，开展考核分配大数据评价诊断等数字化业务，通过数字平台、应用以及服务方式改变员工体验，促进人力资源管理数字化转型升级。

建设高质量人力资源管理体系，必须始终坚持真抓实干。将美好蓝图变成现实，必须在作风保障上“扣严扣子”、责任履行上“压实担子”、在任务落实上“钉紧钉子”。要勇于争先担当。强化争先意识，凡事向标杆努力、向一流看齐，干好做优、臻于至善；沉下心来强管理，踏踏实实干实事，从基础抓起，从细处着力，注重精准精细，把各项工作落细落小落实。要敢于碰硬实干。各级负责人应牢记自身政治责任和职业使命，守土有责、守土尽责，用实实在在的硬核成效彰显人生价值；敢于破解改革发展难题，着力解决动力不足“不想为”、担当不足“不愿为”、患得患失“不敢为”等问题。要坚持久久为功。要有“功成不必在我，功成必定有我”的胸怀担当，着眼长远，立足当前，一步一个脚印抓好政策谋划、制度制定和推进落实，大幅提升队伍整体战斗力、核心竞争力，为公司奋力争先提供坚强人力资源保障。

建设高质量人力资源管理体系，必须始终坚持人本意识。人力资源工作贯穿于企业生产经营各个环节，关系到公司高质量发展和员工切身利益。要坚持人才强企。把人才作为企业高质量发展的第一资源，加强人才队伍建设，拓宽职业发展成长通道，大力弘扬科学家精神、工匠精神、劳模精神，提升职工专业素质和专业能力。要坚持以人为本。始终秉承“发展为了人民，发展依靠人民”的人本理念，营造“尊重人才、支持人才、关心人才、成就人才”的浓厚氛围；完善人才培养、锻炼和晋升机制，为员工能力开发、干事创业搭建平台；关心关爱职工，大力服务基层，增强职工归属感、获得感、幸福感。要构建全员人力资源管理格局。公司上下都要树立起“谁使用人、谁培养人、谁激励人”的全员人力资源管理理念，各专业部门既要抓业务管理、更要抓队伍建设；各单位要千方百计提升组织运行效率、劳动生产效率、人工成本效率，不断增强队伍活力，形成有力支撑公司高质量发展的全员人力资源管理格局。

三、2021 年重点任务

今年工作的总体要求是：贯彻国家电网公司“两会”和人力资源工作精神，落实公司“两会”部署，创新体制机制、完善制度体系、狠抓政策落地，推动“三项制度”改革与“放管服”改革不断深化，大力提升队伍活力、管理调控力、人才竞争力，显著提高组织运行效率、劳动生产效率、人工成本效率，为高质量建设具有中国特色国际领先的能源互联网企业提供坚强组织、机制和人才保障。

2021 年主要工作目标：

——业绩考核保持 A 段；

——职工劳动生产率 182.6 万元/人年，同比增长 7.83%；

——人事费用率不超过 5.9%，保持国网领先水平；

——培训总量达 25000 人次，同比增长 60%以上；

——人才当量密度不低于 1.179；

——新增国家电网公司、北京公司优秀人才 70 人。

主要抓好以下重点工作：

（一）不断提升组织运行效能

创新组织模式管理。结合各单位“网情、企情、区情、政情”，动态优化基层单位内设机构，推动内设机构设置标准落地实践，深入实践“运维属地化、检修专业化、供电服务一体化、指挥集约化”组织模式，以客户为中心、以市场为导向，建设夯实供电服务融合型组织；推进项目制、柔性团队建设；进一步优化合资公司、研究混合所有制公司组织运行模式，提升组织运行效能。

建立机构效能评估机制。以推进职能优化、协同高效为着力点，面向近年新设立机构，从提高组织运行效能、协同水平、投入产出效率等方面，建立健全机构效能评估工作机制，对新设置机构分级分类开展评估，督导低效能机构改进提升，持续推进流程优化、人员配置、能力提升、管理考核等配套措施，促进各组织顺畅高效运转。

持续完善多维人才成长通道体系。优化职务、职员、核心业务岗位编制，制定技术岗位管理指引，拓展技术岗位层级，扩大岗位岗级晋升范围；优化任职资格管理，实施基本任职资格分级管理；创新多形式、多维度的人才评价激励方式，促进“人适其岗、人尽其才”。

构建定员管理新模式。按照国家电网公司定员定额分级管理新要求，根据定员定额指导标准和定员水平指导线，制定实施方案，明确管理职责界面，研究定员定额标准应用，确定核定规则，合理确定定员水平，为人力资源需求预测、用工计划制订、薪酬分配等方面提供基础支撑。

（二）持续提升用工质量效率

强化规划引领。各单位对关键核心业务人力配置、员工履职、考核分配等情况开展专项诊断分析，审视问题、制定对策和提升举措，拟定三年行动计划。围绕“12912”国网战略落地方案，公司统一编制“十四五”人力资源发展规划，明确未来五年人力资源工作目标和实现路径，充分发挥规划统全局、把方向、管长远的引领作用。

优化人才引进。提升人才引进精准性，围绕公司“十四五”发展，健全毕业生招聘专业目录，聚焦岗位需求，深入分析供给，重点补充一线核心专业及新兴专业人才。提升人才引进科学性，研究建立毕业生招聘评价模型，完善涵盖毕业院校、专业排名、学术成果等因素的综合量化评价标准。提升人才引进前瞻性，探索研究生见习工作站培养机制，丰富毕业生招聘考评模式；严控社会招聘质量，为市场化单位补充成熟人才；深化与山东电专校企合作，加强供电所人才储备培养。

精益用工策略。核心岗位业务必须使用长期职工，运维服务类业务优先使用产业直签职工，抢修、检修等业务合理使用市场化用工。精细配置用工增量，向保电任务重、重点工程多、市场扩展大的单位倾斜，向继电保护、调控运行、变电运维、市场拓展、数据分析等核心一线岗位倾斜；有序盘活用工存量，依托内部人力资源市场，实施人才跨岗位、跨专业、跨单位按需流动，强化长期职工向核心、急需岗位配置。

深化员工管理。加大四级及以下职员在技术技能岗位聘任力度；持续推进岗位聘任制全覆盖；严格执行绩差人员转岗、降岗、待岗措施，促进“能上能下”。大力开展试用期、首次续签劳动合同的“两期考核”；加大长期不在岗人员核查、清理力度；依法依规解除触碰红线人员劳动合同，实现“能进能出”。

（三）全面增强激励动能

确保业绩考核成绩优异。深度聚焦考核重点和难点，确定指标争先目标和具体举措，分解落实考核责任，形成上下贯通、衔接紧密的业绩责任支撑体系。坚持目标导向、问题导向、结果导向，精细精益过程管控，力促短板指标改进提升、优势指标巩固超越，全面确保公司业绩考核保持A段。

优化各单位业绩考核体系。优化考核指标，突出考重点、考短板，针对国家电网公司新增服务“双碳”目标实现率、营业收入利润率、带息负债、人力资本效率等考核指标，相应增加考核事项和内容。加大科技创新、新兴业务拓展、核心业务支撑保障等方面考核力度，加快推进能源互联网建设。完善差异化考评方式，供电公司在“三维比较”考评的基础上，开展标杆比较考评，引导其强化自我提升，加快实现国内国际领先；专业公司实行“三维比较+核心业务支撑保障指标综合评价”，鼓励其高质量支撑公司业绩考核，实现与公司“目标同向、责任共担、同频共振、上下共赢”；市场化单位实行“赛马制”考评方式，持续引导其提高市场竞争力和效益贡献度。强化安全工作考核，持续加大安全生产考核力度，增设人身伤亡事故负连带责任单位扣分考核，把安全发展贯穿到公司发展各专业和全过程。强化过程管控，按月监控考核指标执行情况，按季分析通报考核指标和重点任务进展情况，持续完善考核加减分反馈机制，对进度滞后、质量偏差等情况及时预警，促进各单位比干劲、比进度、比成效、抓改进、防风险。

深度激发全员绩效管理活力。落实国家电网公司《员工奖惩规定》《绩效管理办法》，制定《绩效管理实施细则》，强化激励约束。推广“增人不增资、减人不减资”绩效工资分配机制，各单位均应至少选择一个组织（团队）开展实施；条件允许的单位，鼓励全面推行。加强柔性团队考核激励，鼓励依托重点项目或重大任务，通过揭榜制、竞拍制等方式，跨专业、跨部门组建柔性团队，充分赋予团队负责人绩效薪金分配权。创新科研人员分类考评，科研单位要优化完善基础前瞻研究、应用技术研究、产品开发等各类科研人员差异化考核机制。强化专项奖励导向作用，各单位要围绕“重点工作”“特殊贡献”等，科学设置专项奖励，促进克难攻坚、争先创优。

强化薪酬激励激发队伍活力。强化工资核定效益效率导向。突出市场化分配导向，强化工资总额与各单位经营效益、劳动效率、业绩考核紧密挂钩、同向联动。加强全口径人工成本管控，引导各单位统筹控制用工规模、提升用工效率。聚焦公司安全生产、建党100周年、冬奥测试赛、提质增效、科技创新等“高质量争先年”重点工作设置专项奖，激发进取活力，凝聚争先合力。完善岗位绩效工资制度。扩大岗位工资晋升空间，强化岗位工资与员工岗位价值、能力素质、工作业绩、技术技能等挂钩力度，拉大岗位工资差距。探索研究差异化的薪点点值设置。各单位优化绩效工资核定方式，合理设置各层级分配关系，重点拉开同一层级不同绩效员工收入差距；充分用好一线核心岗位浮动工资机制，工资分配向关键岗位、高端人才、一线核心倾斜。积极推进中长期激励。有序实施科技型企业岗位分红，学习借鉴兄弟单位先进经验，提前做好实施项目收益分红工作储备，依托公司科技成果转化与经济效益量化评价机制，建立科学合理的薪酬挂钩激励机制，推动高新技术产业化，为公司创造效益。

（四）加快构建高质量人才队伍

深入推进人才培养“四大工程”落地实施。精心实施高端人才引领攻坚工程，选拔推荐国网公司“首席科学家”和“首席专家”“国网工匠”，发挥其在重大项目研发、科技交流合作、高端人才锻造等方面的作用，提升自主创新能力和综合竞争实力。大力实施骨干人才锻造升级工程，推行目标任务制，充分发挥其在技艺传承、创新攻关、价值创造等方面示范引领作用；建立专业骨干人才储备库，推广建设专业人才培养经验，在各核心专业遴选一批专业骨干人才队伍，着力打造成为公司技术专家人才和首都电力工匠。深入实施青年人才托举成长工程，试行班组长挂职锻炼轮值方式；遴选500名理论功底厚、发展潜力大的青年骨干人才，搭梯子、压担子，促进其快速成长成才。在此基础上，择优选拔4名国网公司级和40名公司级重点托举人选，在重大项目、重大工程和重点实验室建设中大胆使用，让青年人才“扛大旗”“挑大梁”。精准实施紧缺人才引进育成工程，拓展社会化招聘范围，引进综合能源、能源互联网、“新基建”等紧缺急需专业人才；依托能源互联网项目建设实践，优化与外部单位的交流合作方式，大力培育自有人才；开展电网与互联网人才跨岗位、跨部门、跨单位等跨界融合培养，打造复合型人才队伍。

着力打造高质量培训项目。持续加强制度建设，制定中级职称评审办法，修订技能等级评价细则。建立覆盖职工培训、人才开发等各类项目的项目管理规范，细化职责界面、优化管理模式，实现培训项目全过程、全方位质量管理。突出项目精准投入，严肃培训项目策划立项和实施后评估管理，科学分配教育经费投入，确保培训项目支出紧密围绕服务公司战略目标、核心专业能力提升，全面提高培训经费使用效益。狠抓培训项目质量，职工培训项目抓培训目标、授课师资、教学内容；培训开发项目抓实用性、推广性、满意度；人才评价项目抓专家专业引领、创新贡献和传承育人。

大力建设高质量培训资源。做精兼职教师队伍，精选一批公司级以专家为主体的兼职教师队伍，承担公司培训授课、人才评价等任务，以点带面促进公司兼职教师队伍水平整体提升。做优实训资源，抓住磁各庄实训基地建设契机，统筹公司现有实训资源布局，整体设计、突出特色、补齐短板，全面提高实训资源实用适用性。做强支撑机构，强化人才服务公司支撑能力，大力提升各教研室培训策划与执行水平，协同专业部门完成核心专业培训软资源建设与使用。

（五）发挥福利保障激励作用

科学推进“三享计划”落地实施。普享计划紧密衔接基本医疗保险，特享计划加大患重病职工保障力度，溢享计划拓展医疗保障空间，更好发挥医疗保险的保障作用。加强医疗保障大数据管理。拓展职工便捷就医等服务资源，变“保险+报销”为“健康+医疗+医药”，更好保障职工医疗健康。持续促进企业年金保值增值。坚持“稳中求进、安全增值”的投资理念，根据国家新政要求调整优化投资策略，强化业绩对标，确保在风险可控的前提下实现收益最大化，职工权益得到有力保障。切实保障退休人员合规待遇。按照国家政策要求，研究制定过渡期退休人员统筹外费用标准，健全完善配套制度，合力推进退休人员社会化管理。

（六）加强人力资源专业队伍建设

加强政治建设。要持之以恒认真学习习近平新时代中国特色社会主义思想，从全局、大局出发，切实提高政治判断力、政治领悟力、政治执行力，把公司党委的工作部署转化为工作实践。要恪守底线讲廉洁，自觉把廉洁从业要求融入日常，打造忠诚干净担当的人力资源专业队伍。

加强能力建设。各单位人资专业人员转岗快、交流多，对大家快速学习专业知识提出了更高要求。要强化“本领恐慌”意识，大力提升业务水平，既要熟练掌握人资业务，又要全面了解各专业特点，大力夯实服务公司高质量发展的人力资源工作基础。全面增强统筹能力，以支撑“高质量争先”为目标，把握全局，抓住关键，统筹施策，力促人力资源措施的精准性、系统性、有效性。牢固树立创新思维，聚焦重点难点问题，开动脑筋、拓宽思路，不断提升破解难题、推动工作的能力。

加强作风建设。进入“十四五”新发展阶段，各项改革任务进入“深水区”，广大人力资源工作者要勇于正视矛盾问题，敢于直面困难挑战，从大处着眼、从小处入手，把问题变课题、把想法变办法、把心动变行动，在真刀真枪、真抓实干中立题破题解题，起而行之、勇挑重担，将全部热情表现在“想干事”上，能力展现在“会干事”上，成绩呈现在“干成事”上。

公司董事、总经理、党委副书记万志军在公司2021年审计工作部署会议上的讲话（摘要）

（2021年5月8日）

一、精字着力、精准发力，审计工作成效显著

2020年是公司改革发展极不平凡的一年，也是审计工作极不平凡的一年。公司全年共高质高效开展各类审计项目31项，督促整改问题526个，提出管理意见建议37条，推动建立健全规章制度25项，促进增收节支1.90亿元。

一是在服务大局全局中彰显了审计工作新价值。坚持党对审计工作的领导，定期向公司党委报告审计工作情况，公司主要领导对审计计划、审计报告、审计整改等亲自批示指示。坚决落实上级审计工作部署，紧扣提质增效、冬奥工程等关键领域，治已病、防未病，抓重点、攻难点，审计服务公司发展价值有力彰显。2020年，国家审计署、国家电网公司等外部审计均未发现影响公司改革发展的重大问题，公司守住了不发生重大风险底线。

二是在提升审计质量中实现了审计工作新作为。着力提升审计工作质量，坚持内外并重、应审尽审、凡审必严，对外开展了国网新源公司经济责任审计，对内完成了领导干部经济责任、工程项目全过程管理、电费资金等各类审计任务，审计工作质效全面提升。着力提升审计后评估质量，紧盯评审对象选择、项目效益评价、评审数据获取、专业部门认同等关键环节，聚焦重点、精准发力，服务科学决策能力有效增强。

着力提升审计问题整改质量，狠抓责任落实、台账管理、现场督导和通报考核，公司问题整改率为91.63%、审计意见采纳率达100%。

三是在推进数字化转型中增添了审计工作新动能。坚持危中寻机、化危为机，主动应对疫情不利影响，全面加大数字化审计建设和应用力度，审计监督广度和深度不断拓展。坚持以用促建、建用结合，建成具有北京特色的数字化审计工作室，审计信息化、智能化水平跨越提升。坚持数字驱动、远程在线，审计进点、审前调查、数据分析、非现场审计等工作实现全线上办理，现场审计时间缩短40%。

2020年审计工作的全面完成，为“十三五”画上了圆满句号。回首过去的五年，审计战线同志忠诚履责、锐意创新、担当有为，公司积弊顽症得到有效整改，审计转型发展结出累累硕果。这是审计工作体系大跨越的五年。我们建立了党委审计工作领导小组和总审计师制度，构建了“管审分离、资源集约”的“上审下”体系，无论是党对审计工作的领导，还是审计监督的独立性、权威性，都得到了显著增强。这是审计工作价值大提升的五年。我们始终将促进政策落实、规范权力运行作为审计工作的出发点和落脚点，紧扣改革发展的大事要事难事急事，审在关键时、督在紧要处，既拿出了“当下改”的措施，又制定了“长久立”的规范，审计服务、监督、保障作用充分发挥。这是审计工作成果大丰收的五年。我们无论是连续多年获评国网审计工作先进单位的示范亮色，还是在数字化审计、项目后评审上的首都特色，无论是获得的中国内部审计协会、国家电网公司等奖项成色，还是高素质、专业化审计专家人才队伍优秀本色，体现的都是公司审计工作高质量发展的丰硕成果。

总结五年来的审计工作，我们深刻地认识到：必须将坚持党的领导作为审计工作“第一原则”，坚定为党、为国家、为人民的政治立场，才能守初心、担使命、保落实；必须将落实国网战略、党委部署作为审计工作“第一要务”，在重点领域深处着力，在关键风险点精准发力，才能充分彰显审计价值；必须将提升监督效能作为审计工作“第一价值”，创新“审计部-审计中心”一体化运作和“上审下”机制，激发各层级创造性和积极性，才能释放效能、形成合力；必须将高质量作为审计工作“第一追求”，以数字化手段作为审计发展强力抓手，以人才培养作为审计发展重要基石，才能强化审计自身治理、推动审计创新转型。

二、提高站位、深化认识，牢牢把握审计工作新形势、新任务

一是放在国家治理体系和治理能力现代化的高度来看，审计工作的政治属性更加凸显。党的十八大以来，习近平总书记多次对审计工作作出重要指示，党中央国务院对审计工作密集部署，从作为全面依法治国战略的重要组成部分，到纳入党和国家监督体系，再到作为推进治理体系和治理能力现代化的重要支撑力量，既充分彰显了对审计工作的高度重视，也全面彰显了其政治属性和政治功能的持续加强。可以说，审计监督早已不仅仅是一项专业工作，而是一项牵动全局的政治任务，对维护经济规范运行、推动高质量发展都具有重大作用。公司上下必须从落实好两个“一以贯之”的高度，来做好审计工作、配合审计监督，切实把政治导向和政治要求贯穿始终。

二是放在外部监管趋严趋紧的大形势下来看，审计监督的要求更加严格。从中央到地方、从行业到企业，近年来相继出台了一系列政策文件，对审计监督作出了全新的定位、给予了更重的担子。特别是在去年9月，国资委印发了《关于深化中央企业内部审计监督工作的实施意见》（国资发监督规〔2020〕60号），从体制机制、主要工作、重点领域以及内部审计监管等方面，对深化央企内部审计监督提出了全面要求。从实践角度看，审计监督逐渐呈现出“大联合”的态势，往往贯通融合纪检、巡视、财政、组织等多种力量，利用科技化、数字化等多种手段，使审计工作的深度和力度全都大幅提高。这些年，我们也确确实实感觉到，电价核定日趋从紧、运营要求更加透明、执纪问责越来越严，不仅公司涉奥工程项目、优化电力营商环境、充电桩建设等工作成为了外部监管的重点，同时企业资金运用的方方面面也都纳入了审计监督的范畴。总之一句话，党中央决策部署在哪里、国家利益延伸到哪里、公权力行使到哪里，审计监督就会跟进到哪里。这就是大势所趋，我们必须要深刻认识，对标对表做好自身工作。

三是放在2021年这个特殊年份来看，审计监督的责任更加重大。今年是建党100周年、“十四五”开局之年，大事要事汇聚、重点任务交织，公司既肩负着确保建党100周年政治保电万无一失的重任，又承担着冬奥会服务保障的责任；既要推动“双碳”在首都率先落地，又要实现自身提质增效、扭亏为盈，发展任务极其繁重。在全力以赴干好工作的同时，很重要的一点，就是必须树立底线思维和风险意识，防范化解各类风险。刚才，张钺同志就前一阶段审计出的问题作了具体通报，涉及多个专业、众多领域，如果不举一反三做好整改，势必影响公司整体工作。我们必须要发挥好审计监督自我约束机制的作用，主动融入公司发展大局，持续推动决策部署科学化、内部管理规范化、风险防控常态化。

具体来说，下一步，审计工作要在深入学习贯彻习近平总书记关于审计工作的重要讲话和指示批示精神的基础上，落实国网党组要求，紧紧围绕公司“两会”及二季度工作会议精神，着眼更好地发挥在促进上级重大决策部署落实、服务公司高质量发展、推动完善公司治理中的监督和服务作用，充分履行审计“三项职责”,夯实审计“三项保障”。其中，履行首要职责，就是要提高政治站位，保障党和国家重大政策措施和公司党委决策部署落实。履行重要职责，就是要找准功能定位，推动公司治理体系和治理能力现代化。履行基本职责，就是要突出工作重点，强化公司经营管理中的权力运行、规范管理、重点领域、关键环节和重要岗位有效监督。坚持质量立审，坚守审计质量“生命线”。坚持科技强审，加大数字化审计建设和应用力度，加快数字化审计体系建设。坚持人才兴审，将“立身立业立信”作为全面提升队伍素质的核心，努力锻造高素质专业化审计队伍。

三、担当履责、强化监督，为公司“高质量争先年”落地提供坚强保障

2021 年是“十四五”开局之年、建党 100 周年，也是公司“高质量争先年”，做好审计工作意义十分重大。公司上下要坚持以习近平新时代中国特色社会主义思想为指导，继续深入贯彻国家电网公司审计监督各项要求，坚决落实公司党委决策部署，进一步提高站位、主动作为，全面履行审计“三项职责”，全力夯实审计“三项保障”，以审计工作“五个高质量”支撑公司高质量发展。

一要强化“三项职责”，高质量提升审计监督效能。紧紧围绕公司改革发展，按照“三项职责”要求，找准审计“着眼点”、抓好工作“着力点”，统筹安排审计项目，精准拓展审计领域，大力强化风险防范。要抓准首要职责。聚焦优化营商环境、冬奥电力工程、“三指定”整治等重点领域，强化关键环节监督力度，深入研究政策落地过程中出现的新情况、新问题，精准支撑中央重大决策和国家重大部署落地。要抓牢重要职责。聚焦“高质量争先年”重点任务，有序开展政治保电、提质增效等专项审计，规范生产经营秩序，加强精细精益管理，持续促进治理体系和治理能力提升。要抓实基本职责。聚焦经营管理的重点领域、关键环节和重要岗位，牢牢把握权力运行和履职尽责两条主线，持续强化经济责任审计、持续审计和后续审计等项目实施，高质量为公司做好“经济”体检。

二要强化内外协调，高质量做好审计监督工作。主动适应国家审计监督常态化、严格化态势，以更强担当做好内外部审计工作。要全力做好内部审计。把党对审计工作的领导贯彻始终，严格落实审计向党委负责和定期报告机制，全力服务党委把方向、管大局、保落实。强化审计、法律、财务、巡察等协同监督，逐步建立审计监督联席会议机制，协调解决审计发现的重大问题，推动实现信息共享、结果共用。要全力做好迎审配合。健全横向协同、纵向贯通迎审联动机制，协同做好资料梳理、风险化解等工作，积极迎接国家审计署及国网公司各项审计。特别是高质量完成对国网华北分部原领导经济责任审计任务，高标准完成数字化全业务审计，高水平实施典型工程投资项目后评审，力争在国网公司优秀审计项目评比中取得优异成绩。要全力营造良好生态。贯彻落实国资委 60 号文要求，审计部门要坚持严肃审计，认真担负起监督责任。积极推动审计监督无死角、全覆盖。各单位要充分认识审计工作新常态，健全审计组织体系、全面支持审计工作、主动配合审计，提供审计所需资源保障，确保审计工作顺利开展。

三要强化治病防病，高质量抓好审计问题整改。始终将内外部审计问题整改作为规范管理工作、提升管理水平的重要抓手，既要“治已病”又要“防未病”，持续推动整改落地、促进标本兼治。要更加注重源头治理。针对苗头性倾向性问题，特别是屡查屡犯、整改不彻底等情况，要深入追根溯源、分析原因，结合各项体制改革与专项整治工作，研究制定系统性改进提升措施，坚决做到立查立改、彻查彻改。各部门、各单位都要实行整改“一把手”负责制，主要负责同志要亲力亲为，种好责任田、干好份内事，把问题整改到位。要更加注重协同联动。定期组织整改落实推进会，坚持业务、审计“双验收”机制，协调解决整改中的难点堵点，坚决避免出现因整改不到位引发重大经营风险事件。要更加注重长效机制。坚决落实审计署对审计问题整改“全、严、快”新要求，健全台账管理、动态销号、失职追责等机制，并固化到工作流程和制度标准中，全力保障公司发展长治久安。

四要强化数字化应用，高质量推动审计智慧发展。把科技强审作为提高审计工作质效的根本出路，持续推进数字化审计，实现审计智能化水平的突破提升。要着力增强数字化审计思维。“科技强审”不是一句空洞的口号，而是要融入审计工作的方方面面，必须以

改革创新的精神推动数字化审计发展，释放数据隐性价值，激发更大的数字化能量。要着力加大数字化审计力度。围绕决策关注、资金密集、风险突出的业务领域，常态高效开展数字化持续审计监督，探索在线审计与现场审计的协调衔接，充分发挥数字化审计效能。要着力提升数字化审计成效。以业务需求为导向，充分发挥审计跨专业、跨系统整合汇聚应用数据的优势，强化数据治理和数据共享。运用好数字化审计平台建设成果，全面提升审计质量及效率，力争实现“一审多项”“一审多果”“一果多用”。

五要强化能力提升，高质量加强审计队伍建设。坚持人才兴审，以更高的标准、更严的纪律建设具有高素质专业化的审计队伍。要在政治建设上下功夫。时刻牢记“看北京首先从政治上看”，把“政治三力”贯穿审计工作始终，善于从中央、国网和北京市等工作大局中谋划思考审计工作，以实际行动彰显审计价值。要在素质建设上下功夫。创新应用“云课堂”“以审代培”等多种形式，全面提升业务能力，持续激发团队活力，打造复合型审计人才。各级领导人员要时刻保持“本领恐慌”的危机意识、忧患意识，优化知识结构、加快知识更新，巩固提升履行职责必需的各项技能。要在作风建设上下功夫。对标对表习近平总书记关于“以审计精神立身、以创新规范立业、以自身建设立信”的总要求，始终保持求真务实、严谨细致、恪尽职守、廉洁自律的工作作风，锻造一支信念坚定、业务精通、作风务实、清正廉洁的审计铁军。

乘势而上开新局，再接再厉谱新篇。同志们，让我们在公司党委的坚强领导下，勇于担当、真抓实干、奋发有为，充分发挥在推进公司治理体系和治理能力现代化进程中的重要作用，当好政策落实、制度执行的监督者、推动者、维护者，为推动公司高质量争先发展做出新的更大的贡献！

公司董事、总经理、党委副书记万志军在公司2021年省管产业工作会议上的讲话（摘要）

（2021年3月2日）

一、2020年及“十三五”产业发展成效

2020年是极不平凡的一年，面对复杂严峻的疫情考验和经营形势，省管产业认真落实公司党委决策部署，以“高质量提升年”为主线，深入推进五大提升行动和两个专项活动，全力支撑公司和电网高质量发展。首批完成深化改革任务，合理确定委托界面，创新两级监管模式，修订制度52项。聚焦提质增效6方面18项措施，结合“三清一控”综合治理，查改问题4784项，形成“一企一策”管理建议。全面落实“五严格五强化”标准规范，清理隐患2312项。实施问题整改再审计，做到12类严重事项、175个重点问题“见底清零”。统筹疫情常态化“防”和生产加速度“复”，全年新签合同171亿元，实现营业收入128.5亿元、利润3.85亿元，圆满完成国网公司下达的年度经营指标。

一是紧扣“稳”字，“十三五”产业改革走深走好。公司积极落实国网改革部署，先后完成主多分开、重组整合、改革改制和瘦身健体等任务，在国网系统树立典型标杆。大幅精简企业数量，由212户压降至36户，保持了“一家单位监管一户省管产业”。全面搭建资本纽带关系，处置集体所有制企业39户，构建了“1+1+*N*”集中规范的产权架构。率先落实有效分离，组建产业管理公司、省地两级产业指导委，出台产业管理公司和指导委工作规则，签订了委托协议，“该保留的保留、该委托的委托”，各项权责界面清晰，流程运转顺畅，为持续推动企业整合和资源优化，形成“重点突出、新老结合”的业务布局创造良好条件。

二是紧扣“效”字，“十三五”经营发展稳中向好。五年来，经营局面保持稳健，新签合同近800亿元，收入近600亿元，利润近25亿元，货币资金保持在100亿元左右，资产、收入较“十二五”分别增长30%和32%。率先完成资金集中统一管理，实现100%全部归集。全面提升施工能力，优化资质业绩、装备配置和作业模式，华商远大、京电集团和朝阳朝实入选国网示范施工企业，华商三优成为覆盖充电设施全产业链的高新技术企业。开展设计施工联合运作，打造设计监理联合体，电力建安市场收入贡献超80%，利润贡献近75%。建立与社会企业共享合作机制，形成区域电力同业联盟，围绕“三供一业”改造等重点项目，服务保障民生。实现综合能源“市场+技术”良性循环，做实16个区域联合事业部，推广“1+4”服务产品，提升企业经营发展活力。

三是紧扣“常”字，“十三五”规范管理成效显现。全力构建“行政管理+法人治理”“集约管控+自主发展”

的管控模式，突出主办单位监管责任和法人企业经营责任。开展内控合规体系建设，梳理风险点42项，总结典型案例19个。规范“两商”采购管理，印发工程分包、物资采购、服务外包等5项指导意见，管住“两商”进出关口，规范企业内部决策流程。持续开展“两金”压降和往来清理，应收、预收和存货分别压降40亿元、235亿元和111亿元。深入推进民企清欠，完成近7000万元逾期欠款盘查结算，实现存量清零和零增量目标。推进产业ERP系统升级，固化管理制度和业务流程，产业数字化工作成效位居国网前列。健全监督运营机制，开展资金、关联交易、房地车辆等重点领域监督，确保依法合规运营。

四是紧扣“实”字，“十三五”服务支撑保障有力。全力支撑政治保电，全面参与国庆70周年庆典、“一带一路”高峰论坛等保电任务，组建首都电力综合应急救援队，第一时间响应公司值班值守和应急抢修。服务重大举措落地，京电设计、吉北咨询等单位投身副中心、冬奥会、新机场等“东南西北中”重大项目。全面融入优化营商环境，为“三零”“三省”提供装备、人员和业务支撑。围绕公司和电网发展需求，购置移动变电站、大型消防设施等先进技术装备，累计投资近6亿元。近50%比例、约8000人，从事业务委托，地市层面产业单位和华商电灯，在人员、业务和资源上与公司高度融合，实现了同质化管理、一体化运作。产业3345部车辆在公司生产运营中发挥了重要作用，中电联汽车、谷新公司在后勤保障方面倾情奉献，这些都是对产业支撑定位的坚决落实和深刻诠释。

二、主动应对机遇挑战，推动产业高质量争先

站在“两个一百年”历史交汇期，国网公司党组立足新发展阶段，践行新发展理念，服务新发展格局，作出“五个不动摇”“四个统筹好”“一业为主、四翼齐飞、全要素发力”的重大部署，对省管产业“深化改革、转换机制、规范管理”提出了更高的目标要求。公司党委紧跟国网战略新征程，将2021年确立为“高质量争先年”，省管产业要准确理解“高质量是根本、争先是关键”的内涵要义，在践行国网战略中争先锋、在服务公司大局中争先行、在把握发展机遇中争先机。

“十四五”环境更趋复杂、变革更加剧烈，外部不确定因素明显增加，产业结构调整和能源变革不断深化，我们要认清新形势，主动识变、应变、求变。把握新阶段带来的新机遇。中国向国际社会作出“碳达峰、碳中和”的庄严承诺，国内能源结构和消费模式将发生深刻变化，加上5G等新一代通信技术快速发展，必将加速能源互联网向更绿色、更智慧、更安全的方向迈进。要抓住能源革命与数字革命融合发展契机，紧贴首都“四个中心”定位，以及高品质宜居城市、绿色北京建设需求，大力创新发展理念，加快储备、培育和探索新兴业态，促进形成新的发展动能。落实新战略带来的新要求。新战略就是高质量发展。省管产业历经多年改革培育，主营业务更加突出，综合实力不断增强，但受制于历史、行业和专业因素影响，业务结构相对单一、商业模式创新不够，呈现出传统业务“势弱力强”、新兴业务“势强力弱”的趋势，企业综合素质与新要求相比还有差距，要进一步提升变革创新意识，与发展环境、行业技术、市场规律和客户需求对标对表，围绕电网核心业务，打造核心竞争能力。应对新监管要求带来的新挑战。政府和社会对电力行业持续加强监管，安全生产、关联交易等一直备受关注。国网近几年安全生产事故几乎都与省管产业相关，客观上有作业量大、风险高的原因，主观上普遍存在业务承载能力、人员风险意识、安全管理水平还有很大提升空间。近期，国务院下达设计施工、装备制造竞争性业务改革要求，能源局制定用户受电工程“三指定”行为认定指引，五部委联合印发清理供水供电供气供暖行业收费意见。这些都将对省管产业发展带来不同程度的新挑战，需要我们认真研读政策、剖析自身实际，科学做好应对。完成新发展形势带来的新任务。历史上，省管产业抓住经济大发展契机，背靠主业取得了快速发展。随着国家经济转向高质量发展阶段，电力投资结构深刻调整，首都功能疏解和创新发展，传统模式越来越受到挑战，市场拓展能力不强、集团化统筹不够的问题日益凸显，营业收入增长趋缓与成本居高不下的现状并存，加之管理相对粗放，用工效能不高，个别企业甚至出现潜亏，需要加大开源节流，全要素推动拓围创收、提质降本增效。

践行“三首”理念，树立产业争先之魂。首都意识、首善标准和首创精神，是公司全体干部职工的共同理念，省管产业要将其根植于心，加快推动落地实践。提高服务首都的政治站位。“看北京首先从政治上看”，看北京省管产业也要首先从首都政治需求上看。立足首都功能和电网大局看省管产业的主责主业，突出发挥功能、创造效益、打造队伍和提供模式，全力服务好“双碳”目标率先落地，全力服务好“一核一翼”和“两区”“三平台”建设，全力服务好建党百年和冬奥会重大活动保障，在服务首都政治功能、能源安全与民生保障中彰显省管产业的政治判断力、领悟力和执行力。树立最优标准的价值追求。身处首善之区的独特坐标，就要自觉主动追求卓越，敢于对照北

京政治保电高标准、城市供电高可靠和电网发展高科技要求，对标世界一流提升方案，借鉴典型标杆先进做法，拿出最好精神状态，紧贴电网建设、装备和运维需求，提供最好产品、最优服务和最强支撑，全力打造符合首都发展和公司需求的优质企业，全员营造精益求精的经营管理氛围，不断提升自我发展与支撑保障的新标准。推动创新创造的生动实践。创新创造是持续发展的源泉，是激发活力的关键。抓住产业改革、发展和管理，突破传统观念和固化思维，在产品和工艺上加大科技投入，在服务方式和商业模式上加大市场化探索，在组织结构和管理机制上加大创新变革，大力培育创新人才，在提质提效上“出新招”，在创新发展上“走先手”，努力形成和输出更多可复制、可推广的首都方案和首都经验。

抓好“三条主线”，夯实产业发展之本。“三条主线”就是安全、规范和效益，这是产业当前乃至未来高质量发展的根本，是兼顾一体化管理和市场化运营的目标举措。落实责任抓安全。深化同质化管理，严格落实“谁监管、谁负责”，完善安全管理体系，明晰公司、平台、监管单位和产业单位职责，建立全要素安全责任清单，加大安全足额投入和严格奖惩力度，健全常态监督和风险预警机制，将风险发现在早、防控在先、处置在小，筑牢生产、经营、廉政“大安全”防线。阳光透明促规范。瞄准巡视审计发现问题，突出电力施工重点业务，关注人财物重要资源，在管理架构、管理机制和管理深度上多下功夫，既要关注程序的合规性，又要关注价格的公允性，既要发挥法人的自主性，又要发挥平台的统筹性，健全公开透明的管控体系，完善审计监督机制，落实管理责任，从源头上防范重大风险。全要素全流程提效益。围绕企业运转和业务运营，把“办企业求效益”的基本规律落实为全员意识和全流程目标，创新业务拓展的激励机制，树立全员经营算账理念，科学压降固定成本，合理提升项目毛利率。发挥联动协同优势，合理控制收支结构、利润水平和现金流量，发挥全过程技经管控和业财融合作用，实现向市场和管理要效益。

全力推动转型升级，厚植产业动力之源。面对经济改革和能源变革，抓住产业升级行动契机，改造老动能，培育新动能，增强长远发展的动力源。以观念提级优化发展策略。处理好规模与质量的关系，做优内部业务，做大外部市场，积极走出北京公司、走出北京地区，实现结构优化和质效提升。在“集团化统筹、行业间协同、企业间联动”上多下功夫，营造合作共赢的协同发展生态，避免低水平扩张和盲目铺摊子，努力向高质量产品、高端化项目和高附加值业务延伸，在做大中更加突出做优。以业务提质铸就发展能力。处理好存量与增量的关系，坚持“有所为、有所不为”，围绕电力能源领域，聚焦能源革命、“双碳”生态以及用户多元化用能需求，结合市场环境和自身禀赋，坚决做强优势存量业务，有序拓展战略新兴增量业务，突出综合能源、电动汽车等领域，推动业务实体化、技术数字化、资产效益化，提升企业核心竞争能力，打造持久的利润增长极。以管理提效增强发展活力。处理好放活与管好的关系，对该管的“管得住”，平台公司把控产业发展定位、业务布局和经营目标，管住投资方向、用工薪酬和关键业务环节。把该放的“放到位”，该由法人治理的事项归位于企业和监管单位，在机构岗位、分配机制、科技研发等方面继续合理放权。通过管理升级和机制创新，实现顶层统筹与基层赋能相结合，既突出国有体制的规范化，又发挥市场主体的灵活性。

三、高质量完成年度重点工作

2021 年，我们要坚决落实公司党委决策部署，坚持“高质量争先年”主基调，瞄准省管产业发展定位，全面突出安全、规范和效益，重点围绕五个“始终坚持”，切实推动产业升级，为公司和电网高质量发展提供坚强保障。

一是始终坚持把安全稳定摆在首位。安全是保证发展的根基，产业的安全就是公司的安全，安全出问题一失万无、一切归零，所有工作都要以安全为前提，把企业生命线守牢守好。确保生产安全。以落实全员安全责任清单为抓手，尽职照单免责、失职照单问责，推动安全从全员参与到全员履责。落实安全生产专项整治三年行动计划，深入推进产业安全专项整治，深化“两个清单”，保质保量完成各阶段任务。巩固作业现场安全专项治理活动成效，深入开展“聚一线、盯现场、防事故”安全专项活动，做到一线作业“三达标”、作业现场“四到位”，确保实现“三个不发生”目标，全力保障安全生产稳定局面。确保经营安全。联合公司监督部门和业务部门，组建省管产业风险控制管理委员会，建立定期会商机制，实现关口前移和多专业协同，提高重大风险管理能力。优化内部监督模式，聚焦重要业务和敏感领域，服务公司重大决策落地，健全经营性审计机制。剖析巡视审计典型问题案例，查究“病源”“病灶”，举一反三，建立协同联动查改机制，切实防范重大风险。全面清理改革发展遗留问题，营造良好发展空间。确保廉政安全。把“严”的主基调长期坚持下去，深化标本兼治,坚持不敢腐、不能腐、不想腐一体推进，加强廉政监督，认真落实

"三个区分开来"，精准运用"四种形态"，防范业务腐败、利益输送等廉洁问题，确保干部队伍想干事、能干事、干成事。树立正确的用人导向，健全科学的薪酬分配机制，关心关爱职工，增强员工的获得感、自豪感和主人翁意识。

二是始终坚持把三项制度改革落到实处。健全更具弹性和包容创新的评价体系与容错机制，使各类人才创业有机会、干事有舞台、发展有空间。优化用工机制。坚持"严控总量、优化存量"的用工管控机制，健全"有序进退、合理流动、灵活多样"的用工方式，畅通社会化和高校毕业生招聘"双渠道"，鼓励用好社会资源，倡导辅助业务外包。形成以劳动合同管理为基础，以奖惩制度为依据的人员退出评价机制，采取降职、调岗或解除劳动合同等方式，实施退出管理。深化薪酬分配。建立与劳动力市场相适应、与企业经营发展水平挂钩的省管产业单位工资总额决定和增长机制，提高绩效薪金比例和经营转段激励，推动工资总额与经营预期和经营结果"双挂钩"，释放经营活力。加大员工薪酬与专业资格和岗位贡献"双联动"，将薪酬分配向一线生产、关键岗位和高端人才倾斜，注重以实绩和贡献评价人才，实现个人收入与岗位价值、业绩贡献、企业效益挂钩，合理拉开收入差距。加大人才培养。加快企业家队伍建设，建立经营管理和后备人才库，探索充分竞争企业职业经理人制度，加强任期制和契约化管理。采用课堂授课与实操演练相结合的方式，针对项目经理、班组长、安全员等核心骨干，围绕专业知识、技术标准和操作规程开展培训。打造自主作业核心班组，举办配电不停电作业竞赛，搭建成长平台，畅通人才发展通道。

三是始终坚持把业务监管融入全程。主营业务既是企业的经营源头和监管核心，也是管理的切入点和着力点，要牢牢把握业务重点领域和关键环节，才能从源头上保安全、降成本、防风险。全过程规范工程管理。充分发挥平台企业作用，兼顾"战略+运营""战略+财务"模式，围绕"安全、质量、进度、成本、规范"五要素，统一业务内容和流程标准。聚焦"投标、合同、采购、现场、结算"五环节，突出能力建设、技经管理和成本核算等业务组织实施，完善制度清单、评价指标及考核体系，真正把业务"管住"、把过程"管好"。全要素规范采购行为。实施"制度全覆盖、方式全监督、结果全公开、流程全透明"，按季度对招标代理机构和产业单位实施双核，通报采购方式、中标厂家和采购价格，按半年度通报分包单位中标比例，结合国网物资管理系统部署，实现与产业 ERP 系统互联互通。细化结算管理，推动收支衔接、进度匹配、账实相符，通过规范公开，从根本上实现提质增效和风险防控。全方位强化资源统筹。深化资金集中统一运作，全面推广月度现金流预算，拓展资金提效渠道，有效规避运作风险。建立重大装备统一管理平台，推进房地和车辆资源综合提效，实现支撑电网和增加收益双赢局面。抓住核心技术攻关这个"牛鼻子"，加强工艺工序前瞻研究，强化新兴领域技术攻关，健全推广应用机制，用好实验室、孵化器平台，让创新成果真正落地，转化为产品、市场和效益。

四是始终坚持把三清一控推向深入。在全面摸清产业资产存货、债权家底和经营风险的基础上，深化"面对面"沟通研讨和"点对点"预警提示，建立问题查改长效机制。开展风险治理。围绕抓整改、建机制和提质效，"一案一策"扎实推进问题整改，做好后半篇文章，及时消除管理风险。固化监督检查方式，完善成本补偿风险辨识模型，逐步实现止亏、减亏和扭亏。依据企业分类"画像"做好预警提示，制定落实差异化成本管控思路。强化业财融合。以全面预算为牵引，实现对工程、物资、招标和财务全要素覆盖、全链条管理，既要突出效率，更要关注效益。细化预算科目，应用财务预算系统，规范两级管控界面。深化资本性投资和成本性项目"同标双控"，强化资本性支出预算管控。以业务预算引领财务预算，严格无预算不开支，建立"月通报、季分析、年总结"工作机制，形成预算编制、执行、控制、评价闭环管理。推进挖潜增效。规范投资建设、物资采购、服务外包等业务流程，严控非生产经营支出，有效降低经营成本。规范业财管控界面，加大技经与业务的全程融合，推动单项工程造价与核算管理体系落地，研究制定固定成本对标策略和毛利率提升措施。

五是始终坚持把从严治党扛在肩上。以高度的政治自觉践行"两个维护"，坚定不移全面从严治党，持之以恒正风肃纪反腐。坚决贯彻"两个一以贯之"。央企姓党，国企的核心使命不是市场的选择，而是中央决定的，各级领导干部要聚焦主责主业，做到"四个亲自""四个同步"。建立健全现代企业制度，坚持把党的领导融入公司治理体系各环节，用党的政治领导力引领提升公司治理能力，将党建融入公司治理写入产业单位章程。严格落实"一岗双责"。充分发挥党的领导在产业单位把方向、管大局、促落实作用，深入落实党的新时代组织路线，严把选人用人"第一关"，有力推动中央和公司党委决策在产业同质化落地。聚焦全面从严治党向基层和业务延伸，持续抓好党组织建设，贯彻落实两个《条例》，深入实施"党建+"工程，促进党建与业务深度融合、同步推进。提升巡视审计监督效能。从讲政治高度，推动巡视和整改有机贯通，着力解决深层次问题，充分发挥标本兼治作用。深入开展公司党委巡察全覆盖“负面清单”常态化管控，持续巩固问题整改质效，建立风险防控长效机制。把问题整改与产业规划编制、业务转型升级、全面从严治党等有机结合，努力把巡视审计监督转化为推进企业发展的新成效。

公司董事、党委副书记、副总经理、工会主席（二级单位正职级）李百顺在公司工会三届五次委员（扩大）会议暨2021年工作会议上的报告（摘要）

（2021年4月20日）

一、2020年及“十三五”工作回顾

（一）加强思想政治引领，引导职工听党话、跟党走

把握政治站位。牢记“看北京首先从政治上看”的要求，公司各级工会始终将学习贯彻习近平新时代中国特色社会主义思想作为“第一议题”，持续跟进学习习总书记关于工会工作指示要求，自觉落实党中央重大战略部署，牢固树立“四个意识”、坚定“四个自信”、坚决做到“两个维护”。

加强党的领导。坚决有力落实党中央各项决策部署，坚持把工会工作纳入党委工作总体格局，使工会工作始终在党的领导下把握方向，发挥特色，展现作为。

抓好思想引领。加强和改进职工队伍思想政治工作，坚持以社会主义核心价值观引领职工，充分发挥工会宣传阵地作用，开展职工大讲堂和班组微讲堂，运用职工易于接受、喜欢熟悉的形式和载体，团结引导广大职工坚定不移听党话、矢志不渝跟党走。

（二）积极投身疫情防控，彰显工会责任担当

部署稳妥有力。疫情发生以后，公司工会于1月23日第一时间在公司范围内印发了《关于进一步做好新冠肺炎防控工作的紧急通知》，号召公司职工春节期间做好个人防控和值班值守工作；针对滞留武汉无法返京的职工，工会将慰问信点对点发到职工手中，送上企业关怀温暖，解决职工后顾之忧，凝聚起协同抗“疫”的磅礴力量。

深入慰问帮扶。在抗疫的关键时期，公司工会两次划拨专项资金211万元用于疫情防控工作，同时积极争取北京市总工会补助6万元专项防疫资金、45万元防疫药品和150份慰问物资，国网公司工会专项补助20万元。针对调度封闭值守人员、一线保电职工、重点医院保障团队、支援河北保障团队等重点人群，全覆盖开展慰问帮扶，发放慰问品510.8万元，包括防疫物资、健身礼包、药品、书籍、水果等，将关心关爱落到实处，让职工能够安心工作、全心抗“疫”。丰台公司对“最美逆行者”及家属开展专项慰问和关爱，物业公司为调度封闭值守人员做好生活服务保障。

加强心理关爱。针对疫情期间职工心理压力大等情况，依托热线电话，向职工提供线上心理咨询服务。编制发布《疫情防控工作温馨提示》13期，指导职工做好科学防控。组织职工参加网上平台系列文化活动，征集职工原创文学、书画、篆刻、剪纸等作品，展示和歌颂职工抗疫保电感人事迹，凝聚人心，鼓舞士气，传播正能量。

（三）推进产业工人队伍建设改革，激发广大职工劳动热情

搭建队伍建设平台。制定公司职工队伍建设改革试点方案，明确14项重点任务，印发《工作简报》4期，推动改革试点工作落地落细，努力构建企业与职工的利益共同体、事业共同体、命运共同体。昌平公司王月鹏荣获全国劳动模范，延庆公司何彦彬、工程公司张磊、照明中心陈春光荣获北京市劳动模范，城区公司崇文供电服务中心荣获北京市模范集体。公司本部林华、陈斌发、石景山公司张琳、亦庄公司竺林荣获国网公司劳动模范；公司本部张晓青、怀柔公司杨海霞、电科院于希娟荣获国网公司巾帼建功标兵。

搭建职工成长的擂台。深入开展“奋战新征程　建功新基建”劳动竞赛，工会搭台、专业领衔，协同推进基建重点工程、充电及综合能源业务、新型数字基础设施建设3项竞赛，鼓励广大员工干到最好、做到最优。竞赛过程中发布阶段性评价4期，先后对表现突出的42家单位、46名个人给予通报表扬，对突出个人进行奖励。建设咨询公司、能源公司荣获国网公司“新基建”劳动竞赛先进集体。高质量承办北京市“职

工技协杯”职业技能大赛电力电缆工竞赛，引导职工学技术、学技能，技能大赛已经成为锻炼队伍、培养人才的平台，有力促进了一线职工技能水平快速提升，有效畅通了产业工人职业发展渠道，公司荣获特殊贡献单位，电缆公司熊俊获得大赛第一名，推荐首都劳动奖章。

搭建创新创效的舞台。全面落实国网“新跨越行动计划”，制定职工技术创新工作方案，推动公司职工技术创新向更大范围、更高层次、更深程度发展。召开创新成果现场推进会，充分发挥孵化基地作用，规范成果孵化立项、审批、设计、加工、验收体系，做好创新成果孵化转化和推广应用。强化创新工作室建设，城区公司陈牧云、工程公司张文新 2 家全国示范性劳模和工匠人才创新工作室顺利通过市总检查。电科院创新项目荣获全国能源化学地质系统及全国电力职工技术创新成果一等奖。

（四）深化企业民主管理，维护职工合法权益

健全职代会机制。坚持把涉及职工切身利益的重大改革方案、重要制度提交职代会审议，充分发挥职代会民主、科学决策的作用。广泛征集职工代表提案，积极推进提案办理，收到提案 77 件，办结率 100%。完成两级集体合同修订、协商、签订工作。

畅通建言献策渠道。召开董事长联络员座谈会，倾听一线职工意见建议，充分发挥联络员“上情下达、下情上传”作用。组织开展“我为公司战略添精彩”合理化建议征集活动，收到合理化建议 148 件，为公司发展吸纳职工“金点子”。深化三级厂务公开，有效维护职工的知情权、参与权、监督权和表达权。

完善工会组织建设。严格落实民主程序，圆满完成公司工会换届选举工作。召开公司三届二次会员代表大会，完成两委委员补选，10 家基层工会完成主席届中调整，建立两级工会两委会负责人任期动态管理数据库。持续推进产业单位工会组织建设，完善建会方案。

（五）精准服务职工需求，体现娘家人的温暖

落实公司党委关心关爱职工的要求，坚持普惠职工的原则，推动公司为职工办实事重点任务，定期发布《办实事双月报》，做到组织动员、细化措施、职工覆盖率“三个百分之百”，确保将好事办好、实事办实。这些普惠基层普惠一线的举措，赢得了广大职工的赞许和拥护。

抓实班组减负。坚持从源头上参与制度建设，制定班组减负措施 18 项，涉及坚持党建引领、深化班组建设、加强关心关爱等七大类举措，持续为一线班组松绑减负，有效激发班组活力。坚持向基层班组站所倾斜的原则，拨付专项资金 531.5 万元，有效改善平谷、延庆等边远地区一线生产生活环境。房山公司形成本级 14 件“班组减负”工作任务，经研院建立班组减负长效机制。

聚焦诉求服务。针对公司政治供电任务多、压力大、强度高等特点，畅通职工诉求渠道，建成 66 家职工诉求服务中心，逐步构建“公司—地市—班组”三级诉求服务网络，将诉求服务触角延伸到一线。针对疫情初期职工防疫物资不足、理发难、出行难等诉求问题，公司本部为职工订购疫情防护用品、增开班车车次，门头沟、大兴、顺义公司依托职工之家提供理发服务；海淀、检修公司改进食堂服务机制，设置热线电话，保证加班职工非就餐时段吃上热乎饭。全年累计解决职工诉求 447 件，办结率 100%。

解决职工困难。面对北京市房价高、增长快、交通堵等形势，在公司 703 套青年公寓、基层单位利用自有资源建设青年职工周转房的基础上，积极主动沟通属地政府，朝阳、亦庄、通州公司申请北京市公租房、共有产权房等政策性住房 115 套，有效解决职工住房难问题。持续开展“两节”送温暖和困难职工帮扶活动，全年帮扶困难职工 349 人次，补助资金 52.55 万，通过温暖基金对 13 名特殊困难职工发放补助 14 万元。组织开展中高考志愿辅导，推送线上专题讲座 7 期，300 余名职工参加。

深入慰问走访。紧密围绕疫情防控、“两会”保障、迎峰度夏、冬奥建设保障等工作开展各类慰问活动，走访省部级及以上劳动模范。针对 2800 余名留京过年职工开展关爱帮扶，营造氛围，赠送福包，传递真情，石景山、密云公司在食堂为留京人员办年夜饭，华商伟业公司开放职工之家丰富留京人员文化生活，让就地过年职工度过安全祥和的新春佳节。建立“三必贺三必访”慰问机制，两级工会慰问职工 67168 人次，慰问金额 1035 万元，实打实将企业温暖送到现场、送到一线、送到职工身边。

（六）坚持文化兴企，打造职工精神家园

丰富职工文体阵地。服务职工文化需求，加大职工文化体育场所建设力度，建成公司青年公寓文体活动场地和方庄办公区文体活动场地，梳理汇总公司职工文体资源手册，逐步形成布局合理、功能完整、设施齐备的文化体育综合平台，构筑职工精神家园。

发挥文化引领作用。依托文体协会，结合实际开展线上线下职工文体活动，调节工作状态、展现职工风采、激发奋斗热情。在公司党校的大力支持下，圆满承办“国网好声音”职工歌手暨原创歌曲大赛复赛和决赛，城区公司李赫、电缆公司郭大鹏荣获职工歌

手金奖；电缆公司《电力军魂》、照明中心《华灯初上》荣获职工原创歌曲金奖；公司荣获特殊贡献奖，创历史最好成绩，充分反映了首都电力工人昂扬向上的精神风貌，大力繁荣了职工文艺创作和文化生活，是企业文化建设的重要成果，也是公司宝贵的精神财富，为企业发展提供了强大的价值引导力、文化凝聚力、精神推动力。

弘扬劳模精神工匠精神。立足首都特质、企业特点、工作特性，积极培养选树劳模先进，为劳模工匠发挥作用搭建平台、提供舞台。持续开展劳模精神工匠精神集中宣传活动，编发《创业者的足迹》第四辑，通过文化载体，讲好典型故事，让劳动最光荣、劳动最崇高、劳动最伟大、劳动最美丽蔚然成风。

（七）强化工会自身建设，提升工会工作质效

工作导向思路明晰。提升工会工作站位，制定公司《新时代工会工作指导意见》，紧扣“高质量提升年”工作主线，以“精益管理，提质增效”为主题，开展“工会工作质量提升”活动，进一步加强和改进工会工作。

目标任务落严落细。坚持问题导向、目标导向、结果导向，制定“五个坚持”“四个载体”工会工作质量提升路径，明确15项质量提升任务清单，突出重点指标，实施量化考核，促进各级工会明责履责，推动工会工作质量提升。

基层基础持续巩固。统计梳理公司两级职工创新工作室、文体中心、诉求服务中心、职工之家建设情况，建立劳模人才、创新人才、文体人才数据库，夯实工作基础，优化资源配置，促进资源共享，巩固工会联系服务职工群众的工作阵地。求真务实开展工会人员年度培训和工会季度小讲堂，启发思路，共同学习，推动工会人员素质全面提升。

经费管理有效提升。切实加强工会经费制度建设，修订《公司工会经费收支管理标准》，制定工作模板，优化管理流程，明确支出标准。坚持普惠原则，严格经费管理，印发《关于进一步加强工会经费管理的通知》，加大对基层经费管控、监督、审批力度。开展公司工会固定资产清查，完善资产管理台账，保证账、卡、物一致。发挥两级经审委作用，完成市总、国网公司对公司工会2019年度财务收支审计，开展32家基层工会年度经费审计全覆盖及22位基层工会主席离任审计工作，增强工会系统免疫力。

一年以来，在公司党委的坚强领导下，各级工会组织和广大工会人员克服困难，忠诚履职，开拓进取，取得了显著成绩，以实际行动诠释了责任与担当。工会工作有声有色、实实在在，受到了职工欢迎。伴随着2020年工作的高质量完成，公司“十三五”发展画上了圆满的句号。回首过去的五年，我们将工会工作放在新时代大背景下和公司“12912”战略体系中，明定位，抓工作，谋发展，在改革创新中奋发进取，在凝聚合力中彰显价值，在干事创业中砥砺前行，绘就了工会精彩纷呈、硕果累累的五年。

五年来，我们融入大局，戮力同心，促进了企业高质量发展。坚持高站位，紧跟中央部署，服务首都大局，落实国网战略，牢牢把握企业发展与职工成长的交汇点，搭平台，聚合力，纳良言，促发展，团结带领广大职工以主人翁姿态积极投身企业建设，让职工在奋发有为中促进企业发展，让企业在做优做强中实现职工价值。公司工会先后被评为国家电网公司工会工作先进单位、北京市构建和谐劳动关系先进单位、全国群众体育先进单位，照明中心荣获“全国五一劳动奖状”，城区公司荣获“首都劳动奖状”。

五年来，我们培育典型，建功立业，推动了队伍成长进步。落实产业工人队伍建设改革方案，将重点任务、重大工程、重要项目作为锤炼队伍、培养先进的舞台，广泛开展劳动竞赛、技能比武、班组建设、创新创效，引导职工把服务大局、岗位建功作为实现个人价值的途径，着力造就“有理想守信念、懂技术会创新、敢担当讲奉献”的新时代首都电力职工队伍，为企业发展提供了坚强支撑。22名职工获得省部级及以上劳动奖章和劳动模范称号，27人次获评省部级及以上荣誉，获评数量较上个五年增长50%；47个集体获得省部级及以上荣誉，获评数量较上个五年增长30%。

五年来，我们完善体系，用心服务，职工获得感、幸福感、安全感显著提升。始终坚持群众利益无小事，围绕职工的切实需求，落实党委的关心关怀，千方百计为职工办实事、解难题。大力实施“建家工程”，积极推进“五小”供电所建设，累计建设职工之家34个、职工小家139个、“五小”供电所141个、职工文体场所68处。持续开展心理健康咨询、职工子女托管、中高考解答等服务项目，不断加大慰问帮扶力度，为职工办实事在各单位蔚然成风，形成了“企业为职工办实事，职工为企业做贡献”的良好氛围。面对公司创新发展、急难险重的任务，广大职工忠诚担当、创新争先、勇于奋斗，凝聚了攻坚克难的磅礴力量、树立了善做善成的良好形象。

五年来，我们守正创新，专注有恒，工会自身建设有效加强。准确把握工会工作规律和群众工作特点，建立健全工会工作管理体系，制定37项专业制度、流程、标准。从人、财、物三方面入手，不断夯实工会

服务职工的队伍、资产、阵地建设。推行项目化管理和课题化研究，聚焦核心工作，提升工作质量，形成工作品牌。举办各类专业培训，开展形势分析、专题调研、交流互动百余次，有效提升工会人员履职能力。全总原党组书记李玉赋、副主席阎京华、书记处书记许山松，北京市总领导班子，国网公司韩君副书记、王海啸主席等上级领导多次到公司调研指导，日本化学能源工会代表团、上合组织职工技能大赛代表团到公司访问交流，接待规格、接待频次均达历史最高水平，在更大的舞台展示公司业绩和职工队伍形象。

二、准确把握“十四五”形势和任务

一是充分发挥职工队伍主力军作用的要求更加凸显。党的十九届五中全会全面描绘了我国2035年远景目标和“十四五”发展蓝图，发出了乘势而上开启全面建设社会主义现代化国家的动员令。立足新发展阶段，贯彻新发展理念，构建新发展格局，推动高质量发展，必须紧紧依靠工人阶级和广大劳动群众。要求工会组织充分发挥桥梁纽带作用，团结带领广大职工听党话、跟党走，当好主人翁，奋战新征程。

二是推动国网战略落地需要更好地发动职工。在建设具有中国特色国际领先的能源互联网企业征程中“争先锋、站排头”，落实“一体四翼”发展布局，需要政治坚定、业务精通、创新进取、担当奉献的电网铁军作支撑。工会要充分发挥团结动员职工的组织优势和群众优势，落实产业工人队伍建设各项改革措施，充分调动广大职工的积极性创造性，凝聚奋斗力量。

三是满足职工多元化诉求成为必然趋势。随着职工对美好生活的向往日益增长，职工诉求呈现个性化、差异化、不断升级变化的趋势。同时，进入“十四五”，建党100周年、冬奥会、党的二十大等国家重大活动接踵而至，公司改革任务繁重，职工工作压力增大，生活中也存在痛点难点问题。需要工会发挥桥梁纽带作用，突出以职工为中心，密切与职工群众的沟通联系，打通服务群众的新途径，使服务更直接、更深入、更贴近基层一线和广大职工群众，以服务实效打动人心、温暖人心、影响人心、赢得人心，维护企业的和谐稳定。

“十四五”是公司发展的关键突破期，也为工会更好发挥桥梁纽带作用，提供了新机遇、新平台、新空间。各级工会要不断增强责任感、使命感、紧迫感，坚守初心、笃定前行，努力开创工会事业新局面。

必须坚持听党话、跟党走，恪守立身之本。习总书记指出，工会工作做的是群众工作，实质上就是政治工作。忠诚党的事业，坚持党的领导，是做好工会工作的政治原则和根本保证，任何情况下都要毫不放松地一贯到底。要把工会建设成为在职工中凝聚人心、坚守前哨、冲锋陷阵的战斗队和工作队，通过扎实有效的工会工作和工会活动，把坚持党的领导和我国社会主义制度落实到广大职工中去，真正成为党执政的坚实力量和强大支撑。

必须坚持讲担当、顾大局，筑牢谋事之基。要想体现工会价值，得到基层欢迎和职工拥护，必须将工会工作放在党和国家工作大局中去思考、放在首都发展全局中去谋划、放在推动公司战略落地实践中去部署，才能真正架起党群连心桥，引领广大职工群众建功立业。

必须坚持搭平台、促发展，激发动力之源。职工是企业的主人，是企业发展的力量源泉。实现奋斗目标，开创美好未来，归根到底要靠职工的辛勤劳动和拼搏奋斗。工会要充分利用好劳动竞赛、班组建设、创新创效等载体，为职工搭建成长成才的平台、干事创业的舞台、竞赛比武的擂台，激励职工以主人翁姿态积极投身公司改革发展主战场。要培育引导职工主动学习、刻苦钻研、提升技能，干一行、爱一行、钻一行、精一行，以实干书写人生，用奋斗镌刻荣光。

必须坚持勇拼搏、重实干，弘扬奋斗之志。社会主义是干出来的，新时代是奋斗出来的。习总书记在全国劳动模范和先进工作者表彰大会上强调，光荣属于劳动者，幸福属于劳动者。要大力弘扬爱岗敬业、争创一流、艰苦奋斗、勇于创新、淡泊名利、甘于奉献的劳模精神，崇尚劳动、热爱劳动、辛勤劳动、诚实劳动的劳动精神，执着专注、精益求精、一丝不苟、追求卓越的工匠精神。工会要多做坚定信心、凝聚力量、鼓舞士气的工作，引领职工以脚踏实地的干劲、勇往直前的闯劲、攻坚克难的钻劲，谱写“中国梦·劳动美”的新篇章。

必须坚持靠职工、为职工，把握成事之道。维护职工合法权益、竭诚服务职工是工会的基本职责，也是工会工作的出发点和落脚点。习近平总书记多次指出，保持和增强工会组织的群众性，必须更多关注、关心、关爱普通群众。国家电网公司董事长、党组书记辛保安在党史学习教育动员部署会议上指出，要以“为民优质服务”“为基层办实事”“为职工送温暖”为重点，开展好“我为群众办实事”实践活动，用心用情解决基层的困难事、群众的烦心事。只有全心全意依靠职工、服务职工，才能充分调动广大职工的积极性、主动性和创造性，实现职工和企业共同发展。为职工办实事，易在一时，难在坚持。要突出用心服务、用情服务、务实服务，积极反映职工的愿望、呼声，建立以职工为中心、让职工当主角、由职工来评价的工作机制，稳扎稳打，确保干一件成一件，使改革发展成果更公平惠及职工群众，打造有温度的“职工之家”，成为职工群众信赖的娘家人、贴心人。

三、2021 年重点工作任务

2021 年是中国共产党成立 100 周年，也是“十四五”的开局之年，做好各项工作意义重大。今年工会工作总体思路是：以习近平新时代中国特色社会主义思想为指导，深入贯彻党的十九届五中全会精神，聚焦“一体四翼”，落实“12912”战略部署，围绕“高质量争先年”重点任务，坚持首都意识、首善标准、首创精神，重引领，维权益，搭平台，办实事，提素质，在高举旗帜中体现新担当，在深化民主管理中展示新作为，在推进职工队伍建设中创造新业绩，在满足职工美好生活需要中把握新使命，在推动工作提质增效中实现新提升，团结动员广大职工坚定不移听党话、矢志不渝跟党走，在建设具有中国特色国际领先的能源互联网企业中争先锋、站排头，以优异成绩迎接建党 100 周年。

一是重引领，在高举旗帜中体现新担当。突出强根铸魂，把讲政治作为工会工作的首要任务，坚持用习近平新时代中国特色社会主义思想武装职工头脑、指导工会工作。加强职工队伍思想政治工作，充分发挥工会宣传阵地作用，利用职工大讲堂和班组微讲堂，通过座谈、宣讲、培训等形式和载体，向职工传播好党史、新中国史、改革开放史、社会主义发展史，推进中央各项要求进基层进班组。按照公司党委统一部署，落实“学史明理、学史增信、学史崇德、学史力行”总要求，扎实做好党史学习教育，深入开展“我为群众办实事”实践活动，把学习成果转化为实实在在的工作成效。

二是维权益，在深化民主管理中展示新作为。落实职代会制度，加强两级职代会上下联动，修订职工代表大会实施细则等相关制度，规范职代会启动、组织、实施等流程，深化职代会质量评估。完善厂务公开制度，不断丰富和创新厂务公开的内容与形式，广泛征集职工意见建议，提高厂务公开满意率。认真落实国网公司《企业民主管理规则》，构建线上线下深度融合、相互联动、协同高效的公司新时代企业民主管理工作体系。畅通职工建言献策渠道，组织董事长联络员培训调研工作，广泛征集职工合理化建议，引导鼓励广大职工积极参与企业管理，为公司高质量发展出力献策。

三是搭平台，在推进职工队伍建设中创造新业绩。落实产业工人思想引领、建功立业、素质提升、地位提高、队伍壮大等改革措施，深入推进职工队伍建设改革。开展“新基建”劳动竞赛和供电服务之星大赛，精心策划、周密部署，形成重点突出、贯穿上下的竞赛格局。高质量承办北京市“职工技协杯”职业技能竞赛，以赛促训、以赛促学，切实提升一线员工队伍技能水平，选拔一批技艺精湛的电网工匠。健全职工技术创新工作体系，完善创新工作室评价机制，统筹创新资源，按地域、专业形成创新联盟，解决生产技术“痛点”“难点”问题，形成有价值的职工技术创新成果。开展“劳模给咱讲党课、工匠教咱瓷器活”等系列活动，大力弘扬劳模精神、劳动精神、工匠精神。

四是办实事，在满足职工美好生活需要中把握新使命。制定年度为职工办实事八项重点任务，构建服务职工长效机制，做到全面覆盖、精准服务、形式多样，面对面、心贴心、实打实地服务职工。构建三级诉求服务实体，有序推进班组站所诉求服务点建设，试点开展掌上诉求服务，建立诉求“接收、办理、评价、公示、归档、分析”的闭环管理流程。持续推进“建家工程”，进一步规范职工之家（小家）管理，形成“建、管、验、评”闭环管理体系。构建覆盖全面、多方发力的职工保障体系，开展心理关爱、单身联谊、慰问帮扶等服务，让职工感受企业温暖。构建“332”职工志愿服务体系，完善职工志愿服务队建设，为建党百年庆祝活动、冬奥保障等重点团队和公司职工提供服务支撑。落实公司消费帮扶工作要求，采购帮扶农产品。高质量承办国家电网公司庆祝建党百年音乐舞蹈史诗第二篇章《点亮神州》相关工作，组织《国旗》及《华灯初上》两个节目参演。开展“永远跟党走，奋进新征程”公司主题文化系列活动，组织红色经典阅读、书画篆刻摄影比赛、文创产品设计大赛、送文化下基层、全员健身运动等文体活动，营造氛围、统一思想、凝聚力量，全面展现新时代电网职工风采。

五是提素质，在推动工作提质增效中实现新提升。制定《工会工作指导手册》，总结专业经验，完善制度体系，优化管理流程，明确工作标准，强化过程考核，构建运转高效、联系广泛、服务职工的工作体系，持续推进两级工会工作质量提升。利用好《为职工办实事双月报》等载体，跟踪工作进度，加强交流分享，推动任务落地。加强工会经费管理，抓好关键环节把控，强化审计监督，确保经费合规。以普惠职工为原则，优化工会经费支出结构，把力量和资源向基层倾斜投放。强化固定资产管理，组织基层工会开展固定资产清查，完善固定资产管理制度和处置流程，提高资产管理使用效能。加强工会人员交流培训，通过座谈交流、现场调研、问题分析等多种形式，协同推进工作，努力打造一支政治素质高、群众基础好、业务能力强的专业化队伍。

公司副总经理、党委委员董朝武在公司2021年建设物资工作会议上的讲话（摘要）

（2021年2月7日）

一、“十三五”及2020年工作成绩

“十三五”时期，面对错综复杂的国际形势、艰巨繁重的国内改革发展稳定任务特别是新冠肺炎疫情严重冲击，以习近平同志为核心的党中央团结带领全党全国人民，打了一场又一场硬仗，抵御了一个又一个风险，取得了一个又一个胜利，推动党和国家各项事业顶风破浪前行，取得了决胜全面建成小康社会的决定性成就。五年来，我国经济实力、科技实力、综合国力跃上新的大台阶，脱贫攻坚成果举世瞩目，累计有5575万农村贫困人口实现脱贫，历史性地解决绝对贫困问题。生态环境状况出现了转折性变化，2015—2019年，地级及以上城市pm2.5平均浓度累计下降28%。新冠肺炎疫情防控取得重大战略成果，我国率先控制疫情，率先复工复产，率先实现经济增长由负转正，是全球唯一实现正增长的主要经济体。可以说，“十三五”我国经济社会发展取得的成就是历史性的，“十三五”规划目标任务如期完成，全面建成小康社会目标如期实现。

“十三五”也是公司实现跨越发展的五年。公司累计完成投资890亿元，外受电能力达到3100万千瓦，首都核心区主次干路架空线全面入地，城市副中心建成世界一流配电网先行示范区，大兴国际机场建成最先进的机场配套电网，首都电网资源配置和抵御风险能力显著增强，在最大负荷增长30%的情况下始终保持安全稳定运行。出色完成940项重大活动供电保障全部，年均保电天数超300天，彰显了公司服务首都发展大局的品牌形象。率先推出“三零”服务在全国推广，助力我国“获得电力”排名由第98名跃升至第12名，支撑了公司作为责任央企的良好口碑。北京“煤改电”在北方“2+26”个城市中规模最大、减排最明显，建成了全国技术最先进、服务最优质的充电网络。促进了首都能源清洁低碳转型，保障了经济社会发展的用电需要。科技创新成果丰硕，获得省部级及以上科技成果奖励90项、国家专利1303项，公司连续多年保持国家电网公司业绩考核A段水平。作为国家电网服务首都的窗口单位，公司事业发展为国家“十三五”发展取得历史性成就作出了积极贡献，也为全面谋划“十四五”电网发展、向战略目标阔步迈进奠定了坚实基础。

公司基建和物资战线过去五年走过的奋斗历程，更是令人振奋和鼓舞。这五年，我们服务大局、拼搏奉献。面对创历史纪录的繁重电网建设任务，全面完成“东南西北中”“天上地下”一大批国家重点和民生保障项目配套工程建设，为公司服务国家重大战略落地，服务北京国际一流的和谐宜居之都建设作出了不可磨灭的贡献。这五年，我们勇于担当、攻坚克难。完成电网基建投资760.95亿元，累计投产35千伏及以上工程247项、线路3130公里、变电容量4604万千伏安，强化电网结构和物质基础，推动北京电网由六分区优化进入到七分区运行，也将智慧和汗水铸就在了电网建设的一站一线。这五年，我们精益管理，提质增效。基建“12项配套措施”改革成效明显，基建安全质量保持总体平稳；实施建设管理提速提效机制措施，内外部建设协调高效有力；建立两级两阶段平衡利库机制，累计消纳结余物资18.67亿元。建成“国内领先、北京特色”的京电智能仓库，深化实物资源管理，在国网系统率先实现库仓一体化智慧运营，现场智慧供应链建设和应用成效初显。这五年，我们创新突破、成绩斐然。工程质量水平稳步提升，北京房蔡线路工程等6项工程荣获公司优质工程金、银奖。技术创新取得积极进展，全面应用模块化变电站建设技术，推动变电站建设由“建造”向“制造”模式转变；总结形成具有北京特色的电缆机械化施工技术；三维设计深化应用迈出坚实步伐。这五年，我们千锤百炼、收获成长。面对电网建设和物资保障的艰巨任务，基建、物资队伍始终保持高度的事业心和责任感，在挑战中经受历练、在坚守中默默奉献、在拼搏中书写精彩，队伍能力素质显著提升，涌现出一大批先进集体和先进个人。

特别是在刚刚过去的2020年，基建、物资战线迎难而上、忙而不乱，满负荷冲锋在电网建设主战场、

物资供应第一线、疫情防控最前沿。坚持电网建设和疫情防控“两手抓、两不误”，实现了“十三五”电网建设圆满收官，用担当作为的实际行动谱写了专业工作高质量提升的奋进篇章，为公司取得业绩考核名列第四的优异成绩提供了强有力的支撑保障。在此，我代表公司党委，代表潘敬东董事长和万志军总经理向大家表示诚挚的慰问和衷心的感谢。

二、科学谋划“十四五”发展形势

总结成绩是为了不忘初心、更好前行。从现在到2025 年是我国开启全面建设社会主义现代化国家新征程的第一个五年，也是国家电网基本建成具有中国特色国际领先的能源互联网企业的关键五年。在国网公司四届一次职代会上，辛保安董事长提出：坚持“五个不动摇”，做到“四个统筹好”，瞄准建成具有中国特色国际领先的能源互联网企业远景目标，坚持“一业为主、四翼齐飞、全要素发力”，全面推动产业升级和高质量发展。这是国网公司党组坚决贯彻中央部署、顺应时代发展潮流、清晰认识机遇挑战，作出的全面、系统、科学战略部署，是指导当前及今后一个时期公司和电网高质量争先发展的行动纲领和工作指南，也是我们抢抓首都发展新机遇、开启电网建设新征程的总动员令！

在国网公司 2021 年基建、物资工作会议上，正是基于对“十四五”发展思路和总体布局的深刻理解，总部领导在专业会上科学分析了当前基建、物资工作面临的新形势、新任务和新挑战，深刻阐述了电网建设、物资管理高质量发展的目标方向、原则要求和支撑能力，并就提高电网建设能力和水平，加快现代智慧供应链创新发展，推进电网向能源互联网转型升级提出了明确要求，为我们全年工作指明了前进方向、提供了根本遵循。

在公司四届一次职代会暨 2021 年工作会上，潘敬东董事长强调：要将首都意识、首善标准、首创精神贯穿各项工作始终，以高质量发展为主题，扎实推进“12912”国网战略落地方案，奋力做到“五个争先锋、站排头”，确保 2024 年提前一年基本建成具有中国特色国际领先的能源互联网企业，在服务首都构建新发展格局中实现更大作为、展现更大担当、作出更大贡献。这充分表明了公司对于履行央企责任、坚持争先发展的主动担当，以及下更大力气推动具有中国特色国际领先的能源互联网企业建设行稳致远的坚定决心。

电网业务作为公司的主导产业和主营业务，肩负着推动电网向能源互联网升级，增强安全保障、智慧赋能和价值创造能力的光荣使命。并且经过多年来的不懈努力，建设和物资专业推动实施了一系列打基础、利长远的工作，管理水平不断提升、技术优势逐渐显现，在推动建设具有中国特色国际领先的能源互联网企业，服务首都构建新发展格局的新征程中正逢其时、未来可期。需要做到胸怀大局，深刻把握公司肩负的新使命新任务，深刻把握电网发展的新趋势新挑战，在视野格局、思维理念、行动落地上高质量争先。同时，站在公司争先发展的新起点上，我们也要清醒认识到，建设和物资工作还存在一些差距和不足，需要引起我们高度重视、认真研究，把好电网发展的“脉络”，找准问题存在的“病因”，开好管理提升的“良方”，既坚持目标导向，全面贯彻高质量发展理念，又秉持问题导向，抓住短板弱项重点提升，推动电网向能源互联网转型升级，推动建设和物资管理争先锋、站排头。

三、扎实做好 2021 年重点工作

一是关于服务公司大局。公司将 2021 年明确为“高质量争先年”，将服务大局摆在“五个争先锋、站排头”的首位，强调要自觉在大局下谋划、在大势中推进、在大事上作为，坚决扛起“顶梁柱”“顶得住”的责任担当。在近两年国家大事多、喜事多、要事多的背景下，这一部署具有深刻的现实意义和深远的战略考量。我们要坚决落实董事长关于“北京公司的一切工作首先要从政治上看”的要求，以首都标准落实公司战略部署，以高质量争先为方向，在融入大局中谋求发展、在服务大局中主动履责，落实国网战略走在前列、服务首都发展争作示范。2021 年要继续在国家项目保障中勇当先锋，统筹推进外受电通道、副中心、新机场、三城一区、回天行动、大兴临空经济区、度夏（度冬）解重载、轨道交通配套、35 千伏及以上线路迁改等电网建设攻坚任务。这些攻坚任务要么是关系到各电压等级电网结构完善的关键工程，要么是关系到北京市乃至中央战略的重大工程，工作的成效直接关系到首都电网的安全运行，关系到公司作为国网窗口的品牌形象，更关系到公司担当首都供电政治责任的重大使命。

二是关于统筹协调发展。近年来，公司大力推动电网发展，电网规模和供电能力不断迈上新台阶，各级电压的容载比都达到了规划导则上限之上，在保障国家重大战略落地、促进首都经济社会发展中发挥了重要作用。但是从运行情况看，北京电网的不平衡不充分问题还比较突出，一方面部分变电站、线路重载运行，甚至有超载限电的风险。预计 2021 年度夏高峰

负荷期间，正常方式下共有 23 站 51 台 220kV 主变、60 站 89 台 110kV 主变、20 条 110kV 线路负载率超过 80%。另一方面部分变电站常年轻载，甚至空载。现有 14 站 30 台 220kV 主变、99 站 184 台 110kV 主变的最大负载率从来没有达到过 20%，一般只有 5%～6%左右，处于常年轻载水平，其中 1 站 4 台 220kV 主变、22 站 57 台主变为零负载。特别是北宫、桃园、商务园等站建成投产已 3 年以上，由于配套切改未能完成，主变常年处于轻载水平，其周边吕村、朝阳门、北寺站主变却存在重载问题。据了解，在今年初度冬寒潮最高负荷 2457 万 kW 时刻，还存在负载率仍低于 10% 的变电站。可见，这些本体已经建成多年而配套送出严重滞后的工程是造成负载不均衡，投资效益不能发挥的主要原因。我们要树立基建为生产服务的思想，突出电网运行需要，将电网急需项目靠前安排，专项调度。2021 年要加快突破 500kV 北京东—通州线路西集段、500kV CBD，220kV 丰火、梨园、柴务、长安，华能电厂三期送出工程等一大批工程前期难点，将三营门、树村、北宫 110kV 送出切改等 52 项老大难工程以及 2 项外部水源滞后的调相机工程列为重点关注项目，建立统筹协调、分级分类管控机制，加快前期手续、勘察设计、物资招标、征拆协调等工作，推动工程建成投产，尽早化解电网风险。另外，要将配套切改工程与上级变电站工程统一调度、同质管理，加大考核，逐步扭转配套切改相对滞后、本体工程投产后不能及时发挥作用等电网发展不协调、不平衡、不充分问题，充分发挥电网投资效益，切实提升安全运行水平。

三是关于强化本质安全。在 2020 年复工复产后，国网基建系统接连发生“4 • 14”安徽 500kV 皋西/西城外部迁改工程倒塔事故、“5 • 11”蒙西—晋中特高压交流线路工程山西段组塔抱杆倾倒事故、“6 • 29”宁夏苏家梁、焦家畔风电 110kV 送出工程起重机吊臂折断事故、“7 • 2”湖南衡阳衡南 220kV 输变电线路工程人员窒息事故共计四起安全事故，共计造成现场作业人员 11 人死亡、6 人受伤，事故教训深刻，为我们敲响了警钟。同时，公司内部也出现金沟河电力隧道工程导致八宝一线掉闸事故，暴露出工程建管单位施工计划管理不严谨、风险管控及安全监督缺失、特种设备准入管理不规范、各级人员履责不到位等诸多管理漏洞。此外，公司基建、安监等部门去年累计对基建施工现场下发黄色违章通知单 7 张、蓝色违章通知单 20 张，反映出在有限空间作业、临时电源管理、个人安全防护等方面还存在安全隐患。2021 年正值建党 100 周年，营造一个安定祥和的建设环境和局面尤为重要。我们要守牢安全底线、严抓责任落实，对照安全生产全员责任清单履职尽责、尽职免责、失职追责。巩固“查风险、治违章、抓落实”主题活动成果，扎实开展“坚守底线、夯实基础、创新提升”安全主题活动。全面实施好驻队监理和安全总监理工程师制度，通过监理抓实现场管控。完善疫情防控等应急管理体系。推广轻型落地抱杆取代悬浮抱杆、无高空作业吊车组塔、深基坑作业一体机等施工技术，研制电缆工程智能机、室内小吊机等先进机具，通过创新施工装备和工艺工法，推进“机械化代人、信息化减人”，压降施工安全风险，提升安全管控水平。

四是关于依法合规建设。近年来，对电网建设项目行政审批的规范性和完备性要求越来越严格，特别是近期北京市规自委印发了《关于明确城镇建设项目工程规划许可环节使用土地证明文件掌握标准的通知》（京规自发〔2020〕391 号），明确要求变电站工程在开工前需取得划拨决定书，否则视为违法建设。国网公司也再三强调基建工程在依法审批手续尚未完备的情况下，严格坚持“七不审、十不开、六不投”，除在开工前取得划拨决定书外，在投产前还需取得不动产权登记证书（土地）。加快建设投产与工程依法合规建设间的矛盾日益凸显，尤其是土地手续办理是建设管理的“痛点”。从存量看，截至 2020 年 12 月，公司 583 座在运变电站，完成不动产权登记 260 座，占比 44%，还有 323 座变电站尚未取得不动产登记证，存在管理风险。从增量看，2020 年当年新开工和跨年续建输变电工程 61 项，其中 19 项在施变电站工程中 5 项（苹果园站、潭柘寺站、塘峪站、后屯站和张郭庄站）未取得划拨决定书，违法开工率 26%。2020 年投产输变电工程 45 项，其中 13 项变电站工程中 8 项（炼钢站、大城子站、首体站、稻香湖站、玉渊潭站、大高力站、石化站和于庄站）未取得土地证，违规投产率 61%，虽然均已投产确不符合国网基建部“六不投”条件，暂时以地方规自委出具的用地说明代替，但始终存在被地方规划国土部门处罚的风险。另外，今年土地手续政策收紧，用地划拨决定书成为办理工程规证的前置条件，需要在取得选址意见书后提前办理征地、划拨等土地手续，需要项目前期与工程前期紧密配合。公司 2021 年综合计划中新开工输变电工程 18 项，受土地手续制约，其中有 9 项需要用送电开工［220kV 梨园、东北旺（树村）、柴务、丰火，110kV 斋堂、长阳、高米店、米家堡、河南寨］，占比 50%。其中，柴务工程为亦庄新城扩区开发建设急需项目，站址地上物已拆迁完成，但需先办理用地划拨决定书，只能先用沟道开工。比如续建的三营门工程，属于电网急需项目，由于地方政府未能按协议交付站址，土地征收迟迟没有开展，虽采用隧道开工，但整个工程处于停滞状态，导致前期手续过期，工程面临国网公司超期工程考核风险。再比如续建的姜庄湖工程，也是电网急需项目，虽采用隧道开工已两年，但变电站在 2020 年 12 月才取得用地划拨决定书，到 2021 年下半年才具备变电站开工条件，制约了工程尽早建成发挥效益。我们要把项目前期节点进一步细化管理，聚焦项目储备、前期协调和手续办理，深化两个前期一体化运作，做实做深做足工程储备，工程前期延伸到储备项目，提前启动土地征地、划拨等行政许可手续办理，为合理纳入年度计划、依法合规建设奠定基础。要建立由我每月主持召开、邀请万总每季度参加的电网建设工程前期工作例会机制，加强专业协同，定期解决制约性问题。要推广电网建设“零前期”模式全面应用，厘清政企边界条件、把握政府工作规律、破解前期工作难点。要建立更加紧密顺畅的政企协同机制，在争取有利政策、加快资金到位、加快前期征拆、加快行政许可手续办理等方面形成合力，确保公司与各区政府的“十四五”发展战略协议落地见效。

五是关于提升物资质量。公司地处首都，电网建设标准高、时间紧、任务重，无论是对新建工程设备材料的质量保障、运维抢修备品备件的供应保障乃至采购工作的规范性保障，都提出了很高要求。当前，国家“碳达峰、碳中和”目标倒逼能源行业加快转型，新能源、互动式设备将大量接入，公司保障电网安全运行和可靠供电面临更大考验，对电网设备质量提出了新的更高要求。同时，受建党 100 周年、冬奥测试赛等多项重大政治保电活动以及疫情防控等诸多因素影响，进度计划管理难度较大，及时保障各类工程物资供应压力仍然很大。我们要深刻认识设备质量对电网安全稳定的基础性支撑作用，持续提升物资质量，要积极向总部争取将公司重点输变电工程纳入国网差异化采购范围，重要物资采购设置独立批次，应用优质技术规范书。要合理选用采购方式，对于纳入保密工程，政府核准为不招标的，争取采用邀请竞争性谈判采购，提升设备质量。要优化采购评审策略，在招标评审过程中，加大应用供应商运行绩效评价结果，突出运行表现出色设备的评分优势。增加技术评审权重，引导投标人逐步改变低价竞标思维，加大对提升产品质量的投入。

六是关于现代智慧供应链建设。去年，借助筹备国网展示会的契机，公司深化现代智慧供应链建设，成效显著，在服务公司疫情防控、复工复产等工作中发挥重要作用，充分体现了数字化转型带来的价值提升，也为“十四五”持续提升供应链现代化水平打下了坚实基础。但对照高质量发展要求，在系统功能优化、数据价值挖掘方面还大有潜力，在京电智能库高效运转方面还有许多工作要做。我们要以落实开展供应链运营巩固提升年专项行动为契机，持续深化现代智慧供应链体系建设，推动供应链数字化转型，深挖数据价值，实现供应链更高质量发展。要以“e 链国网”为门户，以“5E 一中心”供应链平台为支撑，推动公司物资管理向一体平台运行、全链业务贯通、多维组织协同、优质服务保障的“一全多优”模式转变。要确保京电智能库高效运转，运用智能化设备和智慧化管理，由单一存储向储检配一体化运营转变，由人工决策向智慧决策转变。加快运营中心团队建设，合理配备人员，确保良好运转。要加快业务数据化进程，建立健全供应链运营中心实体化运营作机制，常态化开展日常值守和应急调度，切实成为供应链业务统筹枢纽。挖掘内部数据价值，开展资源配置、数据资产应用分析，为公司运营决策提供有力支撑。打通供应链运营平台与公司相关专业的数据通道，加速数据融合贯通，有效开展多维分析及策略制定，促进供应链智慧化协同发展。

七是关于实物资源管理。去年以来，国网公司加强实物资源规范管理和专业仓建设，提出“构建实物资源协同管理体系、提升仓储配送服务支撑能力、实现实物资源合理高效调配”的工作目标，公司高质量建设“检储配”一体化基地，高标准开展专业仓管理，高起点推动库仓一体化智慧运营，在推动公司降本增效中发挥重要作用。特别是 2020 年底，公司紧急调拨“北京东—通州 500kV 输变电工程基建仓”中 2 支 FXBW-500/300-4900 交流复合绝缘子支援冀北公司 500kV 南昌一线抢修现场，实现国网公司首次专业仓实物跨省调配，满足现场抢修需求，充分体现各专业实物“找得着、调得动、供得上”。在上周召开的国网物资专业会上，代表公司作了题为《深化实物资源管理 推动库仓一体化智慧运营》的交流发言，得到了国网物资部丁扬主任的高度认可。可以说，专业仓建设为各部门搭建了齐抓共管的平台，构建了协同管理的机制，推进了末端管理的延伸，加强了供应链最后一公里的保障，得到了专业部门的广泛认可，也获得了基层单位的普遍欢迎。我们要利用前期工作成果，进一步深化实物资源管理利用，细化明确各类专业仓的实物范围、管理内容、定额标准、建仓和注销的条件和程序等内容。优化升级各专业部门业务系统功能，实现工单自动链接专业仓，工单上创建物料需求。按照低成本的原则，加大“换一把锁、刷三个码”的简易无人仓推广应用力度，实现三联三自，达到“见不到人”却“管住实物”的良好效果，满足基层班组的无人仓实物管理需要。

八是关于信息化建设和应用。去年，国网公司结合能源革命和数字革命相融并进大趋势，紧扣新发展理念，印发了《“十四五”数字化转型专题研究报告》，既符合时代要求，也高度契合能源互联网的内涵和发展重点。从现状看，建设和物资专业信息化建设和应用还存在一些短板，比如基建专业信息系统在融合贯通、数据共享、价值挖掘方面还有不足，数据主要以人工录入为主，存在事后补录情况，数据及时性、准确性不足。我们要深化基建全过程综合数字化管理平台建设和应用，实现一个系统统揽全专业、全过程基建管理业务。要重点抓好智能感知，开发“e 监理”App，全面深化自动感知、推进“实测实量、实采实传”，减少人工录入，提升数据自动采集率，做好数据统计分析，彻底解决 “业务线下走、数据事后补”、信息化与业务“两张皮”问题。物资专业信息系统还需迭代优化，数据接入范围及质量有待提升，数据分析应用成效尚不明显。我们要优化系统功能，持续迭代完善，进一步巩固和扩大智慧供应链的建设成果，结合各单位系统应用情况，以问题和需求为导向，及时响应内外部用户诉求，以用促建，建用结合，支撑物资业务深化应用和创新发展。要拓展数据接入，强化中台支撑，基于数据中台不断丰富业务数据，充分发挥数据中台物资与其他专业系统数据的共享、计算能力，支撑供应链运营中心建设。要做好数据治理，提升数据质量，各单位从源端业务系统把控数据质量，信通公司加强数据接入链路质量监测治理，实现数据质量在线计算、在线监测和在线管控。要深挖数据价值，开展分析应用，特别是供应链运营中心智慧运营数据价值，逐步实现数据自动采集、自动分析等功能。

九是关于队伍和党风廉政建设。要发扬迎难而上的实干作风，国网公司辛保安董事长在督导公司 2020 年度民主生活会上提出要在担当作为抓落实上下功夫、求实效。教育引导广大干部职工坚持担当尽责，勇于挑最重的担子，敢于啃最硬的骨头。坚持真抓实干，着力破解制约高质量发展的深层次矛盾。讲话中之前提到的配套切改工程滞后的问题，由于切改工程没有新增开工投产容量，完成投资也不大，大家重视不够，缺乏主动破解难题的干劲、创新工作方法的闯劲。再比如变电站不具备依法开工条件的工程，需要用送电开工，虽然满足了开工完成率指标，但变电站本体并未真正开工，制约合理工期，面临超期工程考核的风险，今后要杜绝这种应付性开工的权宜行为。因此，我们要树立正确的政绩观，在谋事干事中担当作为，不仅要着力提高科学决策等“七种能力”，以能力之进引领发展之先，还要打好攻坚战、啃下硬骨头，以“钉钉子”的精神，紧抓问题不放，集中资源突破难点，确保关键节点任务完成。要强化党建引领作用。今年是建党 100 周年。我们要始终将加强党的建设作为推动建设、物资高质量发展的“根”和“魂”，坚持党建与业务同部署、同开展、同落实，在工程现场、评标现场全面建立临时党支部，发挥基层党支部战斗堡垒作用，促进一线工作更加高效规范。要筑牢廉洁自律防线。建设和物资工作始终是风险领域、敏感专业，依法合规是开展工作的根本要求，我们要像抓安全生产一样抓好风险防控和廉政建设。强化依法合规管理，加强重点领域、关键环节监督，强化风险预判和及时纠偏，确保风险有效防控。始终保持如履薄冰的风险意识，持续加强廉洁从业教育，坚守“红线”“底线”，确保“干事、干净”。

公司副总经理、党委委员董朝武在公司 2021 年后勤工作会议上的工作报告（摘要）

（2021 年 2 月 8 日）

一、2020 年工作回顾

一是疫情防控守稳“双零”。在公司党委的统一指挥下，后勤战线全体同志闻令而动、春节无休、“逆行”返岗，义无反顾投入疫情防控第一线，连续攻坚疫情初期突发应对、新发地、顺义、大兴等聚集性疫情应急处置等急重任务，密集应对国内散发疫情涉疫人员排查，随疫情变化发布防疫文件 32 项，对生产办公、工程实施、宿舍小区、生产辅助房产等各类场所，以及不同专业、不用身份的各类人员，第一时间明确政策要求和重点措施，785 处各类场所、2 万余名全口径人员全覆盖管控到位，为公司始终保持“双零”成果和有序复工复产提供了坚强保障。在市场物资极为紧缺的情况下，千方百计筹措各类防疫物资 250 余万件，实现电网运行、抢修运维、客户服务、运行保障、应急施工、复工复产人员物资配发全覆盖。多轮次统一组织全员核酸检测，有序协调推进疫苗注射，有力守护了公司职工生命健康。

二是保电保障滴水不漏。在疫情防控的特殊背景下，后勤系统相继圆满完成了全国“两会”、服贸会、十九届五中全会、雪车雪橇场地预认证活动等一系列保电保障任务，在公司服务首都大局、彰显国网担当中展现了后勤价值。在保障实施中，后勤系统齐心协力，专业设计更加精准、组织协调更加有力、保障措施更加务实，保障成效得到了上级领导和保电职工的一致认可。

三是安全基础更加夯实。坚决落实国网公司安全生产专项整治三年行动和公司“高质量提升年”工作部署，克服疫情影响，穿插开展现场排查和专项整治，共计检查现场 571 处，消除各类安全隐患 652 项。持续加强食品卫生、车辆交通、消防人防及防汛等综合安全管理，未发生重大安全责任事故。

四是专业管理持续提升。落实外部成本监审和公司降本增效要求，服务大局推进提质增效，实现全口径成本压降 15%的目标。坚持早计划、早下达，尽量为基层单位业务实施预留时间。编印项目管理、服务（供应）商评价、现场标准化管理等专业制度，进一步规范工程过程管理。克服疫情影响，高质量按期完成生产辅助工程。按月调度小型基建项目进度，项目实施更加规范有序。牵头编制一系列国网公司的制度标准和专项研究，多次得到总部致信表扬。

五是资源管控集约高效。进一步加大房产土地集约管控力度，杜绝违规，消除风险，清晰掌握资源详情，合理布局提高效率，规范出租创效 1.5 亿元。优先解决环保不达标、维修成本高、车况差的问题，更新 196 台生产用车，储备更新特种车辆 17 台，为公司生产经营和重点任务提供了坚强专业支撑。

六是职工关爱更具实效。传递公司党委的关心关爱，办理完成清河集资建房大产权证，有序推进分户权证办理，维护了职工的切身利益。在光源里棚改拆迁中尽最大努力争取公司和职工的合法权益，妥善化解了各类矛盾。积极为职工排忧解难，争取政策性住房 115 套。进一步推进一线条件改善，完成 72 个供电所和班组用房维修改造，一线房屋和设备设施老旧问题大为缓解，公司窗口形象明显提升。克服疫情影响完成全员体检，暖心守护职工健康。持续改善本部软硬件环境，开展老旧设施和食堂改造，加装人脸识别系统，集成服务预约、维修维保、团购自提等功能，迭代优化“智慧园区”小程序，让后勤服务更有温度，工作环境更加温馨，持续温润本部职工办公生活。

七是智慧后勤有序推进。按照国网后勤部统一要求，完成 6 类后勤资产赋码贴签计划，管理效能进一步提升。在按国网标准完成 26 个专业仓建设的基础上，分两期试点建设 6 个专业智能仓，共计建成专业运行物资柜 20 面、智能钥匙柜 17 面、智能保障物资柜 5 面、应急柜 21 面，实现 24 小时无人化管理。

二、2021 年重点工作安排

2021 年后勤工作总的要求是：贯彻公司四届一次职代会暨 2021 年工作会议精神，牢固树立“三首”理念，紧密围绕公司“高质量争先年”，落实“12912”国网战略落地方案，按照公司战略方向，防控风险、夯实基础、贴近一线、提高质效，持续提升后勤保障服务能力，为公司高质量建设具有中国特色国际领先的能源互联网企业提供坚强保障。重点做好以下八个方面工作：

（一）抓好常态化疫情防控

一是及时做好政策指导。密切追踪国内外疫情形势和突发事件，紧密对接北京市、国网公司各项政策要求，结合公司实际，因地制宜分类制定防控措施，第一时间传达至相关单位、个人，确保政策措施精准高效、传达部署迅速有力。二是提前做好应急准备。在全方位落实常态化防控措施的基础上，坚决落实“五有”要求（即有疫情防控指南、有防控管理制度和责任人、有适量防护物资储备、有属地医疗卫生力量指导支持、有隔离场所和专用安排准备），制定完善预案，确保遇有突发疫情快速响应，及时处置。三是突出抓好重点群体管控和春节期间防控。对境外及国内中高风险地区返回员工及家属，提前做好“双报备”，配合落实好隔离、检测等防疫措施。春节期间，各单位要坚决落实主体责任，持续做好人员排查、信息报送、场所防控工作，严禁出现瞒报、谎报、迟报、漏报现象。要全面掌握人员流动信息，严格控制聚集性活动。加大宣贯力度，引导员工就地过节。同时也要落实好公司党委的关心关爱，在政策允许的范围内，对在京过年的人员工作生活上的困难予以关心照顾。

（二）坚决把住安全底线

一是深化安全体系应用。深入开展后勤领域安全制度及标准宣贯培训，通过业务授课、现场指导，学制度、用标准，确保各级管理和业务实施人员学懂会用。二是压实安全责任。管业务必须管安全，各单位分管领导要把安全当做首要任务来抓，工作负责人和业务管理人员要明晰职责，深抓管理，严密防范整治风险隐患。三是深化隐患排查。持续开展不间断综合巡检，对苗头问题抓早抓小。梳理工程隐患清单，逐项制定防治策略，提升工程项目安全风险应对能力。突出防范重点领域风险，密切关注出租房产、青年公寓、两供一业、棚改拆迁涉及的人员、资产、管理责任等安全问题，维护和谐稳定局面和企业良好形象。四是严肃监督考核。坚决以零容忍的态度对待安全问题，对于重大安全责任事故，采取一票否决制；对于制度执行不到位、风险防范意识不强、安全管理松懈的单位，严格通报约谈、考核问责；对于屡犯不改的单位，适当压减项目计划，做到有奖有罚。

（三）精准做好保电保障

一是细致落实冬奥保障措施。针对即将开始的测试赛保电任务，按照38处出餐点、72处就餐点布局，有序组织472名制送餐人员，细致开展餐饮保障工作。对7处保电驻扎点和27处值守点，做好固定点安排和方舱、充气舱、军用棉帐篷等移动点搭建工作，为保电一线提供安心、暖心的值守保障。足量储备电加热户外防寒服和防寒鞋帽、手套，根据不同保电场景，全覆盖精准配发给保电人员，2月10日前全部配发到位。分类做好40余万件防疫和医疗物资发放，严格落实现场措施，确保保电防疫滴水不漏。及时总结保障经验，持续完善后续系列测试赛保障措施，用好用足练兵机会，为冬奥正赛保障打好基础。二是提前做好各类活动保障准备。除冬奥保障外，今年还有建党100周年、全国“两会”、春节、度夏度冬等重点保电工作，任务密集，“交叉作业”多。各相关单位要提前预判、主动对接，细致掌握保电安排、现场情况、实际需求，确保优质高效的后勤保障服务全范围覆盖到位。

（四）精益管理提质增效

一是突出重点精准投入。重点围绕电能替代、新基建、一线条件改善，加快实施一批样板项目，形成示范效应。结合实际需求和运行数据分析，实施“基层条件改善”和“全面体检”专项工程，重点修缮老旧用房，排除设备设施运行隐患。二是持续强化过程管控。参照项目管理模式，深化各类成本项目管理，发挥资金最大效能。加强小型基建项目管理，在严格执行国网公司现行制度的基础上，提高项目管理颗粒度，严审项目可行性，保证成熟一个、实施一个，形成良性投资循环。三是加快计划下达节奏。坚持早计划、早下达、早安排，采取跨年度框架入围、优化业务流程、加强专业督导、多方争取支持等方式，灵活破解计划下达和执行中的主客观难题。四是推进资源集约创效。进一步加大力度规范生产辅助用房管理，严防违规现象。优化布局盘活资源，减少对外承租的同时，实现出租创效1.55亿元。

（五）做精专业夯基固本

一是严格依法治企。深化巡视发现问题整改，坚决整治违规行为，加强与纪委的协同联动，重点整治屡禁不止、明知故犯的现象。巩固整改成果，严抓严管“两房一车”、保电保障、工程项目、房产管理等后勤重点领域业务实施，细化业绩考核指标体系和算法设置，实现针对性布防。将指标结果与项目审批、计划下达挂钩，充分体现依法规范管理的决心和力度。二是深化专业体系建设。进一步细化制度标准和操作手册，完善业务模式，重点解决流程不清、责任不明、措施不实、要求不细的问题，加大培训指导力度，引领带动专业提升。

（六）贴近一线传递关爱

一是贴心守护职工健康。早协调、早安排，有序实施个性化、套餐化职工体检。突出体检结果分析和健康指导，实现重特大疾病早发现、早干预、早治疗。扩大公司医疗专家团队库，围绕职工需求“送医问诊”，让健康大讲堂、专家面诊等活动更具亮点，将优质医疗服务覆盖至全体职工。二是提升物业食堂服务品质。严把食材源头关，做好“菜篮子”工程，为员工提供绿色放心食品。进一步丰富特色活动，努力创新菜品，提升口感。鼓励各单位积极探索、推陈出新，推出更丰富实惠的服务举措，持续提升职工办公和就餐体验。三是进一步提升本部办公体验。紧密对接各部门需求，利用办公用房调整、节假日、本部工程实施等窗口期，滚动更新老旧设施，改善硬件条件，为本部职工提供温馨舒适的办公环境。着力提升本部办公软环境，整合拓展“智慧园区”小程序功能，便利职工办公生活。迭代升级门禁系统，融合“健康宝”查询功能，让访客预约更加便捷。

（七）务实建设智慧后勤

一是按计划落实统推项目。持续推进实物ID建设，充分利用大数据技术，实现后勤核心资产集中管理和在线监控，满足资产集约利用、精准配置辅助决策需求。二是充分挖掘信息平台价值。用好统一车辆平台抓手，加强车辆大数据分析应用，以“周分析、月总结”的方式，设置“违规用车报警率”业绩考核指标，让车辆运行管控更具约束力。

（八）抓实党的建设和队伍建设

加强党风廉政建设。把党建内嵌至各项重点任务，心系基层工作难题，服务一线职工需求，加强机关和基层的紧密联系，以“三首”理念携手并肩推动专业工作。严格履行“一岗双责”，强化廉洁风险防控和监督责任落实。自觉抵制外部诱惑，树立思想大堤，培养自律意识。打造先锋队伍。用好用活专业培训、岗位练兵、内外部调研等学习交流平台，帮助后勤队伍打开眼界、拓宽思路。抓示范、树标杆，发挥榜样力量，努力培养一支政治过硬、技术精湛的后勤队伍，用有温度的后勤助力有温度的企业建设。

公司副总经理、党委委员周建方在公司 2021 年营销工作会议上的讲话（摘要）

（2021 年 2 月 7 日）

一、2020 年及“十三五”工作回顾

2020 年是“十三五”收官之年，是极为不平凡的一年，更是我们迎难而上、砥砺前行的一年。面对新冠肺炎疫情肆虐、电力需求回落、售电量增速趋缓、电费回收压力剧增等艰巨挑战，公司营销战线团结一致、凝心聚力，紧紧围绕公司“高质量提升”工作主线，在公司党委的坚强领导下，锐意进取、攻坚克难，连续三年取得国家电网公司营销业绩考核第一名的优异成绩，全年交出一份极为出色的营销答卷。全年新增用电客户 17 万户，新增接电容量 840.54 万 kVA，同比降低 22.27%。完成电能替代电量 31 亿 kWh，同比增长 5.03%。全年售电量 1057.5 亿 kWh，同比降低 0.38%。回收当年电费 727.34 亿元，电费回收率 100%。综合能源营业收入 3.78 亿元，同比增长 120%。台区平均线损率 3.17%，较年初压降 0.31 个百分点。

过去的一年，我们讲政治、顾大局，践行责任担当。始终坚持高标准政治站位，积极落实党和国家工作部署。优化营商环境再创佳绩。巩固“三零”服务成效，促请政府出台低压占掘路“免审批”政策，在全国率先将接电时长、成本和财务遏制机制等改革举措纳入地方立法，对外服务承诺由 15 天压降至 10 天。全年服务小微企业 0.93 万户，平均接电时长压缩到 5.14 天，为客户节省投资约 3.95 亿元，各项指标成效比肩世行评价全球最佳水平，“三零”服务成为全国“获得电力”标准。城区公司积极打造“白魁小馆”北京市首个低压占掘路“免审批”案例。大力实施“阳光业扩”服务举措，推出“一证办电”服务，丰台、顺义和平谷公司先试先行。海淀公司率先开展“办电 e 助手”试点应用。在亦庄开发区、怀柔科学城试点由政府投资客户外电源，实现“零投资”。“新基建”部署落实有力。通州公司高质量完成环球主题公园 901 个充电桩重点建设项目，公司全年新建 3242 个充电桩，总量突破 2 万个，建设规模位居国网首位，公用桩年充电量连续 3 年突破 1 亿 kWh。在国网系统内首家开展充电设施委托经营，电动车公司实现收益 4000 万元，较去年同期增长 61%，经营效益全网最优，经营模式全网推广。聚合 570MW 充电桩和储能可调负荷，参与“源网荷储”华北调峰辅助服务市场。主动服务疫情防控大局。全年为 136 家疫情防控客户高效提供“三零”服务，延庆公司 50 小时完成纳通口罩生产车间高压临电工程送电，打造北京地区首个高压“三零”服务案例。为 281 家疫情防控客户、1198 户党政军和城市运行重要客户提供全天候服务保障。朝阳公司主动服务地坛、双桥、三间房医院，全力保障重点疫情防控医疗单位用电安全稳定，朝阳营销党总支获得国家电网公司党组表彰抗击新冠肺炎疫情先进集体、先进基层党组织。制定疫情期间居民客户欠费不停电、减免违约金等 14 项服务举措，累计为 207 万户欠费居民提供“欠费不停电”服务，60 余家商场享受缓交电费政策，为社会增添了暖色调。电科院先后编制 228 期“全市企业电力大数据复工复产分析报告”，为市委市政府科学决策提供了有力支撑。重要客户服务保障万无一失。城区、朝阳和海淀等单位圆满完成全国“两会”、服贸会、十九届五中全会保障工作，全年完成 157 项重大活动保障任务，累计保障天数 291 天。延庆公司圆满完成雪车雪橇赛道预认证供电保障任务，得到国际雪车、雪橇联合会以及冬奥组委等各方高度评价。客服中心、城区公司等单位全年开展中直管理局、国管局、市医管中心等重要客户定向服务 978 户次。积极落实减价降费政策。坚决落实好国家发改委阶段性降低用电成本和输配电价调整政策，全年降低社会用电成本超 23 亿元。积极主动配合政府部门完成 4083 户转供电加价主体梳理，石景山公司打造喜隆多购物中心转供电加价治理示范项目得到政府部门肯定。推动政府出台 5G 基站简化报装政策，推出九类综合能源服务产品，为 2232 个 5G 基站提供直供电报装服务。助力乡村振兴战略落地。实施“全能型”乡镇供电所完善提升“六个一”工程，建立供电所安全履责评价体系，规范乡镇供电所指标体系和星级评价标准，华商电灯

公司加大基础装备和防疫投入，改善一线生产办公条件，全面提升乡镇供电所服务水平。完成农村地区“惠农富民”项目送电 180 项，全年完成消费扶贫任务 419.54 万元，超额完成国网公司指标 168.19 万元。

过去的一年，我们拓业务、提质效，争当经营排头兵。始终坚持业务拓展和提质增效双向发力，稳步提升公司经营效益。增供扩销有广度。建立业扩接电三级调度机制，强化营销、生产专业协同，全年完成接电容量 840.54 万 kVA，超额完成全年接电指标，新增接电贡献电量 20.07 亿 kWh，客服中心接电贡献大，承发包公司压结存成效显著。全年完成 46 个村、2.91 万户“煤改电”改造，“煤改电”用户规模达到 130 万户。全额取得上采暖季“煤改电”电费补贴款 6.64 亿元，提前取得本采暖季电费补贴预付款 2.44 亿元。创新“供电+综合能源”双方案服务，大力推广“1+4”综合能源服务产品，建成大兴自贸区创新服务中心、丰台丽泽商务区“多站合一”、海淀五棵松冰上运动中心光伏等综合能源示范项目，石景山、延庆全部冬奥场馆接入综合能源平台。全年完成综合能源营业收入 3.78 亿元，完成电能替代电量 31 亿 kWh，超额完成国网公司下达指标，通州、大兴和房山等公司主动挖掘潜力项目，与能源公司形成合力，在平台深化应用、多能供应示范等方面成效显著，营收质量完成较好。降本增效有力度。精准开展高损台区专项治理，高损台区较年初压降 81.06%，台区平均线损率降低至 3.17%，较年初下降 0.31 个百分点，减少电量损失 9167 万 kWh，亦庄、延庆和丰台公司大力压降高损台区 89% 以上，台区平均线损率低于 2.52%。开展计量装置故障专项监控和治理，全年查处计量装置故障 383 件，追补电费 3900 万元。电科院组织完成 60.12 万只智能电表运行质量监督评价，经市场监管局认定延长运行至 2023 年，为公司节约成本 1.28 亿元。全年完成回收利旧电能表 0.9 万只，为公司节约成本 108 万元。落实市政府老旧小区改造任务，积极争取中央补贴资金 1 亿元，全年完成 65 项老旧小区改造，惠及居民 4.67 万户，顺义等公司项目推进较快。建立三级电费回收管控机制，发扬“三千精神”，克服疫情期间社区封闭、企事业复工复产延迟等诸多困难，开展电费回收百日攻坚专项行动，各单位领导亲自挂帅，攻坚克难力保电费颗粒归仓，圆满实现当年电费回收率 100%，房山、门头沟和城区公司电费回收管控措施落实有力、成效显著。深入开展反窃查违，全年追补电费 5975 万元。客服中心全面支撑公司开展稽查监控，监督和指导各单位累计完成 5.36 万件异常问题整改，取得稽查经济成效 2295 万元，朝阳、石景山、亦庄和怀柔公司强化稽查管控与问题整改，营销稽查监控评价指数达到 97.39%以上。

过去的一年，我们夯基础、强服务，敢为发展先行者。始终坚持严抓营销基础不放松，管理水平再上新台阶。电价管理更加规范。短时高效完成 1.03 万户高耗能用户信息甄别、防疫优惠清算、市场化交易电费结算规则调整和清算工作。应用分布式计算技术实现预付费智能表自动抄表核算。优化营销采集系统抄表数据传递方式，大幅提升预付费智能表账单出账效率。计量管理全面加强。加快高速载波采集设备推广应用，累计完成换装 400.12 万户，日均采集成功率从 99.61%提升至 99.83%，大兴、丰台和亦庄公司加强采集监控运维，采集成功率达到 99.92%以上。建成分布式用电信息采集系统，开展双轨运行试点应用。加强计量在线监测与诊断，累计处置表计电池欠压问题 48 万件。台区线损治理取得新成效。构建台区线损工作质量评价体系，完成 1435 名台区经理实名认证注册，按月开展质量评价，密云等 10 家单位出台降损绩效考核办法。台区线损合格率提升至 97.48%，较年初提升 2.46 个百分点，城区、朝阳和门头沟公司应用高速载波设备专项治理户变关系，台区线损合格率较年初提升 3 个百分点以上。信息化支撑能力全面升级。以客户体验和业务需求为导向，持续提升信息化服务水平，有效支撑营销各项业务。客服中心组织各单位累计提交 460 项网上国网功能完善建议，完成 9 项个性化功能上线。建成电子证照共享交换平台，实现线上线下“一证办电”。信通公司大力支撑营销信息化建设，全年优化 18 项微信营业厅功能，实现微信营业厅停电信息和欠费信息精准推送，开发微信营业厅智能云客服等 11 项新功能；打造 14 项营销移动作业场景，实现传统线下业务移动化、电子化和线上化办理，通州、朝阳、海淀和房山公司主动承担试点应用任务。在国网率先完成企业档案比对试点工作，建成营销业务全景监控平台，实现 13 项营销重点业务多维可视化监控。全年完成 811 项营销信息系统功能优化。服务品质全面提升。全年客户投诉量、95598 话务量和 12345 工单量分别同比下降 48.96%、38.11%和 18.13%，石景山、顺义和海淀公司通过投诉管控关口前移、主动服务、投诉追责等多项管控措施，实现客户投诉压降 65%以上。客户服务满意度蝉联国家电网公司第一，12345“三率”综合排名在全市公共服务行业保持领先。完成全部 898 万户客户联系信息采集，网上国网、电力微信等线上渠道注册绑定客户达到 449 万户，网上国网月活率稳居国网首位，房山公司通过社区客户经理、党员服务队进社区现场宣传推广等方式，超额 3 倍完成全年“网上国网”注册绑定指标。为全市 6 类 274 万户供暖客户提供保障服务，深化“煤改电”五项服务举措，完善“煤改电”服务保障体系，采暖季期间，持续开展客户侧低电压、过电流和电量异常监测预警，引导“煤改电”客户错峰启动采暖设备，完成 300 余个低电压台区治理，确保首都 2000 万人温暖度冬。科技创新成果丰硕。营销专业共获得国家专利授权 69 项，获得各类创新成果 23 项。其中，电科院《电动汽车充电兼容性、安全性检测关键技术、核心装备及规模化应用》和《煤改电工程关键技术及规模化应用》研究项目，分别荣获国家电网公司科技进步一等奖和北京市科技进步二等奖。获得公司科技创新成果奖 13 项；获得公司管理创新成果奖 6 项；获得中电联电力创新技术发明二等奖 1 项；获得中国电机工程学会中国电力科学技术三等奖 1 项。安全基础全面夯实。建立营销工程项目周管控机制，按周发布营销工程施工计划，指导各单位有效管控现场作业安全。公司营销专业安全巡检组通过现场检查、视频监控等方式，加大现场安全监督检查力度，全年开展安全检查 1369 个现场，发现并整改问题 3 个。完成乡镇供电所电气火灾智能监控平台建设，治理消防隐患 3845 项。电科院和信通公司大力开展营销网络与信息安全隐患排查和治理工作，全年完成 375 项隐患整改，有效提升网络安全防护能力。

暮色苍茫看劲松，乱云飞度仍从容。过去一年的成绩，凝聚着各部门、各单位的集体智慧和鼎力支持，凝聚着营销战线广大干部职工的辛勤付出和拼搏汗水。在此，我谨代表公司，向各部门以及奋战在各个岗位的全体营销干部职工，表示最诚挚的慰问和衷心的感谢！

2020 年营销工作的高质量完成，为公司“十三五”画上了圆满的句号。回望过去的五年，我们坚持党的领导，始终牢记“人民电业为人民”的初心使命，积极践行国网战略，全面落实公司部署，主动服务首都发展，走过了一段不平凡的奋斗历程。

五年来，我们主动作为，推动改革创新，电力营商环境实现新跨越。在全国率先推出“三零”服务品牌，将低压接电容量由 100kW 提升至 160kW，累计为 4.48 万户小微企业提供“三零”服务，节省客户投资 19 亿元。推动政府出台低压占掘路免审批、电价调整提前公示和财务遏制等三项政策，助力我国“获得电力”世界排名从 98 位跃升至 2019 年的第 12 位，办电环节和成本已达到全球最佳水平，线上报装等四项先进做法被国务院列为典型经验，“三零”服务品牌在北京市水、热、气行业中推广应用，并作为“获得电力”标准在全国推广。创新实践硕果累累，国网管理创新特等奖“电网企业基于优化营商环境的获得电力服务提升创新与实践”、国网公司青创赛金奖“智绘营商”、国网科技进步一等奖“面向能源计算物联网的微功率无线关键技术与应用”等一批优秀获奖成果在国网推广，在公司改革创新中展现了营销专业决心与动力。

五年来，我们精益求精，深化优质服务，品牌价值实现新提升。政治保电万无一失，出色完成党的十九大、新中国成立 70 周年等 940 项重大活动供电保障任务，年均保电天数超 300 天。与国管局、中直机关等 5 家集团要客签订战略合作协议，推出安全用电、综合协调、绿色智能、合作交流四方面 20 项服务举措。投诉、报修和话务量全面下降，较“十二五”末，客户投诉由 2366 件下降至 578 件，下降 76%；故障报修由 29.57 万件下降至 13.93 万件，下降 53%；95598 话务量由 465.76 万通下降至 320.48 万通，下降 31%；95598 话务和投诉下降率在国网名列前茅，优质服务水平大幅提升。服务理念深刻转变，线上服务成为公司服务主渠道，线上交费率由 46%提升至 86%，线上办电率由 0 提升至 92%，电力服务迈入主动化、精准化、线上化新阶段。客户服务基础信息更加精准，客户联系信息覆盖率由 22%提升至 100%。购电下发平均时长由 19.7 分钟下降到 90 秒，百姓购电更加便捷。电力服务品质得到首都各界广泛赞誉，在公司提升品牌价值中彰显了营销专业品质与追求。

五年来，我们不拘一格，大力拓展市场，营销业务不断开辟新领域。“十三五”期间，公司客户数由 761.79 万户增长至 897.39 万户，年均增长 27 万户。完成接电容量 5709.53 万 kVA，较“十二五”增长 33.72%。售电量由 4060.02 亿 kWh 增长至 5042.51 亿 kWh，较“十二五”增长 24.20%。完成 2109 个村、98 万户“煤改电”改造，北京电采暖用户总数突破 130 万户，实现平原农村无煤化，超额完成北京“十三五”“煤改电”任务，公司成为全市第二大供暖企业，在北方地区开展清洁取暖的“2+26”个城市中规模最大、成效最显著。充电业务实现跨越式发展，5 年建设充电桩 1.14 万个，充电桩总量突破 2 万个，建设规模国网领先，年充电量从 6500 万 kWh 增长至 1.4 亿 kWh，累计实现营业收入 5.57 亿元，申领建设运营补贴资金 3.88 亿元，营收和补贴金额均为国网、全市首位。完成电能替代电量 140 亿 kWh。综合能源年收入从 2100 万元增长至 3.78 亿元。电能替代和能效服务在公司高质量发展中贡献了营销专业智慧与力量。

回顾五年来营销工作的奋斗历程，我们奠定了坚实的争先发展基础，也收获了弥足珍贵的经验启示：

争先发展是推动营销事业蓬勃发展的动力源泉。公司营销工作不断进步，持续保持国网公司先进水平，源于始终坚持争先意识。只有紧跟改革发展步伐，敢于突破、勇于争先，不断加强理念、管理、技术创新，才能早日实现卓越服务高质量争先战略目标。市场和服务是推动营销事业蓬勃发展的根本因素。电网企业是经济社会发展的“顶梁柱”和“先行官”，营销工作紧贴市场、直面客户，只有坚持以市场和客户为中心，始终保持敏感的服务理念、敏锐的市场意识、敏捷的行动效率，不断创新服务产品，丰富服务内涵，才能赢得市场的青睐和客户的认可。队伍建设是推动营销事业蓬勃发展的坚强保障。干事创业离不开人才队伍。只有坚持以人为本，关心和爱护员工，鼓励员工敢闯敢试，重视人才培养和技术培训，不断强化队伍建设，才能锻造一支业务精湛、团结一致、顽强拼搏的营销铁军。

二、面临的形势与挑战

一是党和国家新部署对电力营商环境提出新挑战。党的十九届五中全会明确提出要持续优化市场化、法治化、国际化营商环境，国家能源局“三指定”认定指引和五部委规范行业收费等国家新部署，对公司高质量优化电力营商环境提出新要求。当前，公司世行“获得电力”各项指标比肩世行评价全球最佳水平，实现高位争先有了一定条件。同时，公司争取到的高压业扩投资延伸政策偏向于园区和大型企业客户，适用范围较小，客户接电案例较少，未能完全涵盖国内评价样本范围。公司在拓展服务外沿和创新“阳光业扩”服务措施方面，与系统内及南网先进城市开展高质量争先优势不明显。

二是人民美好生活新需要对供电服务提出新期望。“十四五”时期，国家加快经济发展，民生福祉将达到新水平，百姓更加期盼生活用电等基础保障的“无感”服务。客户维权意识不断增强，国计民生保障性公共服务倍受社会关注，政府监管和舆论监督更加深入。当前，公司重要客户服务体系、管理标准和延伸服务等方面，在高质量发展上还有提升空间。从 2020 年受理的客户诉求情况看，公司在用电服务、故障停电精准告知、主动抢修等方面与客户便捷、无感用电需求还存在一定差距，现代服务体系建设方面与国内其他发达城市高质量争先仍有短板。

三是客户能源需求新趋势为市场开拓带来新机遇。中国向世界作出“2030 年实现碳达峰、2060 年实现碳中和”的庄严承诺，既展现了负责任的大国担当，同时为国内各行业减少碳排放，降低能源利用强度，提升能源利用效率，加大清洁能源消费比重明确了“时间表和任务书”。全社会清洁低碳用能将逐步成为能源消费新习惯、新方式，必将进一步扩大能效服务市场需求，促进新能源利用和规模化发展，为公司加快发展电能替代、综合能源等新兴产业，实现高质量争先发展，建设具有中国特色国际领先的能源互联网企业带来难得历史机遇。

四是内外部监管新形势对基础管理提出新标准。党的十九届五中全会明确提出要加强国家治理体系和治理能力现代化建设，体现了全面从严治党的决心。国资委印发意见要求中央企业严格落实党和国家方针政策以及国有资产监管制度。近年来，国家审计署持续对国家电网公司开展国家重点工作部署落实情况跟踪检查，均将公司作为重点延伸审计对象。从近年来的内外部巡视、审计、检查情况看，业扩报装、量价费损等营销业务反复出现问题，反映出营销基础管理工作还存在发热点和出血点，影响了客户体验感知，损害了公司企业形象和经营效益。

五是营销业务发展新阶段对安全防控提出新要求。国网公司职代会明确“一业为主、四翼齐飞、全要素发力”的总体发展布局，要求营销专业要加快从传统营业业务向综合能源、充电业务、客户侧分布式能源并网等新兴产业转变，信息通信系统互联互通，客户与电网间大数据交互应用愈发紧密，个人信息安全已经上升到法律层面。营销专业承担着 20 余套信息系统安全稳定运行任务，掌握着大量的用电客户敏感信息，既面临计量表计更换、充电设施建设等分散式小现场作业，点多面广安全防控压力大的挑战，又要确保新业态下客户敏感信息安全不外泄，要求我们要进一步增强风险防范意识，强化营销大安全管理，为公司高质量发展保驾护航。

三、2021 年重点工作

2021 年是建党 100 周年，是落实国家“十四五”规划、全面建设社会主义现代化国家的开局之年，全年营销工作总体要求是：坚持以习近平新时代中国特色社会主义思想为指导，深入贯彻国家电网公司 2021 年市场营销工作会议精神，落实公司“两会”部署，紧扣“高质量争先”主线，高质量实施公司“12912”卓越服务战略落地工程，聚焦六个“着力”，实现六个“争先”，奋力开启公司卓越服务高质量争先发展新征程。

主要发展和经营目标是：新增接电容量 550 万 kVA；完成电能替代电量 18 亿 kWh；完成售电量 1075 亿 kWh，同比增长 1.65%；力争当年电费回收率 100%；

综合能源营业收入4亿元；台区平均线损率3%以下；实现公网低压客户高速载波采集全覆盖；建成电动汽车充电站60座，充电桩303个；力争“获得电力”排名进入全球前十，保持国内电力营商环境先进水平；服务满意度达到98.7%，保持国网领先地位，12345热线综合排名保持全市前列；企业负责人营销业绩指标保持国网领先。

围绕主要目标，重点做好以下六个方面工作。

（一）着力提升业扩服务质效，实现电力营商环境争先

巩固“三零”服务成果，落实“阳光业扩”服务举措，提升客户办电获得感、幸福感，推动电力营商环境持续优化。

稳步提升世行评价排名。厉行“三零”服务承诺，强化“三零”服务监督，确保对外承诺全面落地。借鉴世界先进经济体在接电时长方面的典型做法，5月底前，探索研究接电时长“承诺制”，主动接受客户和主管部门监督，进一步压缩世行评价接电时长。对标供电可靠性和电费透明度全球最佳标准，持续提升供电可靠性，落实电价提前一个月公示政策。稳步提升世行“获得电力”全球排名，实现优化电力营商环境高位争先。

深化国内评价改革举措。加快打造亦庄开发区、怀柔科学城和东城区高压客户外电源零投资示范项目，推动政府在更多区域实施“零投资”。积极研究五部委规范行业收费应对措施和方案。构建高压业扩全线上服务体系，城区和石景山公司牵头试点贯通政府项目审批平台，实时获取企业项目立项信息，建立业扩项目储备库。6月底前，争取政府政策支持，简化高压接电项目行政审批流程，提升客户办电便捷性。

打造转供电加价治理新体系。2月底前，与市场监管部门建立“转供电费码”共享机制，推广“转供电费码”。配合政府强化监管和出台支持客户计量装置改造政策。落实告知责任，提示新装转供电主体客户要为终端用户安装与峰谷电价相匹配的计量装置。3月底前，利用综合能源服务平台，构建终端客户、转供电主体和政府部门“查改管”三位一体的转供电加价治理新体系。

（二）着力打造首善服务品牌，实现客户服务水平争先

建立标准化、定制化、网格化服务机制，初步建成线上线下一体化、业务流程全覆盖的现代服务体系。

构建首善标准客户服务体系。推动城管委制定国内首个重要客户用电安全标准，推广SSTS等不间断电源供电保障技术，提升重要客户供电可靠性。深化高压重要客户“两线、三层、四方面”服务体系，为中央警卫局、医管局、清华等集团要客，定向提供综合能源等20项服务产品。建立低压重要客户物管联络机制，推出智能电表保电等专属服务。优化冬奥测试赛、全国“两会”和建党100周年等重大活动“1+N”保障团队服务流程，深化保障客户安全评估、状态检测和隐患排查整改。建立普通客户“网格化”服务机制，明确1500名专职客户经理工作标准，加强内部专业协同和供电信息共享，客户经理“一口对外”主动联系街道、物业、村委会等部门，畅通供用电信息沟通渠道，快速精准解决客户用电需求。

增强首善标准便捷服务能力。推广网上国网办电、市场化售电、报修和能效等4个“e助手”应用。优化网上国网和微信营业厅电费实时查询服务，大力推广线上服务，新增绑定客户200万户，网上国网高低压业务线上办理完成率达到85%以上。全年计划换装440万只高速载波采集设备，实现公网低压客户全覆盖。升级线下服务体验，对崇文等46个供电营业厅进行“三型一化”改造，为客户提供刷脸办电、手机号查询缴费、智能语音等高效便捷服务，打造城区崇文智能旗舰营业厅。

强化首善标准精准主动服务。深化客户关系管理平台应用，细化客户标签，为客户经理开展办电、渠道推广和产品推介等提供有效支撑。深化客户联系信息采集应用，动态更新客户联系信息，完善信息发送策略，降低信息推送风险和成本。深化高速宽带载波采集设备新技术应用，开展故障停电自动研判、主动抢修和停电信息精准告知，抢修进程可视化率达到85%以上，故障停电精准告知到户率达到90%以上。为社区、农村“煤改电”地区孤寡老人等特殊群体客户，主动提供用电量异常提醒等5项爱心暖心服务，架起党联系群众的“连心桥”。

（三）着力深化电力市场开拓，实现营销经营质效争先

紧密围绕“碳达峰、碳中和”目标承诺，大力开展增供扩销，提高电能在终端能源占比，科学布局充电网络，有序推进“煤改电”建设，推动高质量开拓电力市场。

深入挖掘客户用电需求。深化“阳光业扩”办电品牌，大力实施提质增效。聚焦客户用电需求，严格落实能源局最新接电办理时限规范，实现快接快用，拓展增量市场。全面推广高压业扩移动作业应用，依托“网上电网”资源融合共享，提升方案答复效率。房山、门头沟公司牵头供电方案现场答复试点。各单位全面梳理业扩在途项目，摸排客户用电需求，按需制定接电计划，承发包公司稳步压降结存项目。深化

业扩三级调度，加强专业协同配合，多措并举解决受限项目接入难题，确保完成650万kVA接电指标，力争实现700万kVA接电。

深入挖掘能效服务市场。深化“供电+能效服务”，围绕工业园区、商业综合体、学校、医院、数据中心等客户，推动“双方案”有效落地，提高综合能效、多能供应等产品比重，综合能源营业收入突破4亿元，完成电能替代电量18亿kWh。开展示范项目建设，在大兴临空经济区、昌平未来科学城等区域，打造“多要素、全场景”用能示范；在高校、三甲医院集中的城区、海淀等地区，打造重点客户能效提升示范；在前门草厂、石景山京西古道、房山水峪和门头沟妙峰山等打造全电低碳示范；探索大功率空气源热泵、储能等新技术应用，率先开展首都核心区燃油锅炉和昌平中小学燃气锅炉替代，形成10万平方米以上集中供暖规模。高质量建设“虚拟电厂”，依托综合能源管理平台，推进客户侧负荷管理由有序用电向电力需求侧转变，鼓励能源公司作为负荷聚合商，通过商业模式运作，参与源网荷储协同互动。

深入挖掘充电服务市场。2021年计划投资6700万元，重点在冬奥场馆周边、物流园区、居民小区、高速公路服务区等区域建设充电桩303个，精准迁移241个低效充电桩。加大京东、小桔等集团客户引流力度，通过充值积分返券等促销产品拉新促活。全年实现充电桩利用率提升2个百分点，充电量2亿kWh，电动汽车公司实现委托经营收益5000万元。争取有序充电推广纳入政府补贴范畴，推动政府优化充电桩运营补贴政策，争取全年申领补贴超4000万元。国网首家开展大功率超级充电技术试点应用，建成国内首条充电桩自动化检定流水线，打造左安门智能公寓“光储充放+区块链”融合示范站。

深入挖掘农村用能市场。积极争取政府出台山区“煤改电”补贴政策，力争提高市级补贴比例。拟计划实施平谷、密云和延庆冬奥沿线共计42个山区村庄、1.81万户“煤改电”建设任务。探索研究山区“煤改电”技术路线，提升山区电网供电可靠性，试点开展多能互补和客户侧储能技术应用，推动政府在偏远山区建立灾害天气应急机制，确保故障停电后供暖延续性。落实乡村振兴战略，推动综合能源服务在现代化设施农业项目中应用，在平谷金海湖等试点创建全电、绿色、低能耗的新能源示范供电所，开展“近零耗能”民宿试点建设和运营分析。

（四）着力加强营销基础建设，实现营销发展质量争先

加强量价费管理。提升市场化结算服务支撑能力，9月底前，做好交易结算规则政策落地，优化市场化抄核异常智能诊断规则库，完成市场化结算模块纳入营销业务应用系统功能改造，实现市场化用户电量自动核算。11月底前，做好市场化现货交易准备，研究制定现货交易抄表、核算规则，组织开展营销、采集系统功能完善，开展电能表对现货交易支撑情况分析与更换，为市场化现货交易电费结算全流程线上运转做好准备。继续落实电费回收“一户一策”“一类一策”措施，做好常态化疫情防控情形下的电费回收工作，确保各项措施有效落地，实现电费100%颗粒归仓。

加强营销业务规范管理。坚持问题导向，做好重点领域风险防范，化解系统性风险。在国家电网公司指导下，严格落实国务院五部委清理规范城镇供电收费要求，取消供电企业及其所属或委托的安装工程公司在用电报装工程验收接入环节向用户收取的各类名目费用，稳妥研究推进电网投资界面延伸工作。严格对照国家能源局“三指定”指引，深化自查、互查，加大“三指定”苗头性问题查处，严格执行国家电价政策，实施营销普查规范行动，集中整治问题短板，强化制度、标准、流程的硬约束。

加强计量管理。加快推动政府监管部门出台表计失准更换地方标准，完成220万只智能电表状态评价，预计可为公司节约成本4.65亿元。扎实推进计量资产精益化运营三年行动方案，组织各供电公司开展清仓立库，全面消除高龄库存，实现“一库一定额”，库存压降40%以上。5月底前，全面应用分布式“云部署”采集系统，实现系统存储和计算能力提升5倍以上，有效支撑市场化交易、台区线损分相治理等功能深化应用。全面推广计量采集智能运维，通过人脸识别、线上操作等信息手段提升运维效率，深入挖掘人员轨迹和现场用时等数据价值。

加强台区线损管理。构建“三个一”台区线损管理体系，加快推进“一台区一指标”实用化，科学指导降损，严格落实台区线损绩效考核，逐级压实责任，奖惩落实到人，台区平均线损率压降至3%以下。结合高速载波采集设备换装工作，应用96点高频数据采集、台区自动识别等新技术，自动研判户变关系错误、疑似窃电和计量故障等异常问题，全面开展技术降损应用。联合台区线损治理专业技术团队，开展疑难台区线损专项治理工作，构建台区线损异常智能诊断模型，锁定“真”损台区，指导各供电公司精准降损。

加强反窃查违管理。规范开展反窃查违工作，加大宣传力度，提升客户依法合规用电意识。加强与区城管委和城市执法局等部门沟通协作，联合开展打击违窃专项行动，维护地区供用电市场秩序。加快推进

反窃查违数字化转型，优化客户用电异常监测模型，开展用电异常监测分析，精准定位计量装置故障、窃电等问题。积极与政府征信部门沟通，开展用户用电行为数据共享，将符合征信报送条件的违约用电、窃电单位和自然人纳入社会征信体系，充分发挥社会信用体系失信惩戒作用。

加强营销稽查管控。强化营销稽查体系建设，建立公司柔性稽查专家团队，支撑公司开展稽查工作；各供电公司加强营销稽查机构和专职稽查人员配置。优化稽查闭环管控机制，建立专业和稽查整改“双验收”销号制，专业负责人全过程监督问题整改情况，督促制定防范和提升措施。推进风险防控关口前移，在业务流程中部署规范性校验规则。结合内外部检查、巡察和审计关注要点，扎实开展供电服务现场检查和“三位一体”稽查，实现供电公司全覆盖。

（五）着力夯实营销安全根基，实现营销风险防范争先

夯实现场安全根基。严格落实营销安规要求，一季度组织营销全员开展《营销安规》和《营销专业标准化作业指导书》宣贯培训，开展营销人员和外协施工人员安全考试，将成绩纳入营销现场作业安全准入条件。丰富营销现场作业安全管控技术手段，6月底前，完成营销现场线上作业平台部署上线，实现计量、业扩、用检等营销专业现场作业计划和工作票线上办理。通过视频监控和现场安全巡检等方式，加大计量、业扩和老旧小区改造等高风险作业安全管控力度，确保营销现场作业安全。

夯实网络安全根基。按照“管业务必须管安全”原则，开展营销数据安全评估和互联网客户敏感数据排查，严控数据对外共享风险，构建对外共享数据申请、审批和泄露追溯防护体系，实现数据对外共享溯源管理，强化营销数据安全把控。深化营销网络安全隐患排查与整改，实现营销信息系统和营业厅100%覆盖，建立隐患整改复查机制，扎实落地“一患一档一整改”，明确隐患整改责任人。持续强化网络安全管控，确保营销网络与信息安全。

（六）着力强化营销队伍建设，实现营销强根铸魂争先

强化队伍能力建设。营销系统要始终站在服务党和国家工作大局，助力首都建设国际一流和谐宜居之都的政治高度开展各项工作。不断增强首都意识，发扬“敏感、敏锐、敏捷”作风，切实提高政治判断力、领悟力、执行力，学会用政治眼光分析解决问题。要以首善标准服务保障客户安全用电、便捷用电和清洁用电。鼓励和引导各级营销干部职工发扬首创精神，营造干事创业良好氛围。组织开展网络大讲堂、技能竞赛等多种形式培训考核、比武练兵活动，大力培养“一岗多能”复合型营销人才。加强农电队伍能力建设，强化“全能型”乡镇供电所人才培养，加强农电人员综合能源等新兴业务培训，培养“全能型”农电服务人才。建设农电系统专家人才库，优化乡镇供电所绩效激励机制，推动绩效收入向技术骨干人才和创新领军人才倾斜。深化校企合作定向培养机制，实现高质量补员。

强化技术创新发展。围绕“三型一化”营业厅建设、高速宽带载波新技术应用、移动作业推广使用等工作，深化传统供电服务与人工智能、区块链、5G等信息技术融合应用，提升服务质效，降低经营成本。深化智能表非计量功能应用，探索双模通信技术和低压多级拓扑识别研究。深化高速载波设备高频采集数据应用，探索开展市场化现货交易。承担国家质量基础一站式服务平台试点任务，完成智能表全检数据等区块链子节点建设。牵头开展低压电流互感器计量性能评估技术国网科研项目。探索数字稽查建设，通过全维度数据采集实时对营销业务事件进行感知，实时触发数字化稽查监控，实现按月稽查向实时稽查转变。研究应用仿真技术，打造“多场景、多应用”的区域综合能源展示平台。

强化党风廉政建设。营销干部要严格落实“一岗双责”要求，始终把廉政建设作为分内之事，自觉把廉洁从业要求融入日常工作管理。党员干部要率先垂范，进一步提高政治意识、大局意识、核心意识、看齐意识，坚决贯彻公司党委各项部署，严守政治纪律，坚决杜绝违规违纪行为。要加强对“职低权实”人员的监督检查，注重关键少数的日常监管防控。对“三指定”、乱收费、吃拿卡要、滥用职权、里勾外联等恶劣行为，要以“零容忍”的态度严肃查处，从严处理。积极营造干事干净、担当作为、风清气正的营销工作氛围，建设一支政治过硬、业务精湛的营销队伍。

这里再强调一下近期重点工作。一是做好营销安全和优质服务。各单位要严格落实本次会议布置的春节期间服务和安全工作要求，坚决克服放松懈怠情绪，落实各级管理责任制，确保客户服务优质高效，严禁出现工单接派超时、抢修超时等现象，要确保营业场所消防安全和营销网络安全。二是做好疫情防控。目前，境外疫情仍在蔓延，北京疫情防控形势依旧严峻复杂，疫情防控仍是当前工作重点。各单位要坚决落实各项疫情防控规定，在做好疫情防控单位的供电保障基础上，做好人员自身防护，守护职工身体健康。三是做好重

要活动保障工作。今年春节与冬奥测试赛叠加，同时与全国“两会”间隔时间较短，保电任务繁重。相关单位要高度重视，精心组织，提前做好客户内部供电隐患排查工作，确保供电服务保障万万无一失。

公司副总经理、党委委员周建方在公司2021年改革和法治工作会上的讲话（摘要）

（2021年3月3日）

一、近年来改革和法治建设取得显著成效

2020年是全面深化改革、加快法治建设的重要一年，也是“十三五”收官之年。回看过去五年的工作，我们更能深刻感受到公司上下凝心聚力、守正创新、砥砺奋进，不断运用改革和法治保障公司高质量发展的奋斗历程。

五年来，电力体制改革纵深突破。省级电网输配电价改革取得重大成果，前两个监管周期北京电网分别实现核涨0.37分/kWh、1.5分/kWh。交易中心第一轮股份制改造圆满完成，新增6家股东单位；第二轮股权转让工作有序推进，转让方案已公开挂牌，改革完成后公司占股比例将降至43%。运用改革思维，与机场集团、首钢集团开展合作共建，“自发、自供、自用、自管”百年的原首钢老电网全面退出运行，大兴机场建设首次实现将电力公司产权电网深入机场红线内部，标志着公司在增量配电市场改革和建设方面取得重大突破和进展。

五年来，国有企业改革卓有成效。全面完成公司制改制任务，经研院等3家子公司由全民所有制变更为公司制。高质量完成“三供一业”供电设施接收及改造任务。稳步完成“两供一业”对外移交工作，确保职工家属区平稳过渡。全面打通省管产业单位资本纽带关系，形成“1户平台出资人+1户平台公司+34户子（孙）公司”的产权格局。

五年来，企业内部变革创新发展。完成前三批“放管服”改革任务。共计承接国网公司前三批“放管服”事项203项，向基层下放113项。有序推进各项改革事项的承接、下放，持续开展相关制度、流程、信息系统等调整。完成基建12项配套措施改革，组建建设咨询、电缆公司。

五年来，法治建设体系更加健全。将法治建设纳入公司“12912”战略落地实施方案，实现与企业治理现代化的有效衔接。认真落实法治建设第一责任人职责，完成法律服务保障中心组建，法治建设分工负责、协同推进格局日益成熟。圆满完成“十三五”法治央企总结验收，健全各级党委中心组专题学法机制。不断深化重要决策合法合规审核，有力保障了公司依法决策。

五年来，风险防范体系更加完备。合规管理体系初步建成，“三道防线”作用有效发挥，未发生重大法律合规事件。制定落实法律风险控制计划300余项，常态化开展法律风险提示，不断健全“事前防范、事中控制和事后救济”的法律风险防范体系。健全以公司章程为核心的制度体系，发布现行有效规章制度1041项，实现制度管人、管事、管权、管企业。大力开展依法主动维权，累计避免和挽回经济损失18322.8万元，触电案件数量同比2017年下降81%，圆满完成国家电网公司下达目标。

五年来，服务保障作用更加到位。率先建成智能化法律服务保障平台，解答基层实际问题1155项，在线取证1179次。主动服务提质增效，有力支撑改革攻坚，为公司各项重点改革工作提供全程法律服务保障。累计审核经济合同16.8万份，合同履约风险管控水平大幅提升。组织专业人员开展 “走进法庭”“学案例防风险”等活动累计728次，发布重点领域普法丛书9册，全员法治观念明显增强，法治素质有效提升。

回顾“十三五”，我们经历了厚积薄发、创新突破的五年，公司改革和法治建设获得丰硕成果的同时，也为我们带来了弥足珍贵的经验启示：必须坚持党的领导。党的十八大以来，以习近平同志为核心的党中央高瞻远瞩、统揽全局，提出了“四个全面”战略布局，以前所未有的决心和态度，坚定不移、坚持不懈地全面深化改革，全面推进依法治国，取得了令人瞩目的各项成就，获得国内外社会高度评价。我们深刻感受到，只有坚持党的领导，始终与以习近平同志为核心的党中央保持高度一致，才能在深化改革与法治建设的道路上推进发展。必须践行新时代战略。国家电网公司聚焦能源革命大趋势和互联网技术发展新形势，提出了新时代战略目标和一系列战略框架、战略工程。公司践行国网公司战略，谋划部署“12912”首都落地方案，提出了具体落地措施。我们深刻体会到，

只有紧紧围绕公司战略，蹄疾步稳推改革、勇毅笃行强法治，才能充分发挥“关键一招”作用，确保改革与法治取得实效。必须深度融合中心工作。改革与法治之难，难在统揽全局而不空中楼阁，难在突破革新同时稳妥有序，难在顶层设计兼顾基层实际。我们深刻体会到，只有将改革与法治始终与公司发展实际紧密结合，深度融入专业工作，起到破局发展、保驾护航的作用，才能切实得到各方认可和支持。必须凝聚团结干部职工。公司干部职工勇于担当、甘于奉献，在全面深化改革与法治企业建设道路上披荆斩棘、乘风破浪。我们深刻体会到，只有充分调动广大职工的积极性、主动性和创造性，才能让改革和法治精神更加深入人心，让改革和法治工作真正解决实际问题。

二、高质量推进“十四五”改革和法治工作

（一）深刻认识公司改革和法治工作新形势

党的十九届五中全会为我国经济社会高质量发展擘画了波澜壮阔的宏伟蓝图。习近平总书记强调，要准确把握新发展阶段，深入贯彻新发展理念，加快构建新发展格局，全面开启建设社会主义现代化国家新征程。进入新阶段，国家电网公司确立了具有中国特色国际领先的能源互联网企业的战略目标，公司改革和法治建设承担着新的更重的责任使命。

新发展阶段对改革和法治工作赋予新使命。今年国家电网公司明确“三新、四坚持，三以、六更加”的总体思路和坚持“五个不动摇”、做好“四个统筹好”的方针原则，提出“一业为主、四翼齐飞、全要素发力”的总体布局。公司开创性地提出“三首”理念，以高质量发展为主题，扎实推进“12912”国网战略落地方案，提前一年基本建成具有中国特色国际领先的能源互联网企业。我们必须用好改革这个关键一招，进一步解放、发展和保护生产力，解决企业发展突出问题和主要矛盾。我们必须抓好法治这个重要保障，着力固根基、扬优势、补短板、强弱项，应对挑战、防范风险，在法治轨道推进公司治理体系和治理能力现代化。

新发展理念对改革和法治工作提出新要求。习近平总书记提出“2030碳达峰、2060碳中和”的宏伟目标，正在引领我国加快推进能源清洁低碳转型，将对我国经济、能源、技术、政策体系带来深刻影响。当前北京提出全力建设国际科技创新中心、全球数字经济标杆城市，率先实现“碳达峰、碳中和”目标，对公司运用新的发展理念推动高质量发展带来新的机遇和挑战。需要我们通过深化改革为完整、准确、全面贯彻新发展理念提供体制机制保障，更要高度运用法治思维和方式解决问题，充分发挥法治在公司高质量发展中的引领、规范和保障作用。

新发展格局对改革和法治工作带来新课题。当前公司面对“确保首都供电安全、企业稳健经营和政府监管日益严格”等三大艰巨挑战，新老问题相互交织，改革任务紧迫繁重，法治建设任重道远。适应新的发展格局，需要我们更加主动融入发展全局深化改革，进一步加强政策法律问题研究，落实电力和国企改革要求，完善公司治理和市场化经营机制。需要我们更加注重运用法治思维和法治方式推进工作，把依法合规经营摆在更加重要位置，更加注重制度完善，更加注重风险防范，更加注重价值创造，让法治成为公司重要软实力和核心竞争力。

（二）“十四五”改革和法治工作思路及重点任务

改革和法治如鸟之两翼、车之两轮。踏上“十四五”的新征程，面对重大发展机遇和现实挑战，公司要实现“五个争先锋、站排头”目标，全面深化改革和加强法治建设意义重大。

“十四五”改革和法治工作思路是：以习近平新时代中国特色社会主义思想为指导，紧密围绕“12912”国网战略首都落地方案，以促进公司高质量发展为目的，以“加减乘除”改革方法论为统领，以完善现代国企制度和深化法治企业建设为抓手，将首都意识、首善标准、首创精神贯穿始终，着力构建系统完备、运转高效的法治体系，加快推进企业治理体系和治理能力现代化，公司改革和法治建设在国网系统中实现争先锋、站排头。

1. 改革攻坚迈出新步伐。要准确把握改革工作政策性、敏感性、重要性和实效性四大特性，切实做好全面深化改革各项任务推进。一是电力改革政策执行到位。全面适应输配电价成本监管要求。认真落实全国统一电力市场建设，有序推进北京地区现货交易。持续优化交易机构运营模式，形成公平开放、独立运作的交易平台。二是国企改革举措卓有成效。全面完成国企改革三年行动计划。扎实推进创建一流示范企业及对标管理提升活动，公司管理体系和治理能力基本实现现代化。三是管理变革实现突破。落实“战略+运营”管控模式优化，动态完善负面清单对接名录，深化“放管服”和“三项制度”改革，公司活力明显提升。大力推进新兴业务发展，市场化单位的竞争力和凝聚力显著增强。

2. 法治建设实现新提升。要有效发挥法治建设的引领、规范和保障三大重要作用，不断深化法治企业建设。一是公司合规体系基本建成。“三道防线”作用充分发挥，全员合规意识明显增强，重点领域合规要

求全面落地，合规管理体系和风控体系、内控体系有序衔接，确保不发生系统性合规风险。二是法律服务保障能力大幅提升。形成科学完备的制度体系，重大决策合法性审核机制运转高效，合同全寿命周期管理机制健全完善，依法维权成效更加显著，初步建成具有完备法治体系和卓越法治能力的法治企业。三是法治文化深入人心。“互联网+法治”平台日臻完善，法治宣教实现全面覆盖，干部员工法治理念全面树立，法治能力显著提升，建成具有首都电力特色的法治文化。

三、全面完成 2021 年重点工作任务

（一）关于深入贯彻习近平法治思想

2020 年 11 月，党中央首次召开中央全面依法治国工作会议，会议明确了习近平法治思想在全面依法治国中的指导地位。习近平总书记用“十一个坚持”系统阐述了新时代推进全面依法治国的重要思想和战略部署，为全面依法治国的根本遵循和行动指南，也为我们深化法治企业建设指明了工作方向和奋斗目标。

公司上下要坚持不懈学懂弄通习近平法治思想，更加注重系统观念、法治思维、强基导向，以坚持党的领导为根本，以建设更高水平的法治企业为目标，以依法保障公司权益为引领，奋力推动法治企业建设取得新成效，为公司新阶段改革发展提供坚强法治保障。一是要坚持党的领导铸法治之魂。牢牢把握正确政治方向，持续完善党领导法治建设的制度机制。全面落实“两个一以贯之”要求，运用制度化、法治化方式推动把党的领导全面融入公司治理，实现党组织议事决策职责更加清晰、标准更加明确、程序更加规范，将法治能力转化为治理效能。二是要抓好关键领域成法治之效。领导干部是全面依法治企的关键，要抓住这个“关键少数”，确保全面依法治企各项任务真正落到实处。把学习贯彻习近平法治思想作为两级党委理论学习中心组和干部培训必学内容，不断提高领导干部运用法治思维和法治方式深化改革、推动发展、化解矛盾、维护稳定、应对风险的能力。三是要主动融入中心显服务之能。站在服务发展全局视野，加快推进法治工作与企业中心工作深度融合，法律管理与企业经营管理深度融合，把各项工作纳入法治化轨道。健全合同全链条管控体系，完善案件全要素闭环管控，建立制度全寿命周期管理，为公司改革发展大局提供全过程、全方位法律服务保障。

（二）关于深化合规体系建设

党中央多次在重要文件中提出，国有企业要加快树立依法合规经营的管理理念。近年来，国家电网公司对开展合规管理进行一系列部署，又将今年列为“合规管理深化年”，对合规体系建设提出新的管理要求。当前，公司面临的发展环境正在发生深刻变化，全面加强合规管理，是落实全面依法治国战略的重要内容，是高质量建设具有中国特色国际领先的能源互联网企业的内在要求，也是适应环境变化、防范化解重大风险的重要保障。

公司上下要把加强合规管理，有效防范化解合规风险，当作当前法治企业建设的重要内容。一是要聚焦合规体系建设。按照“管专业必须管合规”的原则，加快健全合规管理工作机制，落实“三道防线”职责，完善法律合规审查、风险预警、评价问责等机制。将合规管理与专业管理深度融合，健全合规管理“免疫系统”和“自愈体系”。推动法律合规、内控和风控一体化运作，建立纵向贯通、横向协调、全面覆盖的协同共享机制。二是聚焦重要领域管控。加强业法融合，围绕电网建设、供电服务等关键业务和反垄断、数据保护等重点领域，推动合规要求落实，保障公司长治久安、稳健经营。围绕公司管理重点领域、重要环节和重大风险，完善重大决策合法合规性审核清单；畅通决策论证流程，做到应审必审、应审尽审，确保不发生重大合法合规风险事件。三是聚焦合规文化建设。强化“合规立身”理念，组织开展合规风险识别和隐患排查，实现从“要我合规”到“我要合规”“我能合规”跃迁。多渠道、多形式开展合规知识宣贯，推进合规培训全覆盖，提升全员合规意识，实现入脑入心，有效筑牢企业依法合规经营的思想根基。

（三）关于加快推进国企改革三年行动

开展国企改革三年行动是党中央、国务院深化改革的重要决策部署。1 月 27 日，国务院国有企业改革领导小组第五次会议，提出“力争到今年底完成三年改革任务的 70%以上，明年‘七一’之前重点改革任务要基本完成”的新要求。2 月 5 日，国家电网公司召开 2021 年改革工作会议，罗乾宜总会计师提出今年 70%的改革目标是底线要求。2 月 9 日，国家电网公司召开第一次深改办会议，专题研究部署加快实施国企改革三年行动，要求立足争先创优，狠抓改革落实，确保改革落地见效，务期必成。

公司高度重视国企改革三年行动，去年党委会审定了公司实施方案，明确了改革任务台账、目标指标、主要举措和实施计划。今年是国企改革三年行动的关键之年。公司上下要紧盯任务台账，确保在国网系统内率先完成改革任务，积极贡献首都改革经验和样板示范。一是要同服务工作大局结合起来。围绕落实新发展理念、构建新发展格局、推动高质量发展，聚焦

"碳达峰、碳中和"、绿色北京、绿色办奥、新基建、电力营商环境等任务目标，深入推进一大批具有创造性、引领性、示范性的改革。二是要同推动战略落地结合起来。以高质量推进世界一流企业建设引领，充分发挥改革突破和先导作用，扎实推进"12912"方案落地，全面开展"高质量争先年"，高效实施八大争先行动，加快建设具有中国特色国际领先的能源互联网企业。三是要同深化管理变革结合起来。高效落实"战略+运营"管控模式，完善负面清单管理机制，深化"放管服"和"三项制度"改革，坚决破除各方面体制机制弊端，激发管理活力后劲，提高市场响应速度，提升改革综合效能，推动新发展阶段取得更大突破、展现更大作为。

（四）关于主动适应电力体制改革

电力体制改革是全面深化改革的重要组成部分。公司坚持主动作为，推动改革在输配电价、交易机构独立规范化运作、拓展配电市场等领域取得重大突破。

当前电力体制改革全面进入深水区和攻坚期，国家监管体系、监管机制和监管力量不断加强，对公司生产经营提出新的要求。一方面要加快电力市场建设，做好清洁能源消纳。加强与政府主管部门沟通，积极研究符合北京电网特点的交易规则，按期完成第二轮交易中心股份制任务。加快完善电力市场运营机制，有效发挥市场在资源配置中的决定性作用。坚持"统一市场、两级运作"，持续扩大跨省跨区市场化交易规模，全年实现交易电量 225 亿 kWh。聚焦北京率先实现"碳达峰、碳中和"目标，进一步优化清洁能源并网消纳管理机制，促进清洁能源科学有序发展。另一方面要适应监管要求，优化公司经营策略。认真落实第二轮输配电价核准结果，严格执行配套电价政策，提前做好第三个监管周期输配电成本监审和核价准备。建立适应监管要求的新型经营管理机制，推动四大产业转型升级。稳步推进监管业务与非监管业务相对独立、有效隔离。支持在竞争性环节引入市场竞争，推动竞争性业务改革，提高相关业务运行效率效益。规范关联交易管理，优化提升电动汽车公司、综合能源公司运营模式，推进业务协同、资源共享和业态创新，实现新兴业务飞速发展。

（五）关于经法专业队伍建设

为政之要，重在用人；事业发展，关键在人。近年来，公司持续加强改革和法治人员队伍建设，成立了法律服务保障中心，明确了基层单位法律顾问岗位设置和职责，充实了体改和经法人员力量，取得一定成效。同时，相对日益繁重的改革和法治建设任务，各单位体改和法律专职人员较少、履职能力不强等问题不同程度存在，成为制约服务保障能力提升的瓶颈，亟需下大力气加快研究解决。

按照"数量和质量并重、培训和培养并重、激励和约束并重"的原则，围绕加快推进改革任务、深化法治建设重大战略任务，着力打造一支政治过硬、业务过硬、作风过硬的经法专业人才团队。一是推进经法队伍规范化。坚持公司法治队伍"一盘棋"，研究制定经法专业队伍建设规划，加强法律人才引进培养，多渠道提升法律人员数量和履职能力。积极推动现有法学专业人员的优化配置，拓宽经法专业人才职业成长通道，依托公司系统四级四类人才通道，搭建经法专业人才的发展平台。二是推进经法队伍专业化。加强经法专业人才培养锻炼，建立法律服务保障柔性团队。完善轮岗实习、列席决策会议等培养使用机制，促进经法人员积累经验，提升素质。各单位要积极创造条件，让相关人员在深化改革、法治建设和主营业务实践中得到历练，提升其履职能力和专业水平。三是推进经法队伍职业化。鼓励法律人员考取法律职业资格证，进一步扩大公司律师队伍，提升持证上岗率。规范外聘律师选聘和管理，充分发挥"内外结合，以内为主"的法律服务保障机制作用。畅通公司智库参与重大改革研究的途径，开展前瞻性、针对性、储备性课题研究，建立改革智力支撑平台。

公司党委委员、纪委书记任峰在公司2021年党风廉政建设和反腐败工作会议上的讲话（摘要）

（2021 年 2 月 23 日）

一、2020 年工作回顾

2020 年，公司纪检系统在公司党委坚强领导下，坚决贯彻落实国家电网公司党风廉政建设和反腐败决策部署，增强"四个意识"、坚定"四个自信"、做到"两个维护"。坚持稳中求进严的主基调，紧紧围绕"12912"战略落地和"高质量提升"中心工作，以党的政治建设为统领，以政治监督为重点，以"两个责任”为抓手，忠诚履责、守正创新、担当作为，持之以恒正风肃纪反腐，一体推进“三不”，有力服务保障公司高质量发展。公司在国网党风廉政建设考核中名列第6，实现新的突破。

一是政治监督坚定有力。始终把监督上级重大决策部署落实质效作为重中之重，促进政令畅通、令行禁止。聚焦中央巡视整改抓落地，树牢“整改不彻底就是对党不忠诚”意识，以“钉钉子”精神推进王府井“巾帼班”等巡视反馈问题整改落地见效，全面实施“见底清零”专项行动10项举措，对党建形式主义4方面17项措施开展“回头看”自查自纠，并结合深化巡察等工作持续督察整改质量，工作质效得到国网公司党建专项督导组充分肯定。聚焦决策部署执行抓监督，坚持把疫情防控监督作为重要政治任务，紧盯国网公司30项举措执行落地，及时印发6项指导意见跟踪问效，突出“四个监督”，明确“四个严禁”，重点查纠工程复工复产、疫情应急防控等方面不担当、不作为问题，进一步压实各级疫情防控责任，助力“双零”目标实现。紧扣“12912”战略落地方案和“高质量提升年”重点工作，将健全党内监督体系、强化正风肃纪等5方面纳入“强根铸魂”重点任务，促进重要决策部署一贯到底、落实见效。

二是“两个责任”持续压实。坚持抓党风廉政建设既是主责、更是全责。着力抓履责深度，针对性制定“两个责任”清单47项，细化年度重点任务57项。认真开展政治生态评价和领导班子“画像”，力求画准促实，切实当好生态“护林员”。落实应谈尽谈原则，分层开展“清单式”履责约谈1665人次，对206名新提职干部进行任前廉政谈话，警示提醒作用有效发挥。着力抓督责力度，建立纪委书记季度会、办公会等机制，通过工作盘点、案例剖析、制度研究、考廉述责等，促进履责督责形成常态。着力抓考责细度，深入贯彻上级部署，细化纪委书记履职专项考核8方面42项内容，首次开展基层纪委书记年度述职评议。综合考量日常工作、民主测评、述职考评等，全面客观评价工作质效，着力用好考核杠杆。

三是巡察质效有效提升。落实“三个一抓到底”要求，实现第一轮巡察全覆盖。注重方式优化，采取“一托二”、巡审联动等灵活有效方式，攻坚完成3批11家单位巡察。首轮38家单位巡察共发现问题线索284件、立行立改问题1137个，按计划整改完成93.2%，运用“四种形态”处分处理132人。注重机制创新，挺起专业监督，创建巡察全业务链督导联席会、问题“三反馈”等机制，向分管领导、专业部门发送风险提示函29件，推动落实“一岗双责”和问题整改跟踪督导。建立主动约谈基层班子机制，对25名公司党委管理干部实行“说清楚”。扎实有序开好巡察专题民主生活会，聚焦主责主业，着眼精准纠偏，推动专业督导整改典型问题36项。注重举一反三，制定并通报第一轮巡察全覆盖“负面清单”84项306个表现形式，督促基层从党委研究、对照检查、专业督导和整改报告“三会签”等4个环节，有序压茬推进自查自纠，促进持续整改提升。

四是作风行风不断改进。坚持在抓严抓细抓常上下功夫。坚决纠治“四风”，聚焦节假日敏感时段，紧盯“关键少数”，运用八项规定指导书、形式主义官僚主义参考指引等，对职务消费、车辆使用等常态查纠，逢节必查、逢查必报、快查快办，促进抓早防小。两级共检查449次，抽查会议费、差旅费、法人管理费等3255笔，抽查车辆7352辆次。会议、发文数量分别压缩23%、22%。有效改进行风，纵深推进“抓整改、除积弊、转作风、为人民”专项行动，以严查供电服务违规收费、吃拿卡要等漠视侵害群众利益，以及损害企业形象的不正之风和“小微腐败”为着力点，全面完成91项措施，推动行风持续改进。

五是监督执纪落严落细。坚持强化权力制约监督，突出重点领域，践行“廉洁办奥”理念，深化专项监督行动，细化经营决策、招标采购等72项“负面清单”，推动出台变电站前期占地、招标采购围串标认定等指导意见，两级共抽查检查29次。树牢“大安全”理念，实施安全生产专项整治监督行动5项措施，两级纪检与安监部门联动检查163次，着力提升“大安全”保障效能。突出见事见人，严查违纪问题，严肃追责问责，全年两级收到并核查问题线索71件，运用“第一种形态”处理73人、“第二种形态”处分3人。突出标本兼治，筑牢制度防线，督促职能从制度流程上强化以案促改，出台管控制度22项；筑牢思想防线，深化“首善清风”廉洁宣教App、全景展示教育基地等有效载体，两级谈风险、讲廉课54次，在线考廉1297人，累计受教育达5.3万人次，干事干净氛围更加浓厚。

六是强基固本持续“打铁”。着眼“三执四铁五硬”，持续强化执纪队伍建设。常态多元强打铁，统筹教育资源手段，选派43名纪检干部参加中纪委和国网公司等高层次培训，高质量举办3天全员集中培训，邀请中央党校、中纪委研究室、国网总部等专家教授讲座，通过政策分析、制度解读、座谈研讨、交流互动等方式，提升培训综合成效，促进形成共识、凝聚合力。常态化开展考廉，以考促学、以考促廉，持续提高履职本领。有的放矢育人才，坚持分层管控、分类指导，突出营销服务、工程技经等专业，遴选217名骨干组建纪检巡察人才库，形成执纪办案“机动队”、党委巡察“预备队”和基层内部巡察“工作队”等 3 支人才梯队储备，为公司党委全面提升纪检巡察质效、深化基层内部巡察，奠定坚实组织基础和人才支撑。

一年来，公司“两个责任”同向发力，两级纪检机构同轴共转，形成了凝心聚力、履责担当、同频共振的良好态势，有力保障了公司高质量发展。创新实践经验多次在国网《纪检监察工作交流》《巡视巡察工作交流》刊载，得到驻国网纪检监察组、巡视办充分肯定。成绩的取得，得益于国网党组和驻国网纪检监察组的坚强领导和悉心关怀，得益于公司党委和领导班子的高度重视和支持指导，得益于广大干部员工和全体纪检干部的群策群力和敬业奉献，借此机会，向大家表示衷心感谢！

在实际工作中，我们边学习边思考、边探索边领悟，深刻认识和体会到：一要高标站位讲政治。只有坚决落实“看北京首先要从政治上看”要求，自觉从政治上考量、在大局下谋划、在发展中聚力，明大势、察局情、彰正气，才能切实增强“两个维护”的思想、政治和行动自觉。二要监督在前强护航。只有树牢“抓管理必须抓监督”意识，聚焦重要决策部署抓监督，聚焦重点人、重点事抓管控，创新监督方式方法，发挥巡察利剑作用，才能更好服务保障公司高质量发展。三要正风肃纪挺纪律。只有始终保持严的主基调，坚持稳中求进、坚定稳妥、严管厚爱原则，持之以恒纠“四风”树新风，才能持续涵养政治生态，不断营造真抓实干、风清气正良好氛围。四要持续打铁强保障。只有坚持打铁必须自身硬，以能力建设为根本，以制度建设为保障，持续夯实基层基础基本功，着力加强内质外形建设，才能锤炼出过硬执纪铁军，最大化体现服务保障价值。

同时，我们也要清醒认识到，对照中央全面从严治党新形势和纪检巡察责任使命严要求，工作中还存在 4 方面差距和不足。一是重点领域“习惯性违章”依然存在。从巡视巡察、审计监督等反馈情况看，有的单位在工程建设、物资采购、营销服务、产业管理等方面，仍存在屡查屡犯等问题，需要进一步挺起专业监督，以“严紧硬”的措施有效化解风险隐患。二是对“小微权力”监管仍需持续发力。从公司去年问题线索情况看，涉及科级及以下人员较为集中，占比达 88.7%，反映出“低职实权”人员廉洁从业风险依然较大，底线意识、风险意识淡薄，监督管控力度亟待加强。三是“四风”问题禁而未绝。有的单位在落实八项规定方面仍有薄弱环节，特别是公务车管理使用方面，派单管理、单车核算、油卡使用等有“打擦边球”现象。四是执纪办案能力仍有差距。有的单位存在监督手段虚化、执纪问责宽松软等问题，多见事、少见人，“一案双查”不到位；16 家单位存在“零线索”“第一种形态”零运用等问题。有的纪检干部主动出击不够，习惯于坐等信访举报上门。针对这些问题，我们必须采取坚决有效措施，切实加以改进。

二、突出政治监督、强化服务保障，全力推进纪检巡察工作高质量发展

党的十九届五中全会擘画了“十四五”时期经济社会发展的宏伟蓝图，明确了“坚持系统观念，加强前瞻性思考、全局性谋划、战略性布局、整体性推进”重要原则。在中纪委五次全会上，习近平总书记要求所有工作都要围绕开好局、起好步来开展，对充分发挥全面从严治党引领保障作用作出战略部署。全会将“三不”一体推进提升为战略目标，强调要以系统施治、标本兼治的理念正风肃纪反腐，构建全覆盖的责任制度和监督制度，一刻不停推进党风廉政建设和反腐败斗争。国网公司 2021 年党风廉政建设和反腐败工作会对强化政治监督、完善监督体系作出具体安排。公司“两会”坚持“三首”理念，明确了“高质量争先年”八大行动，并对全面从严治党，把党的建设优势转化为争先发展的胜势提出明确要求。上级的部署，为做好 2021 年反腐倡廉工作提供了行动遵循。同时，从巡视审计、能源行业监管等来看，外部监督呈现“大联合”态势，监督越来越严密、执纪越来越严厉、问责越来越严格，合规建设、风险防控任重道远。我们必须保持稳中求进严的主基调和系统性思维，准确识变、科学应变、主动求变，以高质量纪检巡察工作全力服务保障公司高质量争先发展。

今年是党的百年华诞，是国网战略目标阔步迈进的关键一年，也是我们奋力开拓“十四五”新局面的起步之年。针对公司肩负使命和发展形势，潘敬东同志在今年“两会”上明确指出，要抢抓机遇、直面挑战，在危机中育先机、于变局中开新局，不仅要比拼眼光、能力与智慧，更要考验信心、韧劲与追求。对我们纪检巡察系统而言，越是在开好局、起好步的关键时期，越是在战略实施、高质量发展的关键阶段，越要高标站位，坚定不移走服务大局、突出特色、创新突破之路，紧扣公司“高质量争先”中心工作，践行“三首”理念，坚持守正创新、破立并举，以战略视野、发展眼光、全局角度，统筹推进公司纪检巡察工作理念、思路和机制创新，全面构建监督有力、服务有方、保障有效的纪检巡察工作体系，全力助推公司争先锋、站排头目标实现。结合公司“三首”政治站位和价值追求，立足纪委监督责任和服务保障使命，新时期公司纪检巡察工作必须彰显四个特色定位。

一是必须旗帜鲜明讲政治，彰显“红”字。全面从严治党首先要从政治上看，公司地处首善之区，讲政治、守规矩始终是第一位的要求，要以强有力的政治监督，坚决保障中央决策部署贯彻落实，坚决服务国网战略落地，全面助力公司高质量争先。二是必须稳中求进强定力，彰显“毅”字。党风廉政建设和反腐败斗争永远在路上，要把严的主基调长期坚持下去，始终保持“赶考”清醒，以知难而进的毅力和一抓到底的韧劲，百折不挠办好自己的事，一刻不停深化正风肃纪反腐。三是必须严管厚爱重预防，彰显“善”字。惩前毖后、治病救人是党的一贯方针，要坚持把廉洁安全作为对干部员工的首善关怀，以人为本、善于斗争，防微杜渐、善作善成，严管厚爱、善始善终，将反腐倡廉与深化改革、完善制度、促进治理贯通起来，彰显惩治震慑、惩戒挽救、教育警醒功效，努力形成想干事、干成事、不出事的鲜明导向。四是必须忠诚担当自身硬，彰显“铁”字。信任不能代替监督，纪检干部承担着监督执纪问责的重要使命，要知责于心、担责于身、履责于行，以“四个自我”淬炼本色，刀刃向内严格自律，坚决防止“灯下黑”，以“硬脊梁、铁肩膀、真本事”彰显价值形象。

在“红毅善铁”监督服务保障体系中，“红”是旗帜方向，“毅”是担当实践，“善”是价值追求，“铁”是作风形象，四者是共融互促的辩证体。我们只有做正确的事、正确地做事，凝心聚力、坚定稳妥，系统施治、标本兼治，才能确保公司发展事业行稳致远。同时，我们必须饱含想为、敢为、善为的执着情怀，持续强化系统性思维、协同式推进、体系化建构、闭环式管控、激励式引领，一体推进“三不”，力求做到履责更到位、监督更靠前、执纪更精准、整改更长效、教育更入心。构建和落实好监督服务保障体系，关键要做到“四个持续发力”：

一要在亮“红”护航讲政治上持续发力。聚焦“两个维护”，紧扣中央重大决策贯彻落实、国网战略落地和公司“高质量争先”重点任务，突出抓好政治监督，深化巡察上下联动，强化主责主抓，促进精准纠偏，充分发挥党内监督利剑和密切联系群众纽带作用，确保上级决策部署到哪里，监督就跟进到哪里。

二要在弘“毅”强基压主责上持续发力。坚持稳中求进严的主基调，以“两个责任”为主线，以“四责联动”为抓手，倒逼管党治党责任层层压实。着力做实同级监督、做深日常监督、做细自我监督，突出对重点人、重点事的监督效能，不断强化对权力运行的制约监督，促进企业健康发展、长治久安。

三要在崇“善”严管重效果上持续发力。坚持以善良的心严格执纪，精准运用“四种形态”，见事见人问“三为”、察“六失”，精细监督、精到执纪、精准问责。强化以案促改、以案促教，坚持文化引领和警示教育并举，“漫灌”“滴灌”结合，持续深化“首善清风”清廉文化建设，促进“三个效果”相统一。

四要在打“铁”铸魂育人才上持续发力。坚持打铁必须自身硬，以“三执四铁五硬”为着力点，深化常态“打铁”，不断提高政治判断力、政治领悟力、政治执行力，强化纪法意识、纪法思维、纪法素养，努力打造“政治素质高、忠诚干净担当、专业化能力强、敢于善于斗争”的执纪铁军。

三、2021 年重点工作

总体要求：以习近平新时代中国特色社会主义思想为指导，认真贯彻党的十九届五中全会、中央纪委五次全会精神，全面落实国家电网公司党风廉政建设和反腐败工作会议及公司“两会”决策部署，紧扣“高质量争先年”重点任务，坚持稳中求进严的主基调，践行“三首”理念，突出政治监督，压实“两个责任”，驰而不息正风肃纪反腐，全面打造“红毅善铁”监督服务保障体系，一体推进“三不”，充分发挥监督保障执行、促进完善发展作用，全面助力公司高质量争先发展。

（一）突出政治监督，坚决做到“两个维护”

一要着力强化政治监督。始终把政治监督摆在首位，以推动各级党组织严格执行《贯彻落实习近平总书记重要指示批示和党中央决策部署工作机制》为切入点，聚焦政治原则、政治部署、政治责任加强监督。紧扣“12912”战略落地、“十四五”规划实施，结合服务大局等“八大争先行动”136 项任务，重点加强对建党 100 周年、冬奥筹办等重大保障工作落实质效的监督，盯住重点人、重点事，综合运用党委巡察、检查督察、执纪审查等方式，精准纠偏、靶向治疗，着力推进政治监督具体化常态化。持续深化对中央巡视问题整改效果的监督，促进质量过硬、经得起检验。

二要持续做深协助职责。紧抓主体责任“牛鼻子”，强化协助职责、监督责任、推动作用。立足“四责联动”，狠抓清单明责，完善“两个责任”清单，制定“六类人”差异化履责卡，细化纪委（检）委员“七廉”工作规范，促进知责担责。狠抓科学督责，完善“清单式”约谈、主动约谈等机制，营造“火炉效应”。狠抓纪实考责，动态完善“六维七核”纪委书记履职专项考核体系，突出日常纪实考核权重，并强化考核结果应用，倒逼责任有效压实。狠抓精准问责，健全决策层、监督层、执行层、操作层等分层问责机制，失责必问、问责必严。

三要助力政治生态研判。深入贯彻国网政治生态分析研判办法，完善政治生活、政治纪律、政治文化、政治标准、政治本色等 5 维度指标体系，并运用调研访谈、问卷调查等方式，多视角开展政治生态分析研判，提高科学含量和决策参考分量。注重关口前移，坚持“凡提必审、必考、必谈”，动态完善领导人员廉政档案，客观全面精准体现廉洁状况，严把政治、廉洁、形象等关口，促进选人用人更加立体得当、德才配位。

（二）坚持严的主基调，着力深化“三不”一体推进

一要突出“惩”字强“不敢”。始终保持“严”的氛围，持续提升“惩”的力度，让干部员工因敬畏而不敢。坚决查处变通执行中央重大决策部署，损害党的形象、国有资产及人民群众利益，以及推动战略落地不力等行为；从严监督工程建设、招标采购、营销服务、科研管理、后勤保障、产业管理等权力运行和制度执行质效；严查靠企吃企、设租寻租、关联交易、利益输送等违规违纪问题；认真落实行贿人“黑名单”等制度。

二要突出“治”字强“不能”。落实深化标本兼治推进以案促改要求，注重提升办案质量和以案促改效能，促进办案、整改、治理贯通融合，让干部员工因制度而不能。紧盯招标采购、工程分包、客户工程管理等违规违纪问题频发领域，针对党委巡察、监督执纪、信访举报等发现的突出问题，充分运用纪律检查建议书、风险提示函等方式，推动完善管思想、管工作、管作风、管纪律的内控管理制度。

三要突出“防”字强“不想”。贯彻落实党史学习教育等部署要求，大力开展清廉建设，做到学有所思、学有所悟、行有所止，让干部员工因觉悟而不想。深化“首善清风”廉洁宣教 App 应用，打造全面从严治党教育基地和全景展示平台，做实叫响“首善清风”廉洁品牌。着力强化以案促教，完善政策法规及时解读、红线制度常态宣讲、风险案例定向警示、实名问责定期通报等机制，力求查处一案、警示一片。推行廉洁文化“四进”、纪委书记下基层宣讲等活动，力求风气严实、纪律严明、干部廉洁、班子廉政，让清正廉洁的新风正气不断充盈。

（三）践行人民立场，坚定不移深化正风肃纪

一要锲而不舍落实中央八项规定精神。紧盯节假日敏感时段和领导干部“关键少数”，全面落实“六个紧盯”要求，坚持日常检查和专项督察相结合，对歪风陋习露头就打，对顶风违纪寸步不让，坚决防反弹回潮、防隐形变异。厉行勤俭节约，对餐饮浪费等行为常态有效监督，对公款消费中的违规违纪行为，精准打击、坚决遏制。针对普遍共性问题和易发多发问题，剖析“病理”、祛除“病灶”，推动健全机制、完善制度。

二要靶向纠治形式主义官僚主义。坚持全面从严，有的放矢开展专项督察。围绕习近平总书记重要指示批示和党中央决策部署，精准施治贯彻落实中做选择、搞变通、打折扣等问题；围绕“12912”战略落地、“十四五”规划实施要求，精准施治执行中搞“包装式”“一刀切式”落实等问题；围绕基层减负要求，精准施治文山会海、过度留痕等问题。强化对“放管服”改革执行落地的监督，推动激发基层活力。

三要坚决整治群众身边腐败和作风问题。持续深化行风监督，聚焦“低职实权”，对“小微腐败”等问题重拳出击、绝不手软。以加强供电服务投诉举报监督和分析研判为抓手，结合卓越服务争先行动等落实质效，扎实做好供电服务督导。持续强化对基层“小微权力”的制约监督，建立健全重要问题线索提级交叉办理等机制，坚决查处供电服务违规收费、吃拿卡要、贪污侵占、为亲友谋利等群众身边腐败问题，有效助力电力营商环境持续优化。

（四）突出上下联动，持续提升巡察监督质效

一要高质量深化巡察监督。坚定政治站位，着眼强化利剑和纽带作用，进一步优化巡察方式，综合考虑建党 100 周年、冬奥等重大活动电力保障工作，充分结合内部审计、专项检查等监督平台，立足“回头重点穴、巡审不重复、压茬一拖二”等原则，统筹推进巡察“回头看”，全方位检视第一轮巡察整改质效，倒逼责任压实，着力推动新一轮巡察监督有效全覆盖。持续完善巡察队伍内控运作机制，通过优化遴选程序、专业结构、轮转方式等，确保巡察有力有序，更多更快培养基层巡察力量，更好发挥巡察“熔炉”作用。

二要推动巡察上下联动。落实巡视巡察上下联动意见，优化完善“常规+点穴”“内部巡察+提级交叉”“日常督察+分片联防”等机制，充分运用巡视巡察监督信息化平台，推动巡察由“面上覆盖”向“精准制导”转化，由“单兵作战”向“协作联动”转变。注重对基层内部巡察的分类指导，促进巡察向基层有效延伸，努力达到明确责任强担当、正风肃纪树导向、查漏补缺防“未病”、精准纠偏促提升的纠治效果。

三要做实整改“后半篇文章”。聚焦整改促进，持

续优化巡察全业务链督导联席等机制，促进专责监督和专业监督力量联动。深化成果运用，动态编制《纪检巡察实务指南》及巡察整改专业督导意见汇编，巩固应用好巡察成果，做到可传承、起作用。紧扣第一轮巡察“全覆盖”负面清单，闭环跟踪问效，推动破解一个问题，消除一类隐患。聚焦整改评估，紧盯整改质量考“三率”，动态评估整改质效，并与党风廉政建设考核等有效“挂钩”，力求执纪成本最低、监督效能最高、整改效果最好。

（五）聚焦监督效能，不断增强权力制约监督

一要持续完善党内监督体系。落实上级要求，以党内监督为主导，实干担当做好专责监督。着眼破解“一把手”监督和同级监督难题，细化“背靠背”五维“画像”机制，及时预警提醒。着眼强化对下级党组织的监督，落实“五抓五看”要求，深化探索实践上级纪委同下级党委班子成员集体谈话、上一级纪委书记定期与下一级党委书记谈话、述责述廉评议等机制。着眼强化对下级纪委的领导和支持，建立完善廉情通报机制，严格执行请示报告制度。积极运用信息化平台手段，有的放矢开展智慧监督。注重加强与财务、审计、经法、组织、人资、党建等监督贯通联动，形成常态长效监督合力。

二要做实做细日常监督。结合安全发展、电网升级等争先行动，以“关键少数”“三重一大”和“低职实权”“小微腐败”为切入点，围绕落实执行不力、机制不健全、执纪宽松软等开展日常督察，并用好国网《日常监督工作指导手册》，推动监督下沉落地，让干部感受到监督、习惯被监督。统筹集约基层监督力量，推行纪委分片联动、“揭榜”竞标等机制，促进信息互通、资源共享、风险联防。督促职能部门树牢“抓管理必须抓监督”意识，深化问题线索主动提交、典型问题会商研判等机制。针对带有全局性、倾向性的重点难点问题，推行业务部门牵头“挂帅”、支撑单位试行推广的协同监督项目化管控模式，不断提升“大监督”效能。

三要精准运用“四种形态”。准确把握政策策略和界限，督促两级精准运用“四种形态”，用好用足“第一种形态”，严格落实“一案双查”，让监督“长牙”“带电”。用实国网《纪律审查工作手册》，常态开展审理质量评查，安全办案、办成铁案。坚持“三个区分开来”，严格执行党员权利保障条例，贯彻《查处诬告陷害行为做好失实检举控告澄清工作实施办法》，完善回访、诬告澄清等机制，为实干者撑腰、向诬告者亮剑。

（六）注重“打铁”强基，从严锤炼铁军彰显价值

一要着力强化政治素养。坚守纪律部队政治本色，强化政治担当，坚决同违规违纪行为作斗争。注重把思想政治工作贯穿执纪工作全过程，统筹用好党性教育、政策感召、纪法威慑，做到纪法情理融合。坚持实事求是，大兴调查研究之风，筑牢谋事之基，把握成事之道，高质量推进纪检巡察监督服务保障体系落地见效，积极探索实践助力公司高质量争先的有效举措。

二要着力锤炼专业能力。深化“日学业务、周议线索、月盘工作、季评得失、年终述职”等机制，搭建以干代训、培养锻炼等平台，分层分类开展业务培训，不断提升纪检巡察干部做思想政治工作、提出纪律检查建议、推进以案促改、审查调查安全等能力。动态优化“厚底、精管、严进、顺出”纪检巡察两级人才库管理机制，着力打造“三执四铁五硬”纪律铁军。

三要着力加强自我监督。坚持党管干部原则，落严纪检巡察干部培养管理考核评价要求。从严加强纪律建设，强化对纪检巡察干部的约束和监督，严禁打听案情、过问案件、说情干预。从严查处执纪违纪行为，坚决防范被“腐蚀”“围猎”，严防“灯下黑”，以铁一般的纪律作风彰显忠诚干净担当。

公司总工程师刘明志在公司2021年科技互联网企协专业工作会议上的讲话（摘要）

（2021年3月1日）

一、2020年及“十三五”工作回顾

（一）科技创新工作亮点纷呈

一是科技创新基础全面夯实。召开公司科技创新大会，出台加快人才高质量发展、加强科技创新工作两个意见，发布能源互联网技术研究框架。全面实施科技强企战略落地工程，制定7项科技示范工程和11项示范应用项目，围绕能源互联网布局282项关键技

术。搭建众创空间、青年论坛、人工智能大赛等科技实践平台，实施下放群众性创新项目等科技管理“放管服”措施。经研院、电科院、电缆公司、工程公司、综合能源公司、华商三优公司获首批 8 个公司级实验室命名。通州、海淀、怀柔、顺义公司、电缆公司、信通公司 6 家单位经评定命名为公司首批“众创空间”。石景山、大兴公司入选国网公司能源互联网首批科技示范。

二是关键技术获得新突破。围绕重大科技项目、重大示范工程，攻克多项关键技术，研发多个首台套装备。加速攻关充电机器人关键技术，突破高压电缆快速接头等 28 项首都特色核心技术和关键装备，建设能源互联网试验实训基地、获得 315 项首都特色标准专利。攻克国家重点研发项目“低碳冬奥”发充储交直流混合关键技术，延庆公司、电科院、经研院、华商三优公司攻坚克难，冬奥示范工程顺利投产。

三是科技创新成果取得历史最好成绩。电科院获国网公司科技进步一等奖 1 项、北京市科技进步二等奖 2 项，发展部、城区公司各获 1 项国网公司科技进步三等奖。调控中心、信通公司联合完成的“5G 地空一体化解决方案”获国家工信部绽放杯优秀奖、北京市“中关村 5G 创新应用大赛”三等奖。电科院、经研院完成国网公司 6 项企业标准。公司 12 项科研成果在国网双创线上平台推广，昌平、怀柔公司 2 个项目获国网双创孵化培育基金支持。电缆公司、华商三优公司 2 个项目闯入第三届中央企业熠星创新创意大赛复赛。

四是环保管控实现新提升。完善制度体系，强化环保全过程监督管理，修订公司突发环境事件应急预案，下发环保责任清单。完成风险排查整治工作，消除 20 项历史遗留问题隐患。取得 18 项电网建设项目环评批复、8 项水评批复。完成 93 项电网建设项目竣工环保验收、59 项水土保持设施验收。完成 158 座变电站噪声监测、40 座有人办公变电站外排废水监测。完成玉泉营 220 千伏变电站等 3 座变电站噪声超标治理工作。开展职业卫生管理体系建设，进一步规范劳动防护用品计划、采购、发放、使用、检查与考核等各环节管理。

（二）数字化发展成果显著

一是数字化基础设施全面加强。建成云平台，实现公司 IT 资源建设、应用及运维向“企业级”转变；建成数据中台，实现企业各类数据统一汇聚、共享和价值挖掘；建成统一物联平台，开展设备侧、客户侧多类型终端标准化接入和典型应用场景构建；开展业务中台建设，沉淀共性业务和数据能力形成企业级服务共享平台，初步建成电网资源业务中台，完成 12 个服务中心部署。

二是业务数字化赋能成效明显。在电网建设运行方面，“网上电网”全面推广应用，实现规划图上做、计划图上管；依托基建全过程综合数字化管理平台，大幅提升工程建设管理时效和现场安全管控水平；深化安全生产管控、冬奥电力运行保障指挥、高压电缆专业精益化管理平台建设与应用，促进电网运行精益化管理。在企业经营管理方面，推进多维精益管理体系建设，实现成本精细化管理；建设数字化审计平台，成为首家申请平台二期部署单位；搭建覆盖供应链全业务的智慧运营平台，拓展场景应用，建成供应链运营中心；深化新一代电力交易系统、同期线损等应用，提升企业资源精准配置能力。在客户服务方面，深化应用“网上国网”，建设监控平台，实现服务信息全方位掌控和分析；推进省级车联网平台建设，开展智慧车联网及电动汽车服务，与政府监管平台互联互通，试点开展智能运维；完成新能源云部署实施，为新能源用户提供一站式服务。

三是数据管理与应用水平持续提升。完善制度体系，制定数据目录、数据共享负面清单等六项管理实施细则。开展全口径数据资源盘点及共享负面清单梳理，建立数据共享在线审批流程，数据使用效率提高 70%。从源端和应用端开展“双向”数据治理，数据可用率提升至 99.897%。积极挖掘数据应用价值，建设能源大数据中心基础服务平台，电力大数据应用场景率先在海淀“城市大脑”、通州城市副中心、城区西长安街街道落地。电科院利用大数据技术开展企业污染监测分析，为市生态环境局科学制定污染防治措施提供有力支撑。丰台公司牵头构建低压窃电用户快速精准识别大数据应用场景。通州公司牵头建设统一报表中心，助力基层增效减负。信通公司打造数据综控平台，实现数据全流程线上管理。

四是新兴产业升级开局良好。聚焦能源转型新业务、能源数字新产品、能源平台新服务三大方向，突出首都特色，制定新兴产业升级行动方案，加强组织协调，扎实有效推进，新兴产业实现全年营收 9.28 亿元，利润 0.53 亿元。建成丰台东管头、怀柔北房 2 座边缘数据中心，实现多站融合在北京的首批落地；运用电力数据服务污染防治、碳增值、金融信贷等领域，与市生态环境局、东航南航、光大银行、许继集团等政府企业签署协议 22 份。石景山公司、怀柔公司、客服中心积极开展数据增值服务，实现增收 17 万元。

五是新技术融合应用稳步推进。在 5G 应用方面，在冬奥赛区部署 5G 基站，建设 10 个应用场景；首创

5G+虚拟仪器平台，高精度监测电能质量；建成国内首条 5G 智慧电力隧道，实现环境、局放等多维信息互动，降低巡检成本。在区块链应用方面，在全国率先推出基于区块链技术的“一证办电”服务，实现“三证”上链存证；开展应收账款保理业务数据上链和实时监控，强化金融平台风险防控水平；石景山围绕冬奥绿电溯源开展区块链应用，实现数据全程可信可追溯，服务绿色办奥。在人工智能应用方面，计量专业引入智能运维手段，精准识别 6 类故障，缺陷整改效率提升 30%；部署智能客服机器人，会话时长缩短 33%，会话排队率降低 30%。在北斗应用方面，建成 10 座北斗地基增强基站，电力北斗精准服务网实现组网，试点在基建现场落地应用验证。

六是网络安全及运行保障有力。构建全场景网络安全防御体系建设，实现全部网络边界和安防设备一体化监管、全景化指挥。开发网络安全态势感知微应用，部署域名监控、蜜罐系统等 6 类新技防系统，打造智能化网络安全保障指挥平台。优化信息调运检体系，完成信息系统瘦身健体专项提升行动，累计下线僵尸系统 41 套，腾退设备 821 台。建成全业务、高仿真电力行业网络安全实验室，初步建成仿真靶场和实训基地，常态开展攻防实训和安全检测。坚持平战结合，常态化开展专项隐患排查治理和攻防演练，圆满完成全国两会、服贸会、国家网络安全攻防演习、十九届五中全会等重大活动网络安全保障任务。

（三）企管工作成效突出

一是对标工作成效进一步显现。制订 48 项省公司对标指标保障措施，优化形成 65 项内部对标指标。全年总结提炼 12 项内部对标典型经验，组织开展 2 次典型经验交流活动。各单位内部对标年度目标完成率均值达到 92.96%，同比提升 20.5 个百分点。城区公司年度目标完成率达到 96.82%。通州公司编制 5 项配网资产国际对标推广应用典型经验，找差距促提升支撑能力得到明显提升。

二是创新实践工作扎实开展。制订公司创新实践工作规范。针对 258 项创新实践年度项目，邀请国家级、北京市级外部专家开展片区交流、“一对一”进行指导。公司 12 人次参加外部培训并取证、3 位青年专家担任国网公司级、北京市级成果评委。创新实践成果获得省部级以上奖项 30 项，发展部、电科院成果获国网公司管理创新成果、QC 成果二等奖，房山公司“头脑特工队”QC 小组获“全国优秀质量管理小组”称号，海淀、顺义公司 QC 成果获得 2020 年度国际质量管理小组会议（ICQCC）最高奖项铂金奖。

三是可持续性管理不断深化。参与国网公司可持续性管理试点。营销部、发展部、门头沟公司联合打造挖掘数据价值提升企业效益、主动抢修助力优质服务提升等 2 个案例，探索了可持续管理理念在生产活动中的实践途径。组织卓越绩效评价应用，参与外部奖项创建，从第三方视角客观衡量绩效水平，推动循环改进。朝阳公司、电缆公司、信通公司获评电力行业 2020 年度卓越绩效标杆企业称号。

四是基础管理工作持续规范。开展 39 家单位社团管理自查工作，审批 3 家基层单位参加外部社团，全年未发生不规范事项。制定信用风险及防范措施清单，消除信用风险 39 项，全年未发生失信黑名单事件。试点完成国网制度标准智能管理体系验证工作。获评中国电力企业联合会先进会员企业。5 篇案例获第四届“信用电力”知识竞赛优胜奖，客服中心获奖案例被国网公司列为典型经验进行交流。

2020 年，公司科技、互联网、企管战线的同志们，向公司党委交出了一份满意答卷，为公司“十三五”画上圆满句号，成绩来之不易，经验弥足珍贵。回顾“十三五”，公司在科技创新、数字化建设、企业管理方面硕果累累，为“十四五”公司全面推进具有中国特色国际领先的能源互联网企业建设打下了坚实的基础。

科技创新引领效应彰显。公司牵头完成“交直流混合配电网关键技术”“主动配电网关键技术研究及示范”2 项国家 863 课题。牵头完成北京市科技项目 4 项、国网公司总部科技项目 16 项。在电动汽车、政治供电保障、电缆智能化运维、大型城市受端电网、低碳冬奥等技术领域取得丰硕科研成果，引领电网高质量发展。“先进配电自动化与配电网优化控制联合实验室”“国网电能替代技术联合实验室”获国网公司联合实验室授牌，×××等 8 个实验室命名为公司级实验室。取得技术标准成果 130 项。围绕电能替代、智能配电网等领域开展专利布局，获授权专利 1303 项。获国家电网公司及省部级以上科技成果奖励 90 项，牵头获得国网公司科学技术进步一等奖 3 项。

企业数字化转型初见成效。公司各类业务由信息化支撑逐步向数字化赋能转变，初步建成企业级基础资源和数据管理应用，数据价值得到进一步挖掘。基础资源由传统架构向云化过渡，建成内网云平台、企业级共享数据中台和统一物联管理平台，48 套新建系统已上云部署，54 套系统、435 亿条数据接入数据中台，×××节点接入物联平台。业务应用由条线分割向中台化演进，建成覆盖电网生产、企业经营、客户服务等公司全量业务的应用系统 104 套，主要业务线上化率 100%。随着企业级公共平台建设，业务能力向中台沉淀聚合的优势逐步显现。数据管理由分散自治向集中共享转变，统一数据模型、数据资源目录及共享负面清单覆盖公司全部在运系统，建成公司数据治理体系，数据中台接入核心系统数据可用率提升至99%以上。数据应用由企业内部向能源生态拓展，对内数据应用有效支撑各专业管理，助力公司提质增效；对外聚合各类能源数据，构建经济发展透视、生态环境治理等能源数据场景，服务首都新型智慧城市建设。网络安全由边界防护向纵深防御升级，建成“分区分域、安全接入、动态感知、全面防护”防护体系，网络安防设备规模提升35%，边界、主机、终端防护率100%，圆满完成“一带一路”高峰论坛、党的十九大、国庆70周年庆典等重大政治保障任务。

企业管理成果丰硕。累计获得国网公司专业管理标杆12项，入选国网公司对标典型经验5项。完成配网资产国际对标成果推广试点工作。管理创新和QC成果获得省部级以上奖项401项。公司连续四年被评为“北京市管理创新优秀组织单位”，通过电力行业3A信用等级评价，获评中电联先进会员企业、全国实施卓越绩效模式先进企业。6家单位获评电力行业卓越绩效标杆企业，1人获评“中国杰出质量人”。

二、准确把握形势任务，推动专业工作高质量开展

刚刚召开的公司“两会”，明确了“十四五”发展思路，发出了2024年提前一年基本建成具有中国特色国际领先的能源互联网企业的动员令。潘敬东董事长在公司“两会”上深入分析了公司面临的形势，准确指出我们肩负的“三大神圣使命”、面临的“三大难得机遇”和“三大艰巨挑战”，要求牢牢把握“三首”理念，奋力做到“五个争先锋、站排头”，并将2021年确定为“高质量争先年”。这是公司党委坚决贯彻上级部署，顺应时代发展潮流，清晰认识机遇挑战，作出的全面、系统、科学的决策，为公司科技、互联网、企协工作指明了方向，标定了目标。

面对新形势新要求，我们在专业管理方面还存在一些问题和不足。在科技专业表现为公司自主创新能力不强，能源互联网关键技术突破性创新成果不多，科技资源协同效应没有充分发挥，科技成果转化利用率不高等。在互联网专业表现为数字化发展基础还不够扎实，企业级共建共享有待进一步强化，数据价值尚未充分挖掘等。在企协专业表现为对企业管理理念和方法系统性谋划、整体性推进还不够，卓越绩效、同业对标等管理方法穿透力有待加强，管理创新活动与专业工作融合深度不足等。对于这些问题，需要我们深入思考，认真研究解决，尽快补齐短板，进一步提升专业管理水平，助力公司高质量发展。

关于科技创新。科技创新是公司高质量发展的强大动力，要着力提升公司自主创新能力。提升科技创新示范引领能力，围绕12912国网战略首都落地实施方案，制定“2+12”科技创新示范区方案，研发新装备、探索新模式、形成新业态，在综合能源、数字新基建、智慧城市等方面贡献北京方案。提升科技创新攻关能力，紧密结合能源互联网建设需求，制定能源互联网技术研究框架，在电动汽车充电、设备智能运维、5G和人工智能应用、综合能源协同控制、业务数字化等10个技术方向布局中长期研发计划，攻克关键技术。面向基层一线，充分发挥“众创空间”平台作用，加强实用技术研究。建设北京能源互联网实验实训基地，强化科研攻关基础支撑。提升科技创新价值创造能力，加强组织策划，完善成果评价体系，培育重大创新成果，力争在高等级科技奖励、技术标准上实现突破，引领能源互联网建设发展。建立产学研融合发展机制，拓宽渠道，促进科技成果孵化转化。强化核心技术专利布局申请，推进科研成果向技术标准转化。

关于数字化转型。数字化转型是公司高质量发展的必由之路，要准确把握数字化发展总体思路，全面提速电网生产、企业经营和客户服务数字化转型步伐。公司数字化发展的总体推进思路是“三融三化”。“三融”即融入电网升级、融入基层一线、融入产业生态。其本质要求是避免数字化建设与业务发展脱节，要形成发展合力，要实现价值创造。“融”的关键是提升数字化服务公司发展大局的能力，提升解决现实难点问题的能力。“融”的途径是打造数字化氛围，提高全员数字化意识和能力，建立横向协同、分工明确，纵向联动、双向发力，业务和技术相互促进、迭代发展的工作机制。“三化”即架构中台化、数据价值化、业务智能化。架构中台化的重点是构建企业级能力共享平台，通过中台化架构消除管理、业务和数据壁垒，促进企业级共建共享。通过业务中台，提供基础、共性、稳定的业务共享服务；通过数据中台，汇聚分散在各系统中的数据，提供数据便捷应用服务；通过技术中台，提供地理信息、移动应用、人工智能等共性技术能力服务。数据价值化，重点是构建数据驱动的创新发展模式，深化已建系统应用，挖掘潜在价值，强化数据管理、应用和运营，释放数据对提质增效和业务创新的放大、叠加、倍增作用。业务智能化，重点是构建电网和公司智慧运营体系，提升电网、设备、客户物联感知、智能互动和移动交互能力，提高生产作业、经营管理和客户服务业务的效率效益水平，为基

层和员工赋能。

关于卓越绩效管理。卓越绩效管理是公司高质量发展的有效手段，要久久为功深入推进。追求精细卓越，要把精益思想融入管理的方方面面，强化精细意识，培育管理上的“工匠精神”。建立健全制度标准体系，推广应用大数据和人工智能手段，推动制度标准查询便捷，执行有效。加快信用体系建设，在财务经营、合法合规、物资采购、工程建设等领域做好自查自纠工作，建设诚信企业。强化创新驱动，坚持面向公司战略目标、面向业务实际需求，着眼质效提升，大力开展管理创新和 QC 小组活动。完善工作机制，激发创新活力，丰富创新手段，确保创新成效。要建立成果转化应用平台，将成熟的管理创新成果转化为制度标准，将先进的工艺革新转化为市场化产品。推动开放共享，要树立开放思维，积极推进国际对标工作，学习借鉴先进经验，促进管理体系和管理能力现代化。要注重与外部社团组织的交流合作，加强优秀成果的总结提炼和共享交流，塑造具有首都特色的管理名片。注重评价改进，要科学设置卓越绩效、同业对标指标体系，将能够体现安全、质量、效率、效益和服务的指标挖掘出来，形成对公司战略落地的有效支撑。要坚持问题导向，强化指标数据的自动采集，提高数据的真实性、及时性，深化数据分析，查找管理短板，持续改进提升。

三、2021 年工作要求

主要工作目标：科技、互联网、企协专业工作国网公司业绩考核 A 段。获得省部级以上科技奖励 15 项、创新实践成果 35 项。数字化发展指数达到 65.2%。不发生重大信息生产安全事故、网络安全事件。不发生环保违规处罚事件。不发生失信黑名单事件和社团管理不规范事件。

（一）深入推进“新跨越行动计划”

一是加快科技示范落地实施。服务国家战略、国家大事、国家部署，围绕重大关键技术攻关和集成创新，推动 7 项科技示范工程建设。围绕“数字新基建”和首都能源转型，推进综合能源、电力 5G、智慧供应链等 11 项先进技术示范应用，打造能源互联网典型应用场景。聚焦配电网智能化升级、源网荷储协同互动等重点领域，立足“一核一翼”“三城一区”、大兴临空经济区、丰台丽泽商务区等重点区域，实施 18 项能源互联网科技项目，构建一批国网公司能源互联网综合示范和专项试点示范。

二是着力提升科技创新价值。积极参与国家重点研发计划“储能与智能电网技术”等重点专项申报，启动电动汽车、综合能源、源网荷储等方向框架研究，促进绿色低碳技术供给。“支撑低碳冬奥的智能电网综合示范工程”项目通过国家科技部验收。牵头开展 7 项国网公司科技项目研究，深化 5G 城市应用、人工智能等 31 项关键技术研发，加快形成具有首都特色的创新成果。

三是持续优化科技创新体制机制。完善科技创新体系，发挥首都科技创新区位优势，深化科技协同创新机制，强化企业创新主体地位，集聚内外部创新资源，推进产学研深度融合，牵头组建创新联合体。加强实验研究能力建设，发挥共享机制作用。加强内外部创新资源协同，成立由两院院士、国内知名专家组成的科技咨询委员会，提高科技创新战略谋划能力，提升科技软实力和技术话语权。强化科技管理改革赋权，实施重大项目“揭榜挂帅制”，推进科技管理“放管服”。加大群众创新支持力度，搭建职工创新平台。统筹众创空间、职工创新工作室、青年创新工作站等创新资源，实现一体化融合发展。加强重大科技成果培育，以培育重大原创成果为导向，发挥公司实验室优势，强化重点攻关方向稳定支持，为重大成果参评高等级奖励奠定基础。深化提升技术标准管理，策划和培育国际标准。研究建立公司级技术标准试验验证平台和建设技术标准创新基地。深入推进双创工作，培育国网公司双创孵化资金项目，应用国网公司双创线上平台实施成果孵化转化，推动双创成果转化为标准化物料，持续推进众创空间培育，覆盖率不低于 50%。

四是推动公司环保工作效率和质量全面提升。按照“公司环境保护责任清单”，进一步明确责任分工，落实责任。强化电网建设项目环保、水保全过程监督管理，杜绝未批先建、久拖不验现象发生。强化对新建变电站噪声可研初设审查，确保噪声控制措施落实到位。加强运行期环保监督和噪声超标治理，做到“程序合法、监测达标”。推进六氟化硫气体回收处理全过程数字化管控，规范危险废弃物变压器废油、废蓄电池暂存场所建设和无害化处置的监督管理。

（二）大力推动全业务、全环节数字化转型

一是推进“三台九化”建设。围绕夯实基础、提升能力、释放价值三个方面，充分发挥数据中台、业务中台、技术中台“三台”支撑能力，推动发展、财务、生产、建设、营销、物资、审计、后勤及综合“九大”业务领域数字化，实现电网、管理、服务、基层“四赋能”。加快数字基础建设，扩充云平台规模，大幅提升算力和存储能力，让“资源等应用”。加快业务应用云化改造，加强云资源动态调配，实现云上应用

平稳运行。强化“三台”建设应用，加快数据中台数据接入，深化业务中台应用，强化技术中台建设，为专业数字化提供基础组件服务、快速数据服务和共性技术服务，支撑前端应用快速构建和敏捷迭代。实现业务数据赋能，赋能电网方面，持续深化“网上电网”试点应用，深化基建全过程管理，全面建成北京冬奥电力运行保障指挥平台，加快智慧物联体系建设和终端设备统一管控，推进新能源云建设，加强源网荷储协同互动，推动发展、生产、建设业务领域数字化。赋能管理方面，加强多维精益管理体系建设，完善现代智慧供应链应用，拓展数字化审计线上作业，推进后勤智能管理应用，推动财务、物资、审计、后勤及综合业务领域数字化。赋能服务方面，深化“网上国网”应用，全面推广新一代电力交易平台，推动营销数字化。赋能基层方面，试点开展数据运营中心及数字化班组建设，推进各专业数字化建设成果在基层落地应用，服务基层质效提升。

二是加强数据管理与应用。积极推进数据资源管理，进一步强化企业级数据资源管理，实现数据资源的可视、可查、可取、可用。统一数据模型，着力打通数据壁垒。建立数据质量闭环管控机制，加强源头数据质量治理。紧扣电网生产提质、企业经营提效、客户服务提升发展方向，积极推动业务系统深化应用和数据共享，助力核心业务数字化转型，向智慧化方向发展。加强数字新技术应用，更大范围应用人工智能、区块链、北斗等数字新技术，在不同层级、不同区域打造试点示范，赋能电网智慧化升级。

三是积极发展战略性新兴产业。战略性新兴产业是国网公司“四翼齐飞”的重要内容，要瞄准“稳中提速”总目标，通过数字技术和数据要素驱动，大力发展能源与数字融合创新业务，以电为中心，培育技术密集型和高附加值产业，实现新兴产业与电网主业相互促进、协同发展。要着力在顶层设计、工作机制、产业规模、北京特色四方面提升工作质效，实现营收10 亿元。强化安全风险、投资风险、政策风险和投入产出分析，用活用实已有各项激励政策，积极稳妥推进首都电网新兴产业发展。

四是强化网络信息安全管控。持续优化全场景网络安全防护体系，加强内外网移动作业应用、互联网移动 App 应用安全加固和安全监测。建立数据安全合规管理体系和共享利用安全技术规范。发挥好网络安全实验室作用，持续开展信息系统安全监测。不断提升网络攻击溯源能力，通过实战查找隐患风险，磨合机制流程，提高装备和队伍能力，确保冬奥测试赛、建党一百周年等重要活动供电网络安全保障万无一失。

（三）持续提升企业管理水平

一是大力实施卓越绩效管理。加强顶层设计，坚持战略导向，顾客驱动，过程与结果并重，参与国网公司卓越绩效评价指标体系建设，开展卓越绩效模式应用研究。开展深化应用试点，结合公司发展战略，搭建交流平台，加强卓越管理理念宣贯，建立卓越绩效“评价-改进-分享-推广”的工作机制。优化指标体系，深度挖掘对标指标数据价值，优化卓越绩效评价体系。注重与外部社团沟通，积极参与国家和北京市质量奖创建，从第三方视角客观衡量绩效水平。深入推进可持续性管理，践行可持续性管理理念，探索管理理念落地的途径和方法。参与国网公司“碳达峰”“碳中和”重点工作，展示公司绿色冬奥、碳排放、碳交易、线损管理等方面的亮点工作。

二是持续优化对标管理。统筹开展国际、省公司和公司内部对标，把主要精力放在找差距促提升上，厚植管理优势，补强管理短板。深化内部对标，科学制订省公司对标和内部对标目标值，强化指标精准诊断。优化对标指标数据采集与评价方式，实现指标数据一致性和信息共享，推动公司管理挖潜、技术创新、经营创效。开展国际对标，积极“引进来”“走出去”，常态收集世界一流企业指标数据和管理实践，借鉴先进做法，增强对标工作对公司整体管理水平提升的支撑作用。

三是不断提升创新实践水平。完善创新实践体制机制，要进一步更新管理理念、变革管理模式、优化组织架构。归口部门要发挥统筹、引领和组织作用，专业部门要发挥主体作用，相辅相成、相互协同，共同推动创新实践能力提升。严格全过程管控，坚持问题需求导向，制订创新实践计划，引领创新方向。健全月评价、季督导机制，通过“一对一”指导、片区交流等多种方式，解决一线重点、难点问题。强化重大成果培育，面向国际管理前沿、面向公司战略目标、面向业务实际需求，着眼于提升质量和效率，打造一批创新性突出、实践性丰富、效益性显著的重大成果。积极推广创新成果，建立成果共享的渠道和平台，推动优秀成果和先进经验推广，将创新成果转化为推动公司高质量发展的生产力。

（四）始终坚持党建引领

坚持党的领导，加强党的建设，是公司高质量发展的根本保障。要将党建工作内嵌融入专业工作各个环节，坚持旗帜领航，深入实施“党建+”系列工程，在重大课题攻关、重点项目建设、重要工作推进中，充分发挥党支部战斗堡垒和党员先锋模范作用。要层层落实"一岗双责"，扎密织紧廉洁风险防控的笼子，加强项目资金全过程管控，对存在廉洁风险的关键环节，各部门、各单位主要负责同志要严格把关，强化监督。各级干部员工要强化纪律规矩意识，严守底线、不碰红线。要注重专业人才队伍建设，为青年员工搭舞台、压担子，着力培养创新意识强、专业技术硬、管理水平高的复合型人才，力争在国网公司专家、劳模工匠、技术能手等领域实现新突破。

公司副总经理、党委委员王鹏在公司2021年安全生产工作会上的讲话（摘要）

（2021年2月9日）

一、2020年安全生产工作回顾

（一）安全基础不断夯实

牢固树立"四个最"意识，狠抓"愿、能、制、效"四个关键，坚决守牢安全"生命线"。一是安全机制不断完善。深化覆盖全员安全责任清单和领导干部安全述职，修订安全责任清单8447项，开展安全述职1068人次，推动全员"知责、明责、履责"。深入推进安全生产专项整治三年行动，细化10大类44小类149项重点任务。召开推进会7次，对全部问题隐患"定责任、定措施、定时限"，强化落实整改。完善公司安全奖惩方案，加大正向激励力度，加快从"要我安全"到"我要安全"的转变。二是安全管控坚强有力。落实风险管控和隐患排查的双重预防机制。每周组织召开电网安全风险会商会，审核三级及以上风险11145项，确保风险可控、在控。开展安全大检查、专项隐患排查等活动，累计发现治理安全隐患1995项。坚持"全覆盖、无死角、零容忍"，强化现场安全管控，累计对36483个现场开展安全巡检95365人次。下发红色违章通知单4张、黄色35张、蓝色327张，将2家严重违章单位列入负面清单，持续保持安全监管的高压态势。三是应急能力不断提升。完善应急救援工作体系，建设两级45支应急救援单元，优化部署55个救援驻点。积极开展度夏（冬）、防汛、政治保电等演练452次，全年启动应急响应116次。圆满完成政治保电、恶劣天气及电网大负荷等应急保障任务。

（二）设备管理更加精益

强化运维质量提升和隐患排查治理，综合运用人防、物防、技防手段，输变配电设备故障同比降低34.6%、16.7%、9.5%。一是本质安全水平稳步提升。完成4座35kV老旧变电站改造、16.3km电缆隧道加固及117处输配电"三跨"隐患治理。完成59座变电站、123km电缆隧道消防改造，完成121座重点变电站消防取证。二是输变电管理更加精准。统筹设备检修、处缺等工作安排，设备重复停电、延时停电和临时停电时长同比下降31%。强化红外测温等状态检测手段应用，及时发现处置设备缺陷1936起。联合市城管执法局督促环境隐患整治，依据风险等级落实差异化看护巡视标准，输电外力故障同比降低51%。强化设备故障后分析、评估，针对输变缆设备故障召开分析会56次，逐项制定落实反事故措施。三是配电管理更加精细。依托配电自动化、供电服务指挥系统、配网运检App等手段，深入推进工单驱动业务管控模式。全年配网故障停电时户数、多户报修工单分别压降41.3%、23.4%。完成554项三供一业项目改造，有效解决315个居民小区、32万居民用户供电能力不足问题。深刻汲取四川西昌森林火灾教训，完成14条林区重点防火线路整治提升。完成773座重点配电站室消防改造，有效降低配电设施电气火灾风险。四是新技术新工艺广泛应用。建设配电物联网主站系统，完成2.2万台融合终端建设和系统接入，推广5G通信技术和暂态录波故障指示器应用，推进配电管控业务数字化转型。在500kV昌海隧道部署在线监测、智能巡检机器人、AR智能巡检和三维可视化系统，完成首条5G智慧电缆线路建设。

（三）电网管控持续提升

以防范大面积停电为目标，强化电网运行管控和应急处置，确保电网安全稳定运行。一是电网管控能力不断加强。严格落实风险预警管理机制，全年发布电网风险预警939项，全程跟踪响应措施落实情况，实现闭环管理，电网风险得到有效控制。针对500kV通州站主变扩建、顺义站主变增容工程实施过程中东部电网严峻运行形势，开展安全校核52次，发布风险预警4项，制定实施方式调整及预控措施26项，确保过渡期间安全运行。针对门海分区电网下送500kV主变容量不足，研究制定工程解决措施，为"十四五"电网运行安全打下坚实基础。二是二次专业管理持续加强。常态化开展变电站、涉网电厂及两级调控中心二次安全防护检查，下发整改通知单35张，整改安全问题70项。完成石景山等9个地调调度自动化系统建设。加强继电保护装置隐患排查，完成84台智能变电站合并单元、51套保护装置家族性缺陷整改。完成通信骨干传输网B平面和通州传输网第二平面项目投产，实现公司核心通信带宽从10G提升至400G。

（四）供电保障安全可靠

一是重大活动保电万无一失。在疫情防控和复工复产双重压力下，严格落实国网公司“五个最”要求，开展地毯式设备隐患排查、客户安全评估，高质量完成各项保电筹备任务。保障期间，公司两级指挥部24小时运转，保障人员开展重点设备不间断巡视看护，圆满完成全国两会、服贸会、中高考、十九届五中全会等保电任务，实现“四个零”的保电目标。全年累计完成保电任务157项、保电天数291天。二是疫情防控保电安全平稳。将疫情防控供电保障作为重大政治任务，第一时间建立保障组织体系，细化各项保障措施。紧密对接政府部门，针对小汤山、地坛等医院扩建工程，不计成本、不惜代价提前竣工送电，坚决满足疫情防控用电需求。对常态化疫情防控客户按照重要客户标准进行保障，针对核酸检测临时机构、集中隔离点等开展外电源特巡和专项状态检测，并部署发电车应急备用。针对河北爆发的新冠疫情，积极响应国网公司号召，成立一支12人的精英队伍跨省支援供电保障，全力服务疫情防控工作大局。三是度夏度冬防汛圆满完成。推动78项度夏度冬重点工程按期投产。制定预控措施及拉路限电序位，修订故障处置预案3652项，组织开展联合演练41次。密切跟踪气象预警，提前开展隐患排查，超前部署应急力量，顺利通过“8·12”特大暴雨考验。面对超常低温和电网负荷连续5次突破冬季历史极值的严峻形势，科学制定保障方案，以“煤改电”等六类供暖客户保障为重点，严格落实方式调整、运行监视和差异化运维措施，平稳应对2457万kW历史最大负荷。落实国网公司部署，派遣融冰抢险队千里驰援吉林公司，以实际行动彰显首都电力铁军的责任和担当。

二、准确把握“十四五”安全生产面临的形势和要求

我们在收获成绩的同时，还要清醒地认识到面临的严峻形势。一方面，党中央和国家越来越重视安全生产工作，在党的十九大报告中，习近平总书记首次提出了“弘扬生命至上、安全第一的思想”。去年党的十九届五中全会把统筹发展和安全纳入“十四五”时期经济社会发展的指导思想。各级政府对安全生产责任事故追究力度越来越大，2016年江西丰城发电厂“11·24”特别重大事故、2017年北京市大兴“11·18”火灾等均对相关责任人员从严处理。去年四川西昌“3·30”森林火灾事件调查结果刚公布不久，25名干部被追责，反映了国家对安全生产责任事故严肃惩处的决心。另一方面，近年来国网系统安全生产形势较为严峻。去年相继发生多起分包工程人身伤亡事故，教训惨痛、损失严重。公司虽然安全生产形势较为平稳，但发生的一些违章行为和安全事件，暴露出了安全责任不落实、管控措施不到位等苗头性、倾向性问题。对此，我们必须前事不忘，后事之师，必须对“小隐患、小违章不及早扼杀，必将酿成重大事故”这一安全生产客观规律，保持清醒、深刻的认识。

2021年是我国第一个百年目标的实现之年，也是落实国家“十四五”规划、全面建设社会主义现代化国家的开局之年。站在关键的历史节点，置身新发展的重要阶段，我们深深地感到，新形势、新任务对于做好安全生产工作提出了更为严格、更加苛刻的要求。从外部要求看，电力作为保障民生的重要基础设施被纳入国家总体安全观，要求我们必须坚决防范重特大安全事故。随着我国的国力增强和影响力加大，“十四五”期间冬奥会、建党100周年、党的二十大、全国两会、服贸会等重大活动将频繁举办，供电保障必须做到万无一失。从内部要求看，国网公司党组以高度的政治站位和大局意识，作出了“加快建设具有中国特色国际领先的能源互联网企业”“一业为主、四翼齐飞、全要素发力”等决策部署，公司扎实推进“12912”国网战略落地方案，全面开展“高质量争先年”活动，这些都需要安全生产的稳定局面来保驾护航。为此，我们必须增强忧患意识、树立底线思维，把安全第一的理念贯穿于公司生产经营管理全过程，有效防范化解各类风险，确保电网安全发展和企业长治久安。

面对上述的形势和要求，我们要深入分析当前公司安全生产工作中存在的问题和面临的风险。

一是安全管理矛盾日益突出。当前，公司仍存在尚未解决的安全管理漏洞，反映出深层次的问题，与高质量发展不适应的矛盾越来越突出。在责任落实方面，安全压力层层衰减、责任覆盖存在盲区，履责行为“表面化、形式化、口头化”的问题依然存在。部分管理人员底线思维不强，对安全管理工作敷衍拖沓。部分作业人员存在侥幸心理，对不安全作业方式“习以为常”。在规章制度方面，随着产业升级的推进，现有安全制度在支撑产业、新兴产业、省管产业等方面存在着空白或不适应，需要进一步完善。即使在安全规章制度相对完备的主导产业，仍存在对制度选择性

执行，安全管理粗放等问题。在安全监管方面，有的单位有效办法不多、管控措施不力。部分管理人员有章不循、有规不遵，问题追究宽松软，对违章和事故查处不严、惩罚不力，存在好人主义和平均主义。

二是人身安全风险持续加大。面对繁重的发展任务，对照以人为本、坚持“两个至上”的要求，人身风险防范和管控能力仍有较大差距。在作业任务上，预计公司2021年各类作业计划将达到3.5万项，基建、检修、业扩等工程建设任务依然繁重。受贯穿全年的政治保电和新冠疫情等因素影响，施工窗口期短、高峰期作业密集度高等问题仍将十分突出。在人员队伍上，受多种因素影响，主业专业班组空心化，结构性缺员等问题依然存在。大部分现场工作由集体企业和分包队伍承担，外协人员流动性大、安全意识淡薄、素质参差不齐。在管控措施上，部分单位工程施工“以包代管”、监理形同虚设、现场“同进同出”不落实等问题较为严重，业务外包管理不规范，现场违章频发。据统计，在2020年公司查处的违章和不规范问题中，与外包人员相关的已超过80%。

三是设备运行风险依旧较高。设备管理基础依然薄弱，新旧问题长期并存，是造成大面积停电风险的主要因素。旧隐患方面，大量老旧设备亟待改造，家族性缺陷异常时有发生。因老旧设备发热、绝缘损坏等造成临时停运占比达到63.4%。老旧砖混隧道、地下变电站、电缆沟道及“三跨”等依旧是设备运行中的重大隐患，一旦发生隧道坍塌、充油设备着火、SF_6气体泄漏、“三跨”线路倒塔断线等情况，将成为影响电网安全运行和公司经营发展的“黑天鹅”事件，后果不堪想象。新问题方面，新入网运行设备质量参差不齐，新投运五年内主变压器、组合电器、高压电缆等设备故障及缺陷占比超过30%。延庆柔直换流站、南苑调相机等新型设备陆续投产，其工作机理、运行特性和运维规律还需我们深入掌握，运行风险需要重点关注。

四是设备管理模式亟待升级。一方面，随着电网规模扩大，一、二次设备运维检修任务量逐年递增，人均运维变电站升至1.37站/人，运维线路升至34.6km/人，检修调试保护等二次设备升至4.3站/人，存在人员承载能力不足的问题。另一方面，生产一线人员存在设备主人作用发挥不足、设备缺陷发现率低、隐蔽工程施工质量差等问题。大量外协外包人员专业素质和技术水平现状难以适应目前新技术、新工艺广泛应用的形势。上述矛盾如不及时解决，都可能造成设备运行管理中的重大隐患。

五是电网运行管控难度加大。随着首都社会经济发展，电网运行管理中的传统问题依然存在，新形势下的新问题也逐渐凸显。本地电源支撑能力不足。受装机规模和一次能源结构影响，高峰负荷期间本地机组出力仅占需求的30%，一旦发生燃气供应不足或电厂供气供水故障，可能造成机组大面积停运，引发连锁性反应。局部电网结构仍显薄弱。朝顺通分区500kV主变容量不足、通安兴分区安定站下送通道单一、华能电厂小地区、亦庄地区电网同塔线路N–2故障损失负荷等问题仍然存在。设备重载问题依然突出。冬季2457万负荷水平下，220kV怀柔、台湖、渝管营等3站9变接近满载运行。夏季2700万负荷水平下，莲花池、朝阳门、知春里等变电站一旦发生故障，将造成核心区重要负荷损失。电网“双高”“双新”特性明显。随着清洁取暖的快速推进，负荷预测和需求侧管理难度进一步加大。张北新能源入京以及储能、光伏等电力电子设备大量接入，使电力系统特性发生了显著变化，系统“双高”“双新”特征逐步明显。

六是供电保障任务更加艰巨。2021年重大政治保电任务将贯穿始全年，冬奥会测试活动是冬奥正赛的“模拟考试”，建党100周年是继党的十九大、国庆70周年之后又一项重大政治任务，全国两会、服贸会等一系列重要会议活动也将先后举办，多项政治保电任务将在防汛度夏、疫情防控等不利因素下开展，保电级别之高、数量之多前所未有。面对艰巨任务，我们绝对不能有丝毫放松和懈怠，必须打起十二分的精神，在组织体系和技术手段等方面进一步完善，在工作标准和措施落实上进一步加强，坚决确保各项重大活动供电保障的“万无一失”。

三、扎实推进2021年安全生产工作重点任务

（一）强化大局意识，扎实推进安全生产专项整治三年行动

安全生产专项整治三年行动是总书记亲自批示的一项重要政治任务，2021年是集中攻坚的关键期，公司上下要在思想上再重视、措施上再落实、制度上再完善，确保“从根本上消除事故隐患”的要求落到实处。一是强化思想引领，深入学习习近平总书记关于安全生产的重要论述，加深理解领会，结合实际贯彻落实。扎实推进安全宣贯学习进部室、进工区、进班组、进现场。二是强化问题隐患治理。保持“隐患无处不在、成绩每天归零”的危机感，滚动更新问题隐患、制度措施“两个清单”。高质量完成“二下二上”阶段任务，确保实现一批重大隐患治理销号，切实解决一批安全生产痛点、难点问题。三是推进巩固提升。坚持标本兼治，深入分析问题隐患的深层次管理根源，

厘清安全职责界面，认真梳理制度机制上的“缺项、漏项、矛盾项”，注重总结先进做法和典型经验，形成制度成果和典型案例。

（二）强化基础夯实，提升安全管理水平

完善安全管理体系。落实国网安全管理体系（SGSMS）基本规范、实施指南和评价标准，形成自我约束、持续改进的安全管理内生机制。强化《安委会工作规则》执行，每季度开展落实情况的监督检查评价，推动各安委会、安委办实效运转。开展《安全事故调查规程》培训宣贯，针对新增和提级事件，进行相关风险、隐患的再梳理、再排查、再整治。

严抓安全责任落实。一是压实领导责任。落实“党政同责、一岗双责”要求，持续强化领导班子年度、生产副职季度、安全总监月度述职机制。二是压实专业责任。专业部门要坚持“管业务必须管安全”原则，抓好安全生产建章立制、风险防控、安全检查、教育培训等工作。每季度开展安全履责情况的监督评价，形成互促共保安全的合力。三是压实一线责任。开展第二轮16家单位的安全生产巡查，同步开展已巡查单位的后评估。常态化开展全员安全责任清单动态修订，确保责任落实。

强化安全监督管控。一是严格源头管控。大力推行作业计划的审查制度，强化“三项基本条件”执行。二是保持高压态势。对各类现场实施全过程、全覆盖、全天候的监督检查。强化“四不两直”，促进违章真实暴露，深挖深层次管理问题。三是开展专项安全监督。针对冬奥测试赛、建党100周年等重点工程项目，建立安全监督专班，加强开工前风险评估、实施中现场监督和完工后项目验收的全过程安全管控。

完善双重预防机制。一是深化风险管控。开展停电施工方案精细化审核，实现高风险作业时长压减5%。加强过程管控，每月对风险审核质量开展评价和通报。二是优化隐患排查，完善“隐患-项目-整治-评价”闭环机制，强化专家队伍建设，以工作执行、责任落实和治理成效为管理重点，避免“刮风式”“撒网式”的排查治理。

严抓安全双准入管理。一是深化信用评价机制。依据施工企业承揽业务量、安全记录等信息综合评价，对完成高风险作业任务多、现场安全规范的减免准入环节并推荐优先选用，对违章频发的提高准入门槛并逐步建立退出机制。二是落实“严管控”原则。对承揽公司项目和进入设备区域的施工企业和作业人员常态化开展教育培训、延伸督查和安全评价，加强特种作业人员、特种施工装备的审查备案。

加强产业单位及承分包安全管理。一是坚持同质化管理。压紧压实各级产业单位安全责任，完善安全监督机制。开展工程组织和作业现场专项安全监督，从责任落实、人员培训、分包管理、现场监督等方面进行评价。二是规范工程承分包管理。严格落实劳务分包现场“同进同出”。建立分包队伍安全作业评价机制，从企业资质、安全能力、人员组织等方面常态化开展安全评级，优选核心分包队伍。

（三）强化全面支撑，提升安全保障能力

一是完善评价考核机制。修订完善公司安全奖惩工作实施方案，优化奖励分配模式，杜绝“大锅饭”。结合国网公司安全工作评价标准调整，完成新版安全工作评价指标修订发布。二是加强安全生产队伍建设。突出党建引领，开展安全生产领域“党建+”工程，严格履行“一岗双责”，严守政治纪律、组织纪律、工作纪律。切实抓好廉政建设，加强安全生产重大项目、资金的执行规范性。强化安全文化建设，扎实开展“安全生产月”“安全生产万里行”等主题活动，营造全员“抓安全、保安全、促安全”的良好氛围。三是强化安全教育培训。制定落实专项方案，强化运维操作、检修施工、现场把关、安全监理、分包队伍等“五类人员”的安全培训，开展评价考试，强化安全意识、提升安全技能。四是推进科技兴安创安。完善可视化智能系统，实现违章自动识别、触发告警。加强智能终端研发，在电缆隧道、深基坑等恶劣作业环境下试点应用，实现环境及人员状态实时监控。建设安全工器具管理系统，实现安全措施数字化、信息化管理。

（四）强化精益管理，提升设备运检管理水平

提升设备本质安全水平。一是严抓源头质量管控。严格新设备入网检测，以变压器、组合电器等为重点，从标准执行、产品设计、关键材料、制造能力、出厂试验等方面开展评估。加强施工质量监督，对电缆接头制作等关键性、隐蔽性过程做到“监督检查全覆盖、实证材料全留存”。二是加强全过程技术监督。完善专业联动机制，推进设备“选好、招好、造好、装好、用好”。优化效评价机制，对于评价不合格的施工企业和物资供应商列入负面清单，实现闭环管理。三是推进资产全寿命管理。落实提升三年行动要求，试点开展设备层生产成本量化分析，推进设备LCC在输变电改造等项目可研评审应用。

优化设备管理模式。一是优化变电运维模式。积极推进“设备主人制”，强化人员培训和技能升级。促进变电运维人员向“设备主人+全科医生”转变，变电检修人员向“专科医生”转变。二是推动输电管理转型。深化无人机巡检体系和先进可视化技术应用，积

极推进成立无人机巡检中心和班组。结合数字化建模和输电全景智慧平台建设，逐步推动人工作业向智能巡检、远程监控转变。三是推进配电不停电作业。以提升供电可靠性为导向，在首都核心区、城市副中心以及朝阳、海淀等重点区域建设“1+1+6”不停电作业示范区，在配网检修预试、改造业扩等工程中大力开展不停电施工。四是建设数字化班组。落实国网公司工作要求，积极推进标准规范数字化，强化实物“ID”信息采集、数据维护，实现班组业务“在线化、移动化、透明化”。

强化精益化运维。强化设备状态监视和评估，指导运维检修策略分析，实现精益运维和精准检修。一是强化变电精益化运维。升级运检指挥平台，持续推进监测装置安装应用，实现设备状态在线监控分析和智能运检决策。完善柔直及调相设备运维、状态评估、检修试验工作标准，提升人员专业技能水平。二是强化输电缆精益化运维。升级输电智能安防系统，提升两级反外力中心人员配置和监控标准，提高工作质量和效率。深化政企联动，加强与城管执法局联防联控、联合执法，巩固反外力管控成果。推进主配网电缆同质化管理，实现“一张网、一套数据、一个平台”管控模式，提升电缆资源协同管理与共享能力。三是强化配电精益化运维。深化“工单驱动业务配网管控模式”，完善两级供服中心运转机制和移动作业 App 功能。持续推进配网网架结构优化和自动化实用化建设，强化配电智能终端、5G 通信技术等应用，进一步提升配电和低压设备管控能力和供电保障能力，实现全年户均停电时间不超过 0.8h。

加强设备隐患治理。强化重大隐患闭环管理，加快推进整改和管控措施落实。一是加快推进老旧变电站改造。年内启动新街口、北城等 6 座核心区老旧变电站改造，对运行 20 年以上 GIS、开关柜等设备进行更换，加快推动张仪、延庆等 5 座老旧变电站全站改造项目。二是加强输电“六防”措施落实。完成 63 处“三跨”线路隐患专项整治，雷区高风险输电线路避雷装置覆盖率 100%，实现二级鸟害风险区域防鸟措施全覆盖。三是推进电缆隧道防坍塌、防火隐患治理。完成 52 公里电缆隧道火灾隐患治理，完成 15 路、54 套低温易故障家族性缺陷的电缆终端治理。制订工作计划，对运行超过 30 年的电缆设备启动更换项目。

提升智能化应用水平。强化智能化、数字化技术装备的研究应用，打造智能运检技术体系。一是提升智能化巡检能力。推进变电巡检机器人研究应用，提升越障通过、仪器仪表观测、状态检测等功能。加快输电设备数字化建模，建立无人机研究技术实验室。二是推进电网资源业务中台建设。开展输电全景智慧平台建设和中台化适应性改造。结合配电数字能力建设，积极拓展人工智能、数据驱动应用，提升配网数据资源协同共享能力。

（五）强化风险防范，提升电网运行管控能力

严控电网结构性风险。加强专业协同配合，深入开展电网“双高”特性研究，完善网架结构、推进工程建设、优化控制策略，夯实电网本质安全基础。一是完善主网架结构。推进 500kV 通州北、220kV 三营门、东石桥、路东等输变电工程，尽快解决南部电网结构薄弱风险。深入分析廊坊特高压下送通州等重点工程投产后电网运行特性，明确通安航兴分区调整策略，提前制定应对措施。二是开展电网方式优化。推动 220kV 台湖、青云店站“孤岛”、110kV 变电站串带过多及负荷转移能力不足的问题及早解决。三是实施度夏度冬工程。加快推进副中心站配套送出、阎村北主变扩建等 26 项主网、60 项配网度夏（冬）解重载工程实施，确保按期投产。

强化电网运行管控。严格贯彻新版《电力系统安全稳定导则》，坚决杜绝大面积停电事件发生。一是加强计划刚性管理。实行一、二次、消技防及电厂机组等发输电设备检修计划一体化管理，严格控制非计划停电和重复停电。二是强化运行风险管控。及时发布电网风险预警，制定响应措施并推动有效落地，实现闭环管控。制定柔直、调相机投运行控制策略，落实应急处置预案。三是积极应对电网新特性。加强新能源电厂、储能设备并网管理，确保安全运行。深入开展源网荷储协调互动研究，积极应用市场化手段，培育可控负荷规模，探索解决局部短时设备重过载等问题。

提升二次专业保障能力。一是提升安全管理水平。加强电力监控系统安全防护，完善态势感知功能。常态化开展等保测评、安全评估及攻防实战演练。深刻吸取山西公司生产控制大区违规外联教训，加强端口连接安全管理。做好二次工作现场安全管理，强化施工方案、安全措施审核及现场把关，持续开展 110kV 及以上二次作业现场的全覆盖安全检查。二是加强系统应用建设。推进大兴磁各庄基地备调和调控云建设，实现市调主备调系统双活并列运行。推进延庆等 9 个地调智能电网调度控制系统升级改造，实现主备用调度控制系统全覆盖。三是强化通信保障能力。加快推进石景山、延庆传输网和数据网改造，提升通信网资源配置水平和安全运行能力。推进 5G 融合等新技术应用，强化重大政治保电通信能力建设，提高通信专业服务保障水平。

（六）强化能力建设，提升应急及消防管理水平

一是强化应急能力建设。持续优化公司两级应急预案体系，加强应急预案修订、发布和报备管理。针对首都核心区、城市副中心等重点区域，优化应急救援单元和驻点布局建设。加强政府协调联动、应急救援技能培训，积极联合开展应急演练。二是深化消防安全提升。落实消防安全管理提升三年行动计划，实施改造提升项目 40 项。深化地下变电站和电缆隧道火灾防控模型研究，提炼具有首都特色的电力消防设施配备标准。常态化开展消防监督检查评价，全面提升森林火灾防范和应急处置能力。

（七）强化责任担当，提升政治供电保障能力

一是确保重大活动供电保障万无一失。将冬奥测试活动、建党 100 周年作为全年政治保电的重中之重。要针对保障设备排查、再排查，针对保障人员演练、再演练，以万全准备做好保电筹备工作。要科学制定保障方案、认真落实保障标准、严格执行保障纪律，以最严细的工作确保供电保障万无一失。二是提升政治供电常态化管理水平。做好年度保障计划安排和任务分解，结合日常生产工作开展方式安排、检修预试、客户服务等工作任务，做到“政治供电工作融入专业管理，保障准备工作纳入日常管控”。针对党和国家办公场所等常态化重要客户，积极开展沟通汇报，差异化开展运维巡视和隐患排查，落实精益化的服务保障措施。

（八）强化统筹安排，切实做好近期安全生产工作

春节临近，公司各部门要统筹做好节日前后的安全生产工作。一是确保安全可靠供电。要强化电网和设备负荷分析，密切监视客户报修情况，严格落实重点设备、热点地区隐患排查治理和设备差异化运维要求，确保六类供暖客户、居民客户和城市运行重点设施的安全可靠供电。二是落实应急值班值守。春节重点时段公司及各单位要安排干部员工在应急指挥中心值守，做好“到所进站”工作，严格落实好火险防范、烟花爆竹燃放和安保防恐工作要求。三是严控施工现场安全风险。对于节日前后不停工的现场，要安排好领导干部到岗到位和现场把关，确保安全管控措施落实。对于停工现场，要落实好人员管理、安全防护、消防安保等措施。春节后，各单位要开展复工审查，提前做好全国两会供电保障的筹备工作。

公司总会计师张钺在公司 2021 年财务工作会议上的讲话（摘要）

（2021 年 2 月 4 日）

一、2020 年及“十三五”工作回顾

2020 年是极不平凡、极为不易的一年，也是攻坚克难、极富成效的一年。面对疫情的巨大冲击，财务战线广大干部员工在公司党委的坚强领导下，以“高质量提升年”为主线，大力推进提质增效，高质量完成年度经营目标。公司全年完成营业收入 639.28 亿元；实现利润总额 －9.06 亿元，较年初指标减亏 18.78 亿元；资产总额 1123.45 亿元，同比减少 3.88%（剔除特高压资产划转同比增加 4.29%）；资产负债率 64.74%，优于目标值 0.06 个百分点；研发投入 5.53 亿元；全面完成“两金”压降任务；连续 13 年被评为纳税 A 级单位，各项经营目标全面完成，为公司重返业绩考核 A 段目标做出了贡献。

这一年我们迎难而上，在提质增效中实现了稳健经营。面对新冠疫情对经济带来的巨大冲击，公司坚决落实中央部署，执行工商业电价降低 5%政策，积极降低社会用能成本，助力恢复经济。与此同时，公司将巨大经营压力转化为精益管理升级的强大动力，高质量开展提质增效，统筹推进“六大攻坚战”102 项重点任务，大力实施开源增收、降本节支，宣传营造创效氛围，全年对冲减利影响 70.87 亿元。合力推进、精准施策。外争政策上，争取到华北电网输电费分摊比例大幅下降，减少当年输电费支出、实现增利 28.85 亿元；落实政府支持资金 40.3 亿元，大力推进四类外部资金工程建设，贡献利润 13.93 亿元，降低资产负债率 3.86 个百分点。内强管理上，强化线损管理，综合线损率降至 4.32%，减少损耗电量 20.22 亿 kWh；加大电费回收和反窃查违力度，电费回收率 100%；全面开展资产清查，延寿使用有效资产 7 亿元，盘活各类资产实现收益 2.32 亿元；用足用好燃气压降及燃煤机组关停替代等政策，节约成本支出 4.6 亿元；优化融资结构，短贷置换长贷，节约资金成本 1.2 亿元；把握成本“紧平衡”，优化成本结构，全年实现成本节约 2.5 亿元。积极实践、亮点纷呈。海淀、大兴公司建立内部模拟指标体系看板，瞄准关键要素精准发力；通州公司重

塑成本管控模式，建立全成本数据库，提升成本管控质效；顺义、建设咨询公司坚持结决算一体化刚性管理，工程转资效率有效提升；城区、朝阳公司率先发布“云课堂”交流课程。

这一年我们高标站位，在适应改革中彰显了责任担当。坚定推进电价改革。配合完成第二监管周期输配电价核定，积极向两级发改委汇报沟通，获得理解和支持，争取到重要参数按照国家高限核定，冬奥工程等政策性投资全额纳入核价范围，成本监审结果较上一周期上涨 0.39 分/kWh，解决了华北电网输电费分摊比例的历史问题，并对国家要求的提前降价部分实施“三年统算账”，有效避免了重复降价风险，实现输配电价核涨 1.5 分/kWh，为公司健康可持续发展奠定了基础。有序完成特高压资产划转。按照国网公司适应输配电价监管、优化资产配置要求，将锡盟—山东、张北柔直 2 项特高压资产划转至华北分部，统一了资产主体和核价主体，夯实了电网长远发展基础。聚焦主责深化改革。通过股权划转、追加注资等方式，完成首都电力交易中心、国网综合能源公司、华商电力产业公司等改革。优化“战略+运营”管控模式，编制财务专业自主决策 13 项负面清单，梳理明确三批 31 项“放管服”事项，授权分权、权责匹配，激发基层经营活力。持续开展民企清欠。创新线上往来账款台账，落实清欠责任，推进民营企业和中小企业账款清理，实现逾期拖欠“零新增”、无分歧账款“零拖欠”。工程公司设立农民工工资专户，确保农民工工资及时足额发放。

这一年我们创新有为，在管理变革中积聚了发展动能。战略落地锚定方向。落实国网网战略“12912”首都方案，主动衔接精益管理工程，制定提质增效战略落地工程方案，明确 21 项战略任务，助力公司和电网高质量可持续发展。多维精益走向深入。建立“利润+负债”双模拟内部模拟市场，构建分析评价模型，经营压力传导与考核激励相结合，释放基层创效动能。支撑输配电价改革，建立收入成本多维分摊规则，分业态核算，分类出具监管、非监管报表。促进精益管理，围绕设备、客户、项目等核心要素，部署 9 大类 77 项多维应用场景，推动价值精准反映。公司“项目价值精益管理”入选国网公司典型应用场景案例。房山公司创新开展项目优选评价，把好项目储备入口关。大兴公司划小经营单元，支撑精准考核到供电所。资金管理优化提升。“1233”新型资金管理体系常态运行，严格现金流“按日排程”，优化收入预测和集中支付策略，资金供需规模精准匹配、时间精准衔接，资金效率效益提升。城区、海淀、客服中心试点非电费收入自动清分，提升银企自动对账效率。产融协同稳步推进。应用“电 e 金服”，推动供应链金融及保证金保险业务落地，服务上下游规模 4.38 亿元。保险赔付率同比提升 7.19 个百分点，有效发挥保险对资产损失的保障作用。

这一年我们强基固本，在资产管理中取得了扎实成效。资产清查摸清家底。构建“1+8+N”清查体系，完成全部 16 类资产现场盘点，梳理资产设备卡片 237 万余张，账卡物一致率达 98%以上。聚焦 7 类特殊资产，从逾龄资产科学延寿、规范资产报废流程、理清非监管资产界限等方面进一步强化资产管理制度化建设。促进资源配置与资产实际状况有效衔接，优化运维模式，提高成本质效。有效衔接实物管理与价值管理，为多维度准确反映资产变化、深化多维精益、量化投入产出、推行成本质效评价，提供了数据支撑。顺义、电缆公司多措并举创新开展智能化盘点，检修公司全面完成 154 座变电站内遗留物资清理。精益工程财务管理。全面开展“三清理两提高”专项工作，建立项目清理“一本账”，形成业财合力，动态督导，按月通报，全年清理长期挂账工程 782 项。优化三码对应规则，奠定工程自动竣工决算基础。搭建“共管共享”外部资金线上台账，推动四类外部资金工程当年转资 533 项，涉及资金 70.67 亿元。

2020 年工作的全面高质量完成，为公司业绩指标重返 A 段提供了强有力支撑，为“十三五”财务发展画上了圆满的句号。回顾过去的五年，我们在公司党委的坚强领导下，直面挑战、主动作为，积极履行三大责任，主动服务公司和电网发展。五年来：我们勇于担当，稳妥推进电价改革。积极配合国家完成两轮输配电价核定，第一轮核价“首涨”、第二轮继续核涨，筑牢了公司可持续发展基础。坚决落实国家降价政策，累计降低社会用电成本 208.46 亿元（公司承担 131.36 亿元、占比 63%），彰显了央企的责任担当。五年来，我们众志成城，保持公司稳健经营。持续适应改革要求，提质增效，保障了十九大、新中国成立 70 周年、疫情防控等重点项目支出，支撑了 890 亿元电网建设投资，“十三五”末固定资产原值较“十二五”末增加 60%，资产负债率控制在 65%警戒线以内。五年来，我们聚力创新，持续推动管理提升。多维精益管理打通各专业数据链路，实现信息多维精准反映。全面建成“1233”新型资金管理体系，促进了资金供应、效率效益、安全管控“三提升”。建设应用项目管控平台，提高项目管控水平，提升资源配置能力。持续优化资产管理策略，夯实有效资产管理基础。五年来，我们慎终如始，不断夯实风险防线。深化风委会运行机制，健全风险框架和风控标准，建成资金分级授权体系，常态开展重大风险评估和内控评价，持续筑牢风险管理“三道防线”。五年来，我们蓬勃向上，队伍素质持续提升。打造了坚强有力的总会计师队伍，11 人次入选国网柔性团队，参与国网公司标准成本体系构建、多维精益管理体系变革、“1233”新型资金管理体系建设等 10 余项重要试点工作。管理创新成果丰硕，其中，《电网企业成本多维度展示模式构建与应用实践》等 3 项成果获得北京市企业管理现代化创新成果一等奖，《基于输配电价改革的成本费用精益化管理》在国网公司组织的管理创新论文大赛中获得一等奖，《财务多维数字化经营管理平台》入选国网公司 2020 年大数据应用优秀成果。

五年来的成绩令人鼓舞，五年来的经验弥足珍贵。我们积极服务大局，勇于担当，主动对照改革、监管要求谋划部署工作，始终保持奋进姿态，以实际行动坚决服从服务党和国家事业大局；积极统筹“两个平衡”，服务公司高质量发展大局。我们坚持战略引领，创新驱动，始终围绕公司战略目标，在增强硬实力、构建软实力中瞄准先进、主动作为，努力以先进经营理念、创新管理方法、专业管理力量支撑公司经营目标实现，在专业工作中充分体现公司战略的特征要求。我们注重以人为本，开放协同，发挥专业合力，促进业财融合，在坚持重要资源、重要政策集中统一管理的同时，不断优化各级权责界面，向基层放权赋能，着力寻求集中管控和基层活力间的有机平衡，这些宝贵的经验要在今后工作中一以贯之、长期坚持。

二、分析形势和任务，准确把握发展思路

（一）以学为先，贯彻落实国网公司财务金融工作会及公司“两会”精神

罗乾宜总会计师在国网公司财务金融工作会上，明确提出要坚持质量第一、效益优先，全面构建以“开放协同、智慧共享”为主要特征的价值生态系统，为我们财务工作高质量开展指明了方向。潘敬东董事长在公司“两会”上的工作报告，围绕深入贯彻落实国网公司“两会”精神，落实北京市委市政府部署，全面总结了 2020 年及“十三五”取得的成绩，深刻分析了“十四五”内外部发展环境新变化，全面部署了 2021 年工作任务，要求我们把握首都意识、首善标准和首创精神，以“高质量争先年”为主题，聚焦扭亏为盈目标，打造提质增效“升级版”，全力保持业绩考核 A 段。大家要深入学习体会，把握会议的内涵要义，全面贯彻落实。

（二）分析形势，充分认识公司经营环境新变化

一是国家政策提出更高标准。国资委推行“两利四率”业绩考核，要求效益增幅高于 GDP 增速、成本增速低于收入增速、资产负债率保持稳定，亏损企业数量逐年下降。公司执行新会计准则，预收电费和租赁资产核算方式将发生变化，对资产负债率产生一定影响。

二是外部监管提出新要求。近期，国家五部委联合发文，要求清理规范城镇水、电、气、暖行业收费，对公司经营、投资产生重要影响。政府各方监管呈现“大联合”态势，要求公司运营更加透明、信息更加公开。市场化交易规模不断扩大，电价交叉补贴需求增加、来源不足矛盾加剧，稳定电价交叉补贴来源问题亟待解决。

三是创效优势不明显。北京持续减量发展，电量低速增长，居民电量占比高，输配电价核定“易降难升”。外部资金工程规模减小，实施难度加大，边际贡献收窄。电网投资需求和建党 100 周年、冬奥会等政治供电保障投入刚性增长，上年社保减免等一次性增利措施今年退出，需要安排增量效益弥补缺口，这要求我们必须继续坚持提质增效，确保实现扭亏为盈。

四是创新发展育新机。一方面，习近平总书记提出“碳达峰、碳中和”目标，首都实施绿色北京战略，加快构建清洁低碳、安全高效的能源体系；北京市陆续出台建设全球新型智慧城市标杆等部署，国际科技创新中心等新兴业务融合发展，既为带动电量增长、拓展效益空间提供有利条件，也为公司深化产业升级和不断扩展新的业务增长点，创造了良好机遇。另一方面，公司围绕高质量提升年，大力开展提质增效专项行动，各部门、各单位凝心聚力，补短板、挖潜能，“质量第一、效益优先”理念深入人心，工作中行之有效的创新做法可以持续发力，精益管理水平在持续提升，为公司经营实力再上新台阶奠定了实现基础。

（三）理清思路，明确公司经营提升的方向和路径

一是建立提质增效长效机制。提质增效是保障公司可持续发展的根本，是支撑公司高质量发展的长远大计，需要我们常抓不懈，坚持“质量第一、效益优先”，打造提质增效“升级版”。树牢质效理念。牢记责任央企的经济责任，全力实现国有资产保值增值。强化量入为出意识和投入产出意识，培育节俭文化，让“花钱必问效”成为自觉习惯，把“过紧日子”变为全体员工的自觉行动。坚持真抓实干。以问题为导向，深入开展经营活动分析，查找经营管理中存在的短板和弱项，充分发挥基层单位管理实践经验，解决制约公司高质量发展的实际问题；优化完善内部模拟市场，大力实施精准投入、精准作业、精准考核，将

提质增效从“存量挖潜”向“机制激励”拓展，更加注重提高效率、改进质量。强化边界管控。加强对电量、电价、投资等重要经营参数的边界管控，统筹对利润、资产负债率、EVA 等核心指标的联动管理，确保在安全边界管控内实现稳健经营。

二是推动多维精益落地生根。多维精益管理体系是公司管理理念的重大创新和管理方式的深刻变革，是适应监管和数字化发展的必然产物。目前，公司已完成第一层次体系建设任务，实现信息反映精益。下一步将聚焦数字化、体系化、精益化，加快推进第二、第三层次建设，向经营管理精益迈进。夯实数字化基础。借助企业数据中台，提高系统资源利用效率，通过数据标准的规范管理，确保数据真实完整，形成业务数据化，实现数据资产化。完善体系化建设。实现公司业务和数据“管理一标准”，将业财数据和价值管控规则全面植入中台建设；实现“操作一平台”，推动各类数据自动采集处理；实现“数据一个池”，将标准、规则和数据充分融合于智慧共享平台，有力支撑多维精益，将财务管理领域创新管理实践延伸到业务最前端，聚成合力。促进精益化应用。大力推动应用场景下沉，将多维精益管理延伸到经营末端、基层一线，鼓励各单位先行先试、自主创新，有效服务经营决策和精准激励，激发基层创新创效活力。

三是守牢安全发展底线。近年来，公司在全面风险和内部控制方面，充分发挥“三道防线”作用，有效防范了重大风险。我们也要清醒的认识到，行业监督检查、巡视巡查等检查中仍暴露出一些问题。我们要强化底线思维，密切跟进经济形势变化，精准管控经营边界。进一步树立管理制度化、制度流程化、流程信息化的内控理念，持续完善风险防控体系。做好内外部检查问题整改，严查屡改屡犯等习惯性违章，及时发现问题，分析问题，举一反三，切实堵塞管理漏洞。

（四）瞄准目标，科学谋划“十四五”发展

立足“十四五”发展新起点，着眼改革发展新变化，我们要紧紧围绕“12912”国网战略首都落地方案部署，全面贯彻国网公司构建“开发协同、智慧共享”的价值生态系统工作要求，做好“十四五”财务专业规划，重点把握好以下几个方面：一是提升经营实力。稳健经营是公司可持续发展的本质基础，要结合经营形势新变化，持续做好提质增效工作，助推公司经营实力迈上新台阶。二是创新智慧驱动。以财务数字化转型为契机，充分应用智慧共享财务平台，提升数字化经营能力和决策水平，为服务公司高质量争先提供坚强支撑。三是坚持共享协同。加强业财融合协同，发挥电网平台功能和财务枢纽作用，提高数据共享能力、资源聚合能力和横向协同能力，实现业财管理互联互通、规范高效。

三、2021 年重点任务

今年是建党 100 周年、“十四五”开局之年，是公司高质量争先、实现扭亏为盈的关键之年。全年的工作思路是：坚决贯彻国网公司财务金融工作会议要求，认真落实公司“两会”部署，大力实施提质增效争先行动，强化精益管理、改革创新、风险防控，确保实现扭亏为盈，资产负债率稳中有降，为公司高质量可持续发展提供坚强支撑。重点做好以下工作：

（一）着力推进电价改革，夯实可持续发展基础

2021 年是输配电价第三监管周期成本监审的基准年，要牢固树立大监管理念，推动完善电力市场价格机制，保障公司获得稳定收入来源和收益水平。一是落实电价收费政策。严格执行第二监管周期输配电价和目录电价，配合政府清理转供电加价，按照五部委要求清理城镇供电行业收费。同时研究峰谷分时交易、现货市场交易等规则，合理测算交叉补贴规模，推动政府妥善处理电价交叉补贴问题。二是持续适应改革。巩固现有投资核准机制，确保电网全口径投资纳入核价范围。加强分类资产管控，夯实有效资产，在国网公司统一政策下，推动公司实际折旧逐步与核价折旧趋同。优化成本结构，适应监管要求，防范核减风险。三是做好监管非监管分离工作。健全成本传导机制，确保定价成本完整归集、成本与有效资产紧密关联。强化关联交易业务协同，确保关联交易业务核算清晰、公允合规。完善监管与非监管报表编审体系，提高报表编报效率。

（二）着力推进提质增效，助力经营质效稳步提升

结合经营形势新变化，聚焦扭亏为盈目标，制定实施提质增效争先行动方案，打造提质增效“升级版”，推动经营质效再提升。一是围绕争先目标精准发力。坚决守住售电量、线损、售电均价等关键经营参数边界，奋力实现争先目标，为公司扭亏为盈奠定基础。大力增供扩销，持续提升业扩报装、综合能源等服务水平，增强主营业务创效能力。加强电费回收，确保颗粒归仓。科学施治压降综合线损，严格控制燃气电厂发电小时，提高房产土地等存量资源利用水平，多措并举挖潜增效。确保外部资金落实到位，加快三类外部资金工程建设，及时将政府支持转化为企业效益。抓住产业升级机遇，促进新兴产业和子公司拓展市场，不断增强经营发展活力。二是持续精益成本管控。坚持预算“紧平衡”，做实做细项目储备，充分利用资产

清查成果，促进成本精准投入。强化投入产出效能评估和预算执行过程管控。持续优化成本结构，全力满足冬奥会、疫情防控、政治供电等重点成本需求，从严从紧控制各类非生产性支出。加大对关键核心技术攻关等研发项目和科技成果转化等事项的预算支持力度，为公司更高质量可持续发展增强后劲。三是做精做细内部模拟市场。坚持目标导向、贡献量化、绩效挂钩，以盈利、负债“双模拟”为核心，拓展内部模拟市场深度和广度，进一步丰富指标内涵，有序传导经营压力，推动实施精准考核与激励，激发各单位经营创效活力。

（三）着力推进数智应用，促进财务管理转型升级

推进财务数字化转型，建设“中台+应用”智慧共享财务平台，以价值创造为核心，持续提高财务服务公司、电网服务社会的能力和水平。一是深化多维应用。深入分析核心资源投入产出效率，完善多维质效评价体系，支撑科学决策、精准配置、精细操作。聚焦价值创造微观主体，将考核激励对象从企业划小至班组、员工，推动价值理念下沉到组织末梢，实现各层级目标衔接、行动协同。二是打造智慧共享财务平台。从数据标准、价值管控、数据聚合、管理支撑等方面，推进财务中台建设，实现管理标准统一、操作平台统一和数据源头统一。以工程自动竣工决算、一键报税、移动报销为重点，提升在智慧基建、智慧税务等方面的应用水平，部署上线国网公司智慧共享财务平台。三是推广应用产业链金融服务平台。充分利用“电e金服”平台，发挥属地优势，加强统筹协调，对接中小微企业需求，做好供应链金融、保险替代保证金等金融产品的推广，带动能源产业链上下游协同发展。

（四）着力防范风险，护航公司高质量发展

坚持问题导向、目标导向、结果导向，防范系统性风险，做好重点领域风险防范化解工作。一是从严管控带息负债规模。近年来，受电量电价、投资规模等各种因素叠加影响，公司带息负债规模持续加大。我们要深刻认识到带息负债快速增长带来的经营风险，牢固树立自由现金流理念，深化融资预算与“按日排程”一体化管控，持续优化融资结构，准确把握融资需求与节奏，确保资金安全有效供给，支撑好公司发展建设任务。二是强化全面风险管控。发挥各级风委会统筹协调作用，严格落实重大风险防控计划，严防重大风险事件。做好重大风险指标跟踪监测，扎实开展内控评价，推进稽核数字化转型，将风控规则嵌入业务流程。三是加强问题整改治理。落实国资委降杠杆、减负债工作要求，全面推进亏损企业治理，严控“两金”规模。继续深入开展“三清理两提高”专项行动，持续清理历史挂账工程。做好民营企业中小企业账款支付，切实防范新欠风险。

（五）着力推进党建引领，锻造高素质财会队伍

持续加强党建引领，提高政治站位，深化党建内嵌融入，落实好公司“党建+”工程，锻造一支政治过硬、作风过硬、能力过硬的财务队伍。一是着力提升政治能力。贯彻落实十九届五中全会精神和公司党建工作要求，把握好政治方向，自觉服从服务于党和国家事业大局，把“旗帜鲜明讲政治、清正廉洁守底线”融入财务各项工作中，坚持党建引领，推动财会队伍高质量建设。二是打造扎实工作作风。牢牢把握首都意识、首善标准和首创精神，时刻强化敏感敏锐敏捷的“三敏”作风。持续加强总会计师队伍建设，积极弘扬严谨细实的专业精神和精益求精的工匠精神，始终保持良好的精神状态，打造求真务实、担当作为、履职尽责的财会队伍，在企业决策中把好政策关，在干事创业中当好带头人。严格自律，严守底线，加强对各类业务的实质性审核，确保会计信息客观真实，资金资产安全完整。三是培育过硬专业能力。坚持系统观念，用战略思维把全局、用创新思维谋发展、用底线思维防风险。注重学习政策、研究政策、运用政策，抓住政策机遇，努力把政策转化为公司发展成果。要努力钻研专业方法，以解决问题为目标来研究推进工作，弥补经验盲区、补齐知识短板、增强洞察力和判断力，提高谋事干事的能力，在公司经营发展中发挥好参谋助手作用。

重 要 文 件

上级单位重要文件索引（摘要）

序号	收文时间	来文单位	文号	文件标题
国家电网公司				
1	2020 年 1 月 3 日	国家电网有限公司	国家电网党〔2020〕3 号	中共国家电网有限公司党组关于强化整治漠视侵害群众利益问题长效机制建设的意见
2	2020 年 1 月 10 日	国家电网有限公司	国家电网办〔2020〕1 号	国家电网有限公司关于全面深化改革奋力攻坚突破的意见
3	2020 年 1 月 14 日	国家电网有限公司	国家电网办〔2020〕10 号	国家电网有限公司关于印发公司三届五次职代会暨 2020 年工作会议报告和总结讲话的通知
4	2020 年 1 月 14 日	国家电网有限公司	国家电网党〔2020〕1 号	中共国家电网有限公司党组关于始终坚持“两个一以贯之” 全面推进“三型两网”世界一流能源互联网企业建设的意见
5	2020 年 1 月 19 日	国家电网有限公司	国家电网办〔2020〕28 号	国家电网有限公司关于印发“阳光业扩”服务工作方案的通知
6	2020 年 1 月 19 日	国家电网有限公司	国家电网办〔2020〕16 号	国家电网有限公司关于修订发布供电服务“十项承诺”和员工服务“十个不准”的通知
7	2020 年 1 月 20 日	国家电网有限公司	国家电网党〔2020〕6 号	中共国家电网有限公司党组关于印发《国家电网有限公司先进典型选树宣传工作管理办法》的通知
8	2020 年 1 月 27 日	国家电网有限公司	国家电网办〔2020〕43 号	国家电网有限公司关于进一步加强新型冠状病毒感染的肺炎疫情防控工作的通知
9	2020 年 1 月 31 日	国家电网有限公司	国家电网党〔2020〕10 号	中共国家电网有限公司党组关于充分发挥各级党组织和党员干部作用为打赢疫情防控阻击战提供坚强政治保证的通知
10	2020 年 2 月 10 日	国家电网有限公司	国家电网办〔2020〕55 号	国家电网有限公司关于做好疫情防控全力恢复建设助推企业复工复产的通知
11	2020 年 2 月 14 日	国家电网有限公司	国家电网办〔2020〕63 号	国家电网有限公司关于印发《重大活动档案管理办法》和《境外机构档案管理办法》的通知
12	2020 年 2 月 20 日	国家电网有限公司	国家电网办〔2020〕74 号	国家电网有限公司关于印发公司 2020 年重点工作任务的通知
13	2020 年 2 月 24 日	国家电网有限公司	国家电网办〔2020〕80 号	国家电网有限公司关于进一步加强督察督办推动重大决策部署贯彻落实的通知
14	2020 年 3 月 12 日	国家电网有限公司	国家电网党〔2020〕19 号	中共国家电网有限公司党组关于印发国家电网有限公司 2020 年统战工作要点的通知
15	2020 年 3 月 12 日	国家电网有限公司	国家电网党〔2020〕20 号	中共国家电网有限公司党组关于印发国家电网有限公司 2020 年保密工作要点的通知
16	2020 年 3 月 16 日	国家电网有限公司	国家电网党〔2020〕21 号	中共国家电网有限公司党组关于审计工作领导小组更名及调整 5 个非常设机构主任（组长）的通知
17	2020 年 3 月 19 日	国家电网有限公司	国家电网党〔2020〕23 号	中共国家电网有限公司党组关于十九届中央第三轮巡视整改进展情况的通报
18	2020 年 3 月 19 日	国家电网有限公司	国家电网党〔2020〕22 号	中共国家电网有限公司党组关于调整党组理论学习中心组组成人员的通知

续表

序号	收文时间	来文单位	文号	文件标题
19	2020 年 3 月 24 日	国家电网有限公司	国家电网办〔2020〕158 号	国家电网有限公司关于进一步积极支持和加快推进增量配电业务改革的意见
20	2020 年 3 月 30 日	国家电网有限公司	国家电网办〔2020〕164 号	国家电网有限公司关于做好可再生能源补贴项目清单审核管理工作的通知
21	2020 年 3 月 31 日	国家电网有限公司	国家电网办〔2020〕162 号	国家电网有限公司关于印发《推进电力交易机构独立规范运行实施方案》的通知
22	2020 年 4 月 1 日	国家电网有限公司	国家电网党〔2020〕24 号	中共国家电网有限公司党组关于印发理论学习中心组 2020 年度学习计划的通知
23	2020 年 4 月 2 日	国家电网有限公司	国家电网党〔2020〕29 号	中共国家电网有限公司党组关于认真学习贯彻《党委（党组）落实全面从严治党主体责任规定》的通知
24	2020 年 4 月 3 日	国家电网有限公司	国家电网办〔2020〕174 号	国家电网有限公司关于印发支持国家级新区深化改革创新加快推动高质量发展重点工作措施的通知
25	2020 年 4 月 7 日	国家电网有限公司	国家电网办〔2020〕200 号	国家电网有限公司关于落实中央新基建部署大力推动新能源汽车充电桩建设的意见
26	2020 年 4 月 10 日	国家电网有限公司	国家电网党〔2020〕30 号	中共国家电网有限公司党组关于印发《中共国家电网有限公司党组 2020 年落实全面从严治党主体责任重点任务》的通知
27	2020 年 4 月 13 日	国家电网有限公司	国家电网党〔2020〕31 号	中共国家电网有限公司党组关于印发学习贯彻《中国共产党国有企业基层组织工作条例（试行）》工作方案的通知
28	2020 年 4 月 16 日	国家电网有限公司	国家电网办〔2020〕213 号	国家电网有限公司关于印发 2020 年服务清洁能源发展和消纳重点工作安排的通知
29	2020 年 4 月 20 日	国家电网有限公司	国家电网党〔2020〕32 号	中共国家电网有限公司党组驻公司纪检监察组关于印发《国家电网有限公司深化标本兼治推进以案促改工作的实施办法（试行）》的通知
30	2020 年 4 月 20 日	国家电网有限公司	国家电网党〔2020〕33 号	中共国家电网有限公司党组驻公司纪检监察组关于修订印发《国家电网有限公司纪律审查工作规定（试行）》《国家电网有限公司纪律审查监督管理工作规定（试行）》的通知
31	2020 年 4 月 20 日	国家电网有限公司	国家电网党〔2020〕34 号	中共国家电网有限公司党组驻公司纪检监察组关于印发《落实全面从严治党主体责任和监督责任清单》的通知
32	2020 年 4 月 21 日	国家电网有限公司	国家电网办〔2020〕235 号	国家电网有限公司关于印发毛伟明同志在公司 2020 年第二季度工作会议上的讲话和辛保安同志总结讲话的通知
33	2020 年 4 月 27 日	国家电网有限公司	国家电网办〔2020〕255 号	国家电网有限公司关于印发公司 2020 年二季度重点工作任务的通知
34	2020 年 4 月 28 日	国家电网有限公司	国家电网党〔2020〕37 号	中共国家电网有限公司党组驻公司纪检监察组关于印发《查处诬告陷害行为做好失实检举控告澄清工作实施办法（试行）》的通知
35	2020 年 4 月 29 日	国家电网有限公司	国家电网办〔2020〕262 号	国家电网有限公司关于印发落实公司战略促进产业升级专项行动工作方案的通知
36	2020 年 5 月 11 日	国家电网有限公司	国家电网党〔2020〕38 号	中共国家电网有限公司党组关于进一步加强和改进工会工作的意见
37	2020 年 5 月 22 日	国家电网有限公司	国家电网办函〔2020〕15 号	国家电网有限公司关于启用总部有关部门、机构印章的通知
38	2020 年 6 月 10 日	国家电网有限公司	国家电网办〔2020〕349 号	国家电网有限公司关于全面做好迎峰度夏安全生产和优质服务工作的通知
39	2020 年 6 月 10 日	国家电网有限公司	国家电网党〔2020〕45 号	国家电网有限公司党建工作领导小组关于开展“学战略、讲担当、干精彩”主题党日活动的通知

续表

序号	收文时间	来文单位	文号	文件标题
40	2020 年 6 月 10 日	国家电网有限公司	国家电网党〔2020〕44 号	中共国家电网有限公司党组关于认真学习贯彻 2020 年全国两会精神的通知
41	2020 年 6 月 17 日	国家电网有限公司	国家电网党〔2020〕46 号	中共国家电网有限公司党组关于开展纪念建党 99 周年系列活动的通知
42	2020 年 6 月 29 日	国家电网有限公司	国家电网党〔2020〕48 号	中共国家电网有限公司党组关于开展纪念建党 99 周年“八个一”活动的通知
43	2020 年 7 月 10 日	国家电网有限公司	国家电网办〔2020〕413 号	国家电网有限公司关于表扬信访维稳先进集体及先进个人的通报
44	2020 年 7 月 15 日	国家电网有限公司	国家电网办〔2020〕421 号	国家电网有限公司关于印发支持 5G 基础设施建设做好优质供电服务保障十项措施的通知
45	2020 年 7 月 20 日	国家电网有限公司	国家电网办〔2020〕429 号	国家电网有限公司关于实施落实公司战略促进产业升级专项行动的指导意见
46	2020 年 7 月 22 日	国家电网有限公司	国家电网党〔2020〕51 号	中共国家电网有限公司党组关于印发“文化铸魂、文化赋能、文化融入”专项行动计划的通知
47	2020 年 7 月 23 日	国家电网有限公司	国家电网办〔2020〕445 号	国家电网有限公司关于印发毛伟明同志在公司 2020 年年中工作会议上的报告和辛保安同志总结讲话的通知
48	2020 年 7 月 27 日	国家电网有限公司	国家电网党〔2020〕52 号	中共国家电网有限公司党组关于认真组织学习《习近平谈治国理政》第三卷的通知
49	2020 年 7 月 28 日	国家电网有限公司	国家电网党〔2020〕54 号	中共国家电网有限公司党组关于印发开展境外腐败、利益输送、设租寻租和化公为私问题专项整治总体工作方案的通知
50	2020 年 7 月 29 日	国家电网有限公司	国家电网党〔2020〕53 号	中共国家电网有限公司党组关于成立境外腐败治理工作领导小组的通知
51	2020 年 7 月 31 日	国家电网有限公司	国家电网党〔2020〕55 号	中共国家电网有限公司党组关于印发开展境外腐败治理工作方案的通知
52	2020 年 8 月 17 日	国家电网有限公司	国家电网办〔2020〕491 号	国家电网有限公司关于深入贯彻落实习近平总书记在企业家座谈会上的重要讲话精神的意见
53	2020 年 9 月 1 日	国家电网有限公司	国家电网党〔2020〕59 号	中共国家电网有限公司党组关于印发《国家电网有限公司领导职责分工》的通知
54	2020 年 9 月 2 日	国家电网有限公司	国家电网办〔2020〕521 号	国家电网有限公司关于印发公司 2020 年下半年重点工作任务的通知
55	2020 年 9 月 2 日	国家电网有限公司	国家电网党〔2020〕57 号	中共国家电网有限公司党组关于加快人才高质量发展的意见
56	2020 年 9 月 2 日	国家电网有限公司	国家电网党〔2020〕58 号	中共国家电网有限公司党组关于新时代新征程全面加强科技创新工作的意见
57	2020 年 9 月 15 日	国家电网有限公司	国家电网办〔2020〕546 号	国家电网有限公司关于支持西藏及四川、甘肃、青海涉藏州县高质量发展的意见
58	2020 年 9 月 21 日	国家电网有限公司	国家电网党〔2020〕63 号	中共国家电网有限公司党组关于开展抗击新冠肺炎疫情先进典型推荐评选工作的通知
59	2020 年 9 月 21 日	国家电网有限公司	国家电网党〔2020〕62 号	中共国家电网有限公司党组关于印发强根铸魂工程实施方案的通知
60	2020 年 9 月 24 日	国家电网有限公司	国家电网党〔2020〕66 号	中共国家电网有限公司党组关于印发《国家电网有限公司总部党委工作规则（试行）》的通知

续表

序号	收文时间	来文单位	文号	文件标题
61	2020年9月30日	国家电网有限公司	国家电网办〔2020〕567号	国家电网有限公司关于印发企业治理工程实施方案的通知
62	2020年10月9日	国家电网有限公司	国家电网办〔2020〕588号	国家电网有限公司关于印发电网升级工程实施方案的通知
63	2020年10月9日	国家电网有限公司	国家电网办〔2020〕598号	国家电网有限公司关于印发国际拓展工程实施方案的通知
64	2020年10月10日	国家电网有限公司	国家电网办〔2020〕576号	国家电网有限公司关于印发卓越服务工程实施方案的通知
65	2020年10月10日	国家电网有限公司	国家电网办〔2020〕578号	国家电网有限公司关于印发企业生态工程实施方案的通知
66	2020年10月12日	国家电网有限公司	国家电网办〔2020〕595号	国家电网有限公司关于印发精益管理工程实施方案的通知
67	2020年10月12日	国家电网有限公司	国家电网办〔2020〕575号	国家电网有限公司关于印发科技强企工程实施方案的通知
68	2020年10月19日	国家电网有限公司	国家电网办〔2020〕600号	国家电网有限公司关于支持新疆高质量发展服务长治久安的意见
69	2020年10月19日	国家电网有限公司	国家电网党〔2020〕68号	中共国家电网有限公司党组关于表彰“国网楷模”、抗击新冠肺炎疫情功勋个人、功勋集体、先进个人、先进集体和优秀共产党员、先进基层党组织的决定
70	2020年11月4日	国家电网有限公司	国家电网办〔2020〕663号	国家电网有限公司关于印发毛伟明同志在公司学习贯彻党的十九届五中全会精神暨2020年第四季度工作会议上讲话的通知
71	2020年11月4日	国家电网有限公司	国家电网党〔2020〕72号	中共国家电网有限公司党组关于深入推进“双千工程”、进一步大力发现培养选拔优秀年轻领导人员的意见
72	2020年11月4日	国家电网有限公司	国家电网党〔2020〕74号	中共国家电网有限公司党组关于印发国家电网有限公司统战工作责任清单的通知
73	2020年11月12日	国家电网有限公司	国家电网党〔2020〕76号	中共国家电网有限公司党组关于印发《国家电网有限公司党建工作绩效考核评价办法（试行）》的通知
74	2020年11月30日	国家电网有限公司	国家电网党〔2020〕80号	中共国家电网有限公司党组关于印发《国家电网有限公司基层纪委工作规则（试行）》的通知
75	2020年11月30日	国家电网有限公司	国家电网党〔2020〕81号	中共国家电网有限公司党组关于印发《国家电网有限公司二级单位纪委书记履职专项考核办法（试行）》的通知
76	2020年12月4日	国家电网有限公司	国家电网办〔2020〕729号	国家电网有限公司关于印发突发群体事件应急预案的通知
77	2020年12月7日	国家电网有限公司	国家电网办〔2020〕702号	国家电网有限公司关于认真组织开展《习近平关于档案工作、历史学习与研究、文化遗产保护重要论述摘编》学习宣贯的通知
78	2020年12月8日	国家电网有限公司	国家电网党〔2020〕85号	中共国家电网有限公司党组关于巩固深化“不忘初心、牢记使命”主题教育成果的实施意见
79	2020年12月15日	国家电网有限公司	国家电网党〔2020〕90号	中共国家电网有限公司党组关于开展2020年度党委书记抓基层党建工作述职评议考核的通知
80	2020年12月22日	国家电网有限公司	国家电网办〔2020〕792号	国家电网有限公司关于做好精准扶贫档案工作的通知
81	2020年12月22日	国家电网有限公司	国家电网办〔2020〕800号	国家电网有限公司关于印发做好迎峰度冬确保电力安全可靠供应八项举措的通知

续表

序号	收文时间	来文单位	文号	文件标题
82	2020 年 12 月 29 日	国家电网有限公司	国家电网党〔2020〕102 号	中共国家电网有限公司党组关于认真开好 2020 年度党员领导人员民主生活会的通知
83	2020 年 12 月 29 日	国家电网有限公司	国家电网党〔2020〕103 号	中共国家电网有限公司党组关于做好国家电网有限公司领导班子 2020 年度民主生活会征求意见工作的通知
84	2020 年 12 月 29 日	国家电网有限公司	国家电网党〔2020〕96 号	中共国家电网有限公司党组关于认真学习贯彻中央经济工作会议精神的通知
中共北京市委、北京市人民政府				
85	2020 年 1 月 2 日	中共北京市委办公厅	厅字〔2019〕16 号	中共北京市委办公厅 北京市人民政府办公厅关于设立北京市重点站区管理委员会的通知
86	2020 年 1 月 2 日	中共北京市委办公厅		中共北京市委办公厅 北京市人民政府办公厅贯彻落实《中共中央办公厅、国务院办公厅关于做好 2020 年元旦春节期间有关工作的通知》的通知
87	2020 年 1 月 3 日	中共北京市委办公厅	京发〔2019〕23 号	中共北京市委关于印发《中共北京市委贯彻〈中国共产党政法工作条例〉的实施办法》的通知
88	2020 年 1 月 3 日	北京市人民政府办公厅		北京市服务保障中央政法工作会议工作预案
89	2020 年 1 月 3 日	北京市人民政府办公厅		北京市服务保障十九届中央纪委四次全会工作方案
90	2020 年 1 月 3 日	北京市人民政府办公厅		北京市服务保障“不忘初心、牢记使命”主题教育总结大会工作方案
91	2020 年 1 月 6 日	中共北京市委办公厅		中共北京市委办公厅关于组织征订《中国共产党党内法规选编（2012—2017）》的通知
92	2020 年 1 月 6 日	北京市人民政府办公厅	北京市人民政府办文（第 30004 号）	北京市领导在公司关于近期国际部分国家及地区大面积停电事故相关问题的请示上的批示
93	2020 年 1 月 8 日	中共北京市委办公厅	京办字〔2020〕1 号	中共北京市委办公厅关于印发《北京市政协 2020 年协商工作计划》的通知
94	2020 年 1 月 8 日	中共北京市委办公厅	京办发〔2020〕1 号	中共北京市委办公厅印发《关于贯彻落实〈中国共产党重大事项请示报告条例〉的具体措施》的通知
95	2020 年 1 月 10 日	北京市人民政府办公厅		北京市领导在公司关于 2019 年重点工作完成情况和 2020 年计划安排报告上的批示
96	2020 年 1 月 13 日	中共北京市委办公厅	京办字〔2020〕2 号	中共北京市委办公厅关于印发《中共北京市委贯彻落实〈党政领导干部考核工作条例〉的若干措施》的通知
97	2020 年 1 月 16 日	中共北京市委办公厅	会议纪要〔2020〕1 号	市郊铁路怀柔—密云线工作专题会会议纪要
98	2020 年 1 月 23 日	中共北京市委办公厅	厅字〔2020〕1 号	中共北京市委办公厅关于中共北京市委组织部加挂中共北京市委非公有制经济组织和社会组织工作委员会牌子的通知
99	2020 年 1 月 23 日	中共北京市委办公厅	京办字〔2020〕3 号	中共北京市委办公厅关于印发《北京市 2020 年政党协商计划》的通知
100	2020 年 1 月 23 日	中共北京市委办公厅	京办通报〔2020〕第 1 期	蔡奇同志在全市“不忘初心、牢记使命”主题教育总结大会上的讲话
101	2020 年 1 月 23 日	中共北京市委办公厅	京办发〔2020〕2 号	中共北京市委办公厅 北京市人民政府办公厅印发《北京市关于深化改革加强食品安全工作的若干措施》的通知
102	2020 年 1 月 23 日	北京市人民政府办公厅		张家明副市长在 2020 年春节及全国“两会”期间全市应急管理和安全生产工作会议上的讲话

续表

序号	收文时间	来文单位	文号	文件标题
103	2020年2月1日	中共北京市委办公厅	京发〔2020〕2号	中共北京市委关于加强党的领导、为打赢疫情防控阻击战提供坚强政治保证的通知
104	2020年2月1日	中共北京市委办公厅	京办发〔2020〕3号	中共北京市委办公厅 北京市人民政府办公厅关于进一步做好新型冠状病毒感染肺炎疫情防控工作的通知
105	2020年2月18日	中共北京市委办公厅	京办发〔2020〕5号	中共北京市委办公厅关于印发《北京市纪检监察机关严肃查处诬告陷害为干部澄清正名工作办法（试行）》的通知
106	2020年2月18日	北京市人民政府办公厅		殷勇同志对东城区固定资产投资项目进行调度研究的函
107	2020年2月21日	中共北京市委办公厅	京发〔2020〕3号	中共北京市委关于新时代繁荣兴盛首都文化的意见
108	2020年3月6日	中共北京市委办公厅	会议纪要〔2020〕2号	市郊铁路怀柔—密云线工作专题会会议纪要
109	2020年3月6日	中共北京市委办公厅	京办通报〔2020〕第3期	蔡奇同志在区委书记、系统党（工）委书记抓基层党建述职评议会上的讲话
110	2020年3月10日	北京市人民政府办公厅	会议纪要（第39号）	关于研究调度施工现场疫情防控和工程复工有关工作的会议纪要
111	2020年3月18日	中共北京市委办公厅	京办字〔2020〕5号	中共北京市委办公厅 北京市人民政府办公厅关于印发《北京市贯彻〈中央生态环境保护督察工作规定〉实施办法》的通知
112	2020年3月24日	北京市人民政府办公厅		北京市领导在公司关于3月18日大风天气应对工作报告上的批示
113	2020年3月24日	北京市人民政府办公厅		关于马驹桥智造基地 3300 亩土地一级开发相关工作有关事项研提意见的函
114	2020年3月31日	北京市人民政府办公厅		北京市领导在《今日舆情专报》（第317期）上的批示
115	2020年4月3日	北京市人民政府办公厅		北京市领导在马驹桥智造基地土地一级开发涉及有关问题研究提出意见上的批示
116	2020年4月8日	中共北京市委办公厅	会议纪要〔2020〕3号	市郊铁路怀柔—密云线工作专题会会议纪要
117	2020年4月9日	北京市人民政府办公厅		殷勇同志3月30日主持召开的研究推广电动汽车充换电站有关工作会议记录及市领导批示抄清
118	2020年4月15日	中共北京市委 北京市人民政府	京发〔2020〕6号	中共北京市委 北京市人民政府印发《关于抓好“三农”领域重点任务确保如期高质量实现全面小康的行动方案》的通知
119	2020年4月15日	北京市人民政府办公厅		殷勇同志近日主持召开本市新型基础设施建设总体思路的会议记录及市领导批示抄清
120	2020年4月17日	中共北京市委办公厅	京发〔2020〕7号	中共北京市委 北京市人民政府关于建立国土空间规划体系并监督实施的实施意见
121	2020年4月17日	北京市人民政府办公厅	会议纪要（第80号）	关于研究调度温榆河公园示范区规划建设等有关工作的会议纪要
122	2020年4月21日	中共北京市委办公厅	京发〔2020〕5号	中共北京市委 北京市人民政府关于印发《北京市生态环境保护工作职责分工规定》的通知
123	2020年4月27日	中共北京市委办公厅	京办通报〔2020〕第6期	蔡奇同志在首都精神文明建设工作暨背街小巷环境精细化整治提升动员部署大会上的讲话
124	2020年4月27日	北京市人民政府办公厅	会议纪要（第87号）	关于研究《北京市施工作业保护城市地下管线管理办法（试行）》的会议纪要

续表

序号	收文时间	来文单位	文号	文件标题
125	2020 年 4 月 28 日	中共北京市委办公厅	京办通报〔2020〕第 7 期	蔡奇、崔述强同志在深入推进疏解整治促提升 促进首都生态文明与城乡环境建设动员大会上的讲话
126	2020 年 4 月 28 日	中共北京市委办公厅	厅字〔2020〕5 号	中共北京市委办公厅关于印发《2019 年北京市全面从严治党（党建）工作考核情况通报》《2020 年北京市全面从严治党（党建）工作考核实施方案》的通知
127	2020 年 4 月 28 日	北京市人民政府办公厅	京政字〔2020〕5 号	北京市人民政府关于对《北京市政务服务标准化管理办法》和《北京市政务服务标准化管理工作重点任务分工方案》的批复
128	2020 年 4 月 29 日	中共北京市委办公厅		北京市领导在公司相关工作报告上的批示
129	2020 年 4 月 30 日	中共北京市委办公厅	京发〔2020〕8 号	中共北京市委 北京市人民政府关于进一步提升民营经济活力促进民营经济高质量发展的实施意见
130	2020 年 4 月 30 日	北京市人民政府办公厅	会议纪要（第 89 号）	关于研究城南行动计划有关工作的会议纪要
131	2020 年 5 月 6 日	中共北京市委办公厅	京办通报〔2020〕第 8 期	蔡奇同志在生活垃圾分类和物业管理推进大会上的讲话
132	2020 年 5 月 9 日	中共北京市委办公厅	会议纪要〔2020〕4 号	市郊铁路怀柔—密云线工作专题会会议纪要
133	2020 年 5 月 11 日	北京市人民政府办公厅	会议纪要（第 101 号）	关于研究回天行动计划有关工作的会议纪要
134	2020 年 5 月 12 日	北京市人民政府办公厅		殷勇同志 4 月 22 日主持召开的研究本市 5G 基础设施建设有关工作会议记录及市领导批示抄清
135	2020 年 5 月 14 日	中共北京市委办公厅	会议纪要〔2020〕6 号	市领导调研专题会议纪要〔2020〕6 号
136	2020 年 5 月 19 日	北京市人民政府	签报〔2020〕90068 号	北京市领导在关于研究京通铁路电气化改造工程电力迁改等有关工作的意见上的批示
137	2020 年 5 月 20 日	中共北京市委办公厅	京发〔2020〕9 号	中共北京市委 北京市人民政府关于加强首都公共卫生应急管理体系建设的若干意见
138	2020 年 5 月 21 日	中共北京市委办公厅		关于进一步做好 2020 年全国“两会”期间值班工作的通知
139	2020 年 5 月 22 日	北京市人民政府办公厅	签报〔2020〕90074 号	北京市领导在关于研究中宣部“二二”工程外部市政交通设施规划建设工作的意见上的批示
140	2020 年 5 月 23 日	中共北京市委办公厅	京办发〔2020〕7 号	中共北京市委办公厅 北京市人民政府办公厅印发《北京市贯彻落实〈关于全面深入持久开展民族团结进步创建工作铸牢中华民族共同体意识的意见〉的工作措施》的通知
141	2020 年 5 月 27 日	北京市人民政府办公厅	会议纪要（第 121 号）	关于研究调度市郊铁路 2020 年重点工作计划的会议纪要
142	2020 年 6 月 3 日	中共北京市委办公厅	京办通报〔2020〕第 10 期	蔡奇同志在传达全国“两会”精神时的讲话
143	2020 年 6 月 8 日	中共北京市委办公厅	京办发〔2020〕8 号	中共北京市委办公厅 北京市人民政府办公厅关于印发《加强首都公共卫生应急管理体系建设三年行动计划（2020—2022 年）》的通知
144	2020 年 6 月 9 日	中共北京市委办公厅	〔2020〕5 号	市郊铁路怀柔—密云线工作专题会会议纪要
145	2020 年 6 月 11 日	中共北京市委办公厅	京发〔2020〕10 号	中共北京市委 北京市人民政府关于加快培育壮大新业态新模式促进北京经济高质量发展的若干意见
146	2020 年 6 月 19 日	北京市人民政府办公厅		《北京市服务保障政协第十三届全国委员会常务委员会第十二次会议工作方案》的通知

续表

序号	收文时间	来文单位	文号	文件标题
147	2020 年 6 月 24 日	中共北京市委办公厅	京办发〔2020〕9 号	中共北京市委办公厅 北京市人民政府办公厅关于印发《北京市评比达标表彰活动管理实施细则》的通知
148	2020 年 6 月 24 日	北京市人民政府办公厅	会议纪要（第 154 号）	关于研究在京铁路项目规划建设有关工作的会议纪要
149	2020 年 6 月 24 日	北京市人民政府办公厅	会议纪要（第 150 号）	关于研究施工现场疫情防控等有关工作的会议纪要
150	2020 年 6 月 26 日	北京市人民政府		北京市副市长张家明同志在市政府《值班快报》（第 178 期）上的批示
151	2020 年 6 月 30 日	北京市人民政府办公厅	会议纪要（第 159 号）	关于研究调度轨道交通建设等有关工作的会议纪要
152	2020 年 6 月 30 日	北京市人民政府办公厅	会议纪要（第 160 号）	关于研究部署施工现场疫情防控等有关工作的会议纪要
153	2020 年 7 月 6 日	中共北京市委办公厅	京办发〔2020〕12 号	中共北京市委办公厅印发《关于激励干部担当作为实施容错纠错工作办法（试行）》的通知
154	2020 年 7 月 8 日	中共北京市委办公厅	会议纪要〔2020〕6 号	市郊铁路怀柔—密云线工作专题会会议纪要
155	2020 年 7 月 14 日	北京市人民政府办公厅	会议纪要（第 165 号）	关于研究部署施工现场疫情防控等有关工作的会议纪要
156	2020 年 7 月 16 日	中共北京市委办公厅	京办发〔2020〕14 号	中共北京市委办公厅关于印发《市级党员领导干部带头落实巡视整改工作若干措施（试行）》的通知
157	2020 年 7 月 22 日	中共北京市委办公厅	京办发〔2020〕15 号	中共北京市委办公厅 北京市人民政府办公厅印发《关于加强北京市物业管理工作提升物业服务水平三年行动计划（2020—2022 年）》的通知
158	2020 年 7 月 27 日	中共北京市委办公厅	京办发〔2020〕16 号	中共北京市委办公厅 北京市人民政府办公厅印发《关于党建引领物业管理提高“三率”的工作方案》的通知
159	2020 年 7 月 27 日	中共北京市委办公厅	京发〔2020〕13 号	中共北京市委 北京市人民政府 北京卫戍区关于认真做好 2020 年“八一”期间拥军优属拥政爱民工作的通知
160	2020 年 7 月 27 日	北京市人民政府办公厅	会议纪要（第 173 号）	关于研究部署施工现场疫情防控、防汛等有关工作的会议纪要
161	2020 年 8 月 3 日	北京市人民政府办公厅	会议纪要（第 183 号）	关于研究市郊铁路近期工作进展及下阶段工作安排的会议纪要
162	2020 年 8 月 7 日	北京市人民政府办公厅	北京市人民政府办文（第 04244 号）	北京市领导在北京市城市管理委员会关于报审《北京市道路塌陷事故预测防范专项行动工作方案》的请示上的批示
163	2020 年 8 月 7 日	北京市人民政府办公厅		北京市服务保障政协第十三届全国委员会常务委员会第十三次会议和全国地方政协工作经验交流会工作方案
164	2020 年 8 月 11 日	中共北京市委办公厅	京办字〔2020〕6 号	中共北京市委办公厅 北京市人民政府办公厅关于印发《北京市污染防治攻坚战成效考核措施》的通知
165	2020 年 8 月 14 日	中共北京市委办公厅 北京市人民政府办公厅	京办发〔2020〕17 号	中共北京市委办公厅 北京市人民政府办公厅关于印发《北京市自然资源资产产权制度改革方案》的通知
166	2020 年 8 月 20 日	中共北京市委办公厅	京办发〔2020〕18 号	中共北京市委办公厅 北京市人民政府办公厅关于印发《北京市议事协调机构管理办法》的通知
167	2020 年 8 月 26 日	北京市人民政府办公厅		北京市服务保障中央第七次西藏工作座谈会工作方案
168	2020 年 8 月 28 日	北京市人民政府办公厅	转办件（第 1056 号）	北京市领导在市农业农村局关于报审《2020 年北京市农村地区村庄冬季清洁取暖工作方案》请示上的批示
169	2020 年 8 月 31 日	中共北京市委办公厅	京办发〔2020〕19 号	中共北京市委办公厅 北京市人民政府办公厅印发《关于强化知识产权保护的行动方案》的通知

续表

序号	收文时间	来文单位	文号	文件标题
170	2020年9月4日	北京市人民政府办公厅		北京市领导在《北京环球主题公园项目建设和运营联席会议机制工作周报》（第二期）上的批示
171	2020年9月4日	北京市人民政府办公厅	会议纪要（第212号）	“五新”政策落实调度会暨区政府工作交流会议纪要
172	2020年9月7日	中共北京市委办公厅	京办字〔2020〕7号	中共北京市委办公厅 北京市人民政府办公厅关于印发《北京市区局级领导干部离任经济事项交接工作制度》的通知
173	2020年9月10日	中共北京市委办公厅	京办字〔2020〕8号	中共北京市委办公厅 北京市人民政府办公厅关于印发《北京市重点站区管理委员会职能配置、内设机构和人员编制规定》的通知
174	2020年9月10日	北京市人民政府办公厅	会议纪要（第216号）	关于研究丽泽商务区规划建设等有关工作的会议纪要
175	2020年9月21日	北京市人民政府办公厅		北京市领导在关于研究亦庄新城台马地区重点项目规划建设有关工作的报告上的批示
176	2020年9月23日	中共北京市委办公厅		北京市领导在公司关于圆满完成怀密线配套电力工程的报告上的批示
177	2020年9月24日	北京市人民政府办公厅	转办件（第1338号）	转办单—北京市领导在2020年中国营商环境评价工作简报（第1期）上的批示
178	2020年9月25日	中共北京市委办公厅	会议纪要〔2020〕8号	市郊铁路怀柔—密云线工作专题会会议纪要
179	2020年9月28日	中共北京市委办公厅	红头文件〔2020〕11号	中共北京市委办公厅 北京市人民政府办公厅关于进一步严肃纪律加强离京外出请假报备工作的通知
180	2020年9月30日	中共北京市委办公厅	京委〔2020〕593号	中共北京市委关于表彰北京市优秀共产党员和北京市先进基层党组织的决定
181	2020年9月30日	中共北京市委办公厅	京委〔2020〕592号	中共北京市委 北京市人民政府关于表彰北京市抗击新冠肺炎疫情先进个人和先进集体的决定
182	2020年10月9日	北京市人民政府办公厅		关于继续实施香山红叶观赏期综合保障机制并制定相关工作方案的通知
183	2020年10月10日	北京市人民政府办公厅		关于做好2020年国务院第七次大督查服务保障工作的通知
184	2020年10月13日	中共北京市委办公厅	京发〔2020〕15号	中共北京市委 北京市人民政府印发《关于建立更加有效的区域协调发展新机制的实施方案》的通知
185	2020年10月19日	中共北京市委办公厅	京办字〔2020〕9号	中共北京市委办公厅关于印发《中共北京市委市直属机关工作委员会职能配置、内设机构和人员编制规定》的通知
186	2020年10月19日	中共北京市委办公厅	厅字〔2020〕9号	中共北京市委办公厅对全市“不忘初心、牢记使命”主题教育单位整改落实情况开展“回头看”的通知
187	2020年10月19日	北京市人民政府办公厅	会议纪要（第244号）	关于研究调度轨道交通建设工作的会议纪要
188	2020年10月20日	北京市人民政府办公厅		北京市领导在关于加快推进回天行动计划项目进展有关工作的意见上的批示
189	2020年10月20日	北京市人民政府办公厅	签报〔2020〕90193号	北京市领导在关于研究丰台站改建工程等有关工作意见上的批示
190	2020年10月26日	北京市人民政府	签报〔2020〕90202号	关于研究“303工程”“88工程”及一史馆项目外电源等事宜的意见

续表

序号	收文时间	来文单位	文号	文件标题
191	2020年11月2日	北京市人民政府办公厅	会议纪要（第257号）	营商环境调度会议纪要
192	2020年11月4日	中共北京市委办公厅	京发〔2020〕17号	中共北京市委 北京市人民政府关于进一步深化“接诉即办”改革工作的意见
193	2020年11月4日	北京市人民政府办公厅		北京市服务保障政协第十三届全国委员会常务委员会第十四次会议工作方案
194	2020年11月4日	北京市人民政府办公厅		关于研究电力建设工程施工许可证办理工作的会议纪要
195	2020年11月5日	北京市人民政府	签报〔2020〕90220号	北京市领导在关于研究地坛医院电力增容工程建设的意见上的批示
196	2020年11月20日	中共北京市委办公厅	京办发〔2020〕23号	中共北京市委办公厅 北京市人民政府办公厅关于印发《北京市街道党工委和办事处职责规定》的通知
197	2020年11月20日	中共北京市委办公厅	厅字〔2020〕14号	中共北京市委办公厅关于做好2021年度《人民日报》《求是》杂志和《北京日报》《前线》杂志发行工作严格规范报刊发行秩序的通知
198	2020年11月20日	北京市人民政府办公厅	办文（第04808号）	北京市领导在北京市城市管理委员会关于再次报审进一步规范本市充电基础设施管理工作方案的请示上的批示
199	2020年11月25日	中共北京市委办公厅	厅字〔2020〕15号	中共北京市委办公厅印发《关于进一步加强市委常委会会议议题管理提高会议质量的若干措施》的通知
200	2020年11月27日	北京市人民政府办公厅		北京市领导在公司关于圆满完成2020年“煤改电”配套电力工程全力确保“煤改电”居民温暖度冬的报告上的批示
201	2020年12月1日	中共北京市委办公厅	京发〔2020〕18号	中共北京市委 北京市人民政府关于完善国有金融资本管理的实施意见
202	2020年12月4日	中共北京市委办公厅	京办字〔2020〕12号	中共北京市委办公厅 北京市人民政府办公厅印发《关于深化消防执法改革的实施意见》的通知
203	2020年12月4日	中共北京市委办公厅	红头文件〔2020〕15号	中共北京市委办公厅 北京市人民政府办公厅关于印发《北京市党政机关视频会议管理规范》的通知
204	2020年12月8日	中共北京市委办公厅	京办字〔2020〕13号	中共北京市委办公厅 北京市人民政府办公厅印发《关于全面加强危险化学品安全生产工作的实施意见》的通知
205	2020年12月8日	中共北京市委办公厅	京发〔2020〕20号	中共北京市委关于制定北京市国民经济和社会发展第十四个五年规划和二〇三五年远景目标的建议
206	2020年12月8日	中共北京市委办公厅	京发〔2020〕19号	中共北京市委 北京市人民政府关于印发《北京市新时代公民道德建设实施方案》的通知
207	2020年12月8日	北京市人民政府办公厅	会议纪要（第1号）	北京市协调推进大兴国际机场建设工作领导小组会议纪要
208	2020年12月11日	中共北京市委办公厅	京办发〔2020〕25号	中共北京市委办公厅 北京市人民政府办公厅印发《关于深入推进检察公益诉讼工作的意见》的通知
209	2020年12月11日	北京市人民政府办公厅	京政字〔2020〕29号	北京市人民政府关于对《政务服务事项委托受理和授权审批规则》的批复
210	2020年12月11日	北京市人民政府办公厅		北京市服务保障全国政协2021年新年茶话会工作方案
211	2020年12月16日	中共北京市委办公厅	京办字〔2020〕15号	中共北京市委办公厅 北京市人民政府办公厅印发《关于进一步加强社会组织监管工作的意见》的通知
212	2020年12月17日	中共北京市委办公厅	红头文件〔2020〕17号	张家明同志在全市党委办公厅（室）主任会上的讲话

续表

序号	收文时间	来文单位	文号	文件标题
213	2020年12月18日	北京市人民政府办公厅	签报〔2020〕90257号	北京市领导在关于研究调度中直机关园博园项目及88工程的意见上的批示
214	2020年12月22日	中共北京市委办公厅	京办发〔2020〕26号	中共北京市委办公厅 北京市人民政府办公厅印发《关于做好全市村和社区“两委”换届工作的意见》的通知
215	2020年12月23日	北京市人民政府办公厅	会议纪要（第353号）	关于研究雁栖湖国际会都扩容提升有关工作的会议纪要
216	2020年12月24日	中共北京市委办公厅	京办发〔2020〕27号	中共北京市委办公厅印发《关于巩固深化“不忘初心、牢记使命”主题教育成果的工作方案》的通知
217	2020年12月24日	中共北京市委办公厅	京办发〔2020〕28号	中共北京市委办公厅印发《市委关于“十四五”规划和二〇三五年远景目标建议的重要任务清单》的通知
218	2020年12月28日	中共北京市委办公厅	京委〔2020〕766号	中共北京市委 北京市人民政府关于表彰北京市劳动模范、先进工作者和模范集体的决定
219	2020年12月28日	北京市人民政府办公厅	会议纪要（第363号）	区政府工作交流会议纪要
220	2020年12月29日	中共北京市委办公厅	京办发〔2020〕29号	中共北京市委办公厅 北京市人民政府办公厅印发《关于建立以国家公园为主体的自然保护地体系的实施意见》的通知
221	2020年12月31日	中共北京市委办公厅 北京市人民政府办公厅 北京卫戍区	京发〔2020〕21号	中共北京市委办公厅 北京市人民政府办公厅 北京卫戍区关于认真做好2021年元旦春节期间拥军优属拥政爱民工作的通知
222	2020年12月31日	中共北京市委办公厅	红头文件〔2020〕18号	中共北京市委办公厅 北京市人民政府办公厅关于各区污染防治攻坚战2019年成效考核结果的通报
223	2020年12月31日	中共北京市委办公厅	红头文件〔2020〕20号	中共北京市委办公厅 北京市人民政府办公厅贯彻落实《中共中央办公厅、国务院办公厅关于做好2021年元旦春节期间有关工作的通知》的通知
224	2020年12月31日	中共北京市委办公厅	京办字〔2020〕16号	中共北京市委办公厅 北京市人民政府办公厅印发《关于减轻中小学教师负担进一步营造教育教学良好环境的若干措施》的通知

公司重要文件索引

序号	发文时间	发往单位	文号	文件标题
		上行文		
1	2020年1月1日	中共国家电网有限公司党组	京电党〔2020〕4号	中共国网北京市电力公司委员会关于2019年落实全面从严治党主体责任 开展党风廉政建设和反腐败工作情况的报告
2	2020年1月3日	北京市人民代表大会常务委员会	京电办〔2020〕4号	国网北京市电力公司关于2019年重点工作完成情况和2020年计划安排的报告
3	2020年1月3日	中共北京市委、北京市人民政府	京电办〔2020〕3号	国网北京市电力公司关于2019年重点工作完成情况和2020年计划安排的报告
4	2020年2月24日	中共国家电网有限公司党组	京电党〔2020〕17号	中共国网北京市电力公司委员会关于坚决贯彻落实毛伟明董事长调研指示要求 全力推进北京2022年冬奥会服务保障工作的报告

续表

序号	发文时间	发往单位	文号	文件标题
5	2020年3月3日	北京市人民政府	京电办〔2020〕10号	国网北京市电力公司关于全力以赴做好疫情防控工作及服务首都经济社会发展的报告
6	2020年3月19日	中共国家电网有限公司党组	京电党〔2020〕20号	中共国网北京市电力公司委员会关于迅速学习、全面传达、坚决贯彻国家电网公司新战略目标的报告
7	2020年4月24日	北京市人民政府	京电办〔2020〕13号	国网北京市电力公司关于全力推动新型基础设施建设落地服务首都经济社会发展的报告
8	2020年5月29日	中共北京市委，北京市人民政府	京电办〔2020〕17号	国网北京市电力公司关于圆满完成2020年全国两会政治保电任务的报告
9	2020年5月29日	中共国家电网有限公司党组	京电党〔2020〕32号	中共国网北京市电力公司委员会关于圆满完成2020年全国两会政治保电任务的报告
10	2020年7月13日	中共北京市委、北京市人民政府	京电办〔2020〕19号	国网北京市电力公司关于积极克服疫情防控、极端天气等风险挑战圆满完成2020年高考保电任务的报告
11	2020年9月11日	中共国家电网有限公司党组	京电党〔2020〕43号	中共国网北京市电力公司委员会关于呈报国家电网战略国网北京电力落地实施方案的报告
12	2020年9月23日	国家电网有限公司办公室	京电办〔2020〕26号	国网北京市电力公司关于呈报国家电网产业升级工作部署国网北京电力落实方案的报告
13	2020年11月19日	中共北京市委、北京市人民政府	京电办〔2020〕29号	国网北京市电力公司关于圆满完成2020年“煤改电”配套电力工程全力确保“煤改电”居民温暖度冬的报告
14	2020年11月20日	中共国家电网有限公司党组	京电党〔2020〕58号	中共国网北京市电力公司委员会关于2020年度党建工作自评情况的报告
15	2020年12月7日	国家电网有限公司文明办	京电党〔2020〕63号	中共国网北京市电力公司委员会关于推荐申报（复查）国家电网有限公司文明单位的报告
16	2020年12月22日	国家电网有限公司	京电办〔2020〕30号	国网北京市电力公司关于冬奥会配套输变电工程全部投产 场馆服务和保电筹备工作扎实推进的报告
17	2020年12月29日	中共国家电网有限公司党组	京电党〔2020〕66号	中共国网北京市电力公司委员会关于贯彻执行中央八项规定精神情况的报告
18	2020年12月30日	中共国家电网有限公司党组	京电党〔2020〕67号	中共国网北京市电力公司委员会关于2020年度落实全面从严治党主体责任情况的报告
下行文				
19	2020年1月6日	公司各党委（总支），机关党委所属各党支部	京电党〔2020〕5号	中共国网北京市电力公司委员会关于进一步清理规范评比表彰工作的通知
20	2020年1月8日	公司各部门，公司各单位	京电办〔2020〕2号	国网北京市电力公司关于印发2020年安全生产工作意见的通知
21	2020年1月17日	公司各部门，公司各单位	京电办〔2020〕5号	国网北京市电力公司关于印发公司三届五次职代会暨2020年工作会议报告和总结讲话的通知
22	2020年1月17日	公司各部门，公司各单位	京电办〔2020〕1号	国网北京市电力公司关于全面开展“高质量提升年”的意见
23	2020年1月20日	公司所属各级党组织	京电党〔2020〕38号	中共国网北京市电力公司委员会关于调整公司党委巡察工作领导小组的通知
24	2020年1月20日	公司所属各级党组织	京电党〔2020〕39号	中共国网北京市电力公司委员会关于调整公司党委党风廉政建设和反腐败工作领导小组的通知
25	2020年1月20日	公司所属各级党组织	京电党〔2020〕36号	国网北京市电力公司党委关于调整党委国家安全人民防线建设小组的通知

续表

序号	发文时间	发往单位	文号	文件标题
26	2020年1月20日	公司所属各级党组织	京电党〔2020〕37号	国网北京市电力公司党委关于调整信访维稳工作领导小组的通知
27	2020年1月20日	公司各党委（总支）	京电党〔2020〕1号	中共国网北京市电力公司委员会关于强化党建引领、凝聚攻坚合力 以高质量党建推动高质量提升的意见
28	2020年1月22日	公司各部门，公司各单位	京电办〔2020〕6号	国网北京市电力公司关于印发《国网北京市电力公司总经理工作规则》和《国网北京市电力公司总经理办公会议规则》的通知
29	2020年1月22日	公司各党委（总支），机关党委所属各党支部	京电党〔2020〕7号	中共国网北京市电力公司委员会关于印发《中共国网北京市电力公司党委工作规则》和《国网北京市电力公司本部"三重一大"决策管理办法》的通知
30	2020年1月27日	公司各部门，公司各单位	京电办〔2020〕7号	国网北京市电力公司关于进一步加强新型冠状病毒感染的肺炎疫情防控工作的通知
31	2020年1月31日	公司各级党组织	京电党〔2020〕8号	中共国网北京市电力公司委员会关于在防控新型冠状病毒感染的肺炎疫情工作中充分发挥党组织和党员作用的通知
32	2020年2月3日	公司各部门，公司各单位	京电办〔2020〕8号	国网北京市电力公司关于细化分解职代会分组讨论问题建议的通知
33	2020年2月3日	公司各党委（总支）	京电党〔2020〕10号	中共国网北京市电力公司委员会关于调整公司党委理论学习中心组组成人员的通知
34	2020年2月3日	公司各党委（总支）	京电党〔2020〕9号	中共国网北京市电力公司委员会关于调整公司领导班子成员党建工作联系点的通知
35	2020年2月11日	公司所属各级党组织	京电党〔2020〕13号	国网北京市电力公司党委关于调整公司精神文明建设指导委员会的通知
36	2020年2月11日	公司所属各级党组织	京电党〔2020〕12号	国网北京市电力公司党委关于调整公司企业文化建设领导小组的通知
37	2020年2月11日	公司各党委（总支）	京电党〔2020〕14号	国网北京市电力公司党委关于调整公司统一战线工作领导小组的通知
38	2020年2月11日	机关党委所属各党支部，公司各党委（总支）	京电党〔2020〕15号	国网北京市电力公司党委关于调整公司党建工作领导小组的通知
39	2020年2月13日	公司各部门，公司各党委（总支）	京电党〔2020〕16号	中共国网北京市电力公司委员会关于调整公司党委意识形态工作责任制领导小组的通知
40	2020年2月20日	公司各部门，公司各单位	京电办〔2020〕9号	国网北京市电力公司关于印发《国网北京市电力公司董事会议事规则》等3项制度的通知
41	2020年2月27日	公司各党委（总支）	京电党〔2020〕18号	中共国网北京市电力公司委员会关于组织党员自愿捐款支持新冠肺炎疫情防控工作的通知
42	2020年3月5日	公司各部门，公司各单位	京电办〔2020〕11号	国网北京市电力公司关于印发"高质量提升年"重点任务的通知
43	2020年3月13日	公司各党委（总支）	京电党〔2020〕19号	中共国网北京市电力公司委员会关于进一步加强基层单位中层领导人员管理的通知
44	2020年3月20日	公司各级党组织	京电党〔2020〕21号	中共国网北京市电力公司委员会关于印发国网北京市电力公司2020年保密工作要点的通知
45	2020年3月31日	公司各党委（总支）	京电党〔2020〕22号	中共国网北京市电力公司委员会关于印发2020年组织人事工作要点的通知
46	2020年4月3日	公司各党委（总支）	京电党〔2020〕23号	中共国网北京市电力公司委员会关于印发《国网北京市电力公司巡视巡察整改"见底清零"专项行动方案》的通知

续表

序号	发文时间	发往单位	文号	文件标题
47	2020 年 4 月 14 日	公司各党委（总支）	京电党〔2020〕24 号	国网北京市电力公司党委关于印发理论学习中心组 2020 年度学习计划的通知
48	2020 年 4 月 14 日	公司各党委（总支）	京电党〔2020〕27 号	国网北京市电力公司党委关于调整公司部分单位党组织机构及党建管理职责的通知
49	2020 年 4 月 14 日	公司各党委（总支）	京电党〔2020〕26 号	国网北京市电力公司党委关于印发国网北京市电力公司 2020 年统战工作要点的通知
50	2020 年 4 月 14 日	公司各党委（总支）	京电党〔2020〕25 号	中共国网北京市电力公司委员会关于成立北京华商电力产业管理有限公司党组织机构的通知
51	2020 年 4 月 23 日	公司各部门，公司各单位	京电办〔2020〕12 号	国网北京市电力公司关于印发潘敬东同志在公司 2020 年第二季度工作会议上的讲话和万志军同志总结讲话的通知
52	2020 年 4 月 27 日	公司各单位，公司各部门	京电办〔2020〕14 号	国网北京市电力公司关于全面提升综合能源服务水平的意见
53	2020 年 4 月 30 日	公司各党委（总支）	京电党〔2020〕28 号	中共国网北京市电力公司委员会关于学习贯彻《中国共产党国有企业基层组织工作条例（试行）》工作方案的通知
54	2020 年 5 月 6 日	机关党委所属各党支部，公司各党委（总支）	京电党〔2020〕29 号	中共国网北京市电力公司委员会关于调整公司党委理论学习中心组组成人员的通知
55	2020 年 5 月 11 日	机关党委所属各党支部，公司各党委（总支）	京电党〔2020〕30 号	中共国网北京市电力公司委员会关于印发《落实全面从严治党主体责任和监督责任清单》的通知
56	2020 年 5 月 11 日	机关党委所属各党支部，公司各党委（总支）	京电党〔2020〕31 号	中共国网北京市电力公司委员会关于印发《国网北京市电力公司党委 2020 年落实全面从严治党主体责任重点任务》的通知
57	2020 年 6 月 10 日	公司各部门，公司各单位	京电办〔2020〕18 号	国网北京市电力公司关于智库体系建设的意见
58	2020 年 6 月 10 日	公司各党委（总支）	京电党〔2020〕 3 号	中共国网北京市电力公司委员会关于印发《中共国网北京市电力公司委员会巡察工作规定》等制度的通知
59	2020 年 6 月 12 日	本部各部门党组织，公司各单位党组织	京电党〔2020〕 2 号	中共国网北京市电力公司委员会关于开展“学战略、讲担当、干精彩”主题党日活动的通知
60	2020 年 6 月 23 日	公司各党委（总支）	京电党〔2020〕33 号	中共国网北京市电力公司委员会关于在疫情防控和迎峰度夏中开展“一项系列活动、五个先锋行动” 以一流业绩迎接建党 99 周年的通知
61	2020 年 7 月 3 日	国网北京城区供电公司党委，国网北京通州供电公司党委，国网北京朝阳供电公司党委，国网北京石景山供电公司党委，国网北京密云供电公司党委，国网北京延庆供电公司党委，北京电力工程有限公司党委，国网北京检修公司党委，国网北京电缆公司党委，国网北京建设咨询公司党委（北京吉北咨询公司党总支），国网（北京）新能源汽车服务有限公司党总支	京电党〔2020〕34 号	中共国网北京市电力公司委员会关于对中共国网北京城区供电公司委员会等 11 家单位党组织开展巡察工作的通知
62	2020 年 7 月 13 日	公司各单位党组织，机关党委所属各党组织	京电党〔2020〕35 号	中共国网北京市电力公司委员会关于成立中共国网北京市电力公司党校校务委员会的通知
63	2020 年 7 月 27 日	公司各部门，公司各单位	京电办〔2020〕20 号	国网北京市电力公司关于印发潘敬东同志在公司 2020 年年中工作会议上的报告和万志军同志总结讲话的通知
64	2020 年 8 月 10 日	公司各部门，公司各单位	京电办〔2020〕22 号	国网北京市电力公司关于印发《落实国家电网有限公司战略 促进产业升级专项行动工作方案》的通知

续表

序号	发文时间	发往单位	文号	文件标题
65	2020 年 8 月 10 日	公司各部门，公司各单位	京电办〔2020〕21 号	国网北京市电力公司关于推动国家电网公司战略落地实施的指导意见
66	2020 年 8 月 13 日	公司各部门，公司各单位	京电办〔2020〕23 号	国网北京市电力公司关于印发“高质量提升年”下半年重点任务的通知
67	2020 年 8 月 24 日	公司各单位党组织，机关党委所属各党组织	京电党〔2020〕40 号	中共国网北京市电力公司委员会关于部分单位党组织机构更名的通知
68	2020 年 9 月 4 日	公司各单位党组织，机关党委所属各党组织	京电党〔2020〕41 号	中共国网北京市电力公司委员会关于加强中共国网北京市电力公司党校“主阵地、制高点、智力库”建设的意见
69	2020 年 9 月 15 日	公司各单位党组织，机关党委所属各党组织	京电党〔2020〕44 号	中共国网北京市电力公司委员会关于全面加强科技创新工作的实施意见
70	2020 年 9 月 16 日	公司各单位党组织，机关党委所属各党组织	京电党〔2020〕45 号	中共国网北京市电力公司委员会关于加快人才高质量发展的实施意见
71	2020 年 9 月 18 日	公司各部门，公司各单位	京电办〔2020〕24 号	国网北京市电力公司关于落实国家电网有限公司战略促进产业升级专项行动的实施意见
72	2020 年 9 月 22 日	公司各部门，公司各单位	京电办〔2020〕25 号	国网北京市电力公司关于印发《国网北京市电力公司领导班子成员职责分工》的通知
73	2020 年 10 月 9 日	公司各单位党组织，机关党委所属各党组织	京电党〔2020〕46 号	中共国网北京市电力公司委员会关于成立首都电力交易中心有限公司党组织机构的通知
74	2020 年 10 月 15 日	公司各部门，公司各单位	京电办〔2020〕27 号	国网北京市电力公司关于印发《国网北京市电力公司领导班子成员职责分工》的通知
75	2020 年 10 月 15 日	机关党委所属各党组织，公司各单位党组织	京电党〔2020〕47 号	中共国网北京市电力公司委员会关于开展抗击新冠肺炎疫情先进典型推荐评选工作的通知
76	2020 年 10 月 22 日	公司各单位党组织，机关党委所属各党组织	京电党〔2020〕49 号	中共国网北京市电力公司委员会关于调整信访维稳工作领导小组的通知
77	2020 年 10 月 22 日	公司各单位党组织，机关党委所属各党组织	京电党〔2020〕48 号	中共国网北京市电力公司委员会关于调整国家安全人民防线建设小组的通知
78	2020 年 10 月 22 日	公司各单位党组织，机关党委所属各党组织	京电党〔2020〕51 号	中共国网北京市电力公司委员会关于调整公司党委巡察工作领导小组的通知
79	2020 年 10 月 22 日	公司各单位党组织，机关党委所属各党组织	京电党〔2020〕50 号	中共国网北京市电力公司委员会关于调整公司党委党风廉政建设和反腐败工作领导小组的通知
80	2020 年 10 月 27 日	公司各党委（总支）	京电党〔2020〕52 号	中共国网北京市电力公司委员会关于调整公司党建工作领导小组的通知
81	2020 年 10 月 28 日	机关党委所属各党组织，公司各单位党组织	京电党〔2020〕53 号	中共国网北京市电力公司委员会关于调整公司党委理论学习中心组组成人员的通知
82	2020 年 11 月 3 日	公司各党委（总支）	京电党〔2020〕55 号	中共国网北京市电力公司委员会关于调整公司领导班子成员党建工作联系点的通知
83	2020 年 11 月 4 日	公司各部门，公司各单位党组织	京电党〔2020〕56 号	中共国网北京市电力公司委员会关于调整公司党委意识形态工作责任制领导小组的通知
84	2020 年 11 月 6 日	公司各部门，公司各单位	京电办〔2020〕28 号	国网北京市电力公司关于印发潘敬东同志在公司学习贯彻党的十九届五中全会精神暨 2020 年第四季度工作会议上讲话的通知
85	2020 年 11 月 19 日	公司各党委（总支）	京电党〔2020〕57 号	中共国网北京市电力公司委员会关于调整本部党组织机构名称的通知

续表

序号	发文时间	发往单位	文号	文件标题
86	2020年11月24日	机关党委所属各党组织，公司各单位党组织	京电党〔2020〕59号	中共国网北京市电力公司委员会关于印发《国家电网首都电力共产党员服务队、突击队管理办法（试行）》的通知
87	2020年11月26日	公司各部门，公司各单位	京电党〔2020〕60号	中共国网北京市电力公司委员会关于调整公司党委审计工作领导小组的通知
88	2020年11月30日	公司各党委（总支）	京电党〔2020〕61号	中共国网北京市电力公司委员会关于印发国网北京市电力公司统战工作责任清单的通知
89	2020年11月30日	公司各单位党组织，机关党委所属各党组织	京电党〔2020〕62号	中共国网北京市电力公司委员会关于深入推进“三个100”工程、进一步大力发现培养选拔优秀年轻领导人员的实施意见
90	2020年12月10日	公司各单位党组织，本部党委所属各党组织	京电党〔2020〕65号	中共国网北京市电力公司委员会关于修订《国网北京市电力公司党建工作绩效考核实施细则》的通知
91	2020年12月10日	机关党委所属各党组织，公司各单位党组织	京电党〔2020〕64号	中共国网北京市电力公司委员会关于印发《国网北京市电力公司发展党员工作实施办法》《国网北京市电力公司发展党员票决制工作实施细则》的通知
92	2020年12月23日	公司各部门，公司各单位	京电办〔2020〕31号	国网北京市电力公司关于认真组织开展《习近平关于档案工作、历史学习与研究、文化遗产保护重要论述摘编》学习宣贯的通知

统计资料

北京市全社会用电量及分类指标

指标名称	本年数据（亿 kWh）	同比增长（%）	占比（%）
全社会用电量	1139.97	-2.27	100
一、全行业用电量	860.18	-5.97	75.46
第一产业	9.07	-8.29	0.80
第二产业	294.45	-9.52	25.83
第三产业	556.66	-3.94	48.83
二、居民生活用电量	279.79	11.21	24.54
全行业用电量	860.18	-5.97	75.46
一、农林牧渔业	16.18	-8.47	1.42
二、工业	269.64	-9.84	23.65
三、建筑业	24.85	-5.87	2.18
四、交通运输、仓储和邮政业	58.57	1.02	5.14
五、信息传输、软件和信息技术服务业	66.07	17.23	5.80
六、批发和零售业	65.42	-9.27	5.74
七、住宿和餐饮业	25.78	-20.85	2.26
八、金融业	13.14	3.69	1.15
九、房地产业	124.13	-5.67	10.89
十、租赁和商务服务业	25.94	-5.77	2.28
十一、公共服务及管理组织	170.45	-5.75	14.95

北京地区变电站分布

所属地区	变电站座数（座）					主变压器容量（万 kVA）					
	合计	500kV	220kV	110kV	35kV	合计	±500kV	500kV	220kV	110kV	35kV
公司合计	579	6	99	407	67	11938.33	340.02	1350	5020	5049.1	179.21
东西城区	38		6	32		929.2			384	545.2	
通州地区	48	1	8	32	7	1250.46		480	396	355.2	19.26
朝阳地区	78	2	18	56	2	2284.45		480	952	844.45	8
海淀地区	56	1	13	42		1701.9		240	780	681.9	
丰台地区	47		10	37		1015			550	465	
石景山地区	13		3	10		272			144	128	
亦庄地区	16		4	12		401.6			216	185.6	
昌平地区	50	1	11	33	5	1272.86		480	428	347.6	17.26
门头沟地区	15	1	1	8	5	366.3		240	36	76.3	14
房山地区	41	1	4	26	10	802.12		305.1	180	293	24.02
大兴地区	50	3	8	36	3	1681.2		960	342	373.2	6
平谷地区	15		2	12	1	184.1			90	92.1	2
怀柔地区	21		2	16	3	243.42			90	148.9	4.52
密云地区	27		1	13	13	210.9			54	112.9	44
顺义地区	47	1	6	31	9	1053.13		435	288	307.5	22.63
延庆地区	23	1	2	11	9	689.79	340.02	150	90	92.25	17.52
检修公司	296	6	99	189	2	9568.17	340.02	1350	5020	2850.15	8

注　检修公司的统计范围是以检修公司为运维主体的设备。

各供电公司售电量情况

单位	售电量（万 kWh）	同比（%）
城区公司	97.24	－5.29
通州公司	70.85	2.96
朝阳公司	178.52	－4.92
海淀公司	148.69	－1.20
丰台公司	87.23	－2.84
石景山公司	19.89	－1.30

续表

单位	售电量（万 kWh）	同比（%）
亦庄公司	71.91	6.02
昌平公司	78.35	0.37
门头沟公司	12.63	2.61
房山公司	73.74	2.38
大兴公司	60.98	0.74
平谷公司	17.51	2.77
怀柔公司	20.97	1.95
密云公司	21.67	0.14
顺义公司	82.84	5.40
延庆公司	14.48	8.68

北京市电力公司供电营业厅基础情况统计表

序号	单位	2020 年营业厅信息统计表									
		等级信息					优化信息				
		A	B	C	D	合计	关停	调级	迁址	新开	合计
1	城区公司	1	2	3		**6**					**0**
2	通州公司	1		10		**11**			1		**1**
3	朝阳公司	1		8		**9**			1		**1**
4	海淀公司	1		3		**4**	2				**2**
5	丰台公司	1		2		**3**				1	**1**
6	石景山公司	1				**1**					**0**
7	亦庄公司			1		**1**					**0**
8	昌平公司	1		15		**16**					**0**
9	门头沟公司	1		2	4	**7**					**0**
10	房山公司	1	1	13		**15**					**0**
11	大兴公司	1		15		**16**					**0**
12	平谷公司	1		10		**11**					**0**
13	怀柔公司	1	1	4	2	**8**					**0**
14	密云公司	1		6	3	**10**					**0**
15	顺义公司	1		16		**17**	1				**1**
16	延庆公司	1		7	4	**12**	1				**1**
总计		**15**	**4**	**115**	**13**	**147**	**4**	**0**	**2**	**1**	**7**

产业单位名录

序号	管理单位	产业单位
1	北京市华商电力开发公司	北京市华商电力开发公司
2	北京华商伟业资产管理有限公司	北京华商伟业资产管理有限公司
3	北京华商远大电力建设有限公司	北京华商远大电力建设有限公司
4	北京华商三优新能源科技有限公司	北京华商三优新能源科技有限公司
5		北京潞电电气设备有限公司
6	北京京电电力工程设计有限公司	北京京电电力工程设计有限公司
7	北京吉北电力工程咨询有限公司	北京吉北电力工程咨询有限公司
8	北京中电联汽车服务有限责任公司	北京中电联汽车服务有限责任公司
9	北京华商电灯有限公司	北京华商电灯有限公司
10	北京谷新投资管理有限公司	北京谷新投资管理有限公司
11	国网北京城区供电公司	北京城区供电开发有限公司
12	国网北京通州供电公司	北京潞电电力建设有限公司
13	国网北京朝阳供电公司	北京朝阳电力实业开发有限公司
14	国网北京海淀供电公司	北京海淀供电实业开发有限公司
15	国网北京丰台供电公司	北京丰供送变电工程有限责任公司
16	国网北京亦庄供电公司	北京亦利和电力工程安装有限责任公司
17	国网北京石景山供电公司	北京市银光电力工程有限公司
18	国网北京昌平供电公司	北京市京电博源供用电工程安装有限公司、北京市博源京电供电技术有限公司（歇业企业）
19	国网北京门头沟供电公司	北京门供电力工程有限公司
20	国网北京大兴供电公司	北京首兴安成电力工程有限公司
21	国网北京房山供电公司	北京房供电力工程有限责任公司
22	国网北京平谷供电公司	北京绿谷光明电力工程有限公司
23	国网北京怀柔供电公司	北京市京怀电力工程安装有限公司
24	国网北京密云供电公司	北京云电电气有限责任公司
25	国网北京顺义供电公司	北京顺力成电力设备安装维修有限公司、北京市顺义光旺电力物资供应有限公司（歇业企业）、北京市京东电力设备安装有限公司（歇业企业）
26	国网北京延庆供电公司	北京诚惠电力工程有限公司
27	国网北京经研院	北京金电联供用电咨询有限公司
28	国网北京电科院	北京丰供送变电工程有限责任公司鼎诚恒安分公司
29	北京电力工程有限公司	北京卓越电力建设有限公司先行分公司、北京新悦广发电力工程有限公司（歇业企业）
30	国网北京电缆公司	北京卓越电力建设有限公司、北京京电电网维护集团有限公司管道分公司

续表

序号	管理单位	产业单位
31	国网北京检修公司	北京京电电网维护集团有限公司
32	国网北京信通公司	北京博瑞翔伦科技发展有限公司
33	国网北京培训中心	北京亦利和电力工程安装有限责任公司北京银杰分公司
34	国网北京物资公司	北京金电联供用电咨询有限公司供应链管理分公司
35	国网北京客服中心	北京京电电力工程设计有限公司惟明力通分公司
36	国网北京能源公司	北京华商远大电力建设有限公司能源科技分公司
37	国网北京供用电建设承发包有限公司	北京京供民科技开发有限公司
38	北京市城市照明管理中心	北京路明路灯电气安装有限公司